現代新約注解全書

第二コリント書 8-9章

佐 竹 明 著

新教出版社

目　　次

略記法　　　　　　　　　　　　　　　　　　　　　5

地　図　　　　　　　　　　　　　　　　　　　　　8

序　説　　　　　　　　　　　　　　　　　　　　　10

1．コリントの地理的環境　　　　　　　　　　　　　10

2．コリントの歴史　　　　　　　　　　　　　　　　12

3．新しいコリントの住民　　　　　　　　　　　　　14

4．コリントの文化　　　　　　　　　　　　　　　　17

5．パウロとコリント　　　　　　　　　　　　　　　18

　　a．第二伝道旅行　　　　　　　　　　　　　　　18

　　b．第三伝道旅行　　　　　　　　　　　　　　　20

　　　α．エフェソでの活動　　　　　　　　　　　　20

　　　β．コリント教会内での反パウロ的動き　　　　22

　　　　①Ⅰコリント書の段階　　　　　　　　　　　22

　　　　②論敵の活動と中間訪問　　　　　　　　　　23

　　　　③中間訪問およびその後　　　　　　　　　　28

　　　　④テトスのコリントへの再派遣　　　　　　　30

　　　　⑤第三回コリント訪問およびそれ以後　　　　32

6．コリント教会の構造　　　　　　　　　　　　　　33

7．Ⅱコリント書の構成　　　　　　　　　　　　　　42

8章および9章　エルサレム教会への献金　　　　　　43

　序　論　Ⅱコリント書における8章および9章の位置　43

　　a．8章および9章とパウロの活動暦　　　　　　43

　　b．8章および9章をめぐる文献上の問題　　　　45

　　　α．8章と9章との文献上の関係　　　　　　　45

1

β. 7章と8、9章との文献上の関係　50

8章　エルサレム教会への献金Ⅰ　54

訳　文　54

8：1-6　マケドニアの諸教会での献金運動の展開　テトスの
コリントへの再派遣　56

8：7-15　献金の勧め　91

8：16-24　テトスと二人の兄弟たちの派遣　148

9章　エルサレム教会への献金Ⅱ　187

訳　文　187

9：1-5a　コリントへの兄弟たちの先遣　188

9：5b-15　「献金」をめぐる基本的問題　216

補　説1　パウロとマケドニア　281

1．マケドニアの略史　281

2．マケドニア一般の経済状況　282

3．パウロとマケドニア　283

補　説2　テトスについて　289

補　説3　パウロによるエルサレム教会のための献金運動　300

A.「献金」関連の出典　301

B.「献金」に関する記述に見られる特徴　302

C.パウロが「献金」を表すのに用いる用語　304

　a. 概観　304

目　次

  b.　ロゲイアー　　　　　　　　　　　　　　　　　　　306

  c.　ディアーコニアー（「奉仕」）　　　　　　　　　　307

  d.　コイノーニアー　　　　　　　　　　　　　　　　311

  e.　カリス（「恵み」）　　　　　　　　　　　　　　　312

D.　「献金」＝カリスという呼称　　　　　　　　　　　　312

  a.　パウロにおけるカリスの用法概観　　　　　　　　312

  b.　カリスの「献金」関連の用法　　　　　　　　　　315

  c.　「献金」がカリスと呼ばれる理由　　　　　　　　318

E.　パウロの活動と「献金」運動の変遷　　　　　　　　320

  a.　エルサレム会議　　　　　　　　　　　　　　　　320

  b.　アンティオキアの衝突　　　　　　　　　　　　　322

  c.　第二伝道旅行と「献金」　　　　　　　　　　　　324

  d.　「献金」運動の着手──第二伝道旅行末のエルサレム訪問　326

  e.　第三伝道旅行　　　　　　　　　　　　　　　　　330

F.　「献金」の意味づけ　　　　　　　　　　　　　　　332

  a.　エルサレム会議　　　　　　　　　　　　　　　　332

  b.　ロマ 15：27　　　　　　　　　　　　　　　　　339

  c.　II コリ 8、9 章　　　　　　　　　　　　　　　343

  d.　a–c のまとめ　　　　　　　　　　　　　　　　345

G.　パウロにとってのエルサレム教会　　　　　　　　　347

  a.　エルサレム教会の史実　　　　　　　　　　　　　347

  b.　選民イスラエルとエルサレム教会　　　　　　　　352

  c.　パウロの「献金」運動と終末時のエルサレム詣の思想　354

H.　諸教会における「献金」運動の展開　　　　　　　　356

  a.　ガラテアの諸教会の場合　　　　　　　　　　　　356

  b.　エフェソ教会の場合　　　　　　　　　　　　　　358

  c.　マケドニアの諸教会の場合　　　　　　　　　　　359

I.　コリント教会の場合　　　　　　　　　　　　　　　362

  a.　コリント教会にはいつ「献金」運動の計画が伝えられたか　362

3

b. コリントでの「献金」運動の停滞		364
α. 停滞の原因1:「献金」運動と教会の経済の担い手の問題		365
β. 停滞の原因2:エルサレム教会の位置づけ		371
c. コリントでの「献金」運動の最終局面		372
J. まとめ		375
文献表		380
あとがき		392

略 記 法

旧約聖書

創	創世記
出	出エジプト記
レビ	レビ記
民	民数記
申	申命記
ヨシ	ヨシュア記
士	士師記
ルツ	ルツ記
サム上	サムエル記上
サム下	サムエル記下
王上	列王記上
王下	列王記下
代上	歴代誌上
代下	歴代誌下
エズ	エズラ記
ネヘ	ネヘミヤ記
エス	エステル記
ヨブ	ヨブ記
詩	詩篇
箴	箴言
コヘ	コヘレトの言葉
雅	雅歌
イザ	イザヤ書
エレ	エレミヤ書
哀	哀歌
エゼ	エゼキエル書
ダニ	ダニエル書
ホセ	ホセア書
ヨエ	ヨエル書
アモ	アモス書
オバ	オバデヤ書
ヨナ	ヨナ書
ミカ	ミカ書
ナホ	ナホム書
ハバ	ハバクク書
ゼファ	ゼファニヤ書
ハガ	ハガイ書
ゼカ	ゼカリヤ書
マラ	マラキ書

ギリシア語訳旧約聖書

LXX	七十人訳
Th	テオドティオン訳
Aq	アクィラ訳
Sm	シュンマコス訳

新約聖書

マタ	マタイによる福音書
マコ	マルコによる福音書
ルカ	ルカによる福音書
ヨハ	ヨハネによる福音書
使	使徒言行録
ロマ	ローマの信徒への手紙
I コリ	コリントの信徒への第一の手紙
II コリ	コリントの信徒への第二の手紙
ガラ	ガラテヤの信徒への手紙
エフェ	エフェソの信徒への手紙
フィリ	フィリピの信徒への手紙
コロ	コロサイの信徒への手紙
I テサ	テサロニケの信徒への第一の手紙
II テサ	テサロニケの信徒への第二の手紙
I テモ	テモテへの第一の手紙
II テモ	テモテへの第二の手紙

テト	テトスへの手紙
フィレ	フィレモンへの手紙
ヘブ	ヘブライ人への手紙
ヤコ	ヤコブの手紙
Iペト	ペトロの第一の手紙
IIペト	ペトロの第二の手紙
Iヨハ	ヨハネの第一の手紙
IIヨハ	ヨハネの第二の手紙
IIIヨハ	ヨハネの第三の手紙
ユダ	ユダの手紙
黙	ヨハネ黙示録

旧約外典

エス付	エステル記への付加
Iエズ	エズラ第一書
エレ手	エレミヤの手紙
三人の祈り	アザリヤの祈りと燃える炉の中の三人の祈り
シラ	ベン・シラの知恵
スザ	スザンナ
ソロ知	ソロモンの知恵
ダニ付	ダニエル書への付加
トビ	トビト書
バルク	バルク書
ベル	ベルと龍
Iマカ	マカベア第一書
IIマカ	マカベア第二書
マナ	マナセの祈り
ユディ	ユディト書

クムラン関係

1QS	宗規要覧
1QM	戦いの書
1QH	感謝の詩篇
CD	ダマスコ文書

旧約偽典

| アブ黙 | アブラハム黙示録 |

アリ	アリステアスの手紙
遺訓・レビ	レビの遺訓〔その他同様〕
イザ昇	イザヤの昇天
イザ殉	イザヤの殉教
Iエノ	エノク第一書（エチオピア語エノク書）
IIエノ	エノク第二書（スラヴ語エノク書）
IVエズ	エズラ第四書
Vエズ	エズラ第五書
VIエズ	エズラ第六書
エリ黙	エリヤ黙示録
エレ余	エレミヤ余録
ギリ・イザ	ギリシア語イザヤ伝説
ギリ・バル	ギリシア語バルク黙示録
シビュラ	シビュラの託宣
生涯	アダムとエバの生涯
シリ・バル	シリア語バルク黙示録
ゼファ黙	ゼファニヤの黙示録
ソロ詩	ソロモンの詩篇
ソロ頌	ソロモンの頌歌
IIIマカ	マカベア第三書
IVマカ	マカベア第四書
モーセ昇	モーセの昇天
モーセ黙	モーセ黙示録
ヨセ・アセ	ヨセフとアセナテ
ヨベ	ヨベル書

使徒教父

イグ・エフェ	イグナティオスのエフェソ教会宛の手紙
イグ・スミ	イグナティオスのスミルナ教会宛の手紙
イグ・トラ	イグナティオスのトラレス教会宛の手紙
イグ・フィラ	イグナティオスのフィラデルフィア教会宛の手紙
イグ・ポリュ	イグナティオスのポリュ

略記法

　　　　　カルポス宛の手紙
イグ・マグ　イグナティオスのマグネシ
　　　　　ア教会宛の手紙
イグ・ロマ　イグナティオスのローマ教
　　　　　会宛の手紙
Ⅰクレ　　　クレメンスの第一の手紙
Ⅱクレ　　　クレメンスの第二の手紙
ディオ　　　ディオグネートスへの手紙
ディダ　　　ディダケー（十二使徒の教
　　　　　訓）
パピ断片　　パピアスの断片
バル　　　　バルナバの手紙
ヘル・幻 / 戒 / 譬　ヘルマスの牧者
ポリュ　　　ポリュカルポスの手紙
ポリュ殉　　ポリュカルポスの殉教

新約外典

トマ　　　　トマス福音書
ペト黙　　　ペトロ黙示録

フィロン略号

フィロン関係は、野町啓・田子多津子
訳『アレクサンドリアのフィロン世界の
創造』（ユダヤ古典叢書）2007、教文
館　vi 頁記載の「フィロン著作一覧」
を参考にさせていただいた。下線部が
本書における略記を表す。配列は略記
でのアイウエオ順とした。

ガイウスへの使節　Legatio ad Gaium
言語の混乱　De confusione linguarum
賞罰　De praemiis et poenis
神のものの相続人　Quis rerum divina-
　　　　　　rum heres sit
酩酊　De ebrietate
ヨセフ　De Josepho
律法詳論　De specialibus legibus

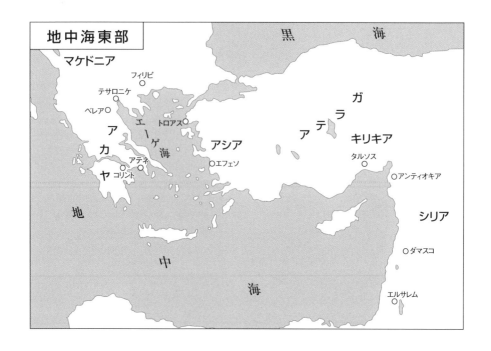

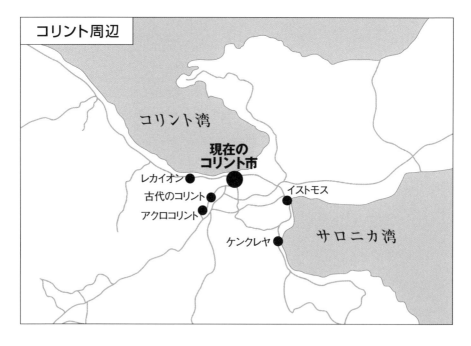

第二コリント書　8章－9章

序　説 [1]

1．コリントの地理的環境

コリントはギリシア本土とそこから南に突き出すペロポネソス半島とを結ぶ最小幅約 6.5km のイストモス地峡のすぐ南、つまりペロポネソス半島の北東端近くに位置する。ペロポネソス半島には古くはミュケーナイ王国が栄え（とくに前 1600 年頃から前 1200 年頃）、前 5-4 世紀のギリシアの黄金時代には本土のアテネに比肩する強大な都市国家（ポリス）、スパルタの所在地でもあった。コリントはこれら南北の交流の要衝であった [2]。しかしそれ以上に、とくにキュプセロス、ペリアンドロス父子の僭主政時代（前 657-581 年頃）以降、コリントは——ペロポネソス半島を迂回する航海がとくに冬場は大きな危険を伴っていたので——地中海の東西の交流の要として極めて重要な役割を担うようになる [3]。現在のコリント市（1858 年の地震の後に

1　以下、とくにコリント一般に関する部分の記述は Engels, Corinth 8ff、Murphy-O'Connor, Corinth 151ff、R.M.Grant, BHH 988-990、松原国師『西洋古典学事典』等を参考した。

2　「ギリシア人は古くは概して海路より陸路に頼っていたので、ペロポネソス半島の内部の人も外部の人も、コリントス人の領土を通って相互に交通していたから、彼らは財貨によって富強であった」（トゥキュディデス〔前 5 世紀〕『歴史』1：13）。

3　「コリントス人は艦隊を擁して海賊を一掃し、海陸両方に通商基地を設けて、財貨の収入により強力なポリスを築き上げた」（トゥキュディデス『歴史』1：13）。
　「コリントスは交易によって裕福な市だといい、市はコリントス地峡にあって二つの港を支配し、港は一方がアジア、他方がイタリアに接している。そして、これほど遠く離れている両地方内のそれぞれの地域のために、商品をどちら側からでも相手の方へとたやすく交換し合えるようにしている。古くはシケリア島に面した海峡が航行し難かった。これは外海とりわけマレアイ岬より向こうにある外海も同様で、何れも逆風のせいである。このため諺も生まれて『マレアイを廻ると故郷のことを忘れろ』。だから、イタリアとアジアのどちら側から来る交易商人もマレアイ岬を目指す航路を避けてこのコリントス市へ積荷を降ろすのは、まだしも良いこと

10

序　説

作られた）はコリント湾の海岸沿いにあるが、古代のコリントはそれの南西約 7km の内陸に位置した。そこからほぼ真北約 2.5km にレカイオンという西方に向けての港があった。他方、古代コリントの東約 8km には東方に向けての港ケンクレアイがあった。東西の交通を一層円滑にし、とくに危険なペロポネソス半島東南端のマレアイ岬迂回の航行を避けるために、地峡に運河を掘削することが古代から繰り返し計画された。伝えられるところでは、僭主ペリアンドロス（前 7-6 世紀）が最初にこれを計画した。彼はしかし、それが実現出来ないことを知って、代わりに地峡にディオルコス（diolkos。船引き道）を作らせた。これは堅い石灰岩の大きな厚板で作られた 3.5-5 メートル幅の船運搬用の道路で、人は小さい舟の場合は舟ごと運搬車に乗せてその上を他方の港まで運び、大きな船の場合は一方の港で積荷を下し、積荷だけを運んで他方の港で別の船に積みかえた。運河掘削の計画はその後も繰り返された。ギリシア時代にも何人か、ローマ時代になってからはカエサル、カリグラ等がそれを計画し、ネロは実際に着手したが（前 68 年）、翌年彼の死と共に試みは放棄された（幅 23m、全長 6.45km の現在の運河が開通したのは 1893 年）。このように地理的環境に恵まれたコリントは、ギリシア世界では珍しく商業を中心とするポリスであった [4]。当然のことながら、そこには多くの民族の人々が多数住みついた。

　古代の市の南には石灰岩の岩山アクロコリント（575m）があり、北斜面は険しい。

だった。さらに、陸路ではペロポネソス地方から積出しまたは運び込む品物に対しても、入口を扼するこの市に税が落ちた。この状況は後々までも相変わらずつづき、…」（ストラボン〔前 1- 後 1 世紀〕『世界地誌』8.6.20）。
　Engels, Corinth 59 は、マレアイ岬で危険な風に遭う可能性は冬季で 40%、その他の月で 25-30% としている。

4　キケロ（前 1 世紀）は、海に面した都市では外国の商品、慣習が輸入され、また人々は外国に出て行ったり、少なくも心は国の外へ逃れて放浪する、と指摘し、カルタゴとコリントとを例に挙げて、「彼らは通商と航海を熱望したために土地〔= 農業〕や武器の手入れをすることをやめた」ことが大きな原因となって、倒壊するに至った、と述べている（『国家について』2:4:1）。

2．コリントの歴史

　新石器時代に遡る集落跡がある。前1000年ころ、ドーリス系のギリシア人がイストモス地峡を占領し、コリントの町の基礎を築いた。前7世紀から6世紀にかけ、キュプセロス、ペリアンドロスのもとで全盛時代を迎え、強大な貿易都市（特産の陶磁器、青銅製品の輸出を含む）として栄えた他、強い造船業、海軍を持ち、海外にいくつもの植民都市を設けた。しかし、前6世紀後半以後は次第にアテネの勢いに押されるようになった。前6世紀末にはスパルタを盟主とするペロポネソス同盟に参加、前480年、ペルシア戦争で活躍するが、やがてアテネとスパルタとのペロポネソス戦争に巻き込まれ（前431-404年）、その後まもなくコリント戦争でスパルタに対抗した（前395-386年）。前338年、ギリシア連合軍はカイロネイアの戦いでマケドニアのフィリッポス二世に敗れた。その後コリントはアレクサンドロスの後継者たちの勢力争いに巻き込まれた。前3世紀には反ローマのアカヤ同盟の中心勢力としてローマに対抗したが（マケドニアとローマの間では三次にわたり戦いが交わされた［214-205/ 200-197/ 171-167年］）、前146年、コリントはローマの執政官ムンミウスによって破壊された（半壊状態で現存するアポロン（?）神殿は前550年頃のもので、ローマ軍による破壊を免れ、今日に残る唯一の建造物である）。パウサニアス『ギリシア記』は、「コリントスには、昔からのコリントス人はもはやひとりも住まず、ローマが送りこんだ居住民が住んでいる」（2.1.1）と述べている。もっとも、住民の中には廃墟に居続けた者もいた[1]。

　カエサルは最晩年（殺害されたのは前44年3月）、彼の軍隊の退役者に土

1　「ローマ人たちはこの都市（＝コリント）を略奪したが、それの建物の破壊は、完全には程遠いものであった。…この都市は大幅に見捨てられたが、以前のコリント人の何人かの末裔はまだ亡霊のようにしてそれの廃墟の中に居続けていた」（Engels, Corinth 16。彼はキケロ『トゥスクルム荘対談集』3：53から「また、コリントスの廃墟を突然見て、魂に動揺を感じたのは、実際の住民たちよりもむしろ私の方であった」〔訳語、一部はEngelsから借用〕を引いている）。

序　説

地を与え[2]、またローマの解放奴隷たちを入植させるために、ここにローマの植民都市を作ることを命じた。この都市は発議者の栄誉をたたえて Colonia Laus Iulia Corinthiensis と呼ばれた。彼はこの新しい植民地がかつてのように東西交通の要、商業の中心となることを予想していた[3]。

　カエサル暗殺後の内乱期にはコリントの再建は進まなかったが、オクタヴィアヌス（＝アウグストゥス）がアクティウムの海戦で勝利をおさめた後はコリント再建は軌道に乗り、前 27 年にはコリントは新しく編成された属州アカヤ（マケドニアとの境に至るまでのギリシア本土、および島嶼部がこれに含まれた）の首都とされた（Engels, Corinth 19）。

　再建されたコリントは急速に発展し、多くの建物が建築された。それは貿易港として栄え、商業、銀行業が盛んになり、また独自の手工業（とくに青銅製品）はその生産物を輸出するようになった。急激な経済力の上昇は、たとえば後 1 世紀後半（とくに 77 年の地震後）、建築材（とくにファサード用）としてこの地方産出の石灰岩に代わり、高額な輸入品である大理石が重要視されるようになった事実からも読みとれる。前 6 世紀以来コリントの管理のもとに二年ごとに開催されたイストミア祭（全ギリシア的規模の三大祝祭の一つ）は、コリントがローマに破壊された後は隣市シキュオンの管理で開催されていたが、後 1 世紀初めには管理権がコリントに戻され、二年に一度の

2　もっとも、新しい入植者が退役者であることをはっきりと述べているのはプルタルコス『カエサル』57：8 だけで（カエサルは「植民によって兵士の心をとらえようとした。植民のうちで最も有名なのは、カルタゴとコリントへの植民であったが、…」）、他ではストラボン『世界地誌』17.3.15 に入植者の中に兵士たちが加わっていたことについての短い言及があるだけである。実際、後 106 年、トラヤヌス帝の治下にローマに併合されたペトラからは、退役者の墓碑が解放奴隷等のそれと同じくらいの数発見されているのに対し、コリントからは退役者の墓碑はほとんど発見されていない（Millis, Colonists 20,24）。プルタルコスの場合は、カエサルが自分に仕えた者たちを大事にしたことを強調することに重点があり、新たに植民都市となったコリントの状況を客観的に描くことには関心が向いていなかったから、彼の記述を額面通りに受け取るには用心が必要である（Millis 19f を参照）。

3　「その後［ムンミウスによる破壊後］、長い間コリントスは荒らされたままになっていたが、神君カエサルがこの市の地理上の便利さを見てこれを再興し移民を送りこんだ。移民のほとんどは解放奴隷層の人々だった」（ストラボン『世界地誌』8.6.23）。

13

開催時にはギリシア全土、海外から多くの人を引きつけた。

3. 新しいコリントの住民

　新しいコリントの住民は市民（植民者及びその子孫）および外国人居住者から成っていた。上述のように植民地発足時にここに送り込まれたのは解放奴隷が主体であった（ストラボン『世界地誌』8.6.23）。彼らは、個々の名前から推して、民族的にはギリシア系であったことが窺われるが、生活面では強度にローマ化されていたと思われる（Millis, Colonists 22f）。コリント社会のエリート階層を形成したのはこの人たち及びその子孫である[1]。

　外国人居住者の中ではギリシア人が最も多かった。中にはムンミウスによる破壊の生き残りの子孫も居た。ギリシア時代のコリントの特産品であったブロンズ製品がローマ時代のコリントでも生産されたのは、これら生き残りのギリシア人の子孫によると思われる（Engels, Corinth 70）。ローマ時代になってから、この町に引きつけられて新たに流入したギリシア人も少なくなかった。ギリシア人の中にはローマ市民権を与えられた者もいたが[2]、普通は彼らは外国人居住者として扱われた。

　市政に影響力を持つエリート市民の間ではラテン語とローマ風文化とが重んじられた。それは後3世紀ころまで続く。この間、彼らの中でギリシア式家名を持つ者の数は減っている。

　他方、この時期、住民一般の民族構成は徐々にラテン系からギリシア系に移っている。後2世紀のFauroiusは、コリントは「ローマのものであるが、完全にヘレニズム化された」と記している（Dio Chrysostum 37:26）。そ

1　この点に関しては、碑文、姓名分析および若干の文献から得られたローマ植民都市としてのコリントの初期段階のエリートの名前を考察したA.I.Spawforthが、コリントの上層階層を占めていたのは解放奴隷及びその家族であったと推論している（Millis, Colonists 21fによる）。

2　最初期のduovir（二人制、一年任期の市の最高指導者）の一人、G.Julius Nicephorusは、Nicephorusという名から見てギリシア系と見られる。Engels, Corinth 68を見よ。

14

序　説

のことを最も顕著に示しているのは碑文[3]である。ハドリアヌス（在位 117
-138）時代以前の碑文としては、ラテン語のものが百一残っているのに対
し、ギリシア語のものは三つしかない。ハドリアヌス時代のものとしてはラ
テン語のものが十、ギリシア語のものが十五残っており、両者の数の比が逆
転している。その後ガリエヌス（在位 253-268）までの時代のものとして
は、ラテン語が七、ギリシア語が二十四であり、しかもラテン語のものには
文法、スペルに間違いが多い。類似の傾向は墓碑銘からも読み取れる。ただし、
碑文や墓碑銘は公的性格が強いから[4]、この事実が直ちに——とくに植民地時
代初期の——住民一般の言語使用の状況を正確に反映しているとは言えな
い。その点、落書の場合はそれを書いた者の日頃の言語使用の習慣をもろに
反映するのが普通であるが、発見されている落書[5]ではギリシア語で書かれ
たものがラテン語で書かれたものを数的に上回っており、碑文、墓碑銘から
は見てとることの出来ない住民の日常的言語使用の状況が窺われる（Millis,
Colonists 26f）。

　民族構成の推移はさらに、コリントで生産された陶器類にも反映している。
植民都市が出発して百年ほどの間は、陶工たちは生産物——それは輸出を目
的としておらず、コリントでの使用を前提するものであった——に自分のロ
ーマ式の名前をラテン語アルファベットで刻んだが、その後はギリシア式の

3　ここに挙げた数値は、とくに断りのない限り、Engels, Corinth 71 が J.H.Kent,
　The Inscriptions 1926-1950. Corinth, Results of Excavations VIII,3, Princeton 1966,
　18f に基づいて記しているもの。Engels は 172 の付表 12 で Kent 19 に依拠するさら
　に詳しい報告を提供している。また彼は 219A26 で、Kent の 1966 年の報告の後さ
　らに碑文が発見されているが、全体の傾向には変更すべきものはない、としている。
　Theissen, Schichtung 240A20 も同じく Kent に依拠しながら数値の報告をしている。
　個別の数値に Engels の報告するものと若干の違いがあるが、大勢に影響はない。

4　墓碑銘は一方では極めて個人的性格が強いが、他方では故人の生前の功績をたた
　え、あるいは故人の属した社会階層を記録にとどめる等の機能を合わせ備えており、
　その点では公的性格を無視出来ない（Millis, Colonists 25）。

5　落書の場合は書かれた時期を特定することがほとんど不可能という難点がある。
　落書については Millis, Colonists 26,27 を見よ。

名前をギリシア語アルファベットで刻んだものが見られるようになる[1]。これらの事例から見ると、パウロがコリントを訪れたのは、公的にはローマの影響力がまだ揺いでいないが、庶民の間ではギリシア語使用がかなり一般的であり、その傾向が一層拡大しつつある時期であった[2]。彼自身がどの程度ラテン語をこなしていたかは判らないが、教会ではギリシア語が問題なく通用していたようで、そのことを当然のこととする庶民層が数の上では中心であったと想像される。

その他の海外からの移住者も少なくなかった。パウロに関係の深いユダヤ人に関しては、ユダヤ人哲学者フィロンが後40年頃に書いた『ガイウスへの使節』281で、当時在外ユダヤ人共同体が存在したヨーロッパの地名として、マケドニア、アッティカ等の地方名と並べ唯一都市名であるコリントを挙げている。もっともこれは彼がアレクサンドリアにおけるユダヤ人虐殺の件でガイウス・カリグラ帝に提訴する使節団の団長としてローマに上京した折コリントを通ったので、この町およびそこでのユダヤ人共同体の印象がとくに強かったために過ぎないかもしれない。逆に、使徒言行録からは同地のユダヤ人共同体がローマの出先機関に対し持つ政治的影響力が、とくにテサロニケのそれに比べ、小さかったことを窺わせる記事が記されている。すなわち、パウロはコリントでも宣教活動に従事するうちにユダヤ人の反感を買うようになり、ユダヤ人は彼を総督ガリオンに訴えたが、ガリオンはそれをまともに取り上げなかった（18：16）（Koch, Christen 364,366 を参照）。また、コリントに侵入したパウロの論敵はユダヤ人キリスト教の意識を強く持っていたが（Ⅱコリ 11：22）、それにもかかわらず、コリントではガラテア、フィリピ（3：2ff を見よ）におけるように律法遵守が大きな問題となった形跡がない。このことにも、コリントのユダヤ教社会の力の弱さが反映し

1　この段落の記述については Engels, Corinth 71-73 を参照。

2　Millis, Colonists 31 は、検討した資料から引き出せる最も蓋然性の高い結論として、全体的に見て、「コリントの住民はギリシアおよびローマの両世界において効果的に行動することのできるグループで構成されていた」とし、彼らは「両文化のハイブリッドであった」としている。

ているかもしれない。なお、コリントからは、後2世紀のものと思われるが [SYNA]ΓΩΓΗ EBP[AIΩN]［ヘブライ人の会堂］の文字を残す鴨居石等も出土している。

　地中海貿易の量は前5-4世紀の頃より共和政後期および帝政初期には増大していたと思われるから、ローマ時代のコリントの人口は少なくもギリシア時代と同じであったろう。Engels, Corinth 84 は、諸般の事情を勘案した上で、ローマ時代のコリントの人口は都市部8万、農村部は2万、と推定している。

4. コリントの文化

　コリントは文化の中心地でもあった。とくに犬儒派 Diogenes von Sinope についての記憶が盛んであった。彼は死後ポリスの門の傍らに葬られた。1世紀には Apollonius von Tyana、犬儒派 Demetrius 等がコリントを訪問している。

　宗教に関してはアクロコリントの上にアフロディテの大きな祭壇が設けられ、コリントの宗教生活の中心となっただけでなく、海外にも有名となった。ストラボン『世界地誌』8.6.20 はギリシア時代のコリントについて「アフロディテの神域は非常に富裕で一千人を越す遊女を神殿奴隷として抱えていたほどだった。男女を問わず多くの人がこの女神にこれらの女奴隷を奉納した。その結果、この遊女群のおかげもあって市にはたくさんの人々が群れ集まり、市がおおいに潤った」と記している。その当時は「コリントする」という語が性的不道徳を意味して用いられた。もっともストラボンは、前1世紀末に自分自身がコリントを訪問したときの報告としては、「山頂にはアフロディテの小さな神殿があり」と記しているのみである（同21）。しかし、後2世紀のソフィスト・修辞学者アリスティデスも「彼女の美しさ、彼女の情熱、彼女のエロティクな喜びは多くの者を魅了する」と伝えており（『ポセイドン』23）、アフロディテの勢威はローマ時代にも衰えていなかった。

　175年にこの地方を旅行したパウサニアスは、町の上の山の中に、イシス・

セラピスの祭儀場およびギリシアの神々の神殿を見出している。

コリントの発掘は1896年にアゴラおよびその周辺を中心として始まっている。

5．パウロとコリント

パウロの活動の相対年代、つまりある出来事と次の出来事との時間的間隔については、パウロ自身の記述及び使徒言行録の報告によってある程度推定を下すことができる。しかし、それの絶対年代、つまりある出来事が紀元何年のことかを推定することは、総じて手掛かりがないため極めて困難である。その中にあって彼の最初のコリント滞在（いわゆる第二伝道旅行の終わり近く）については、例外的に、いわゆるガリオン碑文を参照することによって、それが紀元50年秋から52年春にかけての約十八ヶ月であったことをほぼ確認出来る[1]。他方、それに続くいわゆる第三伝道旅行に際しての彼とコリントとの関わりについては、相対年代についてすらパウロ自身の記述にも使徒言行録の報告にも手掛かりになるものが十分でなく、ましてや絶対年代についてはおよその推測が下せるだけである。

a．第二伝道旅行

パウロはアンティオキアの衝突（ガラ2：11ff）の後、アンティオキア教会（およびバルナバ）から独立した伝道旅行に踏み出した[2]。これが第二伝道旅行と呼ばれるものである（49年-52年）。この旅行で彼は小アジアで曲折に富む

1　この点については佐竹『使徒パウロ』46ffを見よ。川島『ロマ書講義』16fも参照。なお、青野『新約釈義　第一コリント書』(1) 79–71により詳細な記述がある。同『パウロ』20fも参照。

2　Murphy-O'Connor, Paul 24–28はパウロの第二伝道旅行をアンティオキア教会からの派遣によるとし、エルサレム会議の直前に置き、アンティオキアの衝突はそれの後のことで、その結果パウロはアンティオキア教会と袂を分かって第三伝道旅行に出かけた、とする（同 Corinth 170も参照）。この問題は立ち入ると長い議論になるし、それはわれわれにとって必ずしも必要ではないので、ここではアンティオキアの衝突をいわゆる第二伝道旅行の前に置く通説に従うこととする。

体験をした後ヨーロッパに進み、マケドニア地方のフィリピ、テサロニケ、ベレアで宣教し（使 16：11-17：14。フィリピ、テサロニケでは教会が出来た）、次いで南下してアテネに赴いたが、そこでは教会を設立するまでには至らず、コリントに移って、同地に十八カ月滞在し（使 18：11。50 年秋～52 年春）、コリント教会を設立した（使 18：1-17）。

この第二伝道旅行の目論見を佐藤『旅』132 は「誉れ高いギリシャの地に開拓伝道[3]する」点にあったと推測するが、私は、パウロの目標はこの時すでに、ギリシアそれ自体よりもローマおよびそれ以西の帝国西方にあったと考える。「誉れ高いギリシャの地」が関心の最大の対象であったとすれば、アテネこそが最大の目的地であったはずだが、彼がアテネに示した執着は微弱なものに過ぎなかった。同地を最初に訪れたときに何か大きな困難にぶつかって同地での活動を妨げられたとも想像出来ないではないが、困難に遭うことは彼にとっては日常茶飯事であった。実際彼はコリントでも、両コリント書に明らかなように、大きな困難に遭遇したが、同地への大きな関心を持ち続けた。それは何よりも、コリントが海路ローマに向かう上での最上の都市であり、従ってローマからの情報を得るための最上の候補地であったためである。なお、彼は第三伝道旅行の終わり、このコリントからローマの教会宛の手紙（ロマ書）を書いている。

コリントに到着した彼は、クラウディウス帝のユダヤ人追放令[4]によってローマを出てきたユダヤ人夫妻アキラ、プリスキラと出会い、おそらく彼ら

---

3 「開拓伝道」、つまり他の宣教者がまだ「開拓」していない都市に初めて宣教することに——佐藤は、パウロはアテネ、コリントでの宣教に際し、この点も重視していたと考えているようだが——彼が伝道旅行のそもそもの初めから重きを置いていたかは、定かではない。私はむしろ、パウロはこの考えを——これはロマ 15：20 で最も明瞭な形で述べられている——II コリ 10：14 の段階で、それもまだそれほど決然とした形でではなしに持つようになったと考える（同所の説明を見よ）。彼がロマ 1：13 の段階ですらも——ロマ書は他の人の働きによってすでに確立しているローマ教会に宛てられている（!!）——「あなたがたの間でもいくらかの実を得るために」ローマに行くことを考えているのも見よ。

4 スエトニウス『ローマ皇帝伝』クラウディウス 25 に「ユダヤ人は、クレストゥスの扇動により、年から年中、騒動を起こしていたので、ローマから追放される」とある。佐竹『使徒パウロ』48ff を見よ。この点についても青野『新約釈義 第一コリント書』(2) 77-72 に詳細な記述がある。

もパウロのコリント到着以前からのキリスト者であり[1]、かつ同業であったので、彼らの家に入って天幕造りに従事した（使 18:2f）。アキラ、プリスキラ夫妻は後にエフェソに移り、そこでは信徒の集会のために自分たちの家を開放していたこと（ロマ 16:4）から窺われるように、裕福であった。彼らはコリントでもパウロに住居と働きの場とを提供して活動を支えた。その後シラスとテモテとがマケドニアから（おそらくマケドニアの教会からのパウロに宛てた献金を携えて）到着したので、パウロは福音宣教に専念することが可能となった（II コリ 11:9）。これが第二伝道旅行時におけるパウロのコリント滞在の、使徒言行録の記述に基づく大要である。

おそらく 52 年、使徒言行録によれば彼は十八カ月の滞在を打ち切ってコリントを出発し、エフェソ経由エルサレムに上京、短期間同地に滞在の後アンティオキアに赴いた。この旅行については、パウロの手紙に報告は残っていないが、それが行われたのはほぼ確実と思われる[2]。

b. 第三伝道旅行

α. エフェソでの活動

53 年に始めたいわゆる第三伝道旅行では、パウロはアンティオキアを出発して小アジアを縦断し、この年のうちにエフェソに到着し、ここからコリント教会に向けて I コリント書を書いた（コリント教会に宛てては、彼はすでにそれ以前に「前の手紙」を書いている。I コリ 5:9）。この時のエフェソでの滞在は、使 19:8,10 によれば二年余りであった（20:31 では「三年間」）。I コリ 16 章では彼は、自分は間もなくマケドニア経由でコリントを訪問すると予告し（5 節）、ただし「五旬節まではエフェソに滞在する積りだ」としている（8 節）。「五旬節まで」は、「次の五旬節まで」ということであろう。

1　パウロはこの両者をコリントでの最初のキリスト者（「アカヤの初穂」〔I コリ 16:15〕）とはしていない（Köster, Einführung 543）。

2　第二伝道旅行末におけるエルサレム訪問、それに続くアンティオキア訪問がパウロの献金運動に対して持つ意味については、補説 2「テトス」、および補説 3「献金運動」E d を見よ。

序　説

Ⅰコリント書の執筆時期によるが（「前の手紙」を出しているとは言え、この本格的なⅠコリント書の執筆がエフェソ到着後時間が経ってからであったとは考え難い）、彼が到着後二年半（または三年）もの間エフェソでただ規則的な宣教活動を行っていたという使徒言行録の記述をそのまま受け入れることは難しい[3]。他方、この時期のパウロは、使徒言行録には記されていないいくつかの重要な体験を積んでいる。

　一つは到着後比較的早い時期（この事件はすでにⅠコリント書に記されている）に起こった[4]、彼が「獣と戦った」事件（Ⅰコリ 15:32。Ⅱコリ 1:8 も参照）である。「獣と戦う」は文字通りのことではなく（文字通りの獣との戦いであるなら、Ⅱコリント書に複数回出る苦難のリスト〔代表的なものとして 11:23ff〕のどこかにそれは記載されていたであろう）、寓話的に理解すべきであろうが（Schrage, Der erste Brief の当該個所を見よ）、それにしてもそれは、Ⅰコリ 15:32 の前後の文脈が明らかにするように、彼にとって死を覚悟せざるを得ないものであった。

　この「獣との戦い」はパウロに対する官憲による迫害であった可能性が極めて高いが、彼はエフェソ滞在中にこれとは別に入獄の体験をしている。彼の手紙の中には「獄中書簡」と称されるものがあるが（フィリピ書、フィレモン書）、それらの執筆地はエフェソである可能性が高い。彼はその地で捕

3　この点については本序説のβ②の終わり近くにも記述があるから参考されたい。Murphy-O'Connor, Corinth 170 は、第三伝道旅行でパウロはそれ以前に自分の建てた諸教会（ガラテア、フィリピ、テサロニケ、コリント）の出来るだけ近くにいることを必要と考え、「この基準に完全に合致する」エフェソを彼の「次の半恒久的基地」として選んだ、と述べる。しかし、ロマ 15:23 で彼が「これらの地域〔帝国東半〕ではもはや場所がなく」として（この認識は彼は第二伝道旅行の終わりにすでに持っていたはずである）、スペインにまで宣教することを希望していたこと、彼がエフェソ到着後早々にコリント教会宛に手紙を複数通（Ⅰコリ 5:9 に「前の手紙」に言及がある）書いていることから考え、エフェソ選択にパウロがそれを「半恒久的基地」と見なすほど大きな意味を持たせていたかは、私には疑問である。第三伝道旅行は総じてエルサレム教会のための献金行脚の性格が強く、そのためにはコリント教会との関係改善が彼にとり何よりも重要であった。

4　たとえば Vielhauer, Geschichte 146 はこの出来事を中間訪問後のこととしているが、この見方を支える発言はない。

21

らえられている。ただし「獣との戦い」の場合のように死を覚悟しなければ
ならなかった（Ⅱコリ 1：8-10）ほどの厳しさは、フィリ 1：12ff の記述から
は感じられない。このフィリ 1：12ff の記述は彼の入獄が周囲の人々に種々
の反響を及ぼしていることを述べているが、このことからは入獄が少なくも
ある程度の期間継続したことが窺われる。決して使徒言行録の述べるように、
二年以上規則的な宣教活動に従事していたというのではなかった。パウロは、
後に述べるように（β③）、コリントへの中間訪問からエフェソに帰った後、
「涙の手紙」を書き、それを持たせてテトスをコリントに派遣している。彼
はテトスの報告を心待ちにした。しかし、知らせを一刻も早く聞くためなら
テトスをエフェソで待っていた方がよかったろうに、彼はトロアスに出かけ
ている。それは「キリストの福音のため」とされている。それを敢えて否定
する必要はないが、トロアスでは「主にあって扉が開かれていた」にもかか
わらず、テトスに早く会いたい一心で、彼はさらにマケドニアに赴いた（Ⅱ
コリ 2：13）。トロアスからマケドニアに移ったのは、時季が冬場に掛かりそ
うだったとすれば説明がつく（8：10 の説明を見よ）。しかし、彼はなぜ中途
半端なトロアス行きを行ったのか。この不可解な行動の背後には、彼にはエ
フェソに居られない事情が生じていたのではなかろうか。確実なことは言え
ないが、今述べた入獄体験がこれに絡んでいた可能性がある。なお、パウロ
はⅡコリ 6：5; 11：23 で自分の受けた苦難を数えあげるに際し、「入獄」を
複数形で記している。彼がこの記事を書く以前に身体の拘束を受けたこと
は、言及されている限りではフィリピでのそれ一回だけであることを考える
と（使 16：19ff）、彼はここでエフェソでの入獄体験をも念頭に置いている可
能性が考えられる。しかし、これらの記事だけからでは確実なことは言えない。

　今一つ、この時期の彼の身辺には、それ以外に、もっと彼の力と時間とを
奪う事柄が起こっていた。

β. コリント教会内での反パウロ的動き

① Ⅰコリント書の段階

すでに第二伝道旅行後のパウロのしばらくの不在の間に、コリント教会と

序　説

パウロとの関係は円滑でなくなり始めた。Iコリ 1 : 12ff で、つまり第三伝道旅行の初めエフェソに来た段階で、パウロはコリント教会内にパウロ派、アポロ派等の分派が存在していることを聞知し、それに対する批判を述べている。彼自身は、アポロに対しては好意を持っていたし（Iコリ 16 : 12）、ケファに対しては、必要に応じて批判を浴びせることがあったにしても（ガラ 2 : 11ff）、それなりの敬意も払っていた（Iコリ 15 : 5; 9 : 5）。しかし、そのこととこのような分派が生まれたこととは、別次元の問題である。それは、パウロに対するある種の不満ないしは批判がこの早い段階からコリント教会に生れていたということであろう。その後、この分派問題がどのように展開したかは判らない。彼の手紙の中に直接それに関連する事項の記述は以後見られない。次第に消滅したのかもしれないし、より大きい反パウロ的気運の中に吸収されたのかもしれない。

　Iコリント書からは教会の中にパウロの説得の及ばないいくつかの問題がこれ以外にも起こっていることが読みとれる。たとえば彼は、異教的背景に由来すると思われる不品行の問題についてIコリ 5 : 9ff で発言しなければならなかったが、それは彼が三回目のコリント訪問を企てる時期になっても完全に消えていなかった（IIコリ 12 : 21）。パウロが教会からの謝金を受け取らない問題についてはすでにIコリ 9 : 15ff で弁明しなければならなかったが、IIコリ 11 : 7ff; 12 : 13ff でもこの問題が再度取り上げられていることから見ると、その後も根強く残ったようである。このように、コリント教会の中にはパウロに対する批判的空気が早い段階からあったが、それはその後、論敵たちの活動により増幅され、中間訪問という形で顕在化した。

② 論敵の活動と中間訪問

　Iコリント書でも、コリント教会内にパウロの論敵が活動していた形跡が認められるが、IIコリント書での論敵はそれとは別の存在である（両者の比較等の問題にはここでは立ち入らない）。IIコリント書の論敵たちは、パウロが第二伝道旅行末コリントを去った後になって、外部からコリントに来た（11 : 4。10 : 13f も参照）ユダヤ人のキリスト教宣教者たち（11 : 22）であ

23

る[1]。IIコリント書の中では 10-13 章がその論敵たちとの議論を中心テーマとしている。

10-13 章でパウロは、論敵たちは自分が伝えたのとは「別のイエス…異なる福音」を伝えている、と言う（11:4）。この場合の「別の、異なる」は、具体的に何を指しているのか。彼らが彼を評して「語ることでは素人」とし、それを彼の使徒たることにとっての致命的欠陥としていること（11:6。10:10 も参照）、彼が——彼らの挑戦に乗って——自分も「徴と奇跡と力あるわざ」を「使徒の徴」としてコリントでも十分に行ってきたと誇っていること（12:12。12:1ff も参照）等から見て、彼らは、キリストを一方的に強いキリスト、栄光のキリストと把握し、キリストに仕える使徒も同じように力に溢れ、弁舌に優れているはずだとしていた、と思われる。パウロが 11:23ff で、論敵にはない自分の使徒としての経歴として数々の苦難の体験を指摘し、最後には、自分は「弱さを誇る」としていること（12:7ff）も、このような論敵像と重なる。

この論敵たちは——おそらくコリント教会自体にそれを受け入れる素地があったのだろう——教会に極めて大きい影響を与えた。11:20「誰かがあなたがたを奴隷にしても、誰かが食いつくしても、…誰かがあなたがたの顔を殴っても、あなたがたは我慢している」は、彼がいかに彼らの影響力の強さを深刻に受けとめているかを反映している。彼は自分のそれまでの働きが一切無に帰すのではないかと恐れさえしている（11:3）。

われわれはこの段落（β）ではコリント教会での反パウロ的動きを主として史的観点に立って明らかにすることを目的としているので、ここではまず、論敵たちがコリントの人々に大きな影響を与えた彼らのコリントでの活動期の時間的枠組の問題を、テキストの諸発言を手がかりにしながら詰めることにしたい。

1　Iコリント書に出る論敵はIIコリント書におけるそれとは種類が違う。後者がコリントに来たのはIコリント書執筆以後のことである。
　　以下、10-13 章に記された論敵関連の記述を略述するが、詳細は釈義の部分での関連個所の説明を参考されたい。

24

序　説

　パウロが 10-13 章を書いたのは、12:14; 13:1 で間もなく行おうとして
いるコリント教会再訪を「三度目」と呼んでいることから明らかなように、
二度目の訪問に当たる中間訪問より後のことである。さらに、12:18 には「テ
トスに勧めて」そちらに行かせ、その際「あの兄弟を同行させた」とあるか
ら、10-13 章の執筆は献金運動完遂のためのテトスの再派遣よりも後のこ
と、ということになる（12:18 の説明を見よ）。ただし、これは、10-13 章
が書かれた時期の問題であって、論敵の活動そのものの時期がそのように遅
い、というのではない。それに、12:18 のいう「あの兄弟」はもともと集め
られたエルサレム教会宛の献金をコリントからエルサレムに運ぶことを本来
の任務としていたと考えられるから、彼がテトスに同道してコリントに赴い
ても、そう長い期間コリントに滞在することは予定されていなかったに違い
ない。そればかりか、パウロ自身テトスを再派遣した後、自分も間もなく三
度目のコリント訪問をしたと思われることも考えると（ロマ 15 章の記述か
ら見て、それが大幅に遅れたとは考え難い）、10-13 章が書かれたのはテト
スの再派遣の後であるにしても、その時期になって教会に深刻な影響を残す
ような論敵の活動が起こり、その後それが終息してパウロがコリントに行け
るようになった、と考えることは、時間的に見て無理が大き過ぎる[2]。論敵の
活動自体はもっと早い時期のことであった、と考えざるを得ない。

　ということになると、次に問題となるのは、論敵の活動がパウロの中間訪
問の挫折と直接関係していた可能性である。

　中間訪問では一人の人物が決定的役割を演じた。コリント教会はその後中
間訪問での自分たちの行動を悔い改め、その中心人物を「処罰」した（2:6;
7:11）。この中心人物が論敵の一員であった可能性は考えられないか。答え
を先取りして言えば、それも無理である。

2　たとえば、Barrett, Titus 128f は、テトスは献金運動のため再派遣されてから再
　びパウロのもとに帰って来て、今回は悪い知らせをもたらした、それが 10-13 章を
　引き起こした、と述べる。しかし、「パウロに対する完全な恭順からまたしても完
　全な反抗という教会の大幅な不安定さ、それもそれがこんなに短い期間に起こった
　ということは、信頼出来ない」等の理由を挙げて、論敵の侵入を和解の後とするこ
　とに反対する Bornkamm, Vorgeschichte 175 の主張の方が説得的である。

25

いくつかの理由がある。①「不正を行った者」は——それ以外の特別の呼称は付与されていない——いつも単数形で記されている（2:2とそれの影響下にある8節まで、および7:12）。これに対して論敵は、不定代名詞 τις で表される場合が多いが（単数の場合〔11:20,21〕もあるが、10:2,12〔3:1も〕では複数形）、「超使徒たち」と名詞で呼ばれる場合もあり（11:5; 12:11）、複数の人から成っていることが示唆されている。論敵の中の一員の単独行動が報告されている例はない。②パウロは自分の中間訪問によってコリント教会で燃えさかった彼に反対する機運を鎮静化する目的で、「涙の手紙」を持たせてテトスを派遣した。この場合、パウロ自身が再びコリントに出かけたのでは火に油を注ぐことになりかねず、代わりに——おそらくそれまでコリントでパウロと共に活動したことのなかった——テトスを派遣したことは賢明であった。このテトスは目的を達成してパウロのもとに帰った。テトスの相手が論敵だった場合はどうなっていたであろうか。教会員宛の論敵批判の文書を持たされただけでは、論敵に面と向かって立ち向かい、あるいはまだ論敵がそこにいるのに教会員を説得することは、テトスには荷が重過ぎたのではないか。コリントでテトスの報告を聞いて書いたパウロの反応（7:7ff）も、テトスが行ったのが「不正を行った者」の後始末であったことを示唆している（7:5ff の説明を見よ）。論敵との論争問題の解決であったとの印象は与えない。③「不正を行った者」は涙の手紙を契機として「多くの者たち」（これは教会員の中の「多くの者」であろう）によって処罰されたとある（2:6。7:11も参照）。このことはこの人物がもともと教会員の一人であった可能性が大きいことを示している。これに対し論敵は明らかに教会成立後に外部からコリントに来た（11:4。10:13f も参照）、もともと各地の教会を巡回する宣教者である。④　中間訪問でパウロに対する妨害行動を行った中心人物は「不正を行った者」と呼ばれる（7:12）。この「不正」がどのような内容のものであったかについてパウロは具体的に述べていないが、彼が αδικία（不正）およびその同根語を人間関係に関して用いる場合には、それは人間関係を傷つけ、相手方に実害を与える行為を指しているのが普通であり（詳しくは7:12 の説明を見よ）、パウロとの間に神学論争が展開されたとの印象は

序　説

薄い。これに対し論敵は自ら「キリストの奉仕者」を名乗る宣教者であり（11：23）、パウロとは異なる福音理解を自らのうちに確立していた（11：4）。

　　ただし、ここで述べたことを理由に、「不正を行った者」のパウロ批判が論敵たちのパウロ批判と無関係であったと考えることは必要でないし、適切でもない。すぐ後で述べるように、パウロの中間訪問は論敵たちの活動がコリント教会に多大な影響を及ぼし、その結果彼は教会の存立の基盤が揺るがせられるのではないかとの危惧を抱いたこと（11：1ff）に動かされて行われたが、実際に中間訪問に際して彼に投げつけられた批判は、中間訪問に先立って行われた論敵たちの批判に勢いを得た、しかしより強くパウロ個人に向けられた中傷の形をとったものであったろう[1]。

　　このように、中間訪問の挫折の直接の原因となったのがコリント教会内の一員だったということになると、コリント教会での論敵の活動はどの時点に位置づけられるのであろうか。先に述べたことの再論となるが、パウロの使徒たることに関しての批判をも含めての論敵の活動の影響の強大さは、パウロ自身の発言の中にも痕跡をとどめており、教会の創始者として彼がそれを無視できたと考えることは不可能であろう。ということになると、論敵たちがコリントに来て教会に大きな影響を及ぼしたのは、むしろ中間訪問の直前である可能性が大きい。そればかりか、パウロの中間訪問自体もこの教会の緊急事態を知った彼の反応だったと考えられる（Bornkamm, Vorgeschichte 165）。彼がそれだけ大きな問題に直面して何ら対抗措置を取らなかったとする方がむしろ不自然であろう。

　　ただ、彼が中間訪問に際して論敵たちと直に論争した痕跡は見当たらない。

1　Bornkamm, Vorgeschichte 165 は、この中間訪問に際しての「争点およびそれの最終的解決」で問題になったのは「何らかの個人的争いではなく、パウロの使徒職であった」と述べる（Vielhauer, Geschichte 104 がこれに同意）。しかし、パウロが中間訪問を行った理由はまさにこのような認識だったろうが、中間訪問の現場での彼に対する批判では個人的中傷が強く表面に出ていたのではなかろうか。「不正を行った者」がパウロと論争出来るほどに論敵たちの主張を代弁し得たと思われないし、この当人に対するその後の教会の対処の仕方からも神学的論争が行われた気配は窺われないからである。

中間訪問の時には論敵たちはすでに退去していて[1]、パウロがぶつかったのは論敵たちの影響を強く受けた教会員だったのではないか。

このように考えると10-13章でパウロが直接論敵と論争しておらず、彼がそこで力を注いでいるのは、教会員たちを論敵の残した影響から取り戻すことである点も、理解しやすくなる。10-13章はそれゆえ、間もなく自分がコリントを再訪問することを心積りにしているパウロが、コリント教会に強い影響を残した論敵たちの福音理解が自分とは根底的に異なることを指摘し、「弱さを誇る」（12:9）ことこそが自分の福音理解の基本であることを強調することによって、彼らに自分の再受け入れの準備を促すことを目的とした文書であったと思われる。

③ 中間訪問およびその後

パウロはⅡコリ12:14; 13:1でコリントへの三度目の訪問を予告している。第二伝道旅行に際してのコリント訪問が最初の訪問であるから（このとき教会が設立された）、Ⅱコリ12:14; 13;1で予告される訪問が三度目の訪問であるためには、その間に二度目の訪問がなければならない。使徒言行録はこの訪問について伝えていないが、Ⅱコリント書の中にはその訪問に関連する記事が何箇所かに見られる（2:1ff; 7:5ff）。これを通常「中間訪問」と呼ぶ。

2:1ff; 7:5ffの記述は、この訪問がパウロにとり極めて苦い体験となったことを示唆している。とくに「不正を行った者」（7:12）から受けた打撃が大きかった。彼がパウロに対して具体的に何を行ったかについて、彼は述べ

1　時代も成立地も違うから決定的な論拠とはなり難いが、ディダ11:5に、訪問して来た使徒・預言者について、「しかし、彼は一日しか留まるべきでない。必要ならば、もう一日。もし三日留まるなら、その人は偽預言者である」とあるのを参照（ディダケーは1世紀末または2世紀初めにシリア、パレスチナで成立したと考えられている）。

　パウロはこの論敵たちに対し総じて一度も直接の批判を試みず、教会員宛の文書の中で、つまり教会員の中にある彼らの影響を除去する努力の一環として、彼らに対する批判を行っているだけである。ガラ2:14ffでは、彼はアンティオキアの衝突に際しペトロを面と向かって批判したことを文章化して読者に伝えているが、それに類する言辞はⅡコリント書には見当たらない。

ていない。この問題については7:12の説明を見よ。彼は追われるようにしてコリントを後にしなければならなかった。

彼はなぜこの時期にコリントを訪問したのか。それについては②で推測を下した。彼は論敵の活動、とくにそれの影響に危機感を抱いたのである。

中間訪問からエフェソに帰って、彼はコリント教会との関連で二つのことを行った。一つはコリント教会に向けて「涙の手紙」（2:4）を書いたこと、今一つにはこの手紙を持たせてテトスをコリントに派遣し、関係の修復にあたらせたことである。この和解の試みがどのくらいの時間を要したかは判らない。パウロとしては当然急いで事に対処しただろう。しかし、事柄の性質から見ても、パウロが当初テトスを待ち受ける予定にしていたトロアスを去ってマケドニアまで出向いて――コリントでの工作に時間がかかることもあり得るとして、テトスと会う第二の候補地としてあらかじめマケドニアを取り決めていたのではあろうが――テトスの帰還を待ったこと（2:12f）から見ても、これらの措置が一定の結論を導き出すまでには、かなりの時間を必要としたと思われる。

先に指摘したように、使徒言行録はこの時期のパウロは全体としてエフェソに張り付いていたと捉え、当初はユダヤ教の会堂で「三か月」、そこを妨害に遭ってそこから立ち退いてからは「ツラノの講堂」で「二年間」宣教に従事したと伝えるのみである（19:8,10）。使徒言行録の著者はパウロのこのエフェソ時代の行動について、明らかに正確な知識を持っていない。その記述は――要した時間の報告も含め――十分信を置くに足らない。ただ、パウロ自身の報告から見て、彼がこの間極めて多忙な生活を送らなければならなかったことは事実で、――パウロ自身も時間の経過を示す表現をここでは使っていないのでわれわれとしては正確に突きとめることは出来ないが――全体として二年余りの時間を要したと言われても、それが長過ぎると考えることはない。

このパウロのとった関係修復の試みは成功した。コリントの人々は悔い改め（7:10）、中間訪問に際して「不正を行った者」（7:12）は、教会員の「多くの者たち」によって処罰され（2:6。7:11も参照）、パウロはコリントの人々

に対する「信頼」を完全に回復して「喜ぶ」ことが出来た（7：16）。

　中間訪問との関連で一つ残る大きな問題は、彼が訪問の後エフェソに戻ってからコリントの人々に送ったとしている「多くの苦しみと心の不安の中から、多くの涙をもって書いた」(2:4.　7:8ff も参照)「あの手紙」の件である。コリントの人々は、この手紙を契機として「悔い改め」、それが両者の関係の改善に連なった。この手紙は現在のコリント書の中に残されているのか。

　この点については 1870 年 A.Hausrath が、この手紙を現在の II コリ 10-13 章と同一視する仮説を提唱し、1889 年には J.H.Kennedy が Hausrath とは独立に、類似の見解を唱えた。この仮説は 19 世紀中ごろまで多くの支持者を得たが、その後、2、7 章と 10-13 章の比較検討が進むにつれ疑問視されるようになり、仮説の大幅の改善が試みられたり、10-13 章はこの手紙とは無関係であり、手紙自体は失われたと唱えられるなど、仮説をそのまま受け入れる見方は影を潜めつつある。

　この問題は 2、7 章に出る手紙への言及個所と、10-13 章の記述内容の比較検討を必要としており、それをここで遂行することは序説の枠を超える。ここではそれゆえ、問題点の指摘にとどめ、詳しい検討は 10-13 章を扱う段階で本格的に行うことにしたい。

④ テトスのコリントへの再派遣

　第三伝道旅行の主目的は、エルサレム教会のための献金運動であった。コリント教会では、この運動は I コリント書執筆以前の段階ですでに始められていたが、その後停滞していた（詳細は補説 3「献金運動」I b）。そこで、中間訪問問題が決着を見た段階で、パウロはコリントでのこの運動の再開を考える。II コリ 8、9 章がそれに関する文書である。パウロはそれらの一つ（8 章）をテトスに持たせ、彼をコリントに再派遣するが、8：17 から見ると、テトス自身も再派遣を願っていた。なぜ彼はそのような気持になったのか。II コリント書はこれについて何も伝えていないが、マケドニアでの予期しない献金運動の開始にパウロが感動を覚えていること（8：1ff）から見て、報告のためマケドニアでパウロを訪ねたテトスにも同じような感動が起こったことは想像に難くない。しかも彼には和解の使者としてコリントを訪問した当時、同地の献金運動再開を試みながら、それを中途半端のままにした過去が

あった（8:6でパウロは「彼が以前始めたようにこの恵み〔のわざ＝献金運動〕をもあなたがたのところで完遂するよう勧告した」と述べている。同所の説明を見よ）[1]。これらの事情を考えれば、このテトスの再派遣がなされたのは、彼のパウロのもとへの帰着後それほど時が経っていない時点であったと想像される。他方、彼に二人の兄弟（その中の一人はおそらくマケドニア教会からこの献金をエルサレムに運ぶことを託されていた人物。8:18fを参照）が伴っていた事実は、パウロが自分自身も間もなく（三回目に）コリントに行き、しばらくそこに滞在した後エルサレムに行く予定を立てていたことを示唆する。つまり、このテトスの再派遣はパウロの第三伝道旅行の終わり近くの出来事であったと推定される。このテトスの再派遣がどのような結果をもたらしたかについては、補説3「献金運動」Icを参照。

　中間訪問前後およびそれ以後のパウロのこの問題をめぐる対応は、以上の考察を時間系列に従ってまとめると次のようになる。

　論敵のコリントでの活動開始 → 中間訪問およびそれの挫折 →「涙の手紙」

1　われわれは、8:6の、テトスが献金運動を「以前始めた」は中間訪問の後、彼がパウロとコリント教会との和解工作のためコリントを訪問したときのことと考えるが、たとえばBornkamm, Vorgeschichte 186fは、テトスは「少なくも三度コリントにいた」とし、献金を「始めた」のはその第一回のときのこと、第二回は和解工作のための訪問、第三回は和解成立後献金運動完遂のために出掛けたときのこと、とする（Vielhauer, Geschichte145もこれに従う）。つまり、われわれが献金の「開始」と和解工作とを同じ訪問時のことと捉えるのに対し、Bornkammは両者を別々の時期のこととし、献金開始は中間訪問前とする。この両見解のいずれが適切かについて、直接決定的な決め手となる発言はパウロの書いたものの中にはない。ただ、両説の間には、献金運動の「開始」からIIコリ8章の執筆までの、8:10; 9:2で「昨年来」と表現されている時間の捉え方に違いがある。すなわち、Bornkamm説の場合は、「昨年来」の覆う範囲は、テトスがコリントで献金運動を始めてからIIコリ8章の執筆までと、かなり長期に亘ることになるが、われわれの見解では、献金運動の開始は和解工作時と重なるので、「昨年来」の覆う範囲はかなり狭まる。しかし、「昨年来」という表現に曖昧さがあるから（この点については195頁注4を見よ）、どちらの見方が正しいかの断定は難しい。ただ、一応の安定が前提される献金運動の「開始」の後、論敵の活動の激化、中間訪問の出来事が起こり、その後和解が成立するという推移は大変曲折に富んでおり、それには一定の時間の経過を考える方が良いと思われるので、私としては、8:6の言うテトスの献金運動の開始は中間訪問後の和解工作のときと考える方がいいと思う。

と、和解工作のためのテトスの派遣 → テトスの帰還、和解の成立 → 8,9章の執筆、献金運動のためのテトスおよび二人の兄弟の派遣→ パウロ自身のコリント最終訪問。

⑤ 第三回コリント訪問およびそれ以後

パウロのコリントの最後の訪問については、使徒言行録は簡単に、その期間が三ヶ月であったと伝えるだけである（20：3）。短い期間のようであるが、第三伝道旅行の主目的がエルサレム教会のための献金集めであったこと、コリントでもこの運動は、パウロの側からそれまで繰り返された入念な力の入れ方もあって、一応は完遂していたと思われることから考え、三か月という時間は十分な長さであったと言えよう。それに、マケドニアからも献金を携えた使者が同行して来ていることを考えると、彼らとともどもコリントに長期滞在したとすることはかえって不自然である。パウロたちのコリント出発は、冬季の海上交通の難しさが解消して早々、具体的には56年春のことと思われる。

使徒言行録は20：3ffでそれに続け、ユダヤ人によるパウロに対する陰謀の露見、その結果、パウロと弟子たちとは別行動をとり、パウロはマケドニア経由の道をとり、「除酵祭が終わった後」にフィリピを出帆し、トロアスで先行した同行者たちと合流した上で海路パレスチナに向かったとしている。この「除酵祭」はそれまでの使徒言行録の記述から考えて56年春のそれである可能性が大きいが、確実なことは言えない。

パウロとコリント教会に関する以上の記述をまとめると、以下の略年表のようになる。

50年秋〜52年春　第一回コリント訪問（第二伝道旅行）

52年　コリントを離れ、エルサレム教会を訪問

　　　　エルサレム教会のための献金運動展開を決意（→第三伝道旅行）

　　　　エルサレム教会に次いで、アンティオキア教会を訪問（テトスに同道を要請）

53年　第三伝道旅行出発　小アジアを縦断してエフェソに到着

　　　　エフェソ滞在中に

　　　　「前の手紙」（伝えられていない）の執筆

　　　　Ⅰコリント書執筆

序　説

　　「獣」との戦い（Ⅰコリ 15:32）
　　コリント教会との関係悪化
　　論敵の活動、コリント教会にそれに迎合する気運
　コリントを「中間訪問」
　エフェソに戻り
　　「涙の手紙」（伝えられていない。10-13 章の序説を見よ）の執筆
　　テトスの第一回コリント派遣
　マケドニアに移動（テトスとの再会のため）
　　テトスからの朗報（コリント教会との関係好転）、
　　Ⅱコリ 1-7 章の執筆
　Ⅱコリ 8 章および 9 章の執筆。テトスの第二回コリント派遣
　Ⅱコリ 10-13 章の執筆（10-13 章の序説を見よ）
55 ～ 56 年　コリント滞在、約三カ月。ロマ書の執筆
56 年　エルサレムに献金持参（フィリピ出港が 56 年除酵祭後）。
　　捕らえられる

6．コリント教会の構造

　Ⅰコリ 1:11 には「クロエの家の者たち」という表現が出る。この表現は
クロエなる人物の使用人たちを指しているともとれるが、クロエはコリント
教会の有力メンバーの一人であり、彼らがパウロに報告している事柄が教会
全体の動向に関する事柄であることを考えると、彼らは（それと同時に？）
クロエ家に出入りしているコリント教会の何人かと捉えることも出来る。コ
リント教会は全教会員が一堂に集まることが人数の関係で容易でないため、
平素は教会員は比較的大きな部屋を持つ有力者の家に分散して、「家の教会」
形式で集まっていたと推測される。
　もちろんそうであっても、教会の一体性の意識は強かったから（「コリン
トにある神の教会」〔Ⅰコリ 1:2; Ⅱコリ 1:1〕という呼称[1]を参照）、教会員

1　τῇ ἐκκλησίᾳ τοῦ θεοῦ τῇ οὔσῃ ἐν Κορίνθῳ。もっとも、この場合の「神の教会」は
　全世界的なそれが考えられているのであって、コリント教会が一つの集会所を持っ
　ていることを反映して「教会」が単数形で使われているわけではない。「コリント

全員は必要に応じ一つの場所に集まった（I コリ 14:23）[1]。その場合、教会が公的施設を利用し得たとは考えられないから、教会員全員を収容できる家の存在が前提となる。コリントからはローマ時代の家がいくつか発掘されているが、その中にパウロの時代のものと思われる Anaploga の邸宅がある。Murphy-O'Connor, Corinth 178-182 はそれの部屋の面積（食堂［triclinium］は 5.5 × 7.5m=41.25㎡、それに隣接する中庭［atrium］は 5 × 6m=30㎡）、および他の都市の類似例から推して、この家全体の収容人員は三十人と四十人の間であったと推測している。もちろん、Murphy-O'Connor はこの家がキリスト教会の集会所として使われているとしているわけではなく、裕福なガイオス（ロマ 16:23）の家をこれを参考にして考えているに過ぎない。なお、Murphy-O'Connor は 182 では、パウロの手紙に個人名で出るコリント教会会員に、その人たちの配偶者、子どもたち、奴隷たち、近親者たちを加えて、教会員総数はおよそ四十ないし五十人と考えるのが現実的であろうとしている。

　それではこの教会はどのような人々によって成っていたのか。パウロは I

　にある」はコリントの教会をそのような全世界的教会の一つの肢とする捉え方に基づいている。他方、ガラテアの場合は、教会がガラテア地方に散在する複数の集会所から成っていることを反映して、「神の諸教会」と、ἐκκλησία は複数形で使われている（ガラ 1:2; I コリ 16:1）。

1　「『全教会』の集まりは規則的というより例外的であったろう」（Murphy-O'Connor, Corinth 183）。彼は R.Banks, Paul's Idea of Community,1980, 38 を指示しながら、形容詞「すべての（ὅλος）」は、コリントのキリスト者が普段単一のグループとして集まっていたのなら、不要なはずだ、と指摘している。パウロが「全教会」という表現を用いているのはロマ 16:23; I コリ 14:23 の二個所だけ。このうちロマ 16:23 については、たとえばケーゼマン『ローマ人への手紙』が、ガイオスの家が（全）教会の集会所と考えられているかは疑問、むしろ各地から来るキリスト者の宿泊場所と考えられているのだろう、としている（独語版 401。邦語訳 775 はやや判りにくい）。川島『ロマ書講義』484 も参照。I コリ 14:23 については、Schrage, Der erste Brief も当該個所注解で同様の説明を行っている（VII/3-409A210）。しかし、この個所でパウロは信徒たちが圧倒的多数を占める集会が非信徒にどのような印象を与え、反応を呼び起こすかを述べているのであって、家の集会との対比を強く意識してこの表現を使っているのではない。Murphy-O'Connor のような説明は、可能ではあるが、強力な論拠とすることは出来ない。

コリ 1 : 26ff で教会の中には愚かな者、弱い者、無力な者が多数いると指摘
している。この人たちは何よりも、福音における身分差の解消を謳うガラ
3 : 28 型の福音によってキリスト教に引き付けられたのであろう（ガラテア
書は第三伝道旅行に際しエフェソで I コリント書執筆の直前に書かれたと思
われる。I コリント書にはガラ 3 : 28 と同じ合言葉を念頭に置いて記された
個所がある〔7 : 18ff; 12 : 13〕）。

　この問題と関連して、コリント書がギリシア語で書かれていることに注目
したい。パウロの手紙はいずれもギリシア語で書かれているから、このこと
は特記すべきことでないように見えるが、コリント教会宛の場合は事情が特
別である。すなわち、上述した前 2 世紀中ごろ以降のコリントの歴史から明
らかなように、パウロが訪問した当時のコリントはローマ色の強い都市であ
り、少なくも公的に最も通用していた言語はラテン語であった。しかし、再
建以後のコリントの急激な発展は多くの労働力を必要としたはずで、それは
何よりもこの都市周辺のギリシア人の流入を招いたに違いない。パウロによ
る宣教活動は何よりもこの人たちを引きつけた。

　しかし、商業の要である大都市コリントに位置するこの教会には、比較的
裕福な者、あるいは身分の高い者もいた。I コリント書およびロマ 16 章で
出るコリント教会のメンバーと思われる固有名詞としては[2]、クロエ（I コリ
1 : 11）、クリスポ（同 1 : 14）、ガイオ（同所およびロマ 16 : 23。使 19 : 29;
20 : 4 のガイオはおそらく別人）、ステファナ（I コリ 1 : 16; 16 : 15,17）、フ
ォルトナトとアカイコ（同 16 : 17）、フェベ（ロマ 16 : 1）、ルキオ、ヤソン、
ソシパトロ（同 21 節）、テルティオ（同 22 節）、エラスト、クアルト（同 23 節）
がある（II コリント書にはコリント教会のメンバーと思われる固有名詞は一
つも出ない）。この人たちの大部分は教会内で有力者と見なされていたであ

　2　Mitchell, Letters 316 によれば、G.Theissen, Social Setting of Pauline Christ-
ianity（tr. By J.H.Schütz, Philadelphia 1982）94f が、パウロは他のどの教会よりも
コリント教会にキリスト者の名前をはるかに多く挙げていると指摘した上で、コリ
ントの教会員 16 名の名前を挙げている。佐藤『旅』159-161 がコリント教会関係
の固有名詞をリストアップしているのも参照。

ろう。

　クロエは聖書でここにしか出ない女性名。ここでは「クロエの［家の］者たち」とあるが、これについては上述を見よ。彼女の居所がコリントかエフェソかははっきりしない。いずれにしても使いの者たちが両所を往復しているのだから、彼女はある程度裕福であったと想像される。Bauer/Aland, Χλόη は、彼女はキリスト者であるとは限らないとするが、コリント書の読者が誰のことか判ることが前提されているから、キリスト者ととる方が自然だろう。

　クリスポは使18：8で会堂司（アルキシナゴーゴス。長窪『古典ユダヤ教事典』「アルキシナゴーゴス」を見よ）として出るのとおそらく同一人物。当然彼はユダヤ人。会堂司であるからには、ある程度の財産を持っていたと思われる。彼は家族とともにキリスト教信仰に入った。コリントにはある人数のユダヤ人が住んでいた。

　ガイオについてはロマ16：23に「わたしと全教会との家主ガイオ」という表現が出る。ロマ16章はコリントで書かれたと思われるから、このガイオとⅠコリ1：14のそれとは同一人物である可能性が高い。田川は訳注（356）で、「多分、教会がガイオスの家に部屋を借りて、そこで礼拝をしていた、ということだろう」としながらも「わたしの宿主」という表現から見て、「もしかするとこのテルティオス自身はガイオスの家に寄宿していたのかもしれない」と述べる。ここでの「全教会」は、コリント教会全体ということではなく、世界各地にある教会からコリント教会を訪れる訪問者を指していよう（34頁注1を参照。新共同訳「わたしとこちらの教会全体が世話になっている家の主人ガイオ」の「こちらの」に相当する語は、原文にはない）。いずれにしてもガイオはかなりの資産家であったと考えられる。

　Ⅰコリント書に三度出るステファナはいずれも同一人物であろう。「ステファナの家はアシアでの初穂」（Ⅰコリ16：15）とあるように、彼らはパウロから、おそらくエフェソで、洗礼を受けた。その後彼らはコリントに移ったと思われる（Ⅰコリ1：16）。しかし、パウロがⅠコリント書を書いている当時には、ステファナはエフェソに戻っていたようだ（Ⅰコリ16：17）。

　フォルトナトとアカイコはⅠコリ16：17の記述から見て、コリント教会に属しているが、パウロのⅠコリント書執筆時にはエフェソに来ていたと思われる。この両人については、他に記述はない。

　フェベはケンクレアイの教会の女性の執事。同2節は、彼女はパウロおよび多くの人の援助者であった、と述べる。彼女はパウロがロマ16章を書い

序　説

ているとき、エフェソを訪問しようとしている。

　ルキオ、ヤソン、ソシパトロ（ロマ 16：21）については他に記述なし。

　以上から見て、パウロがコリントの知人として名前を挙げている教会員の中には、家屋を持っており、あるいは海を渡って他の都市を訪れるなど、ある程度以上の資産家、または社会的地位の高い者が少なくない。

　このような社会的地位、経済的地位の所持者は、一般にそれ相応の常識の持ち主でもあったと考えられる。パウロとコリント教会との間には、智慧・知識の位置づけというような神学の本質に深く絡む点で意見の不一致があったが、それと並んで、宣教者に対する報酬の問題、エルサレム教会への献金の問題という、いずれも教会の経済ないしはそれの管理に関わる事柄についても見解の相違が認められる。これらについては、教会員の中に、とくに有力者を中心として、パウロと別の意見の者が少なくなかったと思われる。

　ところで、当時の都市には市民が自由意志で参加する任意団体がいくつか存在した[1]。それらは種類が多様であったし（葬儀関連を目的とする団体、同業者、同郷出身者、特定宗教の信者等の団体）、呼称も一様ではなかった（θίασος、ἑταιρεία、κοινόν 等。アスコー『教会』116 を参照）。しかし、共同の食事を伴う集会を持つこと、自分たちの団体の運営上必要な金銭を集めること[2]、役職者を設けていること[3]、死亡した会員への配慮（埋葬等）等は、当

1　任意団体は前 5 世紀ないしは 4 世紀からその存在が確認されている。ローマ時代にはほとんどすべての都市と町にそれが存在した（アスコー『教会』116）。

2　アルツト・グラプナー 396 は、この種の団体は会費であれ罰金であれ、会員から金銭を集めることに関して大きな経験を持っていたと指摘し、パピルス、碑文の例証を挙げている（Downs, Offering 95 も参照。同 A87 に関連文献の指示あり）。
　ただし、アルツト・グラプナー 410 は、古代の「任意団体内部での金銭集めは自分の団体構成員のためにのみ行われた」と指摘（同 403 も見よ。マリナ＋ピルチ 172f、アルツト・グラプナー 403 も参照）。パウロのエルサレム教会宛の献金運動はそれとは異なっていたとする。この問題については本文の 39 頁で取り上げた Ascough の見解も見よ。
　なお、マリナ＋ピルチは、「ヘレニズム諸都市からエルサレムへの資金の都市間移転の基本的先例は、イスラエル人の間で集められ、ローマの承認のもとにエルサレムに運ばれた、神殿税および十分の一税であった」と指摘している。

3　役職者についてはアスコー『教会』119 を参照。アルツト・グラプナー 397 は、

時のこの種の任意団体にほぼ共通する要素であった。

　キリスト教会の場合、自分たちをこれらの団体が用いていた上に挙げたような呼び名で呼ぶことをせず、かわりに、各地にある教会を ἐκκλησία という統一呼称で呼んで[1]、自分たちをこれらの団体とは別の範疇に属すると主張したし、実際それは独自の特徴を備えてもいた。彼らの自覚に即して言えば、最大の特徴は、自分たちをもっぱらキリスト信仰を中心とする団体とする点にある。外形的な面では、たとえば集会が週一回開かれたことは、通常の任

───────────

　　ことに古代の一般の任意団体の会計との関連で、少なくも若干の場合にはこれらの団体には会計管理者がいたとし、P.Ryl.IC 586,9f 等を例証として挙げる。ただし、これらの団体が必ず独立した会計管理者を持っていたというのではなく、団体の責任者がその任に当たることもあったとして、その例証（たとえば P.Mich.V 244,6f）を挙げる。

1　　教会の呼称としての ἐκκλησία は、パウロおよびパウロの影響下にある文書だけでなく、マタイ、使徒言行録（ただし、19:32,39,41 では世俗的意味で使用）、ヘブライ書、黙示録にも用例があり、つまりそれは初期キリスト教のほぼ全般に亘って通用していた（この問題については 1:1 の説明を見よ。教会の呼称として ἐκκλησία 以外のものが用いられる例はほとんどない。ヤコ 2:2 で「会堂（συναγωγή）」が用いられているのがおそらく唯一の例外だろう〔ただし、συναγωγή の同種の用例は教会教父等にも散見される。辻『ヤコブ注解』106A2 を参照〕）。

　　Downs,Offering 84 は、「世俗団体（association）の最も共通の呼び名は κοινόν、θίασος、ἔρανος、および συναγωγή であるが〔Ascough, Mac.Associations 71 がマケドニアで用いられているこの種の呼称を例示しており、その中には συνήθεια 等、Downs の挙げていない語も含まれている〕、ある団体が ἐκκλησία と呼ばれているいくつかの例が存在する」と述べ、IDelos 1519 等四例を挙げている。Downs はこのようにして ἐκκλησία がキリスト教固有の呼称でないことを明らかにしている。アスコー『教会』123,125 は、これと同じような指摘をすでに 20 世紀初めに G.Heinrici,T.Wilson も行っていることを紹介している（IDelos1519 はツロの商人および船乗りの布告。Ascough 74 に主要部分の訳文あり）。

　　Ascough, Relationships 238 は、「パウロもキリスト教共同体も ekklesia を地域教会を指して用いることがあった（たとえばロマ 16:1,5; I コリ 1:2; 11:18）。それはいくつかの任意団体がそれを自称として用いていたのに非常に似ている」と指摘している。Ascough はこのことをもって（同じような指摘を行っている上で紹介した Downs の場合も、さらにはアスコー『教会』123,125 が紹介している 20 世紀初めの G.Heinrici、T.Wilson の場合も共通しているが）キリスト教共同体と任意団体との間の近さを強調するが、このこととの関連ではむしろ、パウロにもその他のキリスト教共同体にも ekklesia 以外の表現を自称として用いる例が、上述のように、極めて稀であったことの方を重視すべきであろう。

序　説

意団体と比べ群を抜いて頻度が高かった。

　この種の任意団体と初期キリスト教教会の間に社会学的に見て多くの類似
点が存在すること、そればかりか教会も当時にあってはこのような任意団体
の一つと見られていたこと、教会自体も多少ともそのような自己理解を持っ
ていたことが、19世紀末および20世紀初めに多くの研究者によって論じら
れた。その後、キリスト教界の護教的流れに押されて、このような研究は学
界の主流でなくなったが、最近この観点は再び研究者たちの関心を引くよう
になった（その点については、アスコー『教会』122ff に要領のいい紹介がある。
その他、たとえばアルツト・グラブナー 396ff、Theissen, Gemeinden 229ff 等
を参照）。ただ、任意団体関連の資料は量が莫大であってまだ十分な研究が
なされて来たとは言い難いこと、他方、初期キリスト教については、たとえ
ば本書で試みた、パウロとコリント教会との間の見解の食い違いのような、
教会内の多様性は、任意団体との比較を試みる研究者の間で十分鋭く分析さ
れていないのが実情であることから見て、事柄の解明のためには今後になお
多くの課題を残している。

　たとえば、この問題に関しては、任意団体は活動の場を一地域に限定して
いるのに対し、キリスト教は初期の段階から地域を越えた結びつきを持っ
ていたことが、両者の大きな違いとしてしばしば指摘される。これに対し、
Ascough, Relationships は、キリスト教教会も任意団体も共に、地域に根差
したグループであると同時に、地域を超えた結びつきを持っていることを、
いくつもの例証を挙げながら明らかにし、その点で両者の違いを強調するの
は正しくないと主張する。確かに教会の場合、パウロがエルサレム教会のた
めの献金運動についてコリントで苦戦を強いられたことから明らかなように、
地域を超えて他の教会と連帯する姿勢が一般的であったかについては疑問な
しとしないし、世俗任意団体の場合、Ascough の言うように超地域的性格が
認められることのあることも事実である。しかし、彼の挙げるこの種の例証
の中に、世俗任意団体が他の地域にある姉妹団体と金銭面での支援関係を持
つ例が、例外的事例を別として見当たらない点が、——このことが超地域性
を考えるに際し重要な要素であるだけに——物足りない。この問題について
は41頁注2も参照。

しかし反面、彼らのグループが社会学的に見てこの種の任意団体と比較可
能な側面を持っていることは否定し難い事実であった。そればかりか、教会

内には、とくに有力者の間で、一般の任意団体の体験を持つ者、教会と他の任意団体の双方に加入している者が何人かいたと思われる[1]。そのような任意団体での体験が意識的、無意識的に教会の運営の参考にされ、それが採用されたことは容易に想像がつく。

　これに対し、パウロ自身はこの種の教会の管理運営の問題に重きを置いていない。

　　彼はⅠコリ 12：28 で、教会の中での「霊の賜物」を、彼が重要と理解する順序で数え上げている。最初三つは直接言葉による宣教に関わる。これら三者に次いで「力ある業」と「治癒の賜物」、その次に「援助」と「管理」が挙げられる。最後に異言が出る。異言がリストの最後に置かれているのは、彼が異言を重要視することに対し警戒的であるだけに、意図的であろう。われわれとして注目したいのはそれの直前に出る「管理者（κυβέρνησις）」である。この語は船の舵を操ることを意味する κυβερνᾶν と同根で、この語同様古くから転義されて、たとえば国家の指導や家庭の管理、また神の働きにもあてはめて用いられた。パウロの教会でどの範囲の人が「管理者」と目されていたかは明らかでないし（H.W.Beyer, ThWNT III 1035,45f）、おそらくそれは流動的でもあったろう。ただ、教会の財政的運営を司る者がそこに含まれたことは十分に考えられる。もしそうでなければ、その奉仕をする人はここのリストには一切挙げられていないことになる。いずれにしてもパウロ自身は、教会での「霊の賜物」を考えるに際し、教会の財政管理、運営の仕事はせいぜいこのリストの終わり近くで挙げる程度にしか重視していなかった。あるいはむしろ、──このリストで当時の教会で注目を浴びていた異言が低く位置づけられていることを考えると──パウロは教会の管理者──彼らは

1　碑文、パピルスから見るところ、他の任意団体への所属を禁じる任意団体もあったが、一人の人が複数の任意団体に所属することが出来たケースもあった。ロドス等出土のある碑文は、前 2 世紀にアレクサンドリア出身のディオニュソドロスなる人物が少なくも四つのロドス等の任意団体のメンバーであったことを示している（Downs,Offering 82f）。Ⅰコリ 8：10 は、コリント教会では他の任意団体への所属はとくに規制されていなかったことを示している可能性がある（アルツト・クラプナー 394）。アルツト・クラプナーは同所で、「パウロの教会の何人かの構成員はすでに以前にコリントの何らかの任意団体の構成員として任意団体関係の事柄で経験を積んでおり、その経験を必要に応じパウロの教会の中でも有益に働かせることが出来た、と考えられる」と述べている。

序　説

もともと有力者であったろう——が教会の中で次第に重きをなす流れを警戒
し、ここでも意図的にそれをこのように低く位置づけたとも考えられる[2]。彼
は有力者に対し距離を置くことによって、世間の常識を教会内でそのまま通
用させる傾向に対し一定の楔を打ちこむことを試みているのではなかろうか。
しかし他面、有力者に対する彼のこのような遇し方がコリント教会と彼との
間の不和を増幅させたことが十分考えられる。

以上を要するに、コリントの教会はパウロ自身証言するようにこの世で無
力と見なされる者を少なからず含んでいたが（コリ1：26ff）、コリントとい
う町の立地条件にも影響されて、そこにはこの世的にも有力と見なされ、か
つ一般の任意団体等で培われた団体運営のノウハウを身につけている者が何
人も加わっていた。このことは教会運営の上でプラスに働くこともあったが、
独自の福音理解に根差すパウロの方針を貫徹しにくくする側面も持っていた。
そのこともあって、彼はこの教会に向けてかなり多くの手紙を書いており[3]、

2　29f 節では他の六項目が「皆が…か」という形で再録されているのに対し、援助
と管理とに関してはそれに相当するものがない。それは、この両者については「皆
が…」という言い方をすることが適切でないため、つまり「パウロの理解によれば、
これらの活動は事実、理論的にはすべての教会員によって実行される」（Lindemann,
Der Erste Korintherbrief 278）ため、と説明することが適切かもしれない。また実際、
パウロも I コリント書を書いた時点では、コリントについてこのような認識を持っ
ていたのかもしれない。しかし、この問題はおそらく教会の規模、教会の社会的背
景等により一律に判断することは難しい。コリント教会は、上述したように、パウ
ロが固有名詞で呼んでいる教会員の人数、それも世間的標準で言えば有力者と考え
られる者の数が他に比べて多いこと、教会の周囲の世界が一際活発であることか
ら考え、財政の管理運営には担当者がいることが望ましい段階に到達しており、ま
た実際にそれを行う能力のある人材が存在していたと思われる。29f 節でそれらが
出ないのはむしろ、パウロが、そのような奉仕をする人物が教会内に存在すること
を重要視しようとしなかったことに起因していよう。
3　私はパウロの「真正の」手紙は七通と見るが（ロマ、I,II コリント、ガラテヤ、フィ
リピ、I テサロニケ、フィレモン）、それら全部の章数は六一、そのうち両コリント
書は二九章で、約半分を占める。彼はそれ以外にもコリント教会宛に手紙を書いて
いた（I コリ5：9。「涙の手紙」も？）。他方、コリント教会の側からもパウロに頻繁
に報告、質問が寄せられたようである（I コリ1：11f でのコリント教会における党
派的動きに関するクロエの家からの報告、I コリ5：1ff に出る、コリント教会での不
品行な者の存在についての噂等）。この点から見て、パウロとコリント教会との間
には、他の諸教会と比べはるかに密な文通関係があったと窺われる。

41

そこではこのようなパウロと教会の有力者双方の見解の相違を背景とする記述が繰り返しなされている。

7．IIコリント書の構成

IIコリント書がもともと一つの手紙であったのか、それとも複数の文書であったものが後に一つの手紙にまとめられたものか、後者の場合は、それはいくつの文書の合成と考えられるかについては、研究者の間で見解が相違している。この問題は個別の個所の記述内容の検討をするに際しても影響なしとしないから、一応の見通しを持つことは必要である。しかし他方、個別個所の検討——それには1-7章の記述の検討も含まれる——を十分行わないままIIコリント書全体に亘る問題を論じても、砂上の楼閣を築くことになりかねない。ここではそれゆえ、8-13章の個別個所の検討を終えた上での暫定的結果を記すにとどめたい。実際にはこの問題は、10-13章については10-13章の序説の中で、8、9章については8章初めの序論の中で記すことにする。

8章および9章　エルサレム教会への献金

序　論　IIコリント書における8章および9章の位置

a. 8章および9章とパウロの活動暦

　第二伝道旅行でコリントを離れたパウロは第三伝道旅行でほとんど直行する形でエフェソまで戻って来たが、その間僅か一年半くらいの間に、彼に対するコリント教会の空気はすっかり悪化していた。彼はコリントを再訪する計画を立てたが、容易に決行出来ず、計画は再三変更されて、ますますコリントの人々の不信を買った（この間の事情については1:16ffの説明を参照）。おそらくこの間にコリントでは新たに到着したパウロに批判的なユダヤ人キリスト教巡回宣教者の活動が始まり、事態は一層悪化した。そこでパウロは事態をこれ以上放置するのは不適切と見たのであろう。コリント訪問を決行する（いわゆる中間訪問[1]）。しかし、それは失敗に終わり、彼は受け入れられないままエフェソに戻って、「涙の手紙」（IIコリ2:4）をコリント宛に書き、おそらくそれを持たせてテトスを派遣した。

　事態はこれにより奇跡的に好転した。現在8章の直前に置かれている7章は、「涙の手紙」の送付およびテトスの派遣が実を結び、マケドニアに戻って来たテトスからコリントでの事態の好転の報告を聞いてパウロが大いに喜んだことを伝えることで終わっている。

　IIコリント8章と9章とはいずれもエルサレム教会への献金を中心テーマとしている。これら両章が同一の手紙に属していたかの問題については後で論じることにして（本序論bを見よ）、ここではまず、これら両章では、テーマが共通しているだけでなく（この点についてはbαの初めの部分を見よ）、

1　「中間訪問」については序説5b β②③および13:1の説明を見よ。

両章の背景にはマケドニアの諸教会での献金運動発足という共通の要素が認められることを指摘したい。すなわち、8章はマケドニアの諸教会が献金運動に熱心に参加を申し出たことの報告で始まっており、9章はこれまた最初に、パウロがマケドニアの人々に向かってアカヤで献金運動が進捗していることを誇っていること、そのことがマケドニア教会で「多くの者たち」を刺激したことを報告している（2節）。このことは、パウロがこの両章を記述しているのはマケドニアにおいて[1]、それも同地の諸教会で献金運動が勢いよく発足した直後であることを示唆する。パウロがマケドニアにいた時期は、彼がテトスの報告を一刻も早く聞くためにマケドニアまで出向き、そこで彼からついに朗報を耳にした、その時期であろう。8、9章の記述はその点で7章末尾と関連が深い。他方、9章の記述は、自分がその後間もなくマケドニアの代表者たちと一緒にコリントを訪問する予定であることを前提している。8章には直接そのことに触れる記述はないが、そこでも彼は、コリントでの献金運動を完成させるためにテトスをコリントに再派遣することを伝えており、そのことは、彼自身のコリント再訪も遅くない時期に予定されていることを窺わせる。以上から見て、8、9章が――同一の手紙の二つの部分ではないであろうが（本序論 b を見よ）、それでも――互いに極めて近い史的背景のもとに記されたことを疑う余地はない。

1　たとえば青野は岩波版『パウロ書簡』の「解説」255 では、「執筆場所が…エフェソであることを疑う必要はないであろう」としている（青野『パウロ』82 では「エフェソに戻る前のマケドニアと見るのが妥当」と訂正している）。パウロがマケドニアでテトスと会った後、一旦エフェソに戻ったということはまったくあり得ないとは言えない。しかし、9：4 でパウロは「わたしと一緒にマケドニアの人々が［コリントへ］行っ」たときのことを心配して書いている。このことは、パウロは自分がコリントに行くときにはマケドニアから行くことを予定していることを示唆している。この文書の執筆とパウロの予定しているコリント訪問の時期との間にそれほど長い期間が考えられているとは思われないから、パウロがその間にエフェソに戻ったという確証がない限り、執筆地はマケドニアとする方が無理がない。それに、パウロは第三伝道旅行の終わり、海路エルサレムに上京するに際し、エフェソに寄港することを避けている――荒井『使徒行伝』下 89 はこの部分の使徒言行録の記事、とくに旅行ルートの記述は、伝承に忠実と見ている――。パウロにはエフェソに立ち寄りたくない事情があったのではないか。この点については序説の 5 b α をも参照。

b. ８章および９章をめぐる文献上の問題

パウロはエルサレム教会宛の献金について他の手紙でも断片的に触れているが（この点については補説３「献金運動」Ａを見よ）、Ⅱコリ８章、９章のようにそれを集中的に扱っている例は——Ⅱコリント書の他の部分を含めて——他になく、その意味でこの両章はパウロの手紙の中で（Ⅱコリント書内でも）独自の位置を占めている。

Ⅱコリント書は全体として、元来単一の手紙であったか、それとも複数の手紙が編集者により集められたものであるのかについて、研究史上議論の多い手紙であるが（この問題については本書の１-７章を扱う部分で扱う。10-13章については10-13章の序論も参照）、そのこともあって、テーマ的に独立性の強い８、９章についてもいくつかの議論が行われてきた[2]。それは大別して、①８、９章の相互の関係、②８章および９章と（現在のⅡコリント書でその直前に置かれている）７章末までの「和解の手紙」との関係、および③10-13章との関係の三点に関わる。このうち第三点は10-13章の序論で扱うこととし、ここでは最初の二点を取り上げる。

α. ８章と９章との文献上の関係

８、９章では、エルサレム教会への献金の問題を取り上げる観点が互いに

2 　その点については Bieringer, Teilungshypothesen 98-105 を見よ。多くの注解書もこの点を紹介している。ここではランク317の紹介を報告することにより、私自身による紹介に代えたい（〔　〕内は私の付加）。ランクは従来の代表的な諸説を以下の五つのグループにまとめている。

　①　８章は（７章末尾までの）「和解の手紙」に属し、９章はそれ以前にコリントに送られた献金の勧め（R.Bultmann, W.Schmithals）。

　②　９章は独自の文書で、「和解の手紙」以後にコリントに送られた（H.D.Wendland）。

　③　両章は「和解の手紙」とは別の、およそ同時期に記された献金の勧め。８章はコリント教会宛、９章はアカヤの諸教会宛（U.Wilckens）。

　④　８、９章とも「和解の手紙」に付された、コリントの人々宛の献金の勧め（C.K.Barrett、〔クラウク66、ヘーフマン329f も〕）。

　⑤　８章は「和解の手紙」の終わりの部分。９章は同時期にコリント周辺の諸教会に送られた手紙（H.Windisch〔ランク自身もこの意見〕）。

似通っている。すなわち、両章では共通する三つの要素がそれぞれの記述の骨格を成している。

その第一は、停滞しているコリントでの献金運動を再活性化する促しである（8:7,10f; 9:2f）。ただしそれの動機づけは、両章で同じではない。8章ではマケドニアで熱心な献金運動が始まったとの指摘（1-5,8節）、9章ではマケドニアの人々がパウロと一緒にコリントに行ったとき、コリントの献金運動が完遂していないことを発見することにならないかとの心配が述べられている（3-5節）。

第二に、両章は献金運動の遂行を目的として使者を派遣することを告げている。ただし、9章でこの問題を扱っているのは2-5a節だけである。派遣されるのは、8章ではテトス（6,16節）および二人の「兄弟たち」（16+22節）、9章では「兄弟たち」（3節）である。このように派遣対象として挙げられている人物は、両章で完全に同じ表現で記されてはいない。テトスの名は8章には出るが、9章には出ない。8章の二人の「兄弟たち」と9章の「兄弟たち」が同じかは、問題となるかもしれない（9章の「兄弟たち」にはテトスも含まれていると考えられるが、これは些細な違いに過ぎない）。両章の記述でそれ以上に違うのは派遣の目的である。テトスについては献金運動を完成させるためとされる（8:6ff）。8章の二人の「兄弟たち」については、献金にまつわるあらぬ誹謗が立つのを防ぐためと記されている（20節）。これに対し9章の「兄弟たち」の場合は、パウロおよびマケドニアの人々がコリントに行くまでにコリントでの献金運動が完了しているよう、運動の促進を図ることが派遣の目的である（3-5節）[1]。これは実質上、8:6で述べられたテトスの派遣目的と同じである。

第三に、両章で共通して取り上げられている第三の要素として、エルサレ

1　マーティン xliii は、8章と9章の「兄弟たち」の役割が違うことを論拠に8章と9章とは別々の手紙だとするヴィンディシュに対して、両「兄弟たち」は二重の役割を持っていた可能性がある、と批判している。しかし、両記事が互いに関連が深ければなおさらのこと、それらが一つの文書の別々の二個所で、しかも互いに関連づけられることなしに述べられていると見ることは、無理であろう。

46

ム教会への献金の持つ意義の説明がある。ただし、説明の仕方は両章で同じではない。8章ではパウロは「平等」という概念を持ち出して説明するが（13,15節）、9章では献金はエルサレムの人々に神への讃美、および献金を捧げるコリントの人々のための祈りを生み出すと指摘している（12−15節）。

このように8章、9章の両章の執筆でそれぞれの記述の骨格を成しているものは、テーマ的に見て、三つの共通する事柄であり、またそれぞれの書かれた史的背景はほぼ同じと考えられる。しかし、まさにそれゆえに両章が同一の手紙に属していたかについては、この事態が疑問を引き起こすことになる。すなわち、人は普通同一の手紙の中で同じテーマをわざわざ二回に分けて、しかも二度目に書くとき、すでに記したことをとくに指示しないで済ますことはしない。ところが8、9章ではその種のことが繰り返し行われており[2]、両章はもともと別の文書でなかったかとの疑いを起す。

9:1のテーマ導入の言葉、「聖徒たちに対する奉仕についてあなたがたに書くことはわたしには余計なことである」も、9章が8章の延長であるならば不要とも考えられるが、この点については9:1,2の説明を見よ。

なお、両章の一体性を主張する研究者は9章初めの具体的な筆の運びが8章を直接受けていることを示唆するとすることが多い。具体的には9:1のμένは同3節のδέと係り結びの関係にあるから、9:1−3（または1−4）は一つの思想単位と見なされるべきであり、1節のγάρ（「なぜならば」）はこの思想単位が8:24の発言を論拠づけていることを示している、とするものである（たとえばハリス27）。これは確かに一つの見方であるが、私はそれとは異なる見解である。この点については9:1についての説明を見よ。

この他、8章と9章との一体性を主張する研究者の中には、8章の初め（8:1）および9章の終わり（9:14）に「神の恵み」という特徴ある表現が用いられ

2　ハリス27はわれわれが取り上げた第二の点につき、兄弟たちの派遣の目的が8:20と9:3−5とで異なっていることを論拠に8章と9章とはもともと別の手紙だと主張する見解（たとえばヴィンディッシュ271f）に反論して、掲げられた両目的は「相互排他的ではなく相補的」であると指摘して、両章が元来一つの手紙に属していたとする自説を防衛している。しかし、目的の記述内容が相補的であればなおさら、一つの手紙の中で互いに関連づけることなしに二度に分けて同種の記述をすることの不自然さが目につく。

ており、8f 章は全体としてインクルシオ（囲いこみ）を成している、と指摘する者が少なくない。しかし、この問題については 276 頁注 3 を見よ。

　マーティン xliii は、9:3,5 でパウロは「兄弟たち」を用いており、その際自分が誰を指しているかを読者は知っていると見なしているが、これらの人物について情報を与えているのは 8:6,16ff だけだ、と指摘し、それも 8、9章一体説の一つの論拠としている。しかし、8、9章が別々の手紙とする見方からすれば、9章初めでは若干の文言が省略されていると考えるのがむしろ自然であり、その中に「兄弟たち」についての説明ないしはそれに相当する発言があったとすれば十分に説明がつく。

9章が8章とは別の文書であることを示唆する要素としては他に、8章ではマケドニアの人々の熱心さをコリントでの運動の再活性化を促す動機として指摘しているのに対し（8:1-5 から同 6ff 節への展開を見よ）、9:2 では、パウロがマケドニアの人々にアカヤ（＝コリント）での献金運動に対する熱心を誇り、そのことが彼らに刺激を与えたとしている点も問題になろう。この両報告が一つの手紙の中にあるときは、読者は当然のことながらこの二つの事柄を互いに関連づけて読むことになるが、その場合は、もともとそれぞれが単独で伝えられているときには生じない疑念、つまりパウロはコリントの人々の思いを操作しようとしてマケドニアでそのような行動をしたのではないかという疑念を読者に与えることになりかねないからである。もしパウロがそれをしているのなら、これは彼の不手際の一つということになろう。

　他方、両章が別々の文書に属することの論拠として、しばしば、8章がコリント教会宛であるのに対し（6, 16 節）、9章では「アカヤ」という地名が用いられていること（2 節）が指摘されるが、この見解には賛同出来ない。この点については 9:2 の説明を見よ。

　それでは、両章は別々の手紙であるとして、書かれた時代の先後はどのように判断されるであろうか [1]。両章で出る「昨年来」という表現（8:10; 9:2）が同じ時期を指していると見て差支えないなら（この点については 10 節の説明を見よ）、両者の執筆時期はそれほど離れていないと考えられる。先後関係については、8章ではテトスたちの派遣の目的がただコリントでの献金

1　この問題については Bieringer, Teilungshypothesen 100 の学説史を見よ。

運動の完遂とされているのに対し、9章ではパウロ自身のコリント再訪の時に目を向けながら述べられている点が手掛かりになろう（ヴィンディシュ287、Georgi, Kollekte 57 等を参照）。8章でもテトスと一緒に派遣されたのは、パウロが献金を届けるときにエルサレムまで同行する諸教会の使者であったから、諸教会での献金集めは、終わっていないまでも、最終局面に入りつつあることが窺われる。しかし、テトスの任務はコリントでの献金運動を完遂すること（6節）であるから、それには若干の時間が必要と考えられる。他方9章は、そのパウロのコリント訪問がいよいよ目前に迫っている雰囲気を伝えている[2]。二つの文書を同一の宛先に宛てて書くとき、最初に期限つきの、せかす雰囲気の手紙を出し、二度目はもっと一般的に献金の完遂を述べるだけというのは、不自然である。9章は8章の直後に書かれたと見るべきであろう。

　Mitchell, Letters も8章と9章とを元来は別々の文書とするが、両者の成立の時期を大きく引き離して捉えている点に特徴がある。彼女は8章を、現在 II コリント書に収められている諸文書の中で最初に書かれた文書（I コリント書にすぐ続いて書かれた文書）とし、他方、9章はそれらの最後の文書とする。8章は彼女によれば、パウロが「自分自身で〔コリントに〕行く代わりにマケドニアに留まり、献金を集める（deliver）ために自分自身が権威を与えた使者たちを〔コリントに〕派遣する」に際して書いた文書である（334）。他方9章は、献金運動をアカヤ全域で set in motion するために書かれた文書である（335）。しかし、パウロが第三伝道旅行でエフェソに着いてから間もない時期にマケドニアに赴いたことを示す記述はない。他方、パウロが最後の訪問を目前にして9章を書いているのは事実であるが、問題になるのはここでも使者たちの派遣が述べられている点（9:3）である。Mitchell は8章の使者の派遣についてはそれが 12:18 にも言及されているから、8章は 10-13 章より早い時期に書かれたとしか考えられないとするが、これは9章についても当てはまるのではないか。Mitchell の説はその独自性のゆえに興味深いが、従来の分割理論（II コリント書は複数の文書が二次的に編集されて一つの手紙となされた、とする理論）諸説が持っていた諸前提を覆す論拠づけが十分とは言えない。

2　この点については 9:5 の説明をも見よ。

ブルトマン 258 は、9:1 の導入の言葉「聖徒たちに対する奉仕について」は、このテーマについて今初めて具体的に述べることを前提しており、また、献金を「聖徒たちに対する奉仕」と表現することは、8 章が先行しているなら「奉仕」が何に関する奉仕であるかを読者はとうに知っているはずだから奇妙だ、と言う。しかし、これらの点は 8 章と 9 章とは別の文書と考える場合にはとくに問題となるまい。ブルトマンはまた、8 章ではマケドニアの人々がアカヤにとっての模範であり、9 章ではアカヤがマケドニアの模範であるから 9 章が 8 章より先に記されたとしか理解できない、と主張する（グレサー II 45 も同様）。確かに、起こった事柄の推移から言えば、9:2 → 8:4 の順に考えるのが妥当だろう。しかし、それは直ちに、パウロがそれらのことをコリントに宛てて書いた時点の先後を決定するものではあり得ない。アカヤでの準備の進展をパウロがマケドニアの人々に誇ったこと自体はマケドニアでの運動開始より以前の出来事でなければならないが、誇ったことがマケドニアでの運動を呼び起こしたことをパウロがコリントの人々に記すことは、それが起こった後ならいつでも——8 章執筆の後でも——可能なはずである。9:2 でのアカヤについての誇りはマケドニアでの運動発足の背景に触れることによってアカヤの側での一層の努力を促すためのものであって、マケドニアでの運動発足の経緯を客観的に報告することを目的とするものではない。つまり、アカヤについての誇りへの言及は、自分は間もなくコリントに行くからそれまでに準備を完了するようにとの促しの一環を成すものであって、このことへの言及はむしろこの部分の執筆が——まだ時間的余裕を感じさせる——8 章よりも遅い時期に属することの指標と見なされるべきである。

　8、9 章については、私は以上のように両者を別々の文書と見なすが、これで問題がきれいに片付いたわけではない。一つ解明し切れていない問題がある。それは、パウロはなぜ同種類の文書を同一教会に宛てて、立て続けに二通送っているのか、という問題である。ただし、この問題は、両者を同じ文書と見なせば解決がつくというものでもない。この問題は当面オープンにしておかざるを得ない。

β. 7 章と 8、9 章との文献上の関係

7:5ff と 8、9 章とがパウロの活動歴との関連で相互に近い関係にあることについては、a で触れた。他方、テーマの点では、7:5ff が和解の成立の喜びを述べているのに対し、8、9 章はエルサレム教会への献金問題一色であり、

互いに共通するものはない。しかし、一つの手紙の中でテーマの大きな展開があることは珍しくなく（たとえばロマ 12 章の新しい展開を見よ）、これをもって 8、9 章は 7 : 5ff と文献上無関係とすることは出来ない [1]。

　もっとも、両者を同じ手紙に属するとする場合、不自然さがないわけではない。7 : 5ff でコリントの人々はテトスのコリントでの活動をよく知っていると前提して書かれていることを考えると、8 : 23a のテトスの紹介、「私の仲間であり、あなたがたに対しての同労者」は、改まり過ぎていると感じられる。しかし、これは 7 : 5ff と 8 章とが別々の手紙に属していると見る場合にも、両者の執筆時期が近いことを考慮すれば、同じように感じられる不自然さであろう。

　それ以上に問題になるのは 7 : 5ff と 8 章の執筆の時期の問題である。7 : 5ff はパウロがテトスの報告を聞いて喜びに溢れて書いた記述である。普通このような反応は報告を聞いて比較的早い時期になされるものである。他方、8章はマケドニアの人々の献金参加を伝えており、9 : 2ff はパウロが彼らに向かいコリントでは準備が進行していると誇ったことが彼らに対しての刺激となった、としている。マケドニアの人々の献金運動への参加はこの刺激に基づくとしか考えられない。パウロがマケドニアの人々に向かってコリントでの献金運動の進行を誇ることは、彼がコリントの事態の進展を心配してテトスの到着を待ちわびていたときには考え難いから、パウロの誇りとマケドニアの人々の参加申し込みとはテトスとの再会後 8 章が執筆されるまでの間に行われたと考える方が穏当だろう。これだけの時間が 7 : 5ff 執筆以前にあったとするのは、少し慌し過ぎるから、7 : 5ff と 8 章とは若干の時間差をおいて発信された別々の文書に属していたと考える方がいい。

　　Ⅱ コリント書に関する分割理論を退け、Ⅱ コリント書全体を一体的と捉える根強い議論がある。この議論では 8f 章も 1–7 章と一体的と見なされる。

1　たとえばクラウク 66 は、文書の終わり近くで実践的な諸問題が扱われるのは手紙の常であるとして、8f 章は 1–7 章と同一の手紙の一部と見る。この意見は、論拠の部分は同意出来る。しかし、7 : 5ff と 8 章との文献上の関係の問題は、この観点だけから結論を出すことは出来ない。以下を見よ。

そのような議論の一つとして deSilva, Credentials 29ff の主張を検討しよう。彼はまず、8:1 に出る γνωρίζομεν（わたしたちは知らせる）はパウロの手紙で、テーマの移り変わりに際し何回か用いられている重要な指標だとし、ガラ 1:11; フィリ 1:12 をその例として挙げる（30）。しかし、「分割理論」の場合、8 章がそのままの形で独立した文書であったと主張するわけではなく、少なくも挨拶等の前書きがあったのが編集に際して削除されたと考えるのであって、8:1 で γνωρίζομεν が出ることは「分割理論」にとっての障害とはならない。ガラ 1:11; ノィリ 1:12 の場合も、それぞれに先行している部分が比較的短い前書きである点に注意。次に deSilva は 8 章で三回使われている παράκλησις およびそれの同根の動詞 παρακαλεῖν は 1、7 章にも繰り返し出る重要な用語であって、それが 8 章で出ることはこの章が先行する諸章と結びついていることを示す、と主張する（30）。しかし、παράκλησις/παρακαλεῖν は 8 章の三回の用例のうち、6, 17 節がテトスに対するパウロの「勧告」を指しているのに対し、4 節ではそれはマケドニアの人々がパウロに対して行う「願いごと」に関しており、用法が違う。さらに、1 章の用例ではそれは神からの「慰め」を指しており、同じ παράκλησις/παρακαλεῖν という語であっても 8 章の場合と内容が違う。deSilva はまた、8 章の記述には先行する諸章との間に「概念的結びつき（conceptual connectedness）」も見られると主張し、8:5「主とわたしたちとに捧げた」と 5:20; 6:11-13 との間にある「二重の献身」をその例として挙げる。しかし、5:20 でも 6:11-13 でもパウロが使徒として読者に勧告を行っている記述であって、8:5 の「主とわたしたちとに」に見られるような、献身の対象が二重に挙げられることに平行する記述は見られない。逆に、使徒がキリストに代わって何事かを勧告する事例を「二重」と表現するなら、その事例は彼の手紙の中にたくさんあるはずで、指摘された箇所が 8 章と先行する諸章の結びつきを示しているとすることは出来ない。deSilva は最後に、ロマ 15:25-29; I コリ 16:1-4 では献金問題が当該手紙の終わり近くに出ることを指摘して、8 章が II コリント書の中で今の位置を占めていることには、他のパウロの手紙に類比（analogy）が見られる、と指摘する。しかし、献金問題を当該手紙の終わり近くに置くことが必然性を伴うことであることの立証がない限り、これを 8 章が 1-7 章の後に記されているのはそれが 1-7 章と一体をなしていることの証拠だ、とすることは出来まい。ロマ 15:25-29 の場合を見ると、そこで献金問題が取り上げられているのは、パウロが手紙執筆後まずエルサレムに行かなければならないこと

8章および9章　エルサレム教会への献金

の説明としてであって、献金問題を取り上げること自体が目的ではない。以上、私としては、8章はもともと1-7章にすぐ続いていたことを証明しようとするdeSilvaの試みに同意することは出来ない。

　一体説を主張する研究者には、deSilvaとは別の観点に立つ者もいる。次にそのような一例として山田『パウロ書簡』の試みを検討しよう。山田はⅡコリ1-9章の修辞学的分析を行い（13）、8:1-9:15を「結論（peroratio）」と見なし、ここでは1-9章で展開された三つの「命題」を「要約して記憶を新たにし、感情に訴えて行動を起こさせる」とする（20）。実際にはしかし、各「命題」の中に「結論」を予測させるような発言はなく、「結論」の中に直接「命題」を想起させる発言もない。この問題については59頁注5も見よ。

8、9章二つの文書は現在のⅡコリント書に組み入れられるに際し、少なくもそれぞれの初めと終わりにあった祝福の言葉、挨拶等は切り落とされた。両者を並べたのは扱っているテーマが同じだからである。

53

8章　エルサレム教会への献金 I

訳　文

8 ¹兄弟たち、わたしたちはあなたがたにマケドニアの諸教会に与えられている神の恵みについて知らせる。²すなわち、患難の中で〔その信仰が〕何度も実証される過程において、彼らの喜びの豊かさと彼らのどん底の貧しさとは彼らの純真さの富となって溢れ出た。³すなわち、〔彼らは〕能力に従って、そればかりか、わたしは証言するが、能力以上に、自由意思で〔捧げた〕。⁴彼らは大いに懇願して、恵み〔のわざ〕、すなわち聖徒たちへの奉仕への交わり（＝参加）をわたしたちに願い出た。⁵そして彼らはわたしたちが期待したようにでなく、自分たち自身を神の意志によって、何よりも主とわたしたちとに捧げた。⁶そこでわたしたちはテトスに、彼が以前始めたようにこの恵み〔のわざ〕をもあなたがたのところで完遂するよう勧告した。⁷あなたがたはすべての点で、信仰とロゴスと知識とあらゆる熱情とわたしたちから〔出て今〕あなたがたの中に〔ある〕愛の点で豊かであるように、この恵み〔のわざ〕においても豊かであるように。⁸わたしは〔これを〕命令として述べているのではない。他の人たちの熱情を通してあなたがたの愛の真実さをも確かめているのだ。⁹というのは、あなたがたはわたしたちの主イエス・キリストの恵みを知っている。すなわち、

　　あなたがたのゆえに、彼は、富んでいるにもかかわらず貧しくなった。

　　それはあなたがたが彼の貧しさによって富むためである。

¹⁰そこでこのことについて意見を述べる。というのは、次のことはあなたがた──〔献金運動を〕実行することだけでなく、それを欲することを昨年来始めた、そのあなたがた──にとって有益だからである。¹¹しかし、今は

実行することも完遂せよ。欲することの熱意同様、完遂することも──持っているのに応じて──〔行われるように〕。¹² もしその熱意があるなら。持っているのに応じて──持っていないのに応じてではなく──、それ〔＝その熱意〕は［神に］受け入れられる。¹³ というのは、他の人たちに楽が、あなたがたに患難が〔生じるようにというの〕ではなく、平等のゆえ［である〕。¹⁴ 今の時にはあなたがたの余裕があの人々の不足を〔補うが〕、それはあの人々の余裕があなたがたの不足を補うためであり、その結果、平等が生じるためである。¹⁵ それは〔聖書に〕、多くのものを〔持つ〕者が多くを持つことがなく、僅かなものを〔持つ〕者が不足することがなかった、と記されている通りである。

¹⁶ あなたがたに関する［わたしと］同じ熱情をテトスの心に与えている神に感謝［する〕。¹⁷ というのは、彼は勧告を受けはしたが、一層熱情的になって、自由意思であなたがたのところに出かけて行くからだ。¹⁸ わたしたちは彼と一緒に、その者［に対する］福音における称賛が全教会を通じて［存在する〕兄弟を派遣する。¹⁹ ［彼は〕それだけでなく、主の栄光とわたしたちの熱意とのためにわたしたちによって奉仕されているあの恵み（＝献金）の件で［旅行する〕わたしたちの同行者として諸教会によって選ばれもした。²⁰ ［わたしたちとしては〕わたしたちによって奉仕されている［献金の〕多さにおいて誰かがわたしたちを誹謗することのないよう、このことを［用心〕している。²¹ というのは、わたしたちは主の前でだけでなく、人々の前でもよいことを心がけているからである。²² わたしたちはわたしたちの兄弟を彼らと一緒に派遣する。わたしたちは彼がしばしば熱情的であることを多くの点で確かめた。しかし、今や彼はあなたがたを大いに信頼して一層熱情的になっている。²³ テトスについては、彼はわたしの仲間であり、あなたがたに対しての同労者［である〕。またわたしたちの兄弟たちは諸教会の使者であり、キリストの栄光［である〕。²⁴ だからあなたがたの愛とあなたがたについてのわたしたちの誇りとの証拠を彼らに、諸教会に向けて示して［ほしい〕。

8:1-6　マケドニアの諸教会での献金運動の展開
テトスのコリントへの再派遣

　パウロはまずマケドニアの諸教会がパウロの呼びかけに応えて献金運動で
大きな成果を挙げたことを伝える（1-5節）[1]。6節での急転回（同所の説明
を見よ）が示すように、パウロが1-5節を書いたのはコリントの人々に献
金運動の活性化を訴えるべくテトスを派遣することを伝えるためであった。
しかし、彼はいきなり本題に入らず、相当の字数を使ってまずマケドニアの
状況に触れている。これは、コリント教会との関係修復から間のないことを
慮って、彼が筆の運びに慎重を期しているためかも知れない。しかし、それ
と同時に、パウロの側に諸教会を互いに競わせようとする意図が皆無であっ
たとは言えない[2]（9:2を見よ。11:9も参照）。

　　彼は地名を記すにあたり、当然固有都市名を記すことが期待される場合で
　も、とくに（たとえば手紙の宛先のように）都市名を特定する必要がない限
　り、「マケドニア」というような地域名（または属州名）を用いる（これは「ア
　カヤ」「ガラテア」の場合も同様）。たとえばコリントに派遣したテトスとの
　再会場所は「マケドニア」としている（2:13; 7:5）。われわれに知られてい

1　マケドニアについては補説1「マケドニア」を見よ。
　　　ここで取り上げられているのは「聖徒たち」（4節）、つまりエルサレム教会宛の
　献金であるが、マケドニアの諸教会はそれ以外にも対外的献金を行っていた。11:9
　によれば、彼らはコリントでのパウロの活動にも経済的支援を行ったし（フィリ
　4:15も参照）、フィリピ教会は、彼のテサロニケ滞在時にも（フィリ4:16）、エフェ
　ソで入獄しているときにも（同2:25; 4:18）、支援を行っている。
2　当事者を競合させることによって目標の達成をはかるという考え方は、パウロに
　とって身についたものであったようだ。彼は信仰そのものについてすらもそれを持
　ち出している。ロマ10:19; 11:11,14を見よ。ベッツ98A76を参照。
　　　Harrison, Grace 314ff は、当時の社会で慈善行為について顕彰の碑を建てる等に
　よって競争心を高めることが広く行われていたことを、パウロのこのような発言の
　背景にあるとしている。ただしHarrison 320は、パウロは碑文で競争に関して用い
　られる用語（ἐφάμιλλος 等）を意図的に避けているが、それは、パウロの見解では、
　コリントの人々にとって真に重要なのは彼らの「愛の真実さ」（Ⅱコリ8:8）だからだ、
　と指摘している。

るマケドニアの二つの都市、フィリピとテサロニケは百キロ以上離れている
ことを考えると、これはわれわれの感覚からすればずいぶん大雑把な表示で
ある。1-5節の献金運動に関する報告でも、記述の対象になっているのは「マ
ケドニアの諸教会」である。これは一つには、この個所はコリントの教会に
献金運動の推進を促すことを目的としており、マケドニアへの言及は言わば
競争心を掻き立てることにあったから、そのためには単一の教会名を挙げる
よりも「諸教会」と記す方が効果があるとの判断が働いたと説明出来よう（こ
の場合の「諸教会」の実態については補説1「マケドニア」を見よ）。

　もっとも、実態がまったく伴っていないのに「諸教会」という言い方をす
ることは、いかに目的が他にあるからと言っても行い難いことであったろう。
パウロは3-5節で献金に際してのマケドニアの諸教会の自発性を強調して
いるが、かなり距離の離れている複数の教会が、比較的短い期間に献金運動
への参加を申し出たことは、それら複数の教会に働きかけた人物の存在（何
らかの形でのパウロ自身の関与）を抜きにしては考え難い。自発性の強調も、
コリント教会に刺激を与えようとする意図がまったく働いていなかったとは
言い難い。

1節　1節は原文では「わたしたちはあなたがたに知らせる（γνωρίζομεν
δὲ ὑμῖν）」という語で始まっている。

　ここでは動詞は一人称複数形である。しかし、パウロが自分以外の誰かを
具体的に思い浮かべながら複数形を使っているとは考えられない。むしろ
彼は、単数形で書くのと同じような気持で、複数形を使っているのであろう。
この8章においては、それと同じような仕方での一人称複数形使用の例が多
い（十回以上）。反対に、一人称単数形を使う場合はいつも、それが自分個
人の言明であることを明らかにしたい気持が反映している（3,8,10節。他に
は23節にテトスを指して「わたしの仲間」と呼ぶ例があるのみ）。

　ベッツ85は、ここでパウロが述べていることはコリントの人々にとって「新
しい情報ではない」（ヘーフマン331fも同様）、ただし、「それの完全な射程
（Tragweite）は彼らにはなんらかの仕方で見逃されていた」と説明する。そ
の可能性はあるし、いずれにしてもパウロがここでコリントの人々の目をマ
ケドニアの状況へと向けようとしていることに違いはない。しかし、ここに
書かれていることが彼らにとって既知のことであったかは、このγνωρίζειν（知
らせる）という語だけからでは——Iコリ15:1; ガラ1:11の用例から見てそ

57

の可能性は存在するが、パウロで人間を主語としてこの語を用いる例が多く
ないこと（Ⅰコリ12:3他）から見て——判断出来ない。他方、マケドニアで
献金活動が活発化してからこの文書（Ⅱコリ8章）の執筆までの時間がそれ
ほど長くないこと（序論bβを参照）を考えると、ここに書かれることがコ
リントの人々にとって「新しい情報ではない」と断言出来るかも疑問なしと
しない。

「あなたがたに知らせる」の後にパウロは「兄弟たち」という呼びかけの
言葉を挿んでいる。

　「兄弟（ἀδελφός）」はキリスト者相互の間で同じ信仰の者を指して普通に用
いられた語であって[1]、この語が使われていることは普通ならそれほど注目す
べきことではない。ただ、気になるのは、「兄弟たち」が読者に対する呼び
かけとして使われる例[2]が、他のパウロの手紙に比べ、Ⅱコリント書で極端
に少ないことである（ファーニシュ112fが指摘）。Ⅰコリント書はⅡコリン
ト書よりやや長いだけだが、「兄弟たち」という呼びかけは二十回出る。Ⅱ
コリント書よりはるかに短いガラテア書、フィリピ書、Ⅰテサロニケ書でも、
それの使用頻度はⅡコリント書より高い（各九、六、十四回）。これに対し
Ⅱコリント書では、呼びかけとしての「兄弟たち」は三回しか出ない（1:8;
8:1; 13:11）。しかも1:8; 8:1は、パウロで「兄弟たち」という呼びかけが
使われることの多い、相手方にある事柄を「知らせる」ことと結びついての
用例（ロマ1:13; 7:1; 11:25;Ⅰコリ10:1; 12:1;フィリ1:12;Ⅰテサ4:13）、
13:11は勧告と結びつけての用例であって、いずれも慣習的語法の性格が高
い。Ⅱコリント書に見られるこの現象（しかもそれは出典各個所が書かれた
状況の違いを反映していない）は、単なる偶然と言うには際立ち過ぎている。
コリント教会に対するパウロの心の緊張がこのような語法となって現れてい
るのであろうか[3]。

1　ただし、「兄弟」はキリスト教会においてだけでなく、一般の団体でも会員相
　互の間で用いられていた。Ascough, Associations 160f に例証あり。Schmeller,
　Hierarchie 48,85; ders.,Gegenwelten 174f, Ebner, Stadt 204（文献指示あり）も参照。
2　ここで問題にしているのは読者全体に「兄弟たち」と呼びかける場合のことであっ
　て、特定の個人、たとえばテトスを「兄弟テトス」と呼ぶ例等は含まれていない。
3　コリンズ166fはⅡコリント書で「兄弟」の使用例が少ないことを指摘しながら、
　われわれの個所でそれが出るのは「パウロの苦痛に満ちた訪問［＝中間訪問］の結
　果として破れた兄弟の関係が修復された徴」と説明する。しかし、Ⅱコリント書の

8:1

「あなたがたに知らせる」の対象は「マケドニアの諸教会に [4] 与えられている神の恵み」。「神の恵み」は対格形。それの実際の内容は２節以下の ὅτι 句で記されている。

ここで見られるのと同じ γνωρίζειν（「知らせる」）＋対格形名詞＋ ὅτι 句という構文はガラ 1:11 にも見られる（「わたしは、わたしによって伝えられた福音（〔対格〕、それが人によるものでないことを〔ὅτι 句〕、あなたがたに知らせる〔γνωρίζειν〕）。

パウロは自分がコリントの読者たちに知らせようとしている事柄を、先ず「マケドニアの諸教会に与えられている神の恵み」と呼ぶ [5]。「恵み」は彼にお

かなりの部分が――関係の修復がなされ、感謝と喜びとの中で書かれた、いわゆる「和解の手紙」（1:1-7:15。詳細は上巻の序説を見よ）を含めて――中間訪問の後に書かれたことを考えると、この説明に納得することは難しい。

4　「マケドニアの諸教会に」と訳した語は ἐν ταῖς ἐκκλησίαις τῆς Μακεδονίας。ἐν を伴っているから「の間に」とする方がよいとする意見もあるが（たとえばバハマン 310、バーネット 390A5）、これは単純な与格と解して差し支えない（BDR § 220A1 を見よ。ファーニシュ 399f 等も参照）。Bieringer, Love 19A13 が、8:7 でパウロからコリントの人々に向けられた愛を表現する際し ἐν ὑμῖν と、εἰς ではなく ἐν が用いられていることの説明に際し、8:1（「恵み」に関連）および 4:3（「福音」に関連）、4:6（「光」に関連）にも、εἰς が期待されるところに ἐν が用いられている例があると指摘しているのを参照。

　　Münch, Geschenk 90 はわれわれの個所では ἐν の使用によって「恵み」の働きの具体性が強調されていると見るが、ἐν がなくても具体性が考えられていないわけではなかろう。ガスリ 392 はこの語を「マケドニアの諸教会と結びついて（in connection with the M.churches）」と訳す可能性もあるとし、その場合は「マケドニアの人々がこの賜物の終着駅（terminus）でないことが明白に」される、と述べる。「恵み」が、パウロにおいては、それを付与された者を恵みの行動へと突き動かす動的な性格を持っていることを加味して解釈している点は評価できる。

5　山田『パウロ書簡』105f は、「恵み」および 4 節に出る「奉仕」という 8、9 章でパウロが「募金」を指して用いている「特徴的な言葉」は 1-7 章で彼が「使徒職と福音を弁護する中心的な概念である」と指摘し、8-9 章での募金の議論は 1-7 章の議論を打ち切って「話題を全く変えている」のではなく、「パウロの使徒職についての修辞学的議論の『結論（peroratio）なのである』としている。「恵み」と「奉仕」が 8、9 章での「特徴的言葉」であること、それらが 1-7 章での「中心的概念」と見なし得ることについては、異存はない。しかし、パウロはこれら両語を、補説 3「献金活動」Ｃ c および Ｄ で示すように、その手紙全体の中でそれぞれかなり多くの仕方で用いており、この多様な用法は 1-7 章及び 8-9 章の間でも確認できる。1-7

59

いては一際神学的性格の強い語であるが、それの持つ意味を一層明らかに
するために、この語の——この文書では金銭の授受が問題になっているから、
そのことと関連する——普通の語感の検討から始めよう。

　金銭授受との絡みで「恵み」という語を用いるとき、それは普通は所持し
ている金銭の不足が他者の支援で解消されることと関連している。前提され
ているのは、金銭は本来私的なものであり、不足のない状態を保つのは個人
の責任だ、という考え方である。それにもかかわらず所持している金銭が不
足し、その不足が思い設けない仕方で解消されたとき、人はそれを他人から
の恵み、状況が絶望的だった場合には「神の恵み」と受け取る。われわれの
個所で「マケドニアの諸教会に与えられている神の恵み」で考えられている
のはしかし、この通常の語感とは正反対の事態である。それはマケドニアの
人々をその窮乏——2節では「どん底の貧しさ」と呼ばれている——からの
脱却を可能とした何ものかではない。むしろその正反対に、どん底の貧しさ
の中にある自分たちが献金運動に参加することの原動力となったものが「神
の恵み」とされている。「恵み」は神の救済行為である。この語感はここで
も失われていない[1]。「神の恵み」はここでは普通期待されるのとまったく逆

　章で両用語が使われている個所を点検すると、そこでパウロが献金問題を念頭に置
　いている形跡はまったく見当たらず、逆に8—9章でパウロがこれら両語を用いると
　き——エルサレム教会への献金問題は彼の使徒職と関わりが深いから、それらの個
　所を広い意味で使徒職の問題と関連づけることはもちろん可能だが、それ以上に—
　—1—7章の議論との関係を意識していることを反映している形跡は、私には見当た
　らない。むしろ、7：5ffの記事は、1—7章で論じられて来たコリントにおけるパウロ
　の使徒職評価の問題は「涙の手紙」が功を奏して一応落着したことを示している。
　山田は1—7章から8—9章への展開を、「恩恵」と「奉仕」とが両段落の「中心的概念」
　ないしは「特徴的な言葉」であることを重要な論拠として、パウロは、コリントの人々
　が「恩恵」と「奉仕」とに関する自分の弁明を「受け入れるならば、さらに具体的
　な行動として」彼らにエルサレムへの「募金活動を…成就することを」促している
　と説明するが、この両語を両段落の繋ぎの言葉と見なすことが適切かが問題である
　だけではない。「受け入れるならば、…募金運動を…成就すること」を促すという、
　山田が両段落を繋ぐために用いている文言は山田自身が説明のために補ったもので
　あって、結論として提示されるべき1—9章の一体性が結論を導出すべき議論の中に
　先取りして持ち込まれている。

1　シュメラーⅡ 45 は、「貧しい者たち、圧迫されている者たちが他人のために善行

60

8:1

の働きをする。そこには、金銭を私物と見て疑わない人間社会での常識に対する挑戦がこめられている[2]。

Ⅱコリ8、9章ではχάριςが頻繁に用いられている（全体で十例）。その用法はいつも同じではない。この点については補説3「献金運動」の項目Dを見よ。

献金活動がわれわれの個所（および9:14）で「神の恵み」と呼ばれるのはどういう意味においてか。われわれの個所では「与えられている」という受動態の分詞が付されている。そのことが示唆しているように、「神の」という属格は主語的である（神が与える恵み）。このことにより、献金運動をパウロ自身の活動の成果としたり、マケドニアの人々の犠牲を強調する道は閉ざされる。

なお、この分詞は完了形（δεδομένην）。与えられた恵みが持続的に効果を及ぼしているとの見方が打ち出されている（プランマー233、BDR§318他）[3]。

者となることは、人間的能力を越えており、献金が神的起源のものであることを示す」と説明する。この解釈は、この個所でマケドニアの人々のどん底の貧しさに言及があることに引きずられ過ぎており、「恵み」という語の持つ神学的深みが十分汲み取れていない。「恵み」の解釈には9:13の発言にも通用する射程の確保が望ましい。

2　ヴォルフ165は「何よりも献金への参与において神の恩恵がその力を発揮する。それゆえ献金を集めることは繰り返し『恩恵のわざ』と理解される。ここでは信仰者が、自らを断念し、他人を救うキリストの恩恵のわざ（8:9）を生きることが実現する」と述べる。またバレット218は、「パウロはマケドニアの人々の寛大さは神自身の寛大さである」、ないしは「神はマケドニアの人々に恩恵を与え、その結果彼らを寛大にならせた、と考えているのであろう」と言う。これらはいずれも、マケドニアの人々を他者のための献金へと動かしたものをパウロが「神の恵み」と捉えていることを指摘している点で適切である。しかし他方、ここの場合の「神の恵み」が通常の語感と正反対の性格のものであり、その意味で読者に対する挑戦的な性格を持っていることを十分視野に入れていない点で物足りない。とくに、自分たちの日常生活の中で富を大きな頼りとし、誇りとしているコリントの人々は、先ず耳にした「神の恵み」という語が次いで2-4節のような展開を示すことを聞いて、大いに驚いたはずである。

3　これに対し使徒職が「与えられた」という場合はいつもアオリストが使われる（ロマ12:3,6; 15:15; Ⅰコリ3:10; ガラ2:9。この点に関しては佐竹「パウロにおける使徒職と恩恵」を見よ。Ⅰコリ1:4では信徒が信仰に入れられたことを表すのにア

献金活動が「神の恵み」と呼ばれる場合、「恵み」を与えられるのは献金者自身である。献金者は献金活動に参加することにより、自分自身に決定的変化をもたらされる。富をもっぱら私物と見なしていたときと違い、自己中心の根源的閉じこもりが破られ、他者への「奉仕」（4節）、他者との交わりの道が開かれる。献金はその意味で献金者自身にとっての「恵み」である。

　ガラ5：1でパウロは「自由へとキリストがわたしたちを自由にした」と言い、同13節ではそれを受けて、その自由をもってあなたがたは「愛によって互いに仕えよ」という。われわれの個所が取り上げている献金活動は、そこで言う「仕える」生き方の一形態である。ガラ5：1ではそれを可能にしたのはキリストとされているが、われわれの個所の「神の恵み」は機能の上でこの「キリスト」に対応する（IIコリ8章でも9節で「キリスト」についての言及がある）。ガラテア書の場合は、5：1の勧告が出るまでに論拠となる事柄の詳しい論議がなされているが（とくに2：16を見よ）、IIコリ8章の場合はそれに相当するものはない。それだけでなく、IIコリント書全体を見てもそれに相当する記述はない。

　Iコリ16章で、1f節では相手方の用いている用語 λογεία（ロゲイアー）をそのまま使っていたのに、3節でそれを突然「あなたがたの χάρις（カリス、恵み）」と呼び変えているところを見ると、彼が「前の手紙」においてか、いずれにしてもIコリント書より前の段階で何らかの形で、信徒にとっての献金の意味を説いていた可能性が考えられる。しかし、献金について詳述しているIIコリ8、9章にそのことの痕跡が――われわれが現在扱っている「神の恵み」発言以外には――ないところを見ると、パウロは献金運動を始めるに当たり、おそらく自分では信仰義認論に匹敵する富理解に到達し、またそれをある程度はコリントの人々にも披露したが、商都コリントでの人々一般の富理解（富の私物化）の根深さには十分気がつかず、深みにまで達する議論をせずに終わっているのではなかろうか。

　この文書は言うまでもなくコリントの人々に宛てられたものであって、マ

オリストの「与えられた」が使われている）。これは「与えられた」ことの絶対的重さを強調するためであろう。

8：2

ケドニアの人々に向けて書かれたものではない。したがって、献金を「神の
恵み」とすることも、——もちろんパウロは心底からそれを「神の恵み」と
理解しているのであるが——ここでのメッセージという観点からすれば、こ
れはマケドニアの人々にではなく、コリントの人々に向けられた言葉である。
コリントは商業の極めて盛んな都市であり、コリントの教会は——マケドニ
ア教会（2f 節を見よ）と違い——おそらく比較的裕福な教会である（序説 6
を見よ）。そのような環境に生きるコリントの人々の場合、金銭を自分の拠
り所とする感覚に陥りやすい。おそらくパウロはコリントでの献金運動を始
めるに当たり、この点について彼らに注意を喚起していたであろうが、運動
の停滞に直面してますますその必要を覚えたに違いない。しかし、彼らに面
と向かってそのことを述べず、マケドニアの事例にことよせながらそれを行
っているのは、献金運動に関するコリントでの微妙な反応に対する気配りか
らであろう。

2 節　2-5 節はマケドニアの諸教会に与えられた「神の恵み」を具体的に
記しており、2 節および 3-5 節はその中にあって、それぞれ ὅτι 句の形で [1]、
この問題に関するマケドニアの諸教会の状況を全体的観点から述べる。それ
はまず「患難の中で〔その信仰が〕何度も実証される過程で」と彼らの困難
な外的状況を指摘した上で、「彼らの喜びの豊かさ」および「彼らのどん底
の貧しさ」という「彼らの」[2] を伴った二つの名詞を挙げ、それらを主語とし

1　ὅτι は文法的には 1 節の γνωρίζομεν（「知らせる」）に結びつく。この ὅτι は説明の
　ὅτι（シュメラー II 45 他）。
2　「彼らの」はさらに次の「純真さ」にもついている。このような「彼らの」の反
　復によって、パウロはこれら三者が同じ人々に起こっていることを一際明白にしよ
　うとしている。プランマー 233f を参照。他方、最初の、直訳的には（このことに
　ついては後述を見よ）「患難の多くの実証において」と訳される部分にも「彼らの」
　がついていておかしくないが、実際にはついていない。ツァイリンガー 263 はそれ
　について、それは「患難」が、後の三者と違い、マケドニアの人々にとっての所与
　の事柄と考えられているためである可能性がある、としているが、ここの場合もし
　「彼らの」がつくなら、それは、最後の「純真さ」の場合から考え、むしろ「実証」
　の方であろう。ここに「彼らの」がついていないのは、パウロがそこまで入念に構
　文を考えなかったために過ぎまい。

63

て、「それが彼らの純真さの富となって溢れ出た」、とする。この節で意味の上で中心をなす名詞は、最初の外的状況の指摘の部分も入れると、「患難」「喜び」「貧しさ」「富」と、われわれの通常の感覚から言えば暗明暗明の順で目まぐるしく変わっており（ヴィンディシュ244等）、文章全体に大きな緊張感を与えている。パウロがこのように、マケドニアの人々が実感している「患難」の次に「彼らの喜びの豊かさ」という彼らの信仰的現実を指す言葉を入れ、同じように「どん底の貧しさ」に続けて「彼らの純真さの富」を挙げるのは、「患難」や「貧しさ」は——いかにそれが耐えがたいものであっても——信仰者にとって最終的現実でないことがマケドニアの人々において実際に生起していると指摘し（Iテサ1:6を参照）、コリントの読者たちにそのことへの注目を促すためであった。それに加え、明の部分では「喜びの豊かさ (ἡ περισσεία τῆς χαρᾶς αὐτῶν)」「純真さの富となって溢れ出た [1] (ἐπερίσσευσεν εἰς τὸ πλοῦτος τῆς ἁπλότητος αὐτῶν)」と豊富さを強調する同じ語幹の語を二つ重ねることによって [2]、マケドニアの諸教会にとって、所与の要素である暗の部分ではなく、彼らの創りだす明の部分が全体像を規定していることを強調している。そればかりか、暗の部分であるはずの「彼らのどん底の貧しさ」も「純真さの富となって溢れ出る」ことに一役買っている、とされる。

　最初の「患難の中で〔その信仰が〕何度も実証される過程で (ἐν πολλῇ δοκιμῇ θλίψεως)」で使われている δοκιμή（実証）は、一般に稀にしか用いられず、新約ではパウロ以外に例証がない。同根の動詞 δοκιμάζειν は「検査する」を意味し、形容詞 δόκιμος は「実証済み」という意味で使われる。その点から見て、δοκιμή は「実証」という意味と考えるのがよいと思われるし、事実

1　ダンカー119は、「溢れ出る」はここでは商業的意味合いを持っており、それは損失と逆の意味を持つ、と指摘（マキャント80も同様。14節をも参照）。

2　パウロはこの περισσε- 系統の語を他のところで「恵み」についても再三用いており（ロマ5:15,17; IIコリ4:15; 9:8）、信徒の味わう喜びの源泉が恵みにあることを示唆している。他方、彼がこの語群をたとえば「悲しみ」について用いている例はない（IIコリ1:5の「キリストの苦難」がわたしたちに満ち溢れるは、意味が違う）。彼にとり信仰の生は溢れる神の恵みを与えられ、喜びに溢れる生であった。人は、神に目を向けることにより、悲しみにふさがれている中から喜びの溢れる生へと招き入れられる。

8 : 2

13 : 3 の場合など、この意味で理解することが適切である（パウロにおいて「キリストが語っている証拠」）。ただ、われわれの個所の場合、それをそのまま直訳して「患難の多くの実証において」としたのでは意味が通らない。「実証」されるのは実際にはマケドニアの人々の信仰であろう。「患難の」は属格であるが、「実証」の行われる外的環境を指していよう[3]。そのような理解に立って、ここでは「患難の中で〔その信仰が〕何度も実証される過程で」と訳した。「何度も」と訳したのは πολλῆ。「多くの」を意味するが、回数を重ねることを意味していると理解した。

「患難」には貧困も含まれ得るが（13 節を見よ）、われわれの個所の場合マケドニアの人々の「どん底の貧しさ」への言及が別にあるから、ここの「患難」ではそれ以外のもの、とくに迫害が考えられている。もちろん、後者は非常にしばしば前者を結果する。

　パウロでは悪い人間に「患難」が下されるという考え方もときに出るが（ロマ 2 : 9）、一般には患難はむしろ信徒の生活の特徴である。I テサ 3 : 3 に「わたしたち（＝信徒）はそのこと（＝患難を受けること）へと定められている」とあるのを参照（ロマ 12 : 12；II コリ 1 : 4；I テサ 1 : 6 も見よ）。他方、信徒が信徒であるがゆえに患難を免れるとの発言は、パウロにはない。「患難」を取り去ってほしい、減じてほしいとの願いが神に向けられることもない（ただし 12 : 8 を見よ）。「患難」が「永遠の栄光」と対比されて「一時的な軽い患難」と呼ばれる場合はあるが（II コリ 4 : 17）、ストア哲学におけるように現実の患難をないものの如く軽視することを理想とする発言もない。患難はそれなりの重みを持ったまま、信徒の生活にまつわりついている。ただ、信徒には患難のただ中にありながら、喜ぶことが可能である。

　パウロはマケドニアの人々が「患難」の中にあってその信仰を実証しているという指摘に続けて、「彼らの喜びの豊かさ」を挙げる。ここでの語順についてはこの節の説明の初めの部分を見よ。

　患難と喜びとの結びつきについては、パウロは他のところでも述べており（7 : 4「わたしはわたしたちのあらゆる患難に際し喜びでこの上もなく満た

3　Münch, Geschenk 91f はこの属格を質の属格（gen.qualitatis）ととり、δοκιμῆ θλίψεως を「患難の中で示される実証」とし、この部分を、「マケドニアの人々は患難によって動揺したり押さえつけられたりせず、それを耐え、内的に固められてそれから抜け出た」と説明している。

65

されている」。ロマ5:3も参照）、われわれの個所の発言が突然の思いつき
でないことを示している。ここでいう患難に際しての喜びは、患難そのもの
を喜ぶ、倒錯した喜びではない。この喜びは「わたしたちのあらゆる患難に
際しわたしたちを励ます者」（1:4）に由来する喜びである。つまり、患難
と別次元のところに喜びの源泉があることを知っていることに由来する喜び
である。その意味で喜びはその基本において受動的であるが、しかしそれは
同時に、喜びの源泉に応えて生きようとするその人間の主体的行動でもある。
患難が耐えがたい思いを与えることは事実であっても、「喜び」は患難をは
るかに凌駕してその人に生きる力を与える。「彼らの喜びの豊かさ」という
言葉はそのことを表現している。

　Georgi, Kollekte 52f はわれわれの個所の「喜びの豊かさ」を説明して、パ
ウロにとり「喜び」は「ただ内的なだけの、完全に彼岸に向けられた幸福感
でも、単純にキリスト者であることの喜びでもなく、それは基本的に…とも
にキリスト者である者たちとの交わりにおける喜びである」（Iテサ3,9; フィ
リ2:2; IIコリ7:13を参照）とし、「喜びはパウロにあっては一つの救済の
賜物であって、それはそれがキリスト者の交わりの実現を結果する点にそれ
の終末論的性格を実証する」と述べる。ヴォルフ167A29 がこれに賛成。ツ
ァイリンガー264 も Georgi の意見を肯定的に受け止め、この個所を「マケ
ドニアの人々は彼らにとり教会の交わりが真の関心事となり、そのことによ
り真の終末論的喜びとなったことにおいて［自分たちの信仰を］実証した」
と説明する。この発言がマケドニアの人々の献金運動参加の熱望を述べる文
脈に出ることから見て、この解釈は適切と見えるが、この表現がここでは「彼
らのどん底の貧しさ」といわば対をなして出ることを考えると、「喜び」を
このように全教会的交わりに言わば限定的に関係づけることには疑問がある。
パウロの「喜び」理解（Georgi の発言の前半には同意できる）には、信徒の
交わり以外の関連でも用例が豊富にあることを考えると、われわれの個所の
「喜び」もこのように限定しないで捉える方がいい。

　「彼らの喜びの豊かさ」に続け、パウロはマケドニアの人々の実情をその
まま伝える「彼らのどん底の貧しさ[1]」という語を置き、読者であるコリント

1　グレサーII 24 は、ここの「貧しさ」は「物質的困窮よりもむしろ初期キリスト
　者たちの一般的社会的地位」を指していると主張する。しかし、πτωχεία という語

8:2

の人々にマケドニアの実情の直視を求める。

　以上二つの名詞を挙げたのに続き、彼はそれらを主語にして、「それが満ちて彼らの純真さの富となって溢れ出た」と述べる。「喜びの豊かさ」および「溢れ出た」についてはこの節の説明の初めの部分を見よ。

　「純真さ」と訳した語は ἁπλότης。この語は原文では文末に置かれ、強調されている。

　ἁπλότης は素朴、愚直を意味しており、ギリシア・ラテンの古典世界が理想としての簡素な生活を表す場合にも用いられた[2]。パウロとの関連でより重視されるべきはユダヤ教におけるこの語の役割であろう。そこではそれは神の前で純真で、二心のない、まっすぐな行動を指して重視された。とくに十二族長の遺訓で使用例が多い。たとえば遺訓・ベニ 6:5-7:「よい思いは祝福と呪い、侮辱と名誉、平静と暴動、偽善と真実、貧しさと富、といった二枚舌を持たず、すべてについて混じりけのない純粋な単一の性質を持つ。二重の視覚や聴覚はない。彼は、なし、話し、見るすべてのことにおいて、主が自分の魂を調べているのを知っている。…〔それに反して〕ベリアル〔＝サタン〕の業は二重であり、その中には純真さがない（καὶ ἁπλότητα ἐν αὐτοῖς οὐκ ἔχουσιν）」。遺訓・イッサ 5:1f:「子供たちよ、神の命令を守り、純真さを持ち（τὴν ἁπλότητα κτήσασθε）、正直に歩み、隣人の行為に干渉するな。主と隣人を愛し、貧しい者や弱い者に同情せよ」（遺訓の二個所はいずれも一部私訳。Bousset/Greßmann, Religion 418f を見よ。同所に他の例証もあり）。新約では同根語も含め全体として用例が少ないが、パウロでは六回用いられており、そのうち四回は献金と関連している（われわれの個所の他、ロマ 12:8; II コリ 9:11,13）。献金について用いられる場合も動機の素直さを表す[3]。それと同時に、ユダヤ教の事例から窺われるように、その率直さには神

　の語義、またここでエルサレム教会への献金が問題になっていることから考えて、グレサーのように拡大解釈する必然性はない。

2　ベッツ 91f はこのような理想的な簡素な生活に関する記述の「最もよく知られた」例としてオウィディウス『転身物語』の中のピレモンとバウキスの物語（8,621-724）を挙げる。そこでは極めて簡素な生活を送る老夫婦ピレモンとバウキスとが訪ねて来た神々をそれと知らず心をこめてもてなし、予期しない褒美を受けることが物語られている。

3　「下心なしに表わされる率直な親切」（Bauer/Aland, WB ἁπλότης）。利益や報酬に

67

の意思に適うという響きが伴っている。

ここでは「彼らの純真さの富」という表現になっているが、この場合の「富」は「豊かな」という形容詞と同じ意味である。これと似た用例は、神の「栄光の富」（ロマ9：23。フィリ4：19; ロマ2：4も参照）等に見られる。われわれの個所の場合は直前に「貧しさ」が使われており、それとの対比が意図されていよう。マケドニアの人々の貧しさは「どん底の」という形容の言葉がついているように並人抵のものではなかった。その貧しさが彼らの豊かな献金活動となって溢れ出る。これは普通では起こり難いことであろう。その起こり難いことを引き起こしたのは、ここで貧しさと並んで主語として挙げられているもう一つの要素、彼らの豊かな喜びであった。この献金運動をパウロが1節で彼らに与えられた「神の恵み」と呼んでいるのは、故のないことではない。

パウロはここで「どん底の貧しさ」の中にあるマケドニアの人々がエルサレムの人々のための献金運動に参加し、パウロたちの期待以上の貢献をしたことを高く評価しているが、当時のローマ社会にはこのような行動を戒める冷静な声もあった。ローマの哲学者キケロ（前106-前43）は「善意と篤志」について「注意を要する点」として、①「慈善が、慈善をなそうと考える相手の人々自身にも、その他の人々にも障害とならないこと」、②「慈善が能力の範囲を超えないこと」、③「各人の応分に従って施されること」の三点を挙げている（『義務について』I 42ff）。われわれの個所でのパウロの発言との関連では、まず②についての詳述部分に注目したい。彼は言う。「財力が許す以上の慈善をなそうと欲する人々は、まず第一に、そのぶん近親者に不当なことをしているという点で過ちを犯している。というのは、近親者の使用に供したり、また、遺産とするほうが正当であるはずの財産を縁のない人々のところへ移しているからである。… また、気をつけて見れば分かるが、ほ

目を向けず、ひたすら相手の必要に着目して献金に臨むこと（グレサーII 61を参照）。遺訓・イッサ3:8に「わたしがふた心なしに（ἐν ἁπλότητι καρδίας μου）すべてのその日暮らしの者や苦しい者に大地の恵み〔である農作物〕を分けてやっていた」、またヨセフス『古代誌』7:332に、ダビデが神にアラウナの打殻場に祭壇を築くことを命じられたのでアラウナのところに来たとき、アラウナはすぐにその求めに応じたので、ダビデは彼のἁπλότηςとμεγαλοψυχία（心の大きさ）とを褒めた（サム下24：18ffに相当）、とあるのを参照。

とんどの人は生まれついて篤志家なのではなく、なんらかの功名心に引っ張られて、善意の人と見られるように多くのことをする。その動機は自己顕示欲であって、自発的意思ではないと思われる。このような見せかけは虚栄と同類であって、篤志からも徳性からも離れている」(44)。③については彼は次のように述べる。「見きわめねばならないのは、善意を施そうとする相手の性格、われわれに対する心もち、生活上の共有点と同胞関係、そして、以前にわれわれの利益となるよう果たしてくれた義務である」(45)。キケロは、「ほとんどの人」という表現を使っていることから見ると人間一般を対象として述べているように見えるが、他方「遺産」という言葉を使っていることから窺われるように、彼が主として視野に置いているのは遺産を残せる地位にある人々、つまりある程度の財産を持つ市民階級であろう。したがってこれを、「どん底の貧しさ」の中にいるマケドニアの人々の行動を評価するパウロの姿勢と直ちに関連づけて考えることは適切ではない。また「縁のない人々」に対する善意を扱っているから、この点でも信徒間という、限界づけられた集団内部の献金問題を取り上げているパウロの場合と同列に扱うわけにはいかない。しかし、社会の指導的立場にある人々の中にこのような考え方の人がいたことは、やはり無視できない。困難な立場にある人々のための募金を呼び掛けることも、それに応じることもまずは非難されることのない現在のわれわれの社会を前提にしてここのパウロの記述を考えるわけには行かない。パウロの記述は、善意の施しが反社会的と見なされかねない社会の一隅での、ある意味で勇気のいる行動であった。その点では、コリントでの献金熱は一時冷めたが、そのことの方が当時の社会の通念からすればまともであった。もっとも、③に関するキケロの言葉は「善意をなす」ことを相手次第では許容しているようにも見える。ただし彼はその際、善意を行う自分と善意を施す相手との間の「生活上の共有点と同胞関係」を重んじている。これをマケドニアの人々とエルサレムの人々との関係にあてはめて考えると、両者の関係はそれほど密であったとは思われない。キケロが「同胞関係」と言うとき具体的に何を考えているかははっきりしないが、マケドニアの人々が異邦人主体、エルサレムの人々がユダヤ人キリスト者であったことを考えると、両者の間には直接の関係はおそらく希薄であったろう。「生活上の共有点」があったとも思われない。このように「同胞関係」も「生活上の共有点」も薄い状態であるにもかかわらず、かつ、そのような関係の中で「善意」を施すことについての疑念を唱える哲学者の声があるにもかかわらず、パウ

ロはエルサレム教会のための献金運動への参加をマケドニアの諸教会に呼び
かけ、それに応えたマケドニアの人々を高く評価する。彼はキケロ等とは明
らかに別の判断基準を持っている。

　もちろん、マケドニアの諸教会とエルサレム教会との間にまったく関係が
なかったわけではない。実際両者の間に、とくに新たに信仰に加わったマケ
ドニア教会の側に、新興共同体としてのキリスト教会への帰属意識がなかっ
たと考える方がおかしい。ただしその場合、ある研究者たちのようにここで
のマケドニアの人々の反応を9節でのキリスト発言と結びつけて理解するこ
とが適切かには、疑問がある。9節との関係については9節の説明を見よ。

3-5節　3-5節は3節初めの ὅτι によって導入される。この ὅτι は2節冒
頭の ὅτι 同様、（原文で）1節初めにある「知らせる（γνωρίζομεν）」と結び
ついていると見ることが出来るが、2節末尾にある「彼らの純真さの富」の
内容説明のための ὅτι ととることも出来る。3-5節全体で主動詞は5節の「捧
げた（ἔδωκαν）」一つであり、つまり3-5節全体では、複数の要素がこの「捧
げた」とゆるく結びついて、一つの文章を形成している（Münch, Geschenk
96。訳文ではそれらを要素ごとに分解せざるを得なかった）。なお、6節も、
テーマはテトスの派遣であって3-5節と異なるが、文体的には不定法句で
あって、3-5節に従属している。

3節　3節でパウロはマケドニアの人々のこの問題への取り組み方を全体
的観点から記す。彼はまず「能力に従って[1]」と述べ、そこで一息つく形で間
投句的に「わたしは証言するが」という語を挟んだ上で[2]、「そればかりか（καί）[3]

1　民6:21; 申16:17では神への捧げ物との関連で、またシラ29:20では隣人のた
　めの扶助に関して、「能力に従って」が使われている（Münch, Geschenk 96 が指摘）。
　また世俗の用法としては、結婚契約書で夫が妻に対し扶養の義務を果たすことを約
　束するときに頻繁に用いられているのを参照（アルツト・グラブナー411f を見よ）。
　「能力に従って（κατὰ δύναμιν）」は内容的には11節の「持っているのに応じて（ἐκ
　τοῦ ἔχειν）」に近い。
2　「わたしは証言するが」はここでは次の「そればかりか（καί）」ともども、「能力
　以上に」を強める機能を持つ（シュメラー II 47 を参照）。この表現は、パウロが「コ
　リントの人々の側の懐疑心を若干見越していることを示している」（ガスリ397）。
3　καί のこのような用法については Bauer/Aland, WB καί II 2 を参照。

8：4

能力以上に[4]、自由意思で[5]」と続ける。

「自由意思で」と訳した語（αὐθαίρετος）は新約ではこの他 17 節で出るだけ。また LXX にも例証はない（ただし、副詞 αὐθαιρέτως が II マカ 6：19 ［および III マカ 6：6; 7：10］で用いられている）。

この語は節の最後で孤立気味に述べられているので、それを 4 節に結びつけて理解することも可能である（「自由意思で…願い出た」）。ネストレ・アーラント 28 版は αὐθαίρετοι の後にコンマをつけておらず、それを 4 節に結びつけて読むよう示唆している。しかし、「願い出る」ことを「自由意思で」行うことを強調することは、献金活動への参加を「自由意思で」行うことを強調することに比べ意味のあることと思えないので、ここではこの語を 3 節の中の半独立の表現と理解することを選んだ。

4 節 4 節は分詞構文の一つの文章で[6]、マケドニアの人々の献金運動参加に際しての熱心な自発性を強調している。彼らが願い出た内容は、原文での順序通り単語ごとに区切って訳せば、「恵みを、交わり（＝参加）を、奉仕の、聖徒たちへの（τὴν χάριν/καὶ τὴν κοινωνίαν/τῆς διακονίας/τῆς εἰς τους ἁγίους）」と、やや複雑な表現である。

最後の「聖徒たちへの」がその直前の「奉仕」にかかっていることは明らかである。他の三者は互いにどのような関係にあり、この表現は全体としてどのような意味なのであろうか。おそらくこれは一種の簡略化された表現で

---

4 「能力に従って（κατὰ δύναμιν）」と「能力以上に（παρὰ δύναμιν）」との組み合わせはヨセフス『古代誌』3：102 ＋ 104 でも使われている（ハリス 565 が指摘）。παρὰ δύναμιν はおそらくより一般的な（1：8 を見よ）ὑπὲρ δύναμιν と同義。写本 Ψ 等はわれわれの個所も ὑπὲρ δύναμιν と読むが、これは二次的。前置詞 παρά の古典文献における類似の用例については E.H.Riesenfeld, ThWNT V 730,33ff を見よ。

5 先に触れたように、3–5 節は単一の文章を構成しており、動詞は 5 節に出る「捧げた」だけである。「能力に従って…自由意志で」の部分には動詞はついていない。それに続く 4 節はマケドニアの人々の懇願を述べており、語の点では「懇願して（δεόμενοι）」が中心をなしている。しかし、われわれの個所の「能力に従って…自由意志で」をそれにかけることは、意味の上で適切でないし、それにこの「懇願して」は定動詞ではないので、われわれの個所の発言はそれを飛び越えて 5 節の「捧げた」にかかっていると見るべきであろう。

6 この分詞「願い出た（δεόμενοι）」も 5 節の主動詞「捧げた（ἔδωκαν）」にゆるくかかっている（シュメラー II 47）。

ある。パウロは最初「聖徒たちへの奉仕の恵み」と書く積りであった。こ
の場合「奉仕の恵み」は「奉仕という恵み」、「奉仕の」は説明の属格であ
る。それは、奉仕そのものが奉仕者にとって神から与えられた恵みとされて
いる、ととれる。その場合は、ここの「恵み」は1節のそれと基本的に同性
格と見なし得る。しかし、「恵み」で考えられているのは6節におけると同
様（7，19節も参照）恵みのわざのことだ、つまり、献金をする者たちを恵
みの主体と見ている、とすることも可能である。恵みへの参加をパウロたち
に願い出るという言い方がなされていることから考えると、この方が無理が
少ない[1]。それゆえここでは、6節におけると同様、「恵み［のわざ］」と訳した。

1　ヴィンディシュ 246 がこの個所の「最も蓋然性に富む訳」として、「彼らはわた
　したちに恵みのわざ（への参加許可）と聖徒たちへの奉仕への参与の（保証）とを
　願い求めた」を提唱している。
　　ここの「恵み」をパウロたちの「好意」という意味に理解する研究者が多い。た
　とえばリーツマン 133 は τὴν χάριν καὶ τὴν κοινωνίαν は Hendiadyoin（二語一意）で
　あるとし、「参加してもいいという好意（die Gnade, teilnehmen zu dürfen）」を意
　味する、と述べる。ヒューズ 291A11、プランマー 235f、ファーニシュ 401 等も同
　様。アロ 214 ははっきりと、ここの χάρις は「1節におけるとは別の意味だ」と記
　す。スラル 525A121 も χάρις が「願う」の対象となっていることから考え、それを
　favour、privilege とする方が判りやすいと述べる。しかし、パウロが他人に対する
　自分の好意を指して χάρις を使用する例は――χάρις が献金を意味する場合、若干そ
　れに近いと見ることが出来るかもしれないが――他に一つもない（1節の説明を参
　照）。
　　χάρις を神の恵みとするのと、パウロたちの行為とするのとの二つの見方の折衷を
　図る研究者も少なくない。バレット 220 はこの χάρις を「神のそれ（＝愛）とは異なる」
　とした上で、「神の愛と比較し得る、かつ神の愛に誘発された人間の愛」と説明する。
　またマーティン 248,254 は、この χάρις は人間的特権（a human privilege）を意味
　すると説明した上、すぐにそれを補って、この場合 χάρις は神学的基礎を持ってい
　る、すなわち、マケドニアの人たちは神の恵みに応えて行動したと説明し、ここで
　パウロの「考えは1節に戻っている」とする（254）。マーテラ 187 もこの χάρις は
　「マケドニアの人々に対するパウロ自身の好意」とする一方、この文書で「神の恩恵」
　が中心的モティーフであることを考えるとここでは「χάρις のこれら二つの用法が互
　いに関連しあっている、つまりマケドニアの人々はこの奉仕への参加をそれ自体神
　の恩恵と理解したと思われる」と述べる（バーネット 395 もこれに近い）。しかし、
　χάρις をパウロたちの「好意」と説明した上で――この用法がパウロでは他に例のな
　いことはすでに指摘した――パウロの χάρις の語法以外に論拠とし得るものがない
　状態のもとで「好意」と「神の恵み」との橋渡しを図るくらいなら、初めから χάρις

8：4

しかし、それで 1 節の「恵み」との関係が切れてしまったわけではない。同じ用語の使用は、いわゆる「恵みのわざ」の場合、それを行う主体は信徒であっても、それは神の恵みに動かされての行動であることを示している。

ところで、マケドニアの人々が願っているのは献金運動に参加することであるから、「奉仕の恵みを願い出た」はそのことの表現として十分でない。そこで彼は「恵み」と「奉仕の」との間に「交わり（＝参加）」という語を補った、その結果現在のような約まった形の表現になった、と考えられる（結果として「聖徒たちへの奉仕の」という語は「恵み」と「交わり（＝参加）」の両方にかかることになった）。初めから「聖徒たちへの奉仕の恵みへの交わり」と書けばよかったところ、このような不手際になったのは、献金運動が根本において人間の営為でなく、神からの恵みに他ならないという意識がパウロに強く働いて、先ず「恵みを」と切り出したためであろう。

まず「聖徒たちへの奉仕」から検討しよう。「聖徒たち (οἱ ἅγιοι)」は信徒たち一般を指して用いられることもあるが[2]、ここではエルサレムの信徒たちが考えられている。このような例はパウロで他にも見られる（パウロ以外の新約文書ではこれに明白に該当する例は見られない）。そのうち、ロマ 15：25,26,31; I コリ 16：1（3 節を見よ）ではエルサレムの信徒が考えられていることが文脈から明白に読み取れるが、われわれの個所および II コリ 9：1,12 では文脈にエルサレムの信徒であることを明言する表現は出ていな

を神の恵みと理解する道を探るべきではないか。

　なお、ベッツ 93 は基本的にマーティン等と同意見であるが、ここの場合 χάρις は当時の行政文書によく出る世俗的意味で使われている、と主張する（プリュム I 507A6 も同様）。しかし、パウロにとって極めて神学色の強いこの語を、しかも 1 節におけるような発言がある文脈で、そのように世俗的使い方がなされているとすることは、説得的とは思われない。

2　信徒一般を「聖徒」と呼ぶ例は、パウロではロマ 1：7; 8：27; 16：2,15; I コリ 1：2; 6：1,2; 14：33; 16：15（?）; II コリ 1：1; 13：12; フィリ 1：1; 4：22; フィレ 5,7 に見られる。手紙の初めまたは終わりの挨拶の中で出る例が多く、それ以外は数例に過ぎない。佐竹『ピリピ注解』13 を見よ。パウロおよびパウロ系列の手紙（とくにエフェソ書、コロサイ書）以外ではヨハネ黙示録にこの種の用例が多い。この点については Satake, Gemeindeordnung 47ff を参照。

73

い[1]。しかし、読者にとってそのことは自明とされているように見える。エルサレムの信徒が考えられているこれらの個所はいずれも献金問題と関連しており、それ以外の例はない[2]。

「聖徒たち」のパウロにおける用法はこのように、信徒一般を指す場合と、とくにエルサレムの信徒を指す場合とがある。後者の場合にはそのことが直接の文脈から明らかな場合と、上に指摘したように、われわれの個所を初めその点が明言されていない場合とがある。われわれの個所の場合、8章には（9章でも）「エルサレム」という名前は一度も出ない。パウロがエルサレム教会のための献金運動を推進していることはコリントの読者にはよく知られたことなので、彼が文書全体の中で一度もエルサレムという地名を使わず、われわれの個所でも「聖徒たちへの奉仕」という表現で済ませていることは理解出来る。逆に、エルサレム教会が特別の地位を持つことを強調してパウロがことさらこの表現を選んだとすることは、ありそうにない。その意図があ

1　ヴィンディシュ 246 はここで「聖徒たち」がエルサレムの信徒であることが明言されていないのは、パウロとコリント教会との間で今まで行われて来た情報の交換からその点が明らかであったからに過ぎない、と説明し、エルサレムの原始教会がいつも「聖徒たち」と呼ばれていた可能性を否定する。しかし、パウロがこの関連でエルサレムの信徒たちに言及するときいつも「聖徒たち」という呼称を用い、たとえば「エルサレム教会」（たとえば「マケドニアの諸教会」[8：1] を参照）、「エルサレムの人々」（たとえば「マケドニアの人々」[9：2] を参照）というような言い方をしていない点から見て（この点については1：1の説明を見よ）、この観点からエルサレムの信徒たちがいつも「聖徒」と呼ばれていた事実はないと断定出来るかは疑問である。むしろ、エルサレムの信徒たちを「聖徒」と呼ぶことがパウロ自身にとって自明であったばかりでなく、コリント教会でもそれが通用していたことに注目すべきであろう。ただし、エルサレムの信徒たちが「聖徒」と呼ばれていたということは、前注で述べたように信徒一般についても「聖徒」が用いられたという事実を排除するものではない。

　シュメラーII 49 は「聖徒たち」はエルサレムの信徒たちの自称とする見方に反対して、ここの「聖徒たち」はロマ 15：26 に出る「エルサレムにいる聖徒たち」の短縮形とする。しかし、執筆年代から見てより遅いロマ 15：26 に出る呼称の短縮形が、われわれの個所だけでなく 9：1,12 でも使われている事実は、特定の信徒を「聖徒たち」と呼ぶ場合にはエルサレム教会の信徒のことだという認識が、（同教会の信徒たちの自称であったかは兎も角）少なくもパウロ系統の諸教会で広まっていたことを示唆する。

2　直接金銭の授受ではなく、もっと広義に信徒間の援助行動についてこの系統の語が使われる例はある。この点についてはすぐ後で取り上げる。

8 : 4

るなら、彼はこの文書でも（13f 節に多少それに関連する発言があるが、た
とえばロマ 15 : 27 でのように）、もっと明白にそれを述べているはずである。
結局、われわれの個所での「聖徒たち」の使用は特別の意図に基づくもので
なく、パウロは自分の習慣に従ってこのような書き方をしているのであろう。
見方を変えれば、彼にとってエルサレム教会宛の献金を「聖徒たちへの献金」
と呼ぶことは完全に習慣化しており、それは彼の教会の信徒たちにもそれで
通用すると前提してかかるほどのものであった[3]。

その彼らへの「奉仕（διακονία）」とは、明らかに彼らのための献金活動を
指す[4]。ここでは「奉仕」という語は属格形であり、それの直前には「参加」
という名詞、そのもう一つ前には「恵み」という名詞が、いずれも冠詞つき
の対格形で出ている。「奉仕への参加」という表現はそれほど判り難くない。
「参加」と訳した語は κοινωνία（補説 3「献金運動」C d を見よ）。この語
には狭義の信仰に関連する用例（たとえば I コリ 1 : 9 の「主イエス・キリ
ストとの交わり」。その他、同 10 : 16; フィリ 1 : 5; 3 : 10 を参照）や信徒同
士の交わりを表す用例（ガラ 2 : 9）が多い。しかし、われわれの個所の場合
は、この語は（先行する χάρις と並び）彼らが「わたしたちに願い出た」こ
との対象を表していること[5]、κοινωνία には「参加」の意味もあること（Bauer/
Aland, WB κοινωνία 4）から考え、「参加」を意味していると考える方がい
い[6]。パウロでは、この語の同根の動詞も含め（ロマ 12 : 13; フィリ 4 : 15）、「参

3　このことの典型的例は I コリ 16 : 1 に見られる。ここでパウロはおそらくコリン
　ト教会からの問いに答え、先ず「聖徒たちへの献金（λογεία を使用）について」と
　項目名を挙げ、以下の展開の中で、あたかも当たり前のような仕方で、献金の運び
　手を「エルサレムに派遣する」と地名を挙げている（3 節）。

4　「奉仕（διακονία）」については補説 3「献金運動」C c を見よ。

5　神学的に重い χάρις という語が κοινωνία と並び「願い出た」の対象となっている
　ことから見て、κοινωνία を単に「参加」の意味とすることは不適切と見えるかもし
　れないが、この点についてはここの複雑な表現の成立について上で下した推論およ
　び次頁注 1 を見よ。

6　ヴィンディシュ 246 は、κοινωνία は「寄付金、施し」の意味も持ち得ると指摘する。
　この場合は χάρις と κοινωνία とはいずれもマケドニアの人々の献金を意味すること
　になる（Münch, Geschenk 100f も参照）。しかし、χάρις、κοινωνία と、語を重ねる
　ことの意図がこれではよく判らないし、「願い出た」との関係もこれでは不明確で

75

加」の意味で使われる場合は対象はほとんどいつも献金活動であるから、そこでは信徒の交わりの意味で用いられるときの語感が伴っていると見るべきであろう[1]。

　マケドニアの諸教会は献金活動への参加をパウロたちに[2]「大いに懇願して

ある。
　　バハマン 313 はこの κοινωνία も「至るところにいるキリスト者を結ぶ霊的共同体の実現」と理解する。クルーズ 168、「『交わりに与ること』（koinonia）は、彼らが募金に関与することによって、より大きなものに、つまり『全教会的な』愛のわざに加わることを意味している」も同様。しかし、このようにマケドニアの人々の関心がエルサレムのための献金運動への参加と並び、「至るところにいるキリスト者を結ぶ霊的共同体」に自分たちが加わることにも向けられているとすることは、パウロがここでコリントの人々にマケドニアの人々の行動を紹介する趣旨に照らして過重に過ぎる。

1　ロマ 15:27 でエルサレム教会への献金に関して、「もし異邦人が彼ら（エルサレムの聖徒たち）の霊的なものに与った（ἐκοινώνησαν）のなら、肉的なもので彼らに仕える負い目を持っている」とあり、κοινωνεῖν（与る）が、異邦人教会からエルサレム教会への献金にではなく、エルサレム教会から異邦人教会に提供された「霊的なもの」に結びつけて使われているのを参照。同じ観点から、パウロがガラ 2:9 でエルサレム会議の報告の最後のところで、エルサレム教会の有力者たちがパウロとバルナバとに「交わり（κοινωνία）の手を差し出した」と述べている点も注目すべきであろう。
　　F.Hauck, ThWNT III 809,20ff も κοινωνία は「ここでも、『参与』という色あせた意味だけでなく、聖徒たちに対する奉仕における交わりと連帯という宗教的意味も持っている」とし、その論拠として、この語が「高貴な語 χάρις と並んで（neben den hohen Wort χ.）」出ることを挙げている。Seesemann, KOINΩNIA 68 は 1 節で χάρις が神から与えられている恵みを意味して使われていることを指摘し、4 節でもこの語は「確実に 1 節におけると同じ意味で使われている」として、κοινωνία が単に「参加」を意味していることはあり得ない、と主張する。しかし、少なくもここの χάρις が 1 節と違い献金者を主体と見なしている可能性もある以上、ここで κοινωνία が χάρις と並んで出ることを主論拠に、ここの κοινωνία が「参加」の意味である可能性を軽く見ることは適切とは言い難い。ただ、パウロで κοινωνία が参加の意味で使われるのが圧倒的に献金関連であることから考え、この語に宗教的ニュアンスを一切認めないことも適切ではない（たとえば Ogereau, Collection 372f は、κοινωνία は純粋に宗教的な意味合いは持っていないとして、Seesemann, Hauck に反対しているが、この批判を受け入れることは出来ない）。

2　ここの「わたしたちに」は属格形（ἡμῶν）。このように頼む相手方を属格で表す例はガラ 4:12 にもある。

8 : 4

願い出た」[3]。普通なら献金を集める方が献金を捧げる人に献金運動への参加を呼び掛ける、ないしは依頼するところであろう。パウロがここで、マケドニアの人々が参加を願い出たと言っているのは、彼らがパウロに勧告され、ないしは要請されてこの行動に出たのではない、ということである。つまり、マケドニアの人々の自発性を浮かび出させることを意図して、彼はこのような書き方をした。ただ、この言葉使いからは、この献金運動については自分が主導権を持っているとの彼の意識が垣間見える[4]。さらに根本的には、献金行動自体を「神の恵み」とするパウロの理解（1節）がこの語法の背後に窺われる[5]。そこには献金運動が停滞しているコリントの人々に対する批判が内包されている。彼とコリント教会との関係には、いずれにしても微妙なものがあった。

---

3 Münch, Geschenk 105 は、「願い出る」は献金運動への参加の許可を意味するものではない、「パウロによって建てられた教会は皆献金運動に参加していた」のであって、マケドニアの教会も初めからそれに参加していた、と主張する。確かに、パウロによって建てられた教会は、結果から見て、（おそらく）皆献金運動に参加している（コリント、マケドニア）、ないしは、一度は参加の意思を表明したと思われる（ガラテア）。しかし、それがどの教会に対しても自動的に適用される原則のような性格のものであったかは、疑問である。9:2 には、パウロはマケドニアの人々に「アカヤでは昨年来準備が出来ていると誇っ」たとある。マケドニアでの献金運動は、全教会が参加すべきだとの原則提示によってではなく、コリント教会の例の提示によって始まった。われわれの個所について Münch はまた、「パウロは献金の額についての驚きを表明している。…パウロは、彼らの献金を受け入れるべきか決心出来ずにいた。しかし、彼らは切実に、自分たちの捧げものを受け入れるよう、彼に頼んだ」、とも説明している。しかし、この個所の発言にパウロの不決断を読み込むことが適切とは思われない。

4 ロマ 15:31 でこの献金運動全体を指して「エルサレムに対するわたしの奉仕」という表現が使われているのも参照。なお、この主導権の問題については次節の「主とわたしたちに捧げた」の説明も見よ。
　最近の研究ではこの時代の教会を当時のとくに都市に数多く存した各種の世俗的「任意団体」との類似性に注目して論じるものが少なくないが、このパウロによるエルサレム教会への献金運動のように、個々の教会にとっては一応外部者である人物が、複数の教会に対してイニシアティヴをとって、外部の団体のための献金運動もしくはそれに類する運動を推進する例は、これらの「任意団体」には見出せない。

5 「マケドニアの人々は、［エルサレムの聖徒たちに］与える機会を、自分たちを通しての恵みとだけは考えず、自分たちに対する恵みとも考えた」（ガスリ 398）。

77

「大いに懇願して」と訳した語は μετὰ πολλῆς παρακλήσεως。παράκλησις はパウロでは「慰め」「励まし」の意味で使われることが多いが（ロマ 15:4; II コリ 1:4-7; 7:4,13; フィリ 2:1 他）、ここでは「願い」の意味。

5節　5節は彼らの実際の行動に際しての熱心さを伝える。まず否定形の文章で「わたしたちが期待したようにではなく」と記した後、肯定形の文章で「自分たち自身を神の意志によって何よりも主とわたしたちに捧げた」と述べる。否定句の中の「期待した」は、後に出る「捧げた」の場合同様、アオリスト。マケドニアの人々が願い出た時点でのパウロたちの反応を記している。パウロたちが期待した内容が何であったかは記されていない。パウロがそれを書くつもりであったかも確かでない。むしろこの句は3節にあった「自由意思で」を補強することを意図するものであって、彼らの行動がパウロたちの指導や誘導によるものでないことを強調している。

　田川 073 は、ここの否定形の文を「それも我々が期待したのと違っていた」と訳した上で──協会訳および共同訳「わたしたちの希望どおりにしたばかりか」は不正確──、同 476 ではそれを「単にエルサレム教会への献金だけではなかった」と説明し、その後に記されている「先ず自らを主と我々に捧げた」はマケドニアの人々が行った、「わたしたちが期待した（＝エルサレム教会宛の献金）」とは別の行動、つまり「パウロがコリントスで資金に困っているのを知って、生活費の援助をしてくれた（11:9）」ことを指す、と言う。この解釈は、パウロが「わたしたちが期待した」で何を思い描いていたかを明確にしようとしている点で評価に値するが、「わたしたちが期待した」の内容をこのように推定することが適切かは問題である。パウロがマケドニアの諸教会から金銭的援助を受けていたことは事実である。しかし、彼がその事実にここで隠された形で言及していると見るには、いくつかの問題がある。一つは時期的な問題である。9:2 からは、パウロがマケドニアの人々に「アカヤでは昨年来（献金の）準備をしていると誇」ったことが刺激となって、マケドニアでの献金運動が始まった、と受け取れる。他方、マケドニアの諸教会のパウロに対する経済援助は、彼がいわゆる第二伝道旅行で「マケドニアから出て行ったとき」（フィリ 4:15）から始まっている。少なくもパウロの最初のコリント滞在時には、それは行われていた。つまりそれは 8:1 が書かれた時点では、コリントの人々にとって既知の事柄であって、「あ

78

8：5

なたがた（＝コリントの人々）に知らせる」と切り出すような新しい事柄
ではなかった。第二に宣教者に対する経済援助（謝儀ないし報酬提供と言う
べきか）とコリント教会との関係の問題である。確かに田川 477 が記すよう
に、「パウロの生活費を信者が献金で支えるかどうかという問題は…コリン
トス教会に対してパウロが議論の種にしていたことである（I コリ 9 章を参
照）。ただし、コリント教会との関連では、彼は一貫して自分はコリント教
会からは謝金を受け取らないという立場に立っていたのであって、そのこと
はコリントの教会の側からのパウロに対する批判を呼んだほどである（II コ
リ 11：8f; 12：13ff）。そのコリントの人々を相手にして、自分たちに対する資
金援助を念頭に置きながら、マケドニアの人々は「自分たち自身を神の意志
によって主とわたしたちとに捧げた」と書いているとすることは、やはり不
自然である。「パウロとしては、あなた方と違って、マケドニアの教会の人々
は両方とも〔＝彼自身に対する資金提供も〕こころよく応じてくれたんだよ、
と言いたくなった」と推測することは無理である。さらに加えるならば、1
節で使われている「恵み」という語は献金関連で使われる場合はいつもエル
サレム教会に対する献金を指しており、パウロがここで自分に対する資金援
助を念頭に置いている可能性は乏しい。私としては、ここの「わたしたちが
期待したようにではなく」については上に記したような曖昧さを伴う解釈以
上のことを読み取ることは困難と思う。

　「自分たち自身を…捧げた」は自己犠牲を意味する表現。ガラ 1：4 でキリ
ストの救済死について同じ表現が使われている（同 2：20 も参照）[1]。この表現

1　9 節には「彼は富んでいる者でありながらあなたがたのゆえに貧しくなった」と
いう、キリストの自己犠牲を記す言葉が出る。ヴォルフ 168 は、われわれの個所で
はマケドニアの人々の振舞はガラ 1：4 等に見られるキリストの振舞と類似の仕方で
記されているが、9 節は「このような対応が意図的であることを示している」とし、「主
に自らを捧げることは彼が私たちのために自らを捧げたことへの応答である」と言
う（グレサー II 26、ステグマン 193、シュメラー II 49 も同様。ベッツ 95f も参照）。
マケドニアの人々の振舞がキリストの振舞への応答であるということは、一般論と
しては言えるかもしれない。またわれわれの個所の発言がマケドニアの人々の自己
犠牲を述べている点で、キリストの自己犠牲を述べる 9 節の発言と対応する要素を
持っていることも確かである。しかし、われわれの個所の表現が、彼らは「主とわ
たしたちに捧げた」となっていることは、この発言を 9 節の発言とあまりに近づけ
て読まない方がいいことを示唆している。それに、われわれの個所の発言にはたと
えば「主にならって」というような、マケドニアの人々の自己犠牲をキリストのそ
れと直接結びつける要素は含まれていない。パウロはここで単にマケドニアの人々

はキリスト論に特有のものではない。パウロでは類似例はないが、たとえば
Iマカ6:44には、シリア王に立ち向かうマカベアのユダの戦闘の場面でエレ
アザルなるユダヤの戦士の果敢な行動を述べて、彼は「民を救うため自分自
身を捧げた（ἔδωκεν ἑαυτόν）」とある。同11:23; 14:29も参照。

パウロはここでこの表現を使うことにより、献金に際しマケドニアの人々
が示す、自分の保全を顧みない徹底した献身を、称揚の気持を込めて書き記
している。原文では「自分たち自身を」が句の最初に記されていて、彼らの
行動が全存在をかけてのものであることを強調している[1]。

　マケドニアの人々は「どん底の貧しさ」の中にありながら、エルサレム教
会のための献金運動に参加した。しかし、彼らが実際に拠出したのは金銭で
あったはずで、それを「自分たち自身を」と表現することは度が過ぎる感が
ある。過度の修飾はかえって実態の真相を見えにくくすることにならないか。
われわれとしてはしかし、この発言を、パウロの受けた心像を反映している
として読むべきであろう。「自分たち自身を…捧げた」は「わたしたちが期
待したようにではなく」の裏返しの言葉である。

しかし、この発言で注目すべきは「自分たち自身を…捧げた」相手として「主
とわたしたち」を挙げている点である[2]。献金はエルサレム教会宛であるから

の振舞を客観的に述べているのでなく、コリントの人々にそれを紹介し、コリント
の人々の意識を変えようとしているのであるから、もしマケドニアの人々の振舞を
キリストのそれに対応するものとして描こうとしたのなら、もっと直接的にそれを
表現する言葉を盛り込んだはずである。彼がたとえばロマ12:1fで読者に、神に自
分を供え物として捧げることを、とくにキリストの自己犠牲に言及することなしに
勧告しているのも参照。9節との関連を性急に持ち込むことには慎重である方がい
い。

1　たとえばプランマー236のように「自分たち自身を捧げる」にはマケドニアの人々
　が福音宣教を行ったことも含まれている可能性があるとすることは、ここでの文脈
　から見て飛躍し過ぎている。やはりこの表現は、彼らの献金活動への参与が徹底し
　たものであったと述べているととるべきであろう。

2　「何よりも」と訳した語（πρῶτον）は普通は序数詞的に「第一に」を意味して使
　われる。その場合、考えられているのは時間的先後であることが多いが、重要度の
　順序を示すこともあり（Bauer/Aland, WB πρῶτος 2cを見よ）、両者はときに峻別す
　ることが困難である。われわれの個所の場合は、何と何との間の順序づけがなされ
　ているかの方が問題であろう。一つの受け取り方は、πρῶτονを原文でそれに続いて
　いる「主に」にだけかけ、その後に続く「そしてわたしたちに（καὶ ἡμῖν）」はそれ

8 : 5

「捧げた」の対象となるのは普通に考えれば「エルサレム教会」である。パウロはなぜそれを「主とわたしたち」とするのか[3]。それはおそらく、パウロ

とは切り離して考えることである。たとえばガスリ 399 は、まず「キリストの主権への服従が」、「次いで（and then）」「パウロおよび彼の宣教への献身（commitment）が」述べられている、とする（ガスリは、この場合には「パウロの宣教への献身は、より深いキリストへの献身の一表現、またはそれのほとばしり［outflow］だ」との説明を加えている）。田川 475 は、このような仕方で「主」と「わたしたち」とを切り離す理解に反対し、「もしも『まず…次いで』であるなら、何らかの仕方で『次いで』を意味する単語が入っていないといけない。この場合の kai は…『主』と『我々』をつなげて一つに扱うだけの接続詞である」と主張する。これは一般論としては妥当だが、例外が認められないほど強力な論拠ではない。たとえばロマ 1 : 16; 2 : 9f の「まずユダヤ人、〔次いで〕ギリシア人（Ἰουδαίῳ τε πρῶτον καὶ Ἕλληνι）」（この両個所はヴィンディシュ 247 等が指摘）を見よ。しかし、われわれの個所の場合は、「先ず主、次いでわたしたち」という順序立てが文脈でとくに問題とされていないことから見て、「主」と「わたしたち」との間に順序立てを設けることを敢えて考えることはすべきでなかろう。むしろ、ここでは宣教者としての自分を「主」と一体的とするパウロの意識が表明されていると見るべきであろう。なお、ここの「わたしたちに［捧げた］」はパウロのコリントでの活動時にマケドニアからなされた生活費の援助を指すとの田川 476 の意見に賛成出来ないことについては、5 節の説明の初めのところで述べた。

　それでは πρῶτον はここではどういう機能を持っているのか。バレット 221 は、「先ず」のかかる範囲を「自分たち自身を主とわたしたちとに捧げた」全体にかけるが、その順序立てを説明して、πρῶτον は、「献金を捧げる前に」を意味すると説明する（マーテラ 187、スラル 536 も同様）。この場合には、「自分自身を捧げた」は実際の献金とは別の行動ということになるが、その場合「自分自身を捧げる」はいわば精神的なものなのであろうか（バレットは「キリスト教的献身」という語を使って「経済的救援の行為」と区別している）。それが不可能とは言えないが、文面から考えこのような敷衍が必然とは考えられない。「自分たち自身を捧げる」と言っても内容的には献金運動に参加すること以外にはあり得ないことから考え、ここの πρῶτον は単なる強意の表現（たとえばマタ 6 : 33、「何よりも神の国と彼の義とを求めよ」を参照）と理解すれば十分であろう。敢えて順序立てということを考えるとすれば、それは「他のすべてに勝って」ということである（Bauer/Aland, WB πρῶτος 2c を見よ）。

3　たとえばヘーフマン 333 は、ここのパウロの説明は「またもや神学的」だ、つまり、献金は「他者に対する示威ではなく、神および彼の関心事（cause）に対する応答」であることが明らかにされている、と言う。それに違いはないが、これだけでは彼がここでなぜこの「神学的」な説明を試みているかは十分解明されていない。パウロは献金を記すに際し具体的な目標（たとえばエルサレム教会のため）を記すのが普通で、神への献金というような言い方をすることは珍しい（4 節を見よ）。それだ

81

には献金の基本的性格を明らかにしておきたいとの気持が働いているからであろう。当時の社会におけるキリスト教以外の任意団体でも献金に類する制度があり、またコリント教会でも日常業務の処理についてはそれが導入されていた。たとえば、彼らは自分たちのところに来る宣教者たちをそれなりに遇し、パウロが自分たちの提供する謝儀を辞退することに対して不満を持つほどであったが、これが出来たのは教会の経済を支える仕組があったからである。通商の要衝である大都市という外的環境から考え、コリント教会の財政管理は整っていたと推定してよかろう。ここでの「何よりも主とわたしたちに捧げた」は、そのようなコリント教会の会員が読者であることを意識して書かれていると見るべきであろう（「1節に「わたしたちはあなたがたに…知らせる」とあったのを参照）。それは、単なるマケドニアの諸教会に関する客観的報告ではない。われわれの個所の「主とわたしたちとに捧げた」は、この献金が非キリスト教的諸団体一般で行われており、コリント教会でも日常業務に関して採用されている拠金制度とは次元を異にする、信仰の領域に属するものであること、実際には「自分たちの教会」の枠を越えた全教会的、全世界的な規模の献金運動であることを明らかにする表現であった。「主[1]とわたしたち」という「捧げた」の相手方の表記として一見奇妙な組み合わせは、「わたしたち」が何を指しているかを知ることによって明らかとなる。すなわち、「わたしたち」はここの場合、言うまでもなく純粋の個人としてのパウロ（たち）を指す表現ではなく、一つの個別教会にのみ責任を負う指導者

けにここで「神学的」表現が用いられているのは注目すべきことで、釈義に際してはそれがなぜであるかの解明が期待される。また、ここでの「主」の使用がなぜであるかも問題となろう。これらについてはすぐ後の本文を参照。

1　p[46]等少数の写本は「主」の代わりに「神」と読む。また研究者の中にも「主」は神だとする者もいる（たとえばベッツ 96。理由はとくに述べていない）。「神」という読みは節の終わりの「神の意志」に引きずられて生じたとも考えられる（ファーニシュ 403、ハリス 539 等がこの意見）。しかし、パウロは自分の考える献金が一個別教会のためのそれでないことを示唆するため、ここで――「キリスト」教会を連想させやすい――「キリスト」呼称を避け、「主」という呼称を用い、後世の写筆者が――どこまで深くそれを意識していたかは兎も角――そのことを感じ取って「主」を「神」と読み替えた可能性も考えられる。

8：5

を指してもおらず、それは異邦人世界全体に福音を伝えることを託された使徒としての「わたしたち」である[2]。それと並ぶ「主」は、すでに設立された個別キリスト教会の主であるにとどまらず、全世界によって崇められるべき主である。「主とわたしたちに捧げる」は、この献金運動が——個別教会の財的安定のためでなく——全世界を対象とする宣教のわざへの財的参与を意味する。パウロは各地域教会に向かって、教会の日常生活を賄う教会内献金とは別に、この「主」に即する献金運動に参加することへと呼びかけること、その意味でも使徒としての「わたしたち」の働きに協力を求めることを、使徒としての自分の務めの一つと考えた。マケドニアの諸教会がその「わたしたち」に「自分たち自身を捧げた」ように、コリントの教会も「主とわたしたち」に自分たち自身を捧げてほしい、その願いを込めて彼はこの文章を書いている[3]。

　原文では「自分自身を…捧げた」という文章の最後に「神の意志によって」という語が記されている。「自分自身を…捧げた」はそれだけで十分意味の

2　たとえばヴィンディシュ247fは、パウロがここで自分を「主」と同列に置いているのは「いささか大胆な同等扱い（Gleichordnung）」と見なした上で、それは彼が「マケドニアの人々にとって事実［同教会の］組織者（Organisator）であるから」であり…「献金のわざが実際にも彼個人の事柄であったから」だと説明するが、的を得ているとは思われない。

3　Hainz, Koinonia 140 はヴィンディシュ 248 が「献金のわざ（Kollektenwerk）は彼（＝パウロ）の使徒職の成果の一つ（Auswirkung）」としているのに賛成し、献金により彼は「自分の教会［複数］とエルサレムとの間の κοινωνία［交わり］の仲介者であることを示す」と述べる。献金運動の組織化を使徒職と結びつけて理解することは正しい。ただ、ヴィンディシュの場合も Hainz の場合も、使徒職の理解が理論的側面に限られているため、彼がとくにコリント教会を相手にしてなぜ献金運動の展開のため説得の努力を重ねなければならなかったかが、彼らの指摘からは十分見えて来ない。使徒の働きを福音にふさわしく全世界的規模で見ることが決して自明のことでなく、それを、自分たちの信仰の指導者という観点以上に視野を広げて理解することをしない人々が教会内で影響力を持っている現実を汲み取らないと、コリント教会での献金運動の歩みの停滞、それに引き比べてマケドニア教会の示す積極的姿勢をパウロがコリント書の中で伝える意図は、十分明らかにならない。むしろ、Hainz の言葉を借りて使えば、パウロは、自分の教会によって自分が、「自分の教会とエルサレムとの間の κοινωνία［交わり］の仲介者として認められることのために努力している」（下線部が私の意見）と言うべきであろう。

83

通る完結した文章であって、「神の意志によって」は、見方によっては付け
足しのような、しかし見方によっては特別強調されている印象を与える。こ
の語は、マケドニアの人々が「自分たち自身を…捧げた」ことは神の意志に
即した行動であったことを示している。

　パウロでは「意志（θέλημα）」は多様な使われ方をしている。人間の意志
を指しての用例はⅠコリ7:37; 16:12の二例に過ぎず、十例ある他の場合は
いずれも神の意志を指している[1]（たいていは「神の」という語がついている
が、ついていない場合もある）。そのうち、キリストの出来事が神意に基づ
くものであったとする、ある意味で最も根源的な用法は一例に過ぎず（ガラ
1:4）、それに準じる、パウロ自身が使徒とされたことに関する用例も二例に
過ぎない（Ⅰコリ1:1;Ⅱコリ1:1）[2]。つまり、「神の意志」がキリスト教独自
の背景をもって使われる例は、パウロでは比較的少ない。むしろ「神の意志」
は一般に、信徒の日常生活の中で働いている、ないしは働くことが期待され
ると考えられていたのであって、ロマ12:2;Ⅰテサ4:3; 5:18に見られるよ
うな信徒の生活全般に結びついての用例、ロマ1:10; 15:32のようなパウロ
の旅行に関する用例がそれに当たる。われわれの個所の発言も広くはこの一

1　動詞形θέλεινの場合は様相がかなり違う。使用例全体の数がθέλημαの場合と比べ
　非常に多く（パウロで全部で五十三例）、その中でパウロが自分自身を主語として
　使う例が（一人称複数形の場合も含め）半数以上を占める（二十八例）。他方、神
　が主語である場合は五例に過ぎない（他に「主」を主語とするものが一例）。それは、
　Ⅰコリ4:19でパウロのコリント訪問との関連で出る以外は、大部分神の創造者、歴
　史の主としての働きに結びついており（ロマ9:18,22;Ⅰコリ12:18; 15:38）、名詞
　形の場合のように信徒の生活一般に関するものはない。

2　ベッツ96は「神の意志によって」は「通常パウロの使徒職への召命との関連で出る」
　と指摘し、ここではそれは彼が「地上での神の代理人」であることを明らかにして
　いる、と主張する。バーネット399も、この表現は「他のところでは一般にパウロ
　の使徒職に限定して」用いられているとし、ここでは「マケドニアの人々は実際上
　パウロの異邦人諸教会に対する使徒としての権威を再確言」している、と述べる。
　その他にも「神の意志」とパウロの使徒職との関連を重視する研究者は多い（たと
　えばヴィンディシュ248、マーティン252,255、ガスリ399f、Hainz, Koinonia 139）。
　しかし、これらの研究者がパウロにおける「神の意志」の用法を正確に確認してい
　るとは言い難い。とくに使徒職との関連での用例が手紙の冒頭の自己紹介に限られ
　ていることは、——手紙冒頭の自己紹介では特別に荘重な言葉が選ばれることが多
　い——そこで確認したことを安易に他の個所での用例の参考にしてはならないこと
　を示している。

8：6

般的タイプの用例に属しているが[3]、特定の信徒集団の特定の行動（献金活動）に結びついて用いられている点で特徴がある。

パウロにおける「神の意志」の用法の検討は、彼がわれわれの個所でこの語を加えたのは意識的であったことを示唆する。それは何を意図していたのであろうか[4]。この注記もまた——マケドニアの人々ではなく——コリントの人々を意識してのことであったに違いない。パウロはコリントの人々も神の意志に即する生き方を目指していると前提した上で、それがマケドニアでどのように開花したかを指摘して、同じことがコリントでも起こることを間接的に促している。

6節 パウロは5節までもっぱらマケドニアの人々の献金への取り組みを報告してきた。5節は、彼らがその運動のため自分たち自身を神とパウロたちに捧げたとの報告で終わっていた。ところがその文章は6節で急転回する。すなわち彼は6節で——6節は5節に従属する不定法句で記されている（εἰς τὸ παρακαλέσαι ἡμᾶς Τίτον κτλ）[5]——1–5節の報告に続けて、その状況下で——1–5節で報告したマケドニアの人々に対しての行動でなく——コリントの人々に向けて自分が取った行動、つまりテトス[6]のコリントへの再派遣

3　シュメラーII 50は、まさにI, IIコリント書においてパウロは自分の使徒への召命を「神の意志」によるとしている（両書とも1：1）と指摘した上で、パウロは、コリントの人々が「献金」集めにおいても、彼を使徒とすることにおいても問題なしとしないことを念頭に置きながら、ここで、マケドニアの人々の「献金」への参加を神の意志に即するものとしている、と述べる。しかし、ここの短い「神の意志によって」という言葉で彼がそこまで豊富な内容を表現しているかは、私には疑問である。

4　ヴィンディシュ248は「神の意志によって」の付加は自分自身を神と並べるという「幾分大胆な」書き方を「正当化し、また軽減するため」に行われた、とする（ランブレヒト139も同様）。しかし、「神の意志によって」は「自分たち自身を捧げた」行動全体を説明する語と見るべきであろう（プランマー236）。

5　εἰς＋冠詞つきの不定法は目的ないしは結果を示す。パウロおよびヘブライ書に多い。BDR 402,2を見よ。ここの場合は結果を示している（スラル527A142）。

6　テトスについては補説2「テトス」を見よ。18節および22節では、パウロはテトスと一緒に二人の「兄弟」をコリントに派遣するとしているが、われわれの個所ではこの両人については言及はない（18, 22節での二人の紹介の仕方も同じではない。同所の説明を見よ）。他方9：3ではマケドニアの「兄弟たち」の派遣について述べているが、そこではテトスの名は出ない（同所の説明を見よ）。

85

を述べる。

1–5節から6節へと論旨は急転回していると見えるが、おそらく両部分は
パウロの気持の上では密接に繋がっている。テトスはコリントで献金運動を
再び立ち上げたところで、マケドニアにいるパウロのもとに戻って来て、そ
こでマケドニアの人々の献金運動に対する熱意を目の当たりにする。彼はそ
れに刺激を受け、もう一度コリントに戻って、着手した献金運動を完成させ
る意欲を掻き立てられたのであろう。それが17節の言う、彼は「自由意志
であなたがたのところに出掛けて行く」という言葉の背景であろう。

パウロの観点からすれば、献金活動の中心となることを期待しているコリ
ント教会が、すでにそれの趣旨を承知し（Ⅰコリ16：1ff）、テトスの働きに
よりそれに再着手していながら、まだそれを完遂していないことにある種の
いら立ちを感じもしていただろう。それならば、早速自分でコリントに乗り
こめばよさそうなものだが、それはしない。この個所の彼の記述には、すぐ
後で指摘するように、コリントの人々に向かってその問題を持ち出すことに
ためらいを感じている。それが彼のこの時点での行動にも現れている。彼は、
テトスがコリントへの再訪問を申し出てくれたことをよしとして、彼を再派
遣することによって事態がもう一段好転することを期待したのであろう[1]。

節の末尾の「彼（＝テトス）が…この恵み〔のわざ〕をもあなたがたの
ところで完遂するよう勧告した」という文言は、テトス再派遣の目的を示し
ている。それと同時に、この本題に入る前にこれほどまで多くの言葉をマケ

1　パウロがこの時点で自らコリントに行かなかった理由について、シュメラーⅡ 53
は、それはマケドニアにまだ用事があったためと見ることも出来るが、「［パウロと
コリント教会の間の］和解が彼の目からすれば、新たな訪問の危険を冒すにはまだ
十分進捗していなかったから、と推測することも出来る」としている。第一の見方
については、Klein, Begründung 122 の、パウロはテトスが朗報をもってコリント
から彼のもとに到達する直前にマケドニアの人々が献金運動に参加する用意のあるこ
とを聞き知ったことを、彼がなおしばらく同地に滞在することにした理由としてい
るのを参照。ただし、これについては判断の材料となる資料はない。他方、第二の
意見については、パウロのここでの筆の運び、いわゆる中間訪問に際しての苦い経
験、また献金運動のコリントでの実際の運び（補説 3「献金運動」Ⅰを見よ）から考
え、十分あり得ることと思う。

8：6

ドニアの諸教会の事情の紹介のために費やしていることは——しかも論旨の展開は明快とは言い難い——、パウロの側に、本題を切り出すのに——マケドニアでの希望と勇気とを与える展開にもかかわらず——ためらいがあったことを窺わせる。コリント教会との関係の修復からまだそれほど日時が経っていないという事情が影響を及ぼしていよう[2]。

パウロは παρακαλεῖν（勧告する）[3] ないしはそれの同根語を使用して、コリントでの献金運動との関連で自分がテトス等に「勧告」したことに何回か言及している。すなわち、われわれの個所では彼はテトスに、コリントで始めた献金活動を完遂するよう「勧告した」と述べる。また 8：17；9：5；12：18には、テトスまたは他の「兄弟たち」が献金運動との関連で自分の「勧告」に従ってコリントに行ったとの記述がある。このように献金運動に関連して「勧告する」が頻発することは、この運動がパウロのイニシアティヴのもとに始められ、彼の責任で遂行されつつあるという事情を反映しているのはもちろんだが、そのことをコリントの人々に明らかにしておきたいという彼自身の気持も働いている。また、彼はテトスがこの勧告を受け入れることは当然のことと前提しているようである。テトスの目から見て、パウロが献金運

2　ハリス 569 のように「5 節の終わりには思想の断絶がある」としてしまうと、この微妙な心理状態を十分に汲み取れなくなる虞れがある。

3　ベッツ 106 は、ここでは παρακαλεῖν は行政用語として使われているとし（彼はこの語を「任命する」［ernennen］と訳す。ヘーフマン 335A8、グレサー II 26 がこれを支持。ただし、グレサーは II 38［17 節の説明］ではベッツ説に反対している。154 頁注 2 を見よ。ベッツ A117 に参考文献等がある）、類似の用例として I コリ 16：12；II コリ 9：5；12：18、および名詞 παράκλησις の場合の II コリ 8：17；I テサ 2：3 を挙げる。実際のパウロとテトスの関係から考えると、この主張にも一理あるように見える。スラル 537A143 も、4 節である範囲内で行政用語が使われていることを理由に（われわれはこの見解を採らない）、このベッツの主張は可能性として排除されるべきでない、とする。他方ヴォルフ 169A43 は、すぐ前の 4 節でπαράκλησις が「懇願」という意味で使われていることを指摘してベッツ説に反対する。その他、パウロがフィレ 8-10 でオネシモに向かい「命じるのがふさわしいのだが」と断りながら意図的に「勧める」を用いているのも参照。この例に見られるように、「勧める」の場合にはそれに応える相手方の主体性を重んじる姿勢が見られる（I コリ 16：12 でも同様）。ベッツの挙げる他の用例でも敢えて行政用語とせず、「勧める」と訳して十分通用するだけに、彼の主張は説得的とは言えない。

87

動に熱意を傾けることは、その宣教活動と分離出来ない事柄と見えていたのであろう。

　勧告の内容は ἵνα 句で記されている。欲する、勧告する、要求するというような動詞は元来はその内容を動詞の不定法を用いて表示するのが普通だったが、時代と共にその代わりに ἵνα 句を用いることが多くなり、新約でも後者の語法が多用されている（BDR§392,1）。パウロでも παρακαλεῖν ἵνα がわれわれの個所の他 I コリ 1:10; 16:15f; I テサ 4:1 に出る。アロ 215、ファーニシュ 403 等は、われわれの個所の場合 ἵνα 句はその機能において命令法的だと言う。実際には勧告と命令との区別をつけることは難しいが、語法そのものからこのように結論づけることは出来ない。

　ここでは献金を表現するのに χάρις（「恵み」）という語が用いられている。この語のパウロにおける用法全般については補説 3「献金運動」D a を参照。1 節では神を主体とする「神の恵み」という表現が献金運動を指して用いられていた。われわれの個所の場合は「恵み」はテトスが完成するようにと勧告されていることから明らかなように、一応は人間を主体とする恵みである。このように人間が主体となって行う他人に対する救援活動を指して「恵み」を使う例は 7,19 節にもある。類似例として I コリ 16:3 も参照。当時のユダヤ人の書いたものにも、この語を人間が主体となって行う他人に対する救援活動を指して使う例がある[1]。しかし、II コリ 8、9 章で「恵み」が多用されているのは偶然ではあるまい。パウロは意識して、つまり 1 節におけるような用法とわれわれの個所に見られるそれとを互いに関連づけながら捉えていると見るべきであろう。「あなたがたの恵み」は「あなたがたの」恵み、つまり「あなたがた」を主体とする恵みでありながら[2]、それは「神の恵み」に

1　たとえばヨセフス『古代誌』5:281 で、サムソンの誕生を予告した神の使に対し、将来子の父となるマノアが、子供が生まれたとき「χάρις と δωρέα（いずれも「贈り物」）を捧げたい」からあなたの名前を教えて欲しい、と述べる。Bauer/Aland, WB χάρις 3a を参照。その他、Str/B III 522f も見よ。

2　パウロは献金に人間が主体的に関わることを認めていないわけではない。人は自分で決心し、自分の所有するものの中から「持っているところに応じて」（8:11）、つまり自分の判断に従って拠金する。献金をする主体は人間であって、神ではない。その献金を、神を主体として、「神の χάρις」と呼ぶパウロの呼び方は、もっと根源

8：6

源泉を持つ恵み、神の恵みに言わば突き動かされて人間に可能となり、人間の側に生起する恵みである。「恵み」は神から切り離されて人間が自由に処理し得る対象ではなく、神から流れ出る力のようなものであって、それは人を巻き込んで恵みの活動へともたらす。そこでは、献金の原資は神から来ること、もっと広く言えば、およそ富は——それはわれわれの日常感覚ではわれわれの私物と見なされているが——本来的にすべて神に帰属することが前提されている（9：10ff を参照）。ここにはわれわれの日常的富理解に対する挑戦が秘められている。献金を捧げるに際し、われわれはわれわれの日常生活を支配している富理解に批判的に距離をとり、神の主宰する富秩序に真剣に目を向けることへと招待される[3]。

　「以前始めた」と訳した語は προενήρξατο[4]。προ- という前綴りは現在と比べての「以前」（実際にはパウロのいわゆる中間訪問以後に行われた、テトスの第一回コリント訪問時。7：5ff を参照）を指しており[5]、それ以上に「他に先駆けて」という意味はない[6]。この語は 10 節にも出るが、新約中他に用例はない。LXX を含むキリスト教以前のギリシア語文献にも、パピルスを含め、用例は一切見出されていない（ハリス 570、アルツト・グラプナー 404）。それと対をなす「完遂する（ἐπιτελεῖν）」も 11 節で二度同じ関連で出る。ただ、

　的な次元を視野に置く発言である。

3　ヘーフマン 332 は、2 節で述べられているマケドニアの人々がどん底の貧しさの中にあるのに他者のために喜んで献げることに神の恵みは現れている、と説明する。しかし、これは「恵み」の理解として物足りない。

4　異読については次頁注 1 を見よ。

5　「以前始めた」を、コリントでの献金運動にそもそも着手したのはテトスだ、という意味に理解する必要はない（たとえばツァイリンガー 267 がこれを I コリ 16：1–4 と関係づけている）。I コリ 16：2 によれば、コリントの教会はすでにその時点で献金運動への参加を決めていた。もしその時点でテトスがコリントにいたなら、このような細かい質問までパウロに向けて行う必要はなかったろう。「以前は始めた」はテトス自身のコリントでの行動に関しての言葉である。

6　「他に先駆けて」という場合、考えられるのはマケドニアの人々に先駆けてということであろうが（たとえばバレット 224f がこの見解）、もしそれが考えられているなら明記されていたであろう（ヒューズ 302A28 を参照）。この文脈にはそのことを匂わせる雰囲気はまったくない。

この語の方はパウロで他にも何回か用例がある[1]。

　ここでは「以前始めた」が「ように（καθὼς οὕτως）」という語を介して「完遂する」と結びつけられている。この場合の「ように」は、単なる比較を指しているのではなく、「以前始めた」ことがすでに事実として確定していることを言い表していよう。10f 節でも「欲する」と「完遂する」とが同じような関係で結ばれている。邦訳の場合は「ように」を省いてもいい。

　このように προενάρχεσθαι（以前始める）、ἐπιτελεῖν（完遂する）[2]の対は 10f 節でも同じ関連で出るが[3]、パウロはそことここで両動詞の主語を変えている（たとえばハリス 570f も指摘）。すなわち、われわれの個所では、主語はテトスであるが、10f 節ではコリントの人々である。このことは、コリントにおけるこの献金活動は、パウロの目から見ても、これら両者の共同作業であったことを示している[4]。もちろん、献金を捧げるのはコリントの人々であ

1　そのうちガラ 3:3; フィリ 1:6 では、それは ἐνάρχεσθαι（始める）と対をなしている。われわれの個所でも προενήρξατο を ἐνήρξατο と読む写本がある（p⁹⁹ B 他）。ハリス 559 は、この読みはガラ 3:3 等に影響されたものとするが、単純に、より一般的で意味もそれほど違わない ἐνήρξατο に読み替えたととることも出来る。

2　Ascough, Completion 590-599 は、ἐπιτελεῖν が碑文で宗教的文脈に出る例を多数挙げながら、われわれの個所の ἐπιτελεῖν も単に行政的、法的用語としてではなく、宗教的意味も加味して理解すべきだと主張する。アルツト・グラプナー 404 もそれに賛同。パウロがこの献金運動に宗教的性格を認めていることは事実であるが（たとえば 12 節を見よ）、この語がここでは「始める」と対をなしていること、後者についてはとくに宗教的な使用が立証されていない προενάρχεσθαι が用いられていることを考えると、この語の宗教的性格を強調することが適切とは思われない。

3　本頁注 1 も参照。

4　バハマン 314 は、われわれの個所の「以前始めた」の目的語として献金運動を考えること、つまりテトスが直前のコリント滞在に際し献金運動に関わったと考えることは、パウロが 8:10; 9:2 でコリントの人々が献金運動への参加を望んだのは「昨年来」のことだとしていることから考え不可能だ、と主張し、テトスがすでに始めており、今完成しなければならないのは「彼がコリントの件で行うことの出来るすべてのこと」であり、それに今献金に関することを付け加えることを勧告されている、と主張する。確かに原文では「この恵み［のわざ］を（καὶ τὴν χάριν ταύτην）」が文の最後に付け足しのように、しかも「も」と訳せる語 καί を伴って記されているから、バハマンの言うように読むことは可能だし、この文章だけを見る場合にはその方が自然と見える。しかし、1-5 節では一貫して献金運動について論述が展開されていること、今指摘したように「始めた、完遂する」の対は 10f 節でも献金が

るから、彼らの参与なしにはこの活動は完遂出来ない。注目すべきはむしろ、それの達成にテトスの力が必要とされている点である。このことは、コリントの教会にはこの事柄について教会全体を束ねて采配を揮う人物がこの時期には見当たらなかったためとも考えられるが、それ以上に、パウロがこの献金の事業は自分の直轄事業として確保することを考えていたためであろう（補説3「献金運動」B④およびIbαを見よ）。なお、今述べたように、10節では両動詞の主語はわれわれの個所と異なるが、προενάρχεσθαι（以前始める）の時期としては、10節の場合も、われわれの個所同様、テトスの最初の訪問時が考えられている（10節の説明を見よ）。

　ここで「あなたがたのところで」と訳した語はεἰς ὑμᾶς。通常は「あなたがたのところへ」を意味する。ここではテトスをコリントに派遣しようとする気持が反映してこのような表現になったのであろう（ベッツ107を参照）。

　「この恵みのわざをも ⁵（καὶ τὴν χάριν ταύτην）」とあるのは、テトスは他にも処理すべき用件を抱えていたことを示すととることも出来るが（ファーニシュ403、ヴォルフ169）、おそらくパウロは、彼と教会との関係の修復に際して示したテトスの貢献を念頭に置いているのであろう（マーティン255、ヘーフマン334、ハリス572、シュメラーII52）。この問題に関しては前注をも見よ。

8:7-15　献金の勧め

7-15節　テトスを献金活動の活性化のためにコリントに再派遣すると述べた上で（6節）、7-15節でパウロはコリントの人々に向けて直接献金の

らみで使われていることから考え、このバハマンの見解に従うことは難しい（スラル528を参照）。「昨年来」の問題については10節の説明を見よ。

5　ガスリ402は、ここのκαίをすぐ先行する「あなたがたのところで（εἰς ὑμᾶς）」に掛け、「あなたがたのところでも」と理解する。καίを次に出る「この恵み［のわざ］を」と結ぶつける場合には確かに若干説明を補う必要があるが、καίをそれに先行する表現に結びつけて用いる例はもっと例外的であるから、ここはやはりκαίは次に出る「恵み［のわざ］を」に結びつけて理解する方がいい。

勧めを述べる[1]。最初に彼は彼らに献金の呼びかけをするが（7節）、すぐに、自分は献金せよと命令しているのではなく、コリントの人々の愛を見極めるためだと弁明し（8節）、次いでキリストの事例を指し示して、それこそが信徒に献金活動への参与を必然とする恵みの事実だとする（9節）。

9節でキリストの出来事を指摘することによって「この恵みのわざにおいても豊かであるように」という7節以来の勧告は頂点に達した。次の10a節でパウロは「このことについて意見を述べる」と記し、新しい観点に移行することを予告する。しかし「意見」は、11節の献金を完遂せよという言葉を「意見」と言うなら別だが——しかし、このことは実質上7節ですでに述べられていた——、すぐには述べられない。彼は再び献金活動の完遂を勧告し（11節）、そのことは神に喜ばれると指摘した上で（12節）、それとの関連でこの献金活動の目的を述べ、それは信徒たちの間での貧富の差の解消を目的とすると記す（13-16節）。この目的の言葉は普通なら最初に述べられるべきものであろう。この位置になって初めて言及されるのではとってつけた感を免れず、かえってパウロにとってこの献金活動が他により大きな目的を持っていたことを匂わせている（13節の説明を見よ）。

この13-16節を含め全体として、献金が押し付けにならないようにとの

1　7節は ἀλλά（通常は「しかし」の意）で始まっている。ここの場合 ἀλλά は反対のことを導入してはおらず、先行する議論が終わり、新しい文章、勧告が始まることを示している（Bauer / Aland, WB ἀλλά 3。同6も参照。プランマー 238は「陳述から勧告への移行」の例としてマタ 9:18; マコ 9:22; ルカ 7:7 を挙げている。リーツマン 134も同様）。ファーニシュ 403、バーネット 402A55、マキャント 82等は、ἀλλά はここでは以下の勧告を強める機能を持つ、と言う。バハマン 315は、ここで先行する議論としてパウロの念頭にあるのはとくに6節ではなく、彼は「今までのマケドニアについての報告全体を振り返っている」、と言う。確かに1-5節でマケドニア教会の事例を述べた直後でそれが頭に残っていないはずはない。それに、7、8節にはマケドニアの事例を思い起こさせる表現も出る（次注を見よ）。しかし、7-15節全体でマケドニア教会の事例に直接言及するのはこの8節だけで、彼は全体としては奇妙なほどマケドニアの事例について沈黙している。他方、「テトスについての注記〔=6節〕は差し当たっては副次的要素として挿入されているに過ぎない」とのバハマンの判断は一方的に過ぎよう。7ff節を6節を踏まえての展開と見ることは十分理に適っている。

配慮が色濃く出ている（とくに8節）。1-5節で詳しく紹介したマケドニア
の事例にも、いざコリントの人々に向かって勧告しようとするこの段落では
もはや（仄めかすことはあっても）直接言及することはなく[2]、7節はコリン
トの人々自身の優れた点を——とくに前半の項目は献金問題に直接結びつく
可能性が少ないにもかかわらず——指摘する。9節のキリストの出来事の指
摘も同じ関心に由来している。

7節 パウロは2節でマケドニアの人々の「豊かさ」について語ったが、
7節ではコリントの人々の豊かさを取り上げる。マケドニアの人々の豊かさ
は「喜びの豊かさ」であり、それは「どん底の貧しさ」と背中合わせとされ
ているが、コリントの人々の場合は、信仰、ロゴス、知識、熱情、パウロた
ちからの愛における豊かさとされ、それは、「この恵みのわざにも豊かであれ」
という発言が示すように、献金運動の停滞という貧しさ（実際にはこの表現
は使われていない）と背中合わせとされている。マケドニアの人々の「どん
底の貧しさ」に対応するコリントの人々の物資的豊かさへの言及はない。そ
のため、コリントの人々の現状はマケドニアの人々の場合に見られる精神的
豊かさ対物質的貧しさという対比の完全な裏返し（物資的豊かさ対精神的貧
しさ）にはなっていない。ただし、ここに挙げられた「信仰、ロゴス、知識、
熱情、愛」はいずれもコリントの人々の自覚の対象たり得るという点でマケ
ドニアの人々の貧しさに見合う性格を備えている。パウロはこれらの事柄を
数え上げることによって、彼らを心理的に擽ることをも狙っている。要望が
効果的に働くように、彼は細かい気配りを行っている。

コリントの人々の現状の指摘はまず「あなたがたはすべての点で[3]豊か

---

2 ただし、7節では2節でマケドニアの人々について使った「豊かである」を用い
ることによって、コリントの人々にいわば圧力をかけている。8節の「他の人たち
の熱情を通して」もマケドニアの人々を念頭に置いた表現である。

3 Münch, Geschenk 115f は、われわれが「すべての点で」と訳した語（ἐν παντί）は、
われわれのように名詞修飾的（adnominal）に訳すことは、14節のようにコリント
の人々の不足について語っている発言があることから見て不適切だ、これは副詞的
に（adverbiell）、「全般に、総じて（generell, überhaupt）」の意味と理解すべきだ、
と主張する。しかし、パウロはこの個所では多分にコリントの人々に心地よい言葉

だ[1]」と述べる[2]。これは節の終わりで「この恵みのわざにおいても豊かである
ように」と言うための伏線である。次いで「すべての点で」を五つの表現を
使って具体的に展開する[3]。五つの表現のうち、最後の「愛」は「わたしたち」

で記そうとしているのであって、Münch のようにそこに厳密な基準を適用すること
が適切とは思われない。

1 「豊かだ」は περισσεύετε。これと同じ語根の名詞 περίσσευμα が 14 節で同じコリン
トの人々の物質的余裕を指して使われているが、われわれの個所では物質的な豊か
さについては——14 節から見てパウロにその点への連想が働かなかったはずはなか
ろうに——一切述べられていない。また、9 節には、コリントの人々は「彼〔＝キ
リスト〕の貧しさによって富む」という表現が出る。「富む」は πλουτήσητε で、わ
れわれの個所の「豊かだ」と言葉は違うが、意味の近い語であることに違いはない。
しかし、そこでテーマになっているキリストの死・救済論はわれわれの個所で——
この場合もその点に考慮が働いてもおかしくないはずだが——まったく視野に入っ
ていない。なお、περισσεύειν およびその同根語は 8:2 でマケドニアの人々について
用いられていた。

2 この表現に近いものが I コリ 1:5 に出る：「あなたがたは彼〔＝キリスト〕にお
いてすべての点で、すべてのロゴスとすべての知識において豊かにされた」。主な
相違点は、I コリ 1:5 では「彼において」が加わっており、動詞が受動態であって、
この「豊かさ」が恩恵によることが強調されている点（しかし、われわれの個所で
もそのことは前提されている）にある。挙げられている項目の異同については後述
を見よ。

3 ベッツ 109f＋112 は、ここでは（「恵みのわざ」も加え）三つずつの二つのグルー
プから成る六つの徳目が並んでおり、前半の三つは伝統的（konventionell）でとく
にパウロ的でない徳目であるのに対し、後半三つは現在の手紙の文脈に由来してい
る、と述べる。ガラント 372f も基本的に同じ考えで、前半三つは「共同体よりも個
人を高める」ものであるのに対し、後半三つは「より外に、他者に焦点を合わせて
いる」と指摘する。六つの徳目の二グループそれぞれの特徴の捉え方は参考になる。
しかし、後半の三つは、一見して明らかなように、単純に同じように並べられては
いないから、このように三つずつ二組という捉え方が適切かには大きな疑問がある
（ガラントは、最初の「すべての」を「信仰」と結びつけ [all faith]、両グループと
も「すべての」で始まっているとしているが、「信仰 [πίστις]」は女性名詞である
から「すべての」がこれについているなら πάσῃ でなければならず［原文は παντί]、
この指摘は論外である）。なお、ベッツ 114 は「パウロの議論は、最後の徳目、す
なわち慈善が上述の［それ以外の］徳目を所有しているとする主張が正当であるか、
それとも彼らのあらゆる主張がこの点で無効であるかを決定する、ということを内
包している」とし、ガラント 375 は、第二グループの徳目を豊かに持っていること
が「第一のグループの豊かさが霊的正当性を持っているかを決定する」と述べる。
これらの意見は「恩恵のわざ」への参加にパウロが重点を置いていることの指摘と

8：7

との関係を示す表現を伴っている点で他の四項目と別格である。最初の四項目のうち、最初の「信仰」と四項目目の「熱情」とはいずれも信仰一般に関しており、性格が近い。第二、第三項目の「ロゴス（λόγος）」および「知識（γνῶσις）」はギリシア思想で伝統的に重んじられた語で、ギリシア文化の影響の強いコリントにある教会では、それらは神からの賜物と見なされていた（Ⅰコリ 1：5; 12：8f を見よ）。これら四項目はそれゆえ全体として交叉構文的に配置されているとすることが可能だが（ダンカー 124、マキャント 82）、すぐ後に見るように、最初の三項目を一群とすることも可能である。

　パウロでは「ロゴス（λόγος）」の用例は全部で四十八あるが、その中でギリシア思想の影響を強く受けていると思われるのはせいぜい三つに過ぎない。しかも、それらはいずれもコリント書にある（Ⅰコリ 1：5; Ⅱコリ 8：7; 11：6。やや用法は違うがⅠコリ 12：8 も参照）。これら三個所ともで「ロゴス」が「知識」と並んで出る点にも注意。第三の項目「知識」はパウロでは全部で二十例あるが、そのうち四回を除き、出るのはすべてコリント書である。つまりこれもコリント書の背景との何らかの繋がりを窺わせる語である。

　初めの三つ、「信仰」「ロゴス」「知識」はいずれも霊的賜物で[4]、三者で一

しては正しいが、それが初めの三項目で表されたパウロの判断をも左右すると考えられているかは、テキストの文言から見て疑問である。

4　ファーニシュ 415f は「信仰」は「奇跡を行う信仰」、「ロゴス」は異言と預言を話すこと、「知識」は「特殊な霊的洞察の類」に関連する、と見る（ヒューズ 296、ガラント 372f 等も同様）。しかし、コリントの教会全体に献金を呼び掛けるこの文書で、その中の特定の人だけに与えられている特殊な賜物を指摘しているとすることは不自然である。この三者はむしろ、コリント教会全体の空気を表現していると見るべきであろう。これらの徳目は「コリントの人々の個人的美徳（virtues）と混同されるべきではない」（マーテラ 190）。

　他方グレサー Ⅱ 28 はⅠコリ 12：4ff に見られる霊の賜物を考えることを、これらの賜物が「献金のわざに際し意味のある機能を持っているとは認めがたい」ことを理由に退ける。上述のように私もパウロがここで特殊な能力所持者だけを念頭においていると見ることには不賛成だが、しかし、このグレサーの理由づけには疑問がある。より一般的に理解された三項目が献金に際しとくに貢献するとは考えられないからである（グレサー Ⅱ 29 は、ここの「知識」は 9 節から見て「あらゆるよいわざに対し豊かにする、キリストにおける神の救済行為を知り、かつ承認すること」とするが、この点については 9 節の説明を見よ）。

95

つの組をなしている。表現の点でもそれらは後の二者と違い、共通して、それぞれ一つの単語で記されている。

「信仰」が最初に出る点では、教会宛の文書であるだけに、外交辞令的響きが伴う。コリントの人々が本当に「信仰」に「豊かで」あったならば、彼らと自分との関係はもっと円滑であったろうとの思いがパウロの側にはあったのではなかろうか（13：5を見よ）。次の「ロゴス」と「知識」とはギリシア文化の盛んなコリントの教会の自負を汲み取った表現である。しかもこれら三者は、後の二者と違い、直接献金とは結びつかない。これらを初めに挙げるところにも、外交辞令的配慮が働いている。

この場合の「信仰（πίστις）」は通念としてのそれであって、とくにパウロ的意味を持っているとは思えない。「信仰」の同じような使い方はロマ 1：8; 11：20; 12：3; 14：1,22; I コリ 12：9; 13：2,13; II コリ 1：24; 10：15; 13：5; I テサ 1：3,8 に見られる[1]。

四番目に出る「熱情」と訳した語は σπουδή。新約全体で、またパウロにおいても、この語および同根語（σπουδαῖος, σπουδαίως, σπουδάζειν）の用例は多いとは言えないが（パウロで合計十三個所、その他の文書では合計十七個所）、II コリ 8 章にはパウロの用例の半数近く（六個所）が集中している。パウロではこの語群はほとんど例外なしに[2]信仰から発する熱情を指しているが[3]、II

1　ヴォルフ 170 は、「信仰」は次に出る「ロゴス」「知識」両者に対する上部概念（Oberbegriff）だとする（グレサー II 28 も同様）。「ロゴス」と「知識」の二者が何回か並置されて出ること（本文の以下の記述を見よ）から考えると、この見方にも一理ありと思われる。パウロはコリントの教会で多用される「ロゴスと知識」という表現を、より自分の表現に近い「信仰」によって表現し直そうとしているのかもしれない。ただ、本文に述べたように、パウロの「信仰」の用法の中には通念的と見られるものも少なくないだけに、この点を確言することは難しい。もっとも、いくつかの項目の最初にそれらのまとめとなり得る項目を置く手法は、パウロで他でも見出せる（たとえば 12：10 の「弱さ」）。

2　フィリ 2：28 で σπουδαίως が「大急ぎで」の意味で使われているのが唯一の例外。なお、意味の近い語として「熱心（ζῆλος）」およびその同根語がある。これについては 9：2 の説明を見よ。

3　16 節はテトスに神が σπουδή を与えたとしており、パウロがここで σπουδή を前三項目と同じく神の賜物と捉えていることを示唆している（マーテラ 190 を参照）。

8：7

コリ 8 章ではそれはほとんど例外なしに（例外である可能性のあるのはわれ
われの個所だけ。以下を見よ）エルサレム教会への献金運動と絡んで用いら
れている。すなわち、8 節では献金運動に対するマケドニアの人々の熱情を
指してこの語が用いられている。16 節ではコリントに出かけるテトス（17
節も同様）、22 節（2 回）ではテトスと一緒にコリントに行く一人の「兄弟」
についてこの語が用いられているが、このコリント行きの主たる目的は同地
での献金運動の推進である。しかも 16 節では「同じ熱情」とあって、この
献金運動に対する熱情はもともとパウロ自身のものであることが示唆される。
この他ガラ 2：10b にも同じ献金運動に関してのパウロ自身の「熱情」が同
根の動詞を用いて強調されている。これらの事実は、エルサレム教会のため
の献金運動がパウロにとって極めて大きな意味を持っていたことを示してい
る。

　われわれの個所ではこの「熱情」に「あらゆる（πᾶς）」という形容詞が伴
っている点に特徴がある。先行三項目にはそれはなかった[4]。πᾶς という形容
詞は、われわれの個所のように冠詞を伴わない単数形の名詞と共に使われる
場合には最高の度合を示すこともあり（Bauer/Aland, WB πᾶς 1a δ を見よ）、
したがって πάσῃ σπουδῇ は「最上の熱情」と訳すことも可能である（たとえ
ばファーニシュ 403：in utmost earnestness）。この場合は、パウロはコリン

　ベッツ 112f は、σπουδή は「まったく一般的に『情熱（Eifer）』を意味するが、と
くに、予定している事柄の遂行に必要な実行力と能力、つまりよい管理者に期待
される徳（Tugenden）を意味する」とし、同語根語を含め、それらは「行政文書
（Verwaltungsbriefe）」にこの意味でしばしば出る、と述べる（A141 に参考文献豊富）。
しかし、16 節に「あなたがたに対する同じ σπουδή をテトスの心に（ἐν τῇ καρδίᾳ
Τίτου）与えた神」とあることを見ると、これを行政用語と割り切ることには、少な
くも慎重である必要があろう。
　σπουδή に意味が近く、しかも II コリ 8、9 章に用例が集中している語として「熱
意（προθυμία）」がある（8：11,12,19；9：2）。両語の間に意味上の違いはほとんど認
められないが、σπουδή の場合熱情の向けられる相手方がより鮮明に意識されている
傾向がある。

4　もっともここの原文は「あなたがたはすべての点で（ἐν παντί）豊かであるように」
で始まっており、それに続けて「信仰」以下の五項目が列挙されているから、最初
の三項目ではこの ἐν παντί がまだ余韻として残っている、と見ることは可能。

トの人々に向かって、あなたがたは献金運動に関しても最高の熱情を持っている、と述べていると受け取られる可能性がある（「熱情」はその場合は8章の他の用例同様、献金運動に関するそれを指していることになる）。パウロが強い皮肉を交えてそのように述べているとすることは不可能ではないが、8章全体でパウロがコリントの人々に献金運動の完遂を促していることから考えて、それは行き過ぎであろう。むしろこここの πᾶς は、それの多くの用例のように、「あらゆる」を意味しているととって、「熱情」では——8章での用例としてはやや例外的であるが——他の仕方で現れるそれも含めて、信仰的熱情一般が考えられているとする方がいい（「熱情」のそのような広義の用例としては、たとえば7：11を参照）。この場合にもこの言葉に皮肉な響きが伴っていることに変わりはないが、その度合は不自然なほど強くはない。いずれにしても、「あらゆる熱情」という表現にも、前三項目と同じく、多少とも誇張、つまり外交辞令的要素が伴っている[1]。

　もっとも、パウロがここで「熱情」という語を用いるに際し献金運動のことが少しも念頭になかったとすることは出来ない。この「あらゆる熱情」への言及は、8節でマケドニアの人々の「熱情」に言及があることから窺われるように、節の末尾でコリントの人々が「この恵みのわざにおいても豊かであるように」と述べることを予定しての布石である。その意味では、ここの「熱情」の用法には多少不明確な要素が伴っている。

　以上四つの項目がいずれもコリントの人々の持つ信仰上の賜物を総じて簡潔な言葉で述べていたのに対し、第五の項目では「わたしたちから［出て今］あなたがたの中に［ある］愛」という複雑な表現が使われている。この表現（καὶ τῇ ἐξ ἡμῶν ἐν ὑμῖν ἀγάπῃ）を「わたしたちの[2]あなたがたへの愛」と理解する研究者が少なくないし（たとえばヒューズ 297、バレット 222）、「あ

1　マーフィー・オコナー 100 は「本当の賛辞ではなく好意を得るための言葉」と評し（プリュム I 512 も同様）、田川 478 は「いやな皮肉」と評する。

2　この場合「わたしたちの」とした語は ἐξ ἡμῶν。BDR §212,1 が ἐκ は属格の代わりに用いられることがあるとし、われわれの個所を指示している。

98

8 : 7

なたがたからのわたしたちへの愛」とする写本が多いこと[3]もそのような受け取り方が一般的であったことを前提している。しかし、コリントの人々の持つ賜物を挙げている文脈でここでだけパウロたちの彼らに対する愛が直接的に語られているとすることは、あまりに不調和であり、唐突である。これはやはり文言通り、パウロたちがコリントの人々に伝え、喚起した（「わたしたちからの」。Ⅰコリ13章の例を参照）、かつ今彼らの間にある（「あなたがたにある」）愛、と理解すべきであろう[4]。五つの項目を挙げながら——コリント教会はパウロによって建てられた教会であるから、他の四項目についても「わたしたちから」が使われておかしくないはずであるが——「愛」についてだけ「わたしたちから」を用いているのは、「わたしたち」はそれを「あ

3　ＳＣＤ等が καὶ τῇ ἐξ ὑμῶν ἐν ἡμῖν ἀγάπῃ と読む。この読みは καὶ τῇ ἐξ ἡμῶν ἐν ὑμῖν ἀγάπῃ に最小限の手を加えることによって「愛」を前四項に揃えて「あなたがた」のものとした二次的変改であろう。つまりそれは、καὶ τῇ ἐξ ἡμῶν ἐν ὑμῖν ἀγάπῃ が「わたしたちのあなたがたへの愛」であることを前提にしている。しかし、彼らの彼に対する愛を言うためなら、ἐξ ὑμῶν とか ἐν ἡμῖν という言葉をまじえた、最初の三項目と比べ非常に複雑な表現を選ぶ必要はなかったろう。われわれが採用した読み（καὶ τῇ ἐξ ἡμῶν ἐν ὑμῖν ἀγάπῃ。ネストレ・アーラント28版もこれを採用）は p[46] B 等によって代表されている。

　　もっとも Ｓ 等の読みを採用する研究者もいる。たとえばレツェル45 は、この方が原文で7節を導入している「あなたがたはすべての点で豊かであるように」によく合うとし、ガラント 373f は、「パウロの手紙およびテトスの訪問に対する彼らのポジティヴな反応が今や彼に、彼らは彼を愛していると述べることを許している」と言う。ハリス573 にはそれぞれの読みを支持する英語圏の聖書翻訳（および研究者）のリストがある。

4　ヴィンディシュ 250：「パウロにより活発化され、コリントの人々により保持され、実証された愛」、マーティン 259（訳文）: the love that we have aroused in you、同 262 : the love I have inspired in you。マーテラ 189,190、ランク 319、グレサー II 29 等も同様。

　　パウロは使徒として自分が信仰に導いた信徒たちを愛している。しかし、そのことを ἀγάπη（ないしは ἀγαπᾶν）を用いて言葉に出して述べている例は、Ⅱコリ 2：4; 11：11; 12：15 にあるだけであり（ただし形容詞 ἀγαπητός ［愛されている］の場合は、呼格として用いる例が他のパウロ文書でも何回かある他、それを用いて相手教会に対する自分の愛を述べる例が、Ⅰコリ 4：14 の他、Ⅰテサ 2：8 にも見られる）、それらはいずれも自分自身がコリントの教会によって受け入れられない現実に直面した場面に限られる。われわれの個所でそのような前提がないことも、この表現を「わたしたちのあなたがたへの愛」と単純化してとらない方がいい一つの論拠となろう。

なたがた」に確かに伝えたはずだ、という念押しの気持からであろう。それ
は、パウロがコリント教会で「愛」が希薄だと感じていることを反映してい
る。それと並んで出る「あなたがたにある」は、「わたしたちから」を強調
したためにその「愛」がコリントの人々のものとなっていることが不明確と
なることを懸念して付け加えた側面もあろうが、それと同時に、「あなたが
たの中に［ある］」は「あなたがたの中に［あるはずだ］」というニュアンス
を含んだ、これまた念押しの言葉であろう[1]。実際彼は次節で、コリントの人々
が今や「愛」の実践に踏み出すことを要請している[2]。

　このようにコリントの人々の「豊かさ」を述べながら、パウロは彼らの経
済的豊かさには触れていない。マケドニアの人々に関する報告では彼らのど
ん底の貧しさに言及しただけに（2節）、これはとりようによっては意外なこ
とである。彼がこの沈黙によって彼らに無用の刺激を与えまいとしているの
は確かである。しかしそれ以上に、これは彼が献金を何よりも献金者の愛の
結実と考えているためであろう。

　コリントの人々の「豊かである」現状を述べた上で、パウロは彼らが「こ
の恵み〔のわざ〕においても豊かであるように[3]」と述べる。「この恵み〔の

1　Bieringer, Love 19A13 は、ここの「あなたがたにある（ἐν ὑμῖν）」は2：4にある
　εἰς ὑμᾶς（〔わたしが〕あなたがたに対して〔…持っている〕）と「多少とも等価」と
　するが、これでは次節でコリントの人々に愛の実践を要請する前段階の表現の理解
　としては不足であろう。Bieringer については次注も参照。
2　より華々しい能力を過度に重視するコリントの教会は、愛を重んじることに疎い
　体質を持っていた（ヒューズ296を参照）。
　　マーティン262はここの「愛」を「読者の著者に対する態度」としているが、こ
　れだと8節の「愛」との関連が薄くなり、具合が悪い。
　　Bieringer, Love 19（21も参照）も、ここの「愛」ではそれの向けられる相手が
　表記されていないこと、24節でも類似の現象が見られること（前注を見よ）を指摘
　して、この愛はエルサレムの聖徒たちに向けられる愛であるが、この献金運動を始
　めたのはパウロであり、彼はこのことのために大いに力を注いでいることから考え、
　ここでは彼に対する愛とエルサレムの聖徒たちに対する愛とは互いに深く関連する
　ものと捉えられており、「愛」の向けられる相手がとくに表現されていないのはそ
　のためだ、と説明する。しかし、上述マーティンに対して述べた批判を参照。
3　「豊かであるように」は ἵνα…περισσεύητε。つまり ἵνα ＋接続法の形で記されてい
　る。ἵνα ＋接続法は命令法の代わりに使われる（BDR§387,3a、アルツト・グラプ
　ナー414）。ただし、古典ギリシア語におけると同様、命令法は単に命令を表現する

8 : 8

わざ]」は前節に引き続き献金活動を指す。「豊かである」については２節を
参照。

　ハリス 575 は 7 節について、「パウロのポイントは χάρις ［恵み］を受ける
ことは χάρις を与えることへと至らなければならない、という点にある」、と
説明する。確かにここに挙げられた徳目は最終的には「恵み」として受けた
ものに違いないが、このハリスのまとめ方はテキストを超えて図式的に過ぎ
る。テキストの上から言えばむしろ、われわれの個所で表白されているパウ
ロの願望と 6 節でのテトスに対する彼の勧告の内容との重なりに注目すべき
であろう。

　ダンカー 123 は、この ἵνα 句は 6 節の ἵνα 句と並行している、と指摘して、
「7 節は事実上 6 節の ἵνα 句を敷衍するものであり、6 節で動詞 παρακαλέω
［勧告する］によって始められた思想を完結する」と述べている（Münch,
Geschenk 114 が賛同）。

8 節　「わたしは[4] ［それを］命令として述べているのではない」について
は 1:24; フィレ 14 を参照。これは差し当たっては前節の命令調の言葉を
読んでコリントの人々が拒絶反応を起こさないかと慮っての発言であるが
（1:24 を参照）、より根本的には愛の自発性を重んじる姿勢から発せられた

だけでなく、願い（Bitte）または 譲歩（Zugeständnis）をも表わす（BDR§387）。
Verbrugge, Style 247-251（とくに 251 の結論を見よ）は、ἵνα ＋接続法は後 1 世紀
以降よく用いられるようになった、命令というより願望を表現する語法で、手紙の
受領者よりも上位あるいは権威ある地位にない人々によって用いられる傾向にあっ
た、と指摘した上で、「パウロは…I コリ 16:1-2 では単純な命令法を用いたのに対し、
II コリ 8:7 では命令よりも自分の側の願望を表現する構造を選んでいる」としてい
る（ガラント 374、スラル 530、Münch, Geschenk 115 も同様）。
　マキャント 82 は、6 節同様 7b 節も ἵνα 句であると指摘し（この指摘自体は間違っ
ていない）、この両目的句は互いに密接な関係にあるとして、「このようにして、7
節は 6 節の目的句の敷衍であり、6 節の考えを完成させている」と述べる。しかし、
両 ἵνα 句の間にかなり長い ὥσπερ（「ように」）の句が入っていること、6 節には「テ
トスに…勧告した」とあることから考え、7 節は、敢えて言えば不完全な文章であっ
て、「わたしはあなたがたに勧告する」というような主文が欠けており、7 節の ἵνα
句はこの（欠けている）主文にかかっていると考える方がいい。

4　この文書の初め（1 節）から 7 節まで一人称複数形が使われていたのに対し、こ
　こからこの小段落の終り（15 節）までは、9 節のキリスト称号の部分を除き（この
　点については同所の説明を見よ）、一人称単数形が使われる。しかし、この単複数
　の変更は実質的な意味を持っていない。

101

言葉であろう（8:3; 9:5,7）[1]。

　この否定形の発言に、「あなたがたの愛の真実さを吟味している」という肯定形の発言が続く（οὐ … ἀλλά の対応）。献金を「愛」と結びつけているのは当然と言えば当然だが、しかしそれはやはり留意すべき事柄であろう。献金は単純な金銭のやり取りではない。それは相手を慮る心があって初めて意味を持つ[2]。単純に「愛をも」と言わないで、「愛の真実さをも」という表現を使っているのは、「愛」という語がキリスト教界で——この時期にすでに——擦り減り、半ば空洞化して使われる場合があることによろう[3]。「愛の真実さをも」と「も（καί）」がついているのは、パウロの念頭にマケドニアの人々の事例があるためであろう（マーティン 262、ハリス 577 を参照）[4]。「確かめている」と訳した語は δοκιμάζων。分詞形を使うことによって、自分自身の、「命令として述べているのではない」この問題との関わり方を、いわ

1　ベッツ 114 は、「［この節に見られる］パウロの自己修正は、独自の歴史を持つ社会的慣習にその前提（Grund）を持っている」として、ここのパウロの発言は当時の社会慣習に倣っている可能性もあるとしているが（シュメラー II 54 が支持）、残念ながら当時の社会慣習についての十分な例証は挙げていない。

　　ヘーフマン 336f は、パウロはここで「献金を完遂する必要はキリストに直接由来する命令ではなく、彼自身の『忠告』ないしは『意見』だとしている」と述べ、I コリ 7:6,25 を参考個所として挙げる。I コリ 7:6,25 は彼がわれわれの個所同様「命令（ἐπιταγή）」を用いている数少ない個所であるので、一応参考に値する（ἐπιταγή はパウロでは他に——今取り上げている問題の参考にはならない——ロマ 16:26 に出るだけである。同根語としても他にはフィレ 8 に動詞形の使用例があるのみ）。しかし、われわれの個所ではこれらの個所（とくに I コリ 7:25）と違い、発言が「主の命令」であることが否定されてはおらず、またそれがパウロ自身の意見だとの指摘もとくになされていない。それに何よりも、エルサレム会議と関係のある献金への促しを、パウロが敢えて、それは主の命令ではなく、自分の忠告だ、と位置づけているとは考え難い。その意味で、このヘーフマンの指摘はとくに有用とは思われない。ヘーフマンの見解については 9 節の説明の部分も見よ。

2　ヴォルフ 171 はこの「愛」は第一にはパウロに対する愛だと言うが、賛成出来ない。

3　「パウロは愛を表現する語［複数］が安っぽくなり、見せかけとなり得ることを知っている」（ガラント 376）。

4　シュメラー II 55A82 は、「『も』は『あなたがたの愛』に掛っていることも、『あなたがたの愛』に掛っていることも可能」とする（下線は原著者）。最初の可能性の方がよかろう。

102

8:9

ば第三者的な立場から説明している。「愛の真実を確かめている」という場合、それが確実に存在しているとの期待が背後にあることは事実だが[5]、このことを記すこと自体、パウロがコリントの人々の「愛の真実」に一抹の不安を抱いていることを窺わせる。それは「他の人たちの熱情を通して」という語の付加となっても現れている（「愛の真実を確かめること」にとって「他の人たちの熱情」との比較は元来無用のはずである）。「他の人たちの熱情」は具体的には2–5節で記した献金問題に対するマケドニアの人々の熱情を念頭においての発言。見方を変えれば、——7節での「豊かさ」への言及による仄めかし（93頁注2を見よ）を別とすれば——ここで初めて2–5節でマケドニアの人々の熱情を詳しく紹介したのがどのような意図に基づいていたかが明らかにされた。彼はここで「他の人たちの」というやや漠然とした表現を用いて、「彼らの」とか、ましてや「マケドニアの人々の」という、コリントの人々を過度に刺激しかねない表現を避けているが、教会間の競争意識を利用しようとの意図はやはり垣間見える。それだけ彼はエルサレム教会への献金活動を完結させることに熱意と、ある意味で焦りを持っていた。

9節[6]　9節は実質上献金運動の活性化を促した8節の発言をキリストの出来事を指し示すことによって理由づける（γάρ）。このようにパウロは時にキリストの生き方を読者の模範として指し示す（ロマ15:2f; Ⅱコリ1:19; 10:1; フィリ2:5–7）[7]。他方、このキリストの生き方を指し示す発言はこの文書（8章）全体の中での唯一の、キリストをテーマとする発言であり、しかもこの部分（訳文の「すなわち」以下）は、他の文脈でも使用可能な定

5　「δοκιμάζειν はパウロではたいていは δοκιμή を確認すること、つまり望んでいたよい状況を吟味によって確かめることを意味する」（ヴィンディシュ 251。プランマー240 もこれに近い）。

6　この節は後世の釈義の歴史の中で重要な役割を果たした。その点についてはシュメラー Ⅱ 58–60 を見よ。

7　ただ、パウロがこのような関連でキリストの生を指し示すとき、それはいずれも一般的、包括的な内容のものであって、キリストの生の特定の事件を指し示している例はない。換言すれば、彼が指し示すのはキリスト教で共通財として知られている、伝承に属するキリスト像であって、彼自身史的イエスについて特別の知識を持っていて、それを持ち出しているのではない。

型的性格が強い文章である[1]。僅かに「あなたがたのゆえに」が冒頭に置かれ、強調されることにより、先行する文脈との繋がりが確保されている（この「あなたがたのゆえに（δι᾽ ὑμᾶς）」については 4 : 15 を参照）。10 節以下の論議も、それが 8 節から直接続いていたとしても、不自然ではない[2]。

　パウロは 1–5 節ではマケドニアの人々に与えられた「神の恵み」を紹介した。それはコリントの人々がそのことに刺激されて献金活動に積極的に参与するためであった（8 節の「他の人たちの熱情を通して」も参照）。その彼が今度はキリストの出来事を持ち出す。言うまでもなく、それは自分の勧告に決定的な論拠を与えるためである。しかしそれだけに、なぜ今になってこれを持ち出すのかという疑問が残る。決定的論拠であれば、まずそれを提示した上で論議を進めるべきでなかったか。彼がキリストの出来事を最初に持ち出さなかったのは、8 節初めの「わたしは［これを］命令として述べているのではない」という発言とおそらく関連していよう。論述をいきなりキリストの出来事から始めたのでは、読者は、「恵みのわざにおいて豊かである」ことはキリスト者として当然のことだと言われた、と感じかねない。マケドニアの人々を比較材料とする方がむき出しの命令と受け取られる懼れは少なくて済む。コリントの人々に対するこのような配慮が、キリスト論的議論を

1　「これが伝統的定型であることは、文体（相反する作り）、および文脈から孤立した…表現の簡潔さから認められる」（Georgi, Kollekte 61A227）。すでに節の初めの「…を知っている（γινώσκετε）」という言い回しが、以下の文言が引用的であることを示唆している（ツァイリンガー 274：「聖書による証明の場合と類似した導入の言葉（die den Schriftbeweisen analoge Einleitung）」）。

2　研究者の中にはこの 9 節の発言を 8 章の叙述の中心と見る者もいる。たとえばグレサー II 44 は、「個々の宣伝の言葉（Werbeschritte）は注意深く、それらを基礎づけるキリスト論的中心（4f 節［おそらく 9 節の誤り］）の周りに配列されている」、「事務的な（geschäftlich）思惟ではなく、キリスト論的思惟がパウロの献金活動を方向づけている」、と述べる。しかし、このキリスト論的発言が 8 章全体の構造の中で中心的位置を占めていないことにも注意を向けるべきであろう。ヒューズ 302 も、この節の発言は「パウロの論議全体にとって中心的」とし、「使徒が命令を与えないでも、キリストの例がそれを行う」と述べて、9 節を挿入的とする見解を退ける。しかし、9 節の発言はそれにもかかわらず挿入的と見える。この点については後述を見よ。

8：9

初めから持ちこまなかったこと、それぱかりか、先に指摘したように、以下の文脈でもそれを展開することを避けていることに反映している。われわれとしてはしかしむしろ、彼がそれにもかかわらずこのキリスト論的発言をここで持ち出した点に注目したい。彼としては、キリストの出来事にまでさかのぼらない限り献金運動への参加の意味は十分には捉えられない、と考えているのであろう。この発言が他の発言よりも後出しの形でなされ、しかもそれ以上詳しく展開されていないテキストの運びは、彼がこの問題を比較的軽く見ていることを反映するものではなく、むしろ彼がこのキリスト論的指摘を重要なこととしていることの表れと理解すべきであろう。

　パウロは 10-13 章でも同じような筆の運びをしている。すなわち、10-13 章で彼は、いわば強さを頼りにして宣教に従事する論敵たちに対抗して、当初は彼らとの強さ比べを試みるが（11：22ff）、ある段階で、自分が彼らから弱さを批判されて来た事実を思い起こし、新たに自分の弱さ体験を直視し（11：32f; とくに 12：7-9）、その結果、弱さにおいてこそキリストの力が働くとの認識の再発見へと導かれる（12：9f）。しかし、この文書でも決定的鍵を握っているはずのキリスト自身の弱さについては 13：4 に至ってようやく（しかもここでも定型援用の形で）持ち出される。つまり、8 章の場合とよく似た「後出し現象」がここでも確認出来る。それぱかりか、両個所での定型援用の発言がそれ以後の文脈でそれ以上積極的に展開されておらず、そのため定型援用の発言が文脈の中で多少とも浮いている点も、両個所で共通して見られる。この二回の発言について共通して確認出来るパターンが偶然の産物なのか、それともパウロの思考にそれを必然とするものがあるのか。8 章についてここで試みた解釈は 13：4 の場合にも通用するのか。この点を明らかにするには、パウロの手紙全体を点検しなおさなければならない。残念ながら、今の段階ではそこまでの余裕がないので、この点は問題提起にとどめざるを得ない。

　われわれのキリスト発言の第一行については、マケドニアの事例の報告に直接平行するものは見られない。これに対し第二行に関しては、マケドニアの人々に起こった「どん底の貧しさ」が「彼らの純真さの富」となったという出来事が、一見したところそこでの表現に影響しているように見える。しかし、実際に書かれているのは「彼（キリスト）の貧しさによって」であっ

105

て、「あなたがたの貧しさによって」ではない。コリントの人々が貧しいか、富んでいるかは、問題にされていない（このことは、コリントの人々がマケドニアの人々に比べ多少とも富んでいることを言外に前提にしている、ということであろう）。「彼の貧しさによって」は、「あなたがた」が彼の貧しさに与ることによって、という意味であろう。具体的に考えられているのは献金運動への参加であろう。献金運動に参加することによってコリントの人々も（多少は）貧しくなることが含意されているかもしれない。しかし、書かれているのは「あなたがたが貧しくなることによって」ではなく、あくまでも「彼の貧しさによって」である。マケドニアの人々の事例報告にある「どん底の貧しさ」に対応する要素は、結局のところ第二行にはない。しかも、マケドニアの人々のどん底の貧しさへの指摘に代わってここで記されている「彼（＝キリスト）の貧しさによって」は第一行の「彼は…貧しくなった」を受ける救済論的性格の発言であり、ここのキリスト発言全体の中核部分に属する。マケドニアの人々の事例報告に見られる「貧→富」という基本線はわれわれの発言の中にも響き合うものを持ってはいるが——そのことが、「他の人々（マケドニアの人々）の情熱を通して」コリントの人々に献金運動の再活性化を呼び掛ける言葉（8 節）の理由づけとして 9 節のキリスト発言を行うことへとパウロを仕向けたのであろう——ここでは発言全体が顕著に救済論的に特徴づけられており、1-5 節と比べ問題への新しい視点からの接近となっている。

　単純にキリストの恵みを指摘するのでなく、冒頭に「あなたがたは知っている（γινώσκετε）」という語をつけているのは、以下の言葉が信徒がよく知っているはずの定型的発言であることを示唆している[1]。同時にこの語は 7 節でコリントの人々は「知識（γνῶσις）」にも豊かであるとしたことと関係があろう。信徒として持つべき「知識」には何よりもキリストの出来事に関するそれが含まれている、しかし、あなたがたはそれを自分たちの実際の生き

1　104 頁注 1 で引いたツァイリンガーの意見を参照。

8 : 9

方に結びつけて把握していない、とパウロは言いたいのであろう[2]。

χάρις（「恵み」）はここで、この語が多用されるこの章にあって、唯一キリストの出来事を指して用いられている（補説3「献金運動」Da①を見よ）。ただし、ここでの「恵み」の用法がこの章での他の用例と無関係というわけではない。この点については「恵み」を具体的に展開している次の二行のキリスト発言の考察を終えたところ（115-116頁）で取り上げることとしたい。

「わたしたちの主イエス・キリストの恵み」という表現はパウロの手紙の結びの祝禱[3]の中でいつもほぼ同じ形で出る表現であるが、祝禱以外では、これと言葉通り一致する表現は彼の手紙の中に一つも見出せない。パウロがその手紙の他の個所に使っていないこの表現をわれわれの個所で用いていることは、彼はここでこの礼拝の終わりの祝禱を思い起こしながら[4]、かつ、読者が自分たちが礼拝に参加する度に耳にしているこの祝禱の表現に注目することを求めながら、この個所を書いていることを示している。上で「あなた

2　ファーニシュ404は、パウロはここで彼の読者たちが非常によく知っていることを述べようとしている、と説明する（バーネット406A12等も同様）。それに違いないが、これではこの語の挑発的性格が十分汲みとられていない。

3　パウロの手紙の末尾の祝禱の中の「恵み」の項目で、これとまったく同じ形の表現が出る個所としてロマ16:24; ガラ6:18; Iテサ5:28がある。その他、「わたしたちの」を欠いた形がIIコリ13:13; フィリ4:23; フィレ25に、「キリスト」を欠いた形がロマ16:20に、「わたしたちの」および「キリスト」を欠いた形がIコリ16:23に出る。この点から見ると、パウロで終わりの祝禱に見られる「恵み」表現は彼自身の言葉ではなく、当時の教会で広く使われていた祝禱から借用したものである印象を受けるが、真正のパウロの手紙以外の新約の他の手紙ないしは手紙風の文書でこれに似た末尾の言葉を持っている例としては黙22:21（ἡ χάρις τοῦ κυρίου Ἰησοῦ Χριστοῦ μετὰ τῶν ἁγίων）があるのみであることから見て、このような説明は成り立たない。この表現はやはり、パウロ自身が礼拝の終わりの祝禱で独自に使っていた言葉を背景として想定すべきであろう。なお、パウロの手紙の末尾の祝禱については13:13の説明をも見よ。

4　このことは、ここでは「わたしたちの主イエス・キリストの恵み」であるのに、節の後半のキリスト発言では二人称複数形が使われていることからも推定できる（祝禱の場合も、「わたしたちの主イエス・キリストの恵みがあなたがた…とともにあるように」という人称のずれが見られることが少なくないこと〔たとえばガラ6:18〕から明らかなように、「わたしたちの主イエス・キリストの恵み」は祝禱での半ば常套語であった）。

107

がたは知っている」について指摘した点に通じる意図が、この表現には込められている。

　　パウロでは「キリストの恵み」という表現の使用例は、使用されるキリスト称号が違うものも含め、意外なほど少ない。上述した、手紙の結びの祝禱での用例を別とすれば、それは僅かにロマ5:15; ガラ1:6及びわれわれの個所に見られるに過ぎない。このうちロマ5:15では、アダムとキリストとを救済論的に対比する文脈の中で、信徒には「神の恵み」と「一人の人イエス・キリストの恵みにおける贈り物」とが満ち溢れるとある。ガラ1:6の場合は「キリストの恵み」は律法による生と対立するものとして用いられている（詳細は佐竹『ガラテア注解』46-48を見よ）。両個所とも、この表現の使用は論述の展開上の必然性を持っている。このように「キリストの恵み」という表現の使用例は極めて少ないが、パウロはその表現の示す事柄自体を軽視しているわけではない。彼はむしろ意識的にその事柄を一概念で表現することを避け、それをより具体的に——ときには伝承的発言を用いながら——文章の形で述べる。それは、一つの概念で表現するときに起こりがちな、その概念の示す事柄の理解の浅薄化、風化——それが現にコリントで献金問題に関して起こっている、とパウロは考えている——を避けようとする試みであろう。

　われわれの個所では彼はまず「わたしたちの主イエス・キリストの恵み」と記した上で、それに続けてキリストの恵みを二行の文章で具体的に述べる。第一行はキリストが「あなたがたのゆえに」何を行ったかを記し、第二行はそれが何を目的としていたかを述べる（ἵνα 句。目的は第一行冒頭の「あなたがたのゆえに」によっても表現されている）。二つの行はそれぞれ三つずつの、互いに対応し合う要素から成っており、しかもそれら三要素は両行で同じ順序に出る（Münch, Geschenk 122）。すなわち、

　　　δι' ὑμᾶς　　　　　ἐπτώχευσεν πλούσιος ὤν
　　　ἵνα ὑμεῖς　τῇ ἐκείνου πτωχείᾳ　πλουτήσητε
　　あなたがたのゆえに、　彼は貧しくなった。　富んでいるにもかかわらず。
　　それは、あなたがたが、彼の貧しさによって、富むためである。
　両行とも「貧しい」「富んでいる/富む」という語を核として展開してい

8：9

る。キリストの出来事を文章の形で記す例はパウロの他の個所にもあるが、それらの中でここでのように「貧しい」「富んでいる／富む」を軸にして述べているものは他にない[1]。つまりわれわれの個所の発言はパウロがここでの彼の関心――献金問題――に引きつけながらキリストの出来事に関する定型を自由に改めたものである（たとえばファーニシュ 417、Georgi, Kollekte 6A227 がこの意見）[2]。

　このようにキリストが「貧しくなった」はパウロが元来の定型にあった別の表現に代えてここでの文脈に合わせて持ち込んだ表現であるが、それでは彼が「貧しくなった」で具体的に考えているのは何か。元来の定型が、よく言われるようにフィリ 2：6ff に類似のものであったとすれば（この点については すぐ後で触れる）、彼は受肉を考えている、とすることが可能であろうが、彼がキリストの救済の出来事を考えるときは、通常それは十字架である。この この場合も、この発言を書いているのはパウロであるから、十字架が考えられていると受け取る方がよかろう。

　　第一行ではキリストの行動（「貧しくなった」）を伝えるに際し、「富んでいたにもかかわらず（πλούσιος ὤν）」という説明の言葉がつけられている。貧富の対概念を持ち込んだのがパウロであることはすでに指摘した。他方、この説明の言葉がフィリ 2：6ff のキリスト讃歌の「神の形で存在していたにもかかわらず（ἐν μορφῇ θεοῦ ὑπάρχων）」を思い起こさせることはしばしば指摘されるところであって（この点についてはこの節の説明の終わりの部分［117頁］を参照）、そこにはパウロがこの個所で下敷にしている定型の影響が残っている可能性が大きい。研究者の中には、ここで使われているのが現在分詞であることを重視し、「分詞の現在的相（Aspekt）によりキリス

1　「貧しくなる（πτωχεύειν）」ないしはその同根語が神・キリストと結びついて用いられる例はパウロには他にまったくない。「富んでいる（πλούσιος）」ないしはその同根語の場合は、たとえば「神の栄光の富」（ロマ 9：23）のように神の属性の豊かさを指して「富（πλοῦτος）」が使われる例はあるが（ロマ 2：4; 11：33; フィリ 4：19）、キリストに関してそれが用いられる例はない。

2　第一行では「あなたがたのゆえに」が行の最初に来ており、第二行では「あなたがたが（ὑμεῖς）」という人称代名詞（これはギリシア語の場合、通常は書かずに済まされる）が明記されているだけでなく、やはり行の最初に置かれていて、事柄が「あなたがた」に関わっていることが一際強調されている。

109

トが豊かであることが彼の貧しくなることと同時的であることが表現されている。キリストはその豊かであることを放棄しなかった」と説明する者がいる（Münch, Geschenk 123）。しかし、パウロにとってここで重要なのはキリストが貧しくなったという一事であって、「富んでいたにもかかわらず」は——パウロの理解では——「貧しくなった」がキリストにとって決定的な変化であることを強調するための表現として機能するに過ぎない（ただしそれは第二行の言う「あなたがた」が「富む」ことを述べるための伏線にもなっている）。なお、フィリ 2:6 の ὑπάρχων も現在分詞形であるが、すぐそれに続く文脈から見て、「神の形である」ことが「自分をむなしくし」た後に残り続けると考えられてはいないことは明らかである。

　それでは二つの行相互の関係、さらにはこのキリスト発言全体の意味をパウロはどのように捉えているのであろうか。それを理解するには、① 彼がこのキリスト発言をコリントの人々宛の献金運動再活性化の呼びかけの論拠として用いていること（節の冒頭の「というのは」）、および、② 彼がこの発言を「わたしたちの主イエス・キリストの恵み」として、つまり救済論的内容の発言として導入していること、の二点に留意する必要があろう。

　まず②について述べよう。この発言自体が救済論的内容を持つことは、一つには第一行に出る「あなたがたのゆえに」という言葉に表れている。

　　第一行では「あなたがたのゆえに（δι' ὑμᾶς）」が最初に出て強調されている。この語はパウロ以前から教会で行われていたキリストの死・救済論をテーマとする定型に由来する[1]。われわれの個所ではそれは διά ＋対格となっているが、ὑπέρ＋属格で記される場合の方が多い[2]。この表記の違いは、もとも

1　それゆえ、この表現の分布は新約諸書（および使徒教父）にわたる。例証については（ὑπέρ, περί の場合も含め）R.Bultmann, ThWNT III 18A77 を見よ。
　　Buchanan, Upper Class 195ff は II コリ 8:9 を、キリスト論的によりも史的（historical）に理解することをよしとし、イエスは元来は上流社会と接触の多い身分に属していたが、このような身分の者が自分の富を提供して「貧しい者」を自称する分派（たとえばエッセネ派）に入れてもらう例に見られるような仕方で彼は自分を貧しくしたことが 9a 節の発言の背景にあると見る（とくに 209 頁の結論を見よ）。このような史的イエス像の適否にはここでは踏み込まないが、この Buchanan の理解にとって不利なのは、9a 節の初めに置かれて強調されている「あなたがたのゆえに」の持つ重要性が看過されている点である。
2　その他、少数だが περί ＋属格で記される例もある。

8 : 9

とこの定型がアラム語で唱えられていたことを示唆する。「あなたがた / わたしたちのゆえ」に相当する語は「わたしたちの罪過のゆえ」と表現される場合もある（ロマ 4 : 25a; I コリ 15 : 3; ガラ 1 : 4）[3]。イスラエル宗教は、律法の定めを破った者に罪過の種類に応じて神に犠牲をささげることを義務づけている（たとえばレビ 4 : 1ff）。キリストの死を「わたしたちの罪過のゆえ」とする考え方は、このイスラエル宗教の伝統的理解を背景とする。イスラエル宗教における供犠の場合は、人は罪を犯す度に犠牲をささげる必要があった。キリストの死の場合はそのような反復は前提されていないが、それがただ一回で人の犯すすべての罪に対する赦しをもたらす決定的な犠牲であることは、この定型ではまだ言葉となって表現されていない。ただし、われわれの個所に見られる「あなたがた / わたしたちのゆえ」という表現（ロマ 5 : 6; 8 : 32; II コリ 5 : 14f, 21; ガラ 2 : 20; 3 : 13; I テサ 5 : 10。ロマ 14 : 15; I コリ 8 : 11; 1, 13 も参照）は、まだ明言はしていないものの、この最後に述べた点を反映している可能性がある。少なくもここでは上に述べたイスラエル宗教的理解（犠牲の反復の必要性）は希薄になっている。他方、もともとイスラエル宗教の供犠の考えで含意されていた犠牲による身代わりという考え方が、ここでは前面に出ている。われわれの個所の発言は、遡ればこのような身代わり救済論から派生している。

このキリスト発言が救済論的発言であることは「あなたがたが富むため」という第二行において一層顕著となる。もっともこの第二行は全体として記し方が簡略で、一見したところ判り難い。しかし、判り難い点はこの行を第一行と対比すれば容易に解明出来る。

3　ヴィンディシュ 252 はわれわれの個所の διʼ ὑμᾶς は第二行の ἵνα πλουτήσητε（あなたがたが富むため）を視野に置いた発言であるから、「考えられているのは διὰ τὰ παραπτώματα ὑμῶν（あなたがたの罪過のため。ロマ 4 : 25a; イザ 53 : 4f を参照）ではなく、διὰ τὴν σωτηρίαν または δικαίωσιν ὑμῶν（あなたがたの救い、または義とされるため。ロマ 4 : 25b を参照）だ」と指摘する。このようにとれば、この引用句全体の整合性は高まる。しかし逆に、このようにとる場合には、第一行の「あなたがたのゆえに」と第二行の「あなたがたが富むため」とでは内容的に同じことが反復されていることになり、なぜこのような反復がなされているのかを説明する必要が生じる。おそらくこれは――パウロはここで定型を忠実に引用しているのでなく、献金問題という目下の関心に合わせて「富む・貧しい」という一対の概念を持ち込んでいるのだが――第一行の「あなたがたのゆえに」は元来の定型にあったものが「加工」に際しそのまま残ったものと説明されよう。

111

「彼の貧しさによって」は第一行のキリストが「貧しくなった」に対応す
る表現。つまり「貧しさ」は貧しい状態というよりも、貧しくなる行動を指
している（この点でこの言葉では110頁で挙げたこの発言の特徴①が顕著で
ある）。次に「富む」は第一行のキリストの神的豊かさを指す「富んでいた」
に対応している語であって、最高の恵みに与ることを意味しており、救済論
的発言である。このキリスト発言では「富む」ことはキリストの「貧しさ（＝
貧しくなる行動）」に与ることにより可能とされるとされている。キリスト
の「貧しさ」はここではコリントの人々に、献金を通して自分が「富む」こ
とを可能とする原事実と見なされている[1]。

　このようにキリストにおける運命の逆転がそれに与る者に逆方向の運
命の逆転を恩恵としてもたらすと述べる発言は、伝承された定型では他
にIIコリ5:21に見られるだけであり（ヴィンディシュ253、ファーニ
シュ417、ツァイリンガー274、バーネット407A15、ガラント377f［the
principle of interchange という表現を使っている。プリュムI 515 も Gesetz
der Tauschtheologie］、スラル534、グレサーII 31、シュメラーII 57f を参照）[2]、
パウロ自身の地の文章でもその例は多くない。しかし、まったくないわけで
はない。

　パウロの手紙の中でわれわれの発言と基本構造の似ている地の文章の例と
して、ガラ3:13を取り上げよう[3]。ガラ3:13には、（自由な身分であった）

1　Münch, Geschenk 124 は、ここでは「イエスの道」が「人がいかにして霊的富に
　到達する」かの Vorbild（模範、範例）ともされている、と述べる。彼のこの判断は、
　彼が、キリストはこの道を自由意思に基づく断念と神への服従において歩むので「そ
　れゆえ神は彼をあらゆる限度を超えて高めた」、と理解していることに由来してい
　る。しかし、「神は彼を…高めた」の部分は、Münch がフィリ2:6ff を参考にして補っ
　た言葉であって、われわれの個所のテキストにはそれに相当する言葉は記されてい
　ない。彼がこのことを基にして用いている Vorbild という表現が適切かは、それゆ
　え疑問である。このキリスト発言がキリストを模範として提示することを目的とし
　ていないことについては、本節の説明の終わり近くを見よ。
2　5:21 の場合は主語は「神」であり、その点で神への言及が一切ないわれわれの
　個所の発言よりもおそらく古い段階の定型を反映している。しかし、そのことはこ
　の個所をわれわれの個所の発言の比較材料とすることの妨げにはならない。
3　この関連でガラ3:13 に着目している少数の研究者として、たとえばマーテラ
　191、スコット179 がいる（彼はIIコリ5:21 をも指摘している）。

8 : 9

キリストがわれわれの代わりに呪いとなったことにより、われわれは律法の呪いから解放され（、自由な身分になっ）たとある。このガラ3 : 13の場合、「わたしたちの代わりに」という表現に定型の痕跡が残っているとはいえ、文章全体は、そのテーマから見ても、明らかにパウロの作である。

ガラ3 : 13はこのように基本構造においてわれわれのキリスト発言に近いが、両者はパウロがそのときどきの自分の関心に基づきキリストの出来事を自由に表現した文章であるから、基本的な考え方以外の点、構文、文言の点では、重なりが多いとは言えない。それを細かく指摘することはわれわれの個所の説明としては不要であろう。ただ、両者の間にはわれわれの個所の発言を理解する上で重要な違いがいくつかある。第一に、ガラ3 : 13はキリストのわれわれに対する救済行動を主文とし（「キリストはわたしたちを律法の呪いから贖い出した」）、そのためにキリストが何をなしたかを現在分詞を用いた句で表している（「わたしたちの代わりに呪いとなって」）のに対し、われわれの個所の発言はキリストの行動を記す文章を主文とし（「彼は、あなたがたのゆえに…貧しくなった」）、それがわれわれに及ぼす効果を改めて ἵνα 目的句の形で記している（「それはあなたがたが彼の貧しさによって富むため」）。このような表現の仕方の違いの結果、ガラ3 : 13ではキリストのわれわれに対する救済行為は一回的にすでに行われたこととして述べられているのに対し、われわれの個所では、「あなたがたが彼の貧しさによって富むため」は、すでに実現した事柄を指すととれないこともないが、将来に向けて開かれた事柄として理解される可能性も排除されない[4]。この点でわれわれが110頁でわれわれの発言の理解のために留意すべきこととして挙げた二点の中の①が重要な意味を持つ。すなわち、パウロはここでキリストによる救済を説くために救済論的発言を行っているのではなく（上述した、「あなたがたは知っている」の説明を参照）、彼の意図はここではコリントでの献金運動の再活性化を目指す自分の呼びかけを論拠づけることにある。キリストの出来事は第一には信徒に新しい生き方を可能とする原事実である。

同じことはわれわれの個所のキリスト発言とガラ3 : 13との間の第二の大

ガラ3 : 13については佐竹『ガラテア注解』287ffを見よ。

4 Ⅱコリ5 : 21の場合も、救済内容はやはり ἵνα 目的句で記されている。その文言は「わたしたちが彼にあって神の義となるため」である。パウロが信徒はすでに信仰によって神の前に義とされていると見ていることを考えると、この場合、目的句の表示内容はすでに実現されていると考えられている可能性が大きい。

113

きな違いによっても確認出来る。もしわれわれの個所のキリスト発言がガラ3：13の場合と同じ思考パターンで書かれていたとすれば、第二行は「それは貧しいあなたがたが彼によって富むためである」となっていたであろう。それに対し実際の発言では、「あなたがた」の貧しさはとくに前提されておらず、その代わりに「彼の貧しさによって」、つまりキリストの貧しさに与ることによって、と表現されている[1]。この「彼の貧しさによって」は明らかに、第一行の、彼は「貧しくなった」を意識した言葉である。つまり、「彼の貧しさ」で考えられているのは初めから彼に備わっている属性ではなく、「貧しくなった」という彼の行動が彼にもたらした新しい状況である。コリントの人々が「彼の貧しさによって富む」という場合にも、この言葉の持つ行動の側面は十分意識されている。「彼の貧しさによって」は「彼がしたように貧しくなることによって」という意味を含んでおり、現実的には献金運動への参加を指している（ただし、この点についてはすぐ後で述べる点も見よ）。このような行動的側面の強調はガラ3：13に対応するもののない、われわれの発言の特徴である。

「貧」に関する発言が、第一行との対応から予想される「あなたがたの貧しさ」を指摘する発言でなく、「彼の貧しさによって」という、「あなたがた」の実際の行動を促す機能を持つ言葉に置き換えられたのと呼応して、「富むためである」も単なる救済論的発言ではなくなっている。この語（ἵνα πλουτήσητε）はもともとはおそらく第一行の「富んでいるにもかかわらず（πλούσιος ὤν）」に対応する救済論的表現として構想されたものと考えられるし[2]、その要素は消えるわけではないが（後述を見よ）、このキリスト発言全体が献金運動の再活性化の呼びかけの論拠として機能するに及び、それに見合ったより広い視野のもとに置かれるようになった。「貧」「富」の対置

1　この「彼の貧しさによって」は5：21の第二行に出る「彼にあって」に対応する。ただし、5：21の「彼にあって」の場合は、われわれの個所の「彼の貧しさによって」に見られるような、信徒に行動を促す要素は認められない。

2　パウロはロマ10：12; 11：12でも「富」ないしはその同根語を救済論的に用いている。

114

8：9

はわれわれの段落でここで初めて登場するわけではない。それはすでに２節でマケドニアの人々の行動の報告の中で「彼らのどん底の貧しさ（πτωχεία）が彼らの率直な富（πλοῦτος）となって溢れ出た」という発言として用いられている。この場合の「富」は言うまでもなく経済的な富ではない。しかし、単に救済を意味するだけの符号のようなものでもない。それはマケドニアの人々が実際に体験する豊かな生き方をも指している。パウロはわれわれの個所のキリスト発言で、それと同じことがコリントの人々に起こることを期待している。献金への呼びかけを彼はそのような意味での豊かな生活への招待として理解していた（9：11 も参照）。「富むためである」はこの意味で救済論的性格を持ち続ける。

　ここでもう一度パウロがこのキリスト発言を導入するに当たって「わたしたちの主イエス・キリストの恵み」という表現を使っている事実（110 頁に記した二つの留意点の②）に目を向けたい。ここのキリスト発言自体は二行構成である。第一行なしには第二行は存在し得ない。第一行の、彼は「あなたがたのゆえに貧しくなった」という恵みの行動が先行しているからこそ第二行に述べられている事柄は信徒にとり必然となり、実現可能となる[3]。第二行に出る「彼の貧しさによって」も、彼が貧しくなったことによって可能とされて、という意味である。ただし、パウロは第一行で述べられた事実だけをキリストの恵みと捉えているのではない。第二行を含めた全体を恵みと捉えている。「富む」ことは人間にとって恵みである。この恵みがここでは「彼の貧しさによって」、つまり自らを貧しくしたキリストの行動に与ることによって、ここの文脈に即して具体的に言えば、何よりも献金運動に参与することによって、実現される。ここにはこの章の初めに出た、献金運動への参与を「神の恵み」を与えられていることと捉える理解が、そのまま働いている。その点でこの章の「恵み」理解は一貫した観点によって貫かれている。

　「この発言に内包されている忠告は、『キリストがしたことを行え』ではなく、『キリストがあなたのためにしたことを他の人たちに行え』ですらもなく、

3　ここに述べられていることは「キリスト者の生のすべての具体的な命令法が最終的にその上に基礎をおいている直説法である」（ファーニシュ 417）。

115

むしろ『キリストの恵みによって豊かにされた者であるあなたがたの身分にふさわしいことを行え』である」（ファーニシュ 418。ヘーフマン 345 がこれに同意）[1]。そのことを通して人は初めて「わたしたちの主イエス・キリストの恵み」をわれとわが身に体験するはずだ、とパウロはコリントの人々に向かって言おうとしている。

　この個所のキリスト発言では、キリストは信徒の取るべき行動の模範と見なされていると理解する研究者が少なくない。たとえばヴェントラント 195：「コリントの人々のためにも自分の富を放棄した彼［＝キリスト］は、他のキリスト者仲間に対する教会の振舞の神的原型（Urbild）である。彼の貧しさがコリントの人々を豊かにするのであれば、裕福なコリントの人々も真の愛から当然［他の者に］与えるべきだ」、アロ 217：「すべての信徒を限度のない寛大さへともたらすべき最高の実例」、ダンカー 126：「このような偉大な恵み」を称賛することは、それに接する者に「模倣へのこの上もない刺激」を提供する、Klein, Begründung 110：「キリストはマケドニアの人々がある点で彼を模倣して行った何事かを行った」、がこの部類に属する。その他、ヴィンディシュ 251,252、マーティン 264、ベッツ 118、マキャント 84、シュメラー II 55 等も同様。確かにこのキリスト論的発言は単に救済の出来事を指し示すことを目的としておらず、献金運動への参加への促しを目的としているが、それはキリストを模範として提示することによってではなく、キリストの恵みの事実が信徒をすでに規定していることを想起させるという形でなされている。キリストが模範とされているとする見解に反対する研究者としては、たとえばグレサー II 31、レツェル 47、Georgi, Kollekte 61 がある。

パウロはこの節で、キリストの出来事に自分の生の根源を見出す信徒にとって献金運動に参加することがこの上もなくふさわしい生き方であることを明確にした。しかし、奇妙なことに、彼はこの議論をそれ以上徹底させることも、反対にここで筆を止めて、それによってこの発言を一連の議論の頂点

1　私もこのファーニシュの意見に基本的に同意する。ただ、敢えて言えば、最後の「あなたがた」につけられた「キリストの恵みによって豊かにされた者」という形容の言葉の中の「キリストの恵み」に当たる部分がパウロ自身の発言では「彼の貧しさ」であり、かつこの表現は第一行の「彼は…貧しくなった」を受けている点が配慮されていることが望ましいと考える。つまり、ここのパウロの発言では「キリストがしたことを行え」という観点が完全に消えてはいない、ということである。

とすることもしていない。10ff 節ではコリントの人々に向かって献金運動を
完遂することを呼びかけ、またそれが信徒（ないしは教会）相互の間に平等
をもたらすことを目的とする大切な営みであることを説く。それはそれ自体
として意味のある勧告であり、助言である。しかし、われわれの個所で示さ
れたような根源的議論の影響は、そこにはまったく認められない。それらは
むしろ常識の範囲内の議論に過ぎない。この節の説明の最初に指摘したよう
に、われわれの個所のキリスト発言は文脈から浮いている。おそらく現実の
コリントの人々に対する配慮、遠慮がこのような筆の運びをもたらしたので
あろう。

　われわれの個所のキリスト発言の伝承史的背景についてもう少し付け加え
ておきたい。大部分の研究者はこの発言とフィリ 2：6-11 のキリスト賛歌と
の間に類似の性格を見出す。たとえばヴォルフ 171 は、われわれの個所の「キ
リスト論的発言はフィリ 2：6-8 を、またキリスト称号〔われわれの個所の
キリスト発言自体にはキリスト称号は出ない。ヴォルフはおそらく導入部に
ある「わたしたちの主イエス・キリスト」を考えている〕はフィリ 2：11 を
思い起こさせる」とし、ここでは「フィリ 2 章におけると同様（とくに 5 節
を参照）、キリストは信徒の振舞の根拠と考えられている。つまり、パウロ
はおそらく救済論的発言（「あなたがたのゆえに」）によって拡張された、賛
歌の要約を示している」と主張する（バハマン 317、リーツマン 134、マー
ティン 263、ベッツ 118f、ランク 319 等も参照）。これらの研究者にとっては、
われわれの個所の「富んでいるにもかかわらず」は賛歌の「彼は神のかたち
で存していたが」に相当する発言であってキリストの先在を指しており [2]、「貧
しくなった」は賛歌の「自分をむなしくした」に相当する発言であって、キ
リストの受肉を意味する。その他、「富んでいる」の現在分詞形が賛歌で「神
の形で存している」が同じく現在分詞形で書かれていることを思い起こさせ
る点も両者の類似点に挙げられる（たとえばバーネット 407,408 が指摘）。

　これらの研究者の主張するように、われわれの個所のキリスト発言はフ
ィリ 2：6ff の賛歌の前半（6-8 節）と類似の性格と見るための材料は実際複

2　とくにスラル 534 が「時間的にキリストの史的生および死に先行するキリストの
　『富』の状態」については「先在の栄光」が参考材料として最も可能性が高い、と
　しているのを参照。Georgi, Kollekte 61 も、「富と貧しさ」は「天的および知的存在
　を言い換えたもの（Umschreibung）」とする。

数存在する。パウロがキリストの生を模範として呈示するときにいつも伝承的なものを持ち出すことから考え（103頁注7を見よ）、パウロは、フィリ2:5ffと同種のものと特定は出来ないものの、ここでも伝承的なものを思い浮かべて書いているのであろう。

　しかし、問題がないわけではない。何よりもわれわれの個所のキリスト発言とフィリ2章の賛歌はそれぞれの全体的性格が対応し合っていない。フィリ2章の賛歌の後半に相当するもの（キリストが天に挙げられること）はわれわれの個所の発言にはなく、逆にわれわれの個所のキリスト発言で大きな役割を果たしている「あなたがたのゆえに」および信徒の救済を述べる第二行に相当するものはフィリ2章の賛歌にはない。フィリ2章の賛歌はまさにキリスト賛歌であり、救済論的発言は直接出ないのに対し、われわれの個所のキリスト発言はキリストの「一代記」に興味を持っておらず、それは基本において救済論的発言である。この両者の違いはヴォルフが両者の類似点として指摘するキリスト称号にも及んでいる。すなわち、フィリ2:11のキリスト称号ではキリストは全宇宙の主であるのに対し、われわれの個所のそれはキリストを教会の主としている。

　われわれの個所でのキリスト発言で貧・富という一対の概念を使用しているのは、上述のようにパウロ自身である。他方、彼がキリストの出来事として重視するのはその死・復活であって、受肉は彼の思想の中でほとんど言うに足る役割を果たしていない[1]。われわれの個所の発言にフィリ2章との近似を認める研究者は、上述のように「富んでいるにもかかわらず貧しくなった」

1　受肉に相当する発言がパウロにまったく欠如しているわけではない。典型的なのはロマ8:3（「神は自らの子〔τὸν ἑαυτοῦ υἱόν〕を罪の肉の形で…派遣して〔πέμψας〕、肉において罪を審いた」）、およびガラ4:4（「時の充満が来たとき、神はその子〔τὸν υἱὸν αὐτοῦ〕を派遣した〔ἐξαπέστειλεν〕。〔すなわち彼は〕女性から生まれ、律法の下に生まれた」）である（その他、以上とは別系統の発言としてロマ1:3fを参照）。これらの個所でパウロは伝承を下敷にしながら、その時々の関心に合わせて自由に表現している。両個所の共通点として、主語が「神」であること、キリストが「彼の子」と呼ばれていること、および「派遣する」という動詞が使われていることが挙げられる。これらはいずれも下敷とされた伝承で用いられていた語である。われわれの個所の場合、これら三つの点は確認出来ないから、それがこの伝承をベースにした発言でないことは明らかである。われわれの個所の発言はむしろフィリ2:5-8に近い。しかし、両者の間に相違点も多いことは、本文で指摘した通りである。なお、フィリ2:5-8と共通の伝承に遡ると思われる発言は、パウロには他に見当たらない。

8：10

を受肉を表す表現ととるが（たとえばバーネット 407,408 を見よ）——そして この点がわれわれの個所のキリスト発言とフィリ 2 章の賛歌との近似を考えるに際して最大の論拠となっているが——、パウロがこの自分が持ち込んだ表現（貧・富）で自分には比較的縁遠い受肉を考えていたとは受け取り難い。彼はフィリ 2 章型のキリスト賛歌ないしはそれに類似のものの中に「富んでいるにもかかわらず貧しくなった」の着想を得たが、それをそのまま受肉発言としては受け取らず、むしろキリストの死・復活を思い浮かべながら（たとえばロマ 5：10; II コリ 13：4; ガラ 6：14 を参照）[2]、第二行を独自の形に展開した、ということであろう。

10 節　9 節でパウロはキリストの出来事を指し示してコリントの人々のとるべき行動を示唆したが、10 節ではキリストに直接関係する発言をそれ以上展開することはせず、コリントの人々に献金活動の完遂を迫り、かつそれに伴うより具体的な意見を開陳する。

最初に「そこでこのことについて意見を述べる」という導入の言葉が出る。「意見を述べる（γνώμην διδόναι）」という表現は I コリ 7：25 でも結婚関連の事柄について自分の意見を述べるに際して用いられている。たとえばヴィンディシュ 253 はここの「意見（γνώμη）」は 8a 節の「命令として述べているのではない」という発言に対置されており、「〔相手方に〕義務を負わせない意見表明」を意味しているととる。確かに「意見」には I コリ 7：25 でも「命令ではなく」という性格づけが行われている（プランマー 242）。し

2　クラウク 68 は、キリストの「貧乏は受肉（Menschwerdung）の中で遂行される」とした上で、受肉は「不名誉な十字架の死を目標としている（sich vollziehen）」と説明する。結論的にはわれわれの理解に近いが、説明が十分とは言えない。ツァイリンガー 274 は、キリストが貧しくなったのは彼が「十字架の死を引きうけた」ことにより行われたとし、この解釈は「類似の救済論的定型、II コリ 5：13」によって確証される、と述べる。

とくに第二行の「彼の貧しさによって」の場合、パウロがそれを「彼の受肉によって」の意味で使っているとすることは、彼の救済論的諸発言から見て難しい。「貧しくなった」を受肉ととるハリス 580 もこのことは認め、この「ジレンマ」を解消するためには「貧しくなった」は確認の（constative）のアオリストだとし、それは一言で受肉、地上の生、死・復活を含んでいるとしている（プリュム I 514f, Münch, Geschenk 122f も同様）。

119

かし、われわれの個所の場合、8a 節の「命令として述べているのではない」はそれに続く「あなたがたの愛の真実さを確かめているのだ」と対をなしており（οὐ … ἀλλά の係り結び。Münch, Geschenk 129 が指摘）、それに加えてわれわれの個所の「意見を述べる」をも 8a 節の対と見なすことは過重に過ぎる。それに、I コリ 7：25 では 6 節でこの「意見」の内容が具体的に述べられており、「意見を述べよう」は、「命令ではなく」といういわば形式面の違いの強調だけで終わってはいない。われわれの個所の場合もそれと同じように、「意見」の中身が以下の論述で述べられていると見るべきであろう。

「このことについて」の「このこと」は漠然とした表現だが、献金問題について、ということであろう。「意見」の内容が何であるかも判り難いが、おそらくそれは 11a 節の「今は［献金の］実行も完遂せよ」を指していよう。

次にパウロは自分の今述べた言葉を理由づけて（γάρ）、「次のことはあなたがたにとって有益だからだ」と言う。「次のこと」と訳した語は τοῦτο（「そのこと」）。これが何を指しているかも判然としない。「意見」については 11a 節の勧告（「実行することも完遂せよ」）が考えられているとしたが、「次のこと」も 11a 節の勧告内容を指しており[1]、それに従うことが「あなたがたにとって有益」、と述べているのであろう。なお、「有益である」で考えられているのは、おそらく、神に「受け入れられる」（12 節）ことであろう（スラル 535）[2]。

1　「彼らが始めたことを完遂すること」（マーテラ 192。ランブレヒト 138 も同様）。その他、ヴィンディシュ 254、キュンメル 207、キステメーカー 284 はコリントの人々の献金運動への参与を指すとする。バレット 216,224 も同様。グレサー II 32 はこの発言を「そのことはユダヤ人キリスト者と異邦人キリスト者とを包括する una sancta ecclesia〔聖なる一つの教会〕を建てることと、そのことを通して自分自身のアイデンティティを発見することとに貢献しよう」と説明する。この献金活動が「聖なる一つの教会」を建てることを目的としていることは事実だが、この個所の発言がそこまでの射程を持っているかは疑問である。なお、以上とは別の意見として、たとえばリーツマン 134f、ハリス 581 は「わたしが助言をすること」。バーネット 410 も、命令ではなく、アドヴァイスをすることを指している、とする。

2　何が「有益である（συμφέρει）」かはストア哲学でしばしば議論の対象であった（K.Weiss, ThWNT IX 74,17ff）。ファーニシュ 405 は、パウロはここでヘレニズム修辞学の影響下にある、と考える。しかし、とくにそのことを考える必要はない。

8：10

　次に、「あなたがたにとって」という言葉を使ったのに続けて、「あなたがた」、つまりコリントの人々についての説明の言葉、「あなたがたは〔献金運動を〕昨年来始めた」が加えられている。

　「始める（προενάρχεσθαι）」は6節でテトスについて用いられていた[3]。われわれの個所の「始めた」は二人称複数形であるから、当然両「始めた」は同じ事態を指していないし、「始めた」の時期も同じとは限らない。ただ、これら両個所で使われている動詞「始める」はパウロで（新約全体でも）これら両個所でしか使われていない[4]。パウロが自分が余り使わないこの語をここで立て続けに使っているのは[5]、この部分の記述に際し、テトスの行動とコリントの人々の行動とがおよそのところ同時点であったとの思いに支配されていたことを示唆している。このことは、われわれの個所の「欲する」をテトスの勧奨による献金運動再開を指すとする見解にとって有利な材料である。

　ここでの説明の言葉は、コリントの人々が昨年来献金運動に関して「始めた」事柄を、「実行する」と「欲する」という二つの動詞を使って記述している。

　ここで「始めた」（アオリスト）の内容を示す「欲すること（τò θέλειν）」は中性の冠詞をつけた現在不定法であり、パウロは彼らの「欲すること」は基本的に現在も維持されていると見ている（後述を参照）。

　τοῦτο を「わたしがあなたがたに助言を与えること」ととるハリス581は、この συμφέρει を「適切である」と訳す。

3　προενάρχεσθαι は προ- という前綴りを持っているから「以前始める」を意味する（6節を見よ）。われわれの個所では προ- は「昨年来」によって説明されているから（Bauer/Aland, WB προενάρχομαι）、「以前」を省略して訳した。
　協会訳はこの前綴り προ- を「他に先んじて」と訳しているが（新共同訳も同様）、6節におけると同様、他の教会との比較という観点をこの場合のこの語に読み込む必要はない。

4　もっとも、パウロでは「始める」という表現の使用例は総じて少なく、他に ἄρχειν が II コリ 3：1、ἐνάρχεσθαι がガラ 3：3；フィリ 1：6 で出るだけである。われわれの個所の場合、6節では p[99] B が、10節では D*F G 等が前綴り προ- のついていない ἐνάρχεσθαι を使用。

5　ヴィンディシュ254f も6節と10節とでの προενάρχεσθαι（以前始める）の反復使用を指摘する。しかし、彼は I コリ 16：1ff 以前の段階でのコリントでの献金運動のそもそもの開始をテトスに帰するので、この προενάρχεσθαι の反復使用は指摘するにとどめ、それ以上の推論は行っていない。

121

もっとも、この解釈の場合一つ問題になりかねないのは、「昨年来始めた」の内容として「欲する」ことが記されている点である。コリントの教会が献金運動そのものを始めたのは、Ⅰコリ 16：1ff での献金についての勧告よりも当然さらに前のことである。それゆえ、「昨年来」（「昨年来」については後述）とされる「始めた」は、コリントにおける献金運動のそもそもの始めを指す語ではあり得ない。ここの「始めた」は、「昨年来」から見て、パウロの中間訪問後に「涙の手紙」を持参して行われたテトスの第一回コリント訪問の終わり頃のことと推定される。「欲する」は、その主体が個人である場合は、当事者の決断次第であろうが、ここの場合、「欲する」の主体はコリント教会という一つの集合体であり、ある集合体が何事かを「欲する」場合には、その集合体の決議のようなものが考えられていよう[1]。とくに、ここのように「あなたがたは［献金を］欲することを昨年来始めた」と日時まで記されている場合には、そのような前提なしに「欲する」を考えることは難しい。それゆえ、ここの「欲する」が第三伝道旅行の最初期にコリントで行われた「欲する」を指していると見ることは、時の関係から見て難しい。考えられるのは、パウロがコリント教会の献金運動参加の決議を重要視した結果生じた誤記であるか、「始めた」を献金運動のそもそもの初めではなく、テトスの訪問時にコリントでなされた、献金運動促進の（再）決議を指しているかの二つであろう。後者の方が、それを「始めた」と呼ぶのが適切かにやや問題があるものの、前者にくらべ無理がない。

　「実行すること（τὸ ποιῆσαι）」では中性の冠詞をつけたアオリスト不定法が使われており、同じくアオリストで記された「始めた」と競合しているように見える。コリントでは献金活動はまだ完遂していないので、「実行する」を現在形で書くことにパウロはためらいを感じたのであろう。もっとも、パウロは他のところでも ποιεῖν を用いてエルサレムへの献金を書くときにはいつもアオリストを使っている（ロマ 15：26; Ⅰコリ 16：1; ガラ 2：10）。この献金が——実際の実行に際しては反復的所作が伴うものの（Ⅰコリ 16：1）——全体として継続的、反復的ではなく、一回的であるためであろう。もともとコリントにおける献金運動の曲折に富んだ展開を「始めた」「完成せよ」の

1　パウロでは θέλειν がこれと同じような状況で使われている例は他にない。新約全体でも、これとやや近い例がルカ 19：14,27 にあるだけである。

　9：5 に、エルサレム教会宛のコリント教会からの献金に関して「先に約束されていたあなたがたの讃美（＝献金）」という表現が出るのを参照（同所の説明を見よ）。

8：10

二語で表現すること自体に無理がある。

それらが互いにどのような関係にあるかが問題となる。一般論として言え
ば、ある事柄を「実行する」場合には、実行には「欲する」ことが先行する。
その意味では、われわれの個所での両動詞の順序は常識とは逆である[2]。しか
し、「欲する」が集合体の決議を意味している場合には、一旦そのような決
議のなされた後には、決議の解消が行われない限り、「欲する」状態はその
後も続いていることになろう。

コリントの実情は、決議内容が堅持されたというには程遠かった。次節に
あるように、パウロはコリントの人々に「実行」の完遂を求めなければなら
なかった。「欲する」は実質上もはや消滅したと言っても過言ではなかった。
このことから見ても、ここでの「欲する」は公的性格を帯びた語として用い
られている。同時に、パウロがここで「欲する」に言及するのは、それを言
わば手掛かりとして献金運動の今後の推進を勧告する意図からである。

もっとも、この場合も二つの動詞が逆順である方がより自然だと言えるか
もしれない。しかし、これにはもう一つ考慮すべき要素がある。すなわち、
ここでの表現の組み立て方（「実行することだけでなく、それを欲すること
を」）は、彼が「欲する」を重要視していることを示している[3]。そればかりか、
「欲する」という語の使用自体が、明らかに意図的である（普通ならこうい
う場面で「欲する」は使わない[4]）。それは、彼が他の個所でも重視している、
献金に際しての自発性の重視（たとえば3f節）と重なり合う。それをも含

2　たとえばバレット 225 が、この二つの動詞の順序は逆順（inversion）と見える、
　と述べる。ツァイリンガー 275 等も同様。アロ 217f、プランマー 243 によれば、ペ
　シッタ（公認シリア語訳）はこの両動詞を他の写本とは逆順においている。これは
　もちろん二次的修正である。
3　たとえばブルトマン 256 は、現在のテキストの順序で書かれているのは「θέλειν
　〔欲すること〕の方が本質的だからだ」とし（ベッツ 123、グレサー II 32、スコッ
　ト 180、ヘーフマン 339 も同様）、ハリス 582 は、「II コリ 8-9 章を通してパウロが
　物質的結果よりも態度と動機とを重視していることが反映している」と言う。アロ
　217f はこの場合の θέλειν は自発性を持つことを意味しているとし、219 の訳文でも「自
　発的に行う」としている。
4　たとえばロマ 15：26 では εὐδόκησαν（賛成した）を使用。「欲する」の方が意欲の
　強さが感じられる。

123

めて考えるとき、ここでの二つの動詞の先後関係をとくに異とする理由はない。

　ここでは、コリントの人々は「昨年来[1]〔献金運動を〕実行することだけでなく、それを欲することを始めた」とある。これと関連ある記述が9:2にもある（「わたしはあなたがた〔コリント教会の人々〕についてマケドニアの人々に、アカヤでは昨年来準備が出来ていると誇っている」）。この「昨年来（ἀπὸ πέρυσι）」は何を指しているのか、また、そのことと関連して、8:10; 9:2両個所の記述の史的事実について考えたい。

　① Ⅰコリ 16:1ff は、コリントでは献金運動がその段階ですでに始められていたことを前提している。おそらくそれはパウロの「前の手紙」（Ⅰコリ5:9）での呼びかけに応えたものであった。しかし、コリントではこの運動はその後停滞したようである。少なくもⅡコリ8:11の「今は実行することも完遂せよ」は、コリントでの運動が順調に推移していないことを示唆している（ただし、ここで示唆されている停滞は、テトスのコリント再訪を目の前にしてのそれであって、コリントではすでにそれ以前、パウロとの関係がこじれた段階で、献金運動はもっと著しく停滞したと思われる（この点については補説3「献金運動」Ⅰbを見よ）。停滞している献金運動の「完遂」のためにテトスが再度派遣されるのは、彼の最初の派遣でパウロとコリント教会との関係が修復され、そのことを彼がマケドニアでパウロに報告した後のことである。パウロの「意見」（10節）を記したこの文書（＝8章）は、おそらくテトスのこの再派遣に際してパウロが彼に持たせたものであろう。そこで言われる「始めた」は、この表現自体から考えると、コリントでの献金運動のそもそもの初めを指しているように見えるが（たとえばツァイリンガー 275、ガスリ 408 がこの見解を採る）、この理解に従う場合は、8:10では第三伝道旅行の最初期、つまり8章の書かれた時期から見て少なくも約二年前のことが言及されていることとなり、「昨年」という表現とうまく合わない。

1　パウロでは「昨年」という語（πέρυσι）の使用例は他にない。新約全体でも他にない。しかし、ヘル・幻 2:1:1,3 に用例がある。古典ギリシア語文献での用例についてはヴィンディシュ 255 を見よ。

　われわれの個所の場合、「昨年来」は継続を念頭に置いた「欲すること」とはよく調和しているが、「始めた」とは調和しているとは言い難い。9:2では「昨年来」は παρεσκεύασται という現在完了形と組をなしている。パウロは初めは「昨年（πέρυσι）」とのみ言おうとしていたのかもしれない。

8：10

それに、テトスがパウロの第三伝道旅行の最初期にコリントに派遣された形跡はない。

8：6のいうテトスがコリントで献金運動を「以前始めた」はむしろ、パウロとコリント教会との和解が成立した時点での事柄を指している可能性の方が大きい。もっとも、テトスがこのときコリントでの献金運動を再開したことについては、ここの「以前始めた」をそう解釈出来るということの他には、パウロの手紙の中に記録はない。しかしそれは、当時のパウロの最大の関心がコリント教会との関係修復にあったためであり、彼が、献金運動の問題は教会との関係が回復されればそれに伴って開かれると考えていた、と見れば説明はつく。

次に9：2の場合であるが、ここでは「昨年来」はこの文書（＝9章）の執筆時点から見てのそれではなく、パウロが以前マケドニアの人々に向かって述べた言葉（それを彼は9：2でコリントの人々に向かって報告している）の時点から見ての「昨年来」である。それでは彼はいつマケドニアの人々にそのことを述べたのか。第三伝道旅行に際してのパウロのマケドニア滞在について確実なのは、彼がテトスからコリント情勢についての報告を受けるために滞在していた時期の場合だけである。それも、コリント教会との関係修復についてのテトスの報告が届いていない段階では、とてもそのような楽観的報告をする気になれなかったであろう。パウロがマケドニアの人々にコリントでの献金運動について「アカヤでは昨年来準備が出来ていると誇っ」たのは、テトスから朗報を受けた後のことである（この場合「準備が出来ている」は、その後の議論から明らかなように、パウロが百パーセントの確信をもって使った表現ではなかった）。他方、コリントでの事情が好転し、献金運動を再開したことをテトスがマケドニアでパウロに報告してから、パウロがそのことをマケドニアの人々に告げ、かつそのことを9：2で文書化するまでに（2節の「マケドニアに人々に…誇っているは現在形で記されている！）それほど長い時間があったとは考えられない。

このように、8：10では「昨年来」はテトスの再派遣を前にしての当該文書の執筆時を起点としての「昨年来」であるが、9：2では、当該文書の執筆時ではなく、パウロがマケドニアの人々にコリントの事情を報告した時点を起点としている。この二つの時点はせいぜい数週間程度しか離れておらず、両者の違いを重要視する必要はない。

② 次に、「昨年来」という表現でどの程度の幅の時間帯が考えられている

125

のかが問題となる。極端な言い方をすれば、年が変われば前日であっても「昨年」の部類に属するし、逆に、間もなく年が変わる時点であれば、二年近く前であっても「昨年」である。つまり、「昨年来」という語は、二、三週間から二年近くまでと、ある程度該当する期間の幅の広い語である。

　実際には、とくに9:2の場合は、①で述べたように、その幅はかなり狭い。

　③ ②と関連して問題になるのは、パウロはここでどのような年の区切りを前提しているのかである。つまり、前提されている暦の種類は何か、という問題である。ヴィンディシュ255は、当時使われていた暦は四つあった、と言う（ヒューズ303、ハリス582等も同様の指摘）。すなわち、a. ユダヤ教会堂で使用されていた暦（一年の始期は春）、b. ユダヤ人社会で一般に使われていた暦およびマケドニアの暦（同 秋分）、c. アテーナイ暦（同 真夏）、d. ローマ暦（同 一月一日）。これらの暦のうち、どれをパウロがここで念頭に置いているかについては、それらのそれぞれの流布の可能性についての推測に基づいての諸説がある。

　このうちa,bについては[1]、教会内に（たとえばIコリ1:14のクリスポ）、また外からの教会訪問者に（10-13章のパウロの論敵。IIコリ11:22を見よ）ユダヤ人が少なからずいたのは事実であるが、全体として教会の構成員は異邦人信徒が主流である可能性が大きいことを考えると、その蓋然性は比較的小さい。他方、ヒューズ303は、パウロがローマ市民として帝国内を縦横に旅行していたことを考えると、四つの可能性のうち最も蓋然性の高いのはdであると言う[2]。コリントがローマの植民都市であることも、この見解を後押しするように見える。しかし、暦の使用に際しては民間レベルでは伝統の影響が大きいことを考えると、dの優位も決定的とは言い難い。むしろ、庶民一般への普及度から考えると、cの方が有力とすることも十分可能である。もっとも、これとても断定出来るほどのことではない。

　このように、使われている暦法が何かについては明確な結論を出すことは

1　リーツマン135は、一年の始期を秋とする「ユダヤの暦および他のオリエント・ユリアヌス暦」を考える（バレット225も同様）。それ以上の詳述は行っていない。

2　ヴィンディシュ255によれば、T.Zahn, Einleitung [3]I 228が、コリントがローマ植民都市であり、マケドニアの諸教会の中で重要なフィリピ教会の所在地フィリピもローマ植民都市であることを論拠にこの見方をとっている。ヴィンディシュ自身も、Iコリント書とIIコリント書との間に起こったとされていることが数が多く、かつ時間を要することを理由に、それら両手紙が一年のうちに書かれたとすることは難しいと指摘して、ここではローマ暦が使用されている、とする（255f）。

8：10

困難だが、全体として見てcを比較的有利とすることが出来よう。

　用いられている暦の推定について、もう一つ考慮に入れなければならない要素がある。それは、パウロがテトスの報告を聞くのにマケドニアまで出向いた事実である。なぜ彼はこのような行動をとったのか。テトスが訪問しているコリントからパウロが当初滞在していたエフェソまでは、普通なら海路の方が時間が短くて済む。パウロは、早くテトスの報告に接したいなら、トロアスには行かず、そのままエフェソにとどまるか[3]、トロアスからエフェソに戻って、そこで彼を待つべきであったろう。テトスの帰りが冬場にかかる懸念のある場合は事情が違う。その場合には、テトスはマケドニアを通ってネアポリスから船に乗るか、もっと海路を短くするためにはさらに北を迂回してヘレスポントス海峡を渡る道を選ばざるを得ないだろう。パウロがテトスの報告を早く知りたいなら、トロアスに留まるべきではなく、マケドニアまで出向く必要がある。彼がトロアスからマケドニアに移ったのは、テトスの帰着が冬場にかかるおそれの大きかったことを示している。これと、先に述べた、彼が「昨年来」と言うときに念頭に置いた暦とを組み合わせるとどういうことになるか。一年の始期が一月一日であるdの場合でも、コリントの人々が献金運動を再び「欲することを始めた」という言葉でパウロが考えているのは、この言葉が発せられた時点から遡ってせいぜい二年弱前、と言うことになる。一年の始期が秋であるcの場合は、とても二年には届かない[4]。

　最後に、絶対年代[5]との関係で言えば、第三伝道旅行の出発を53年とする場合には、パウロがマケドニアでテトスから朗報を聞いたのは55年の秋ごろ、コリント教会とパウロとの和解が成立し、テトスがコリントでの献金運動の完遂のために再派遣されたのはそれから間もなく、同年の秋のこと、と推定される。

3　トロアス行きに関しては序説5bαを見よ。

4　クラウク69は、パウロは8：10で「コリントでの献金運動の最初期」を指摘している、と言う。またヘーフマン338も8：10の「昨年来」は「間の危機の起こる以前」を指すとする。その他、クルーズ173等も同様。この見解は、8：10だけを視野に置く場合には、あるいは認められるかもしれない。しかし、ここの「昨年来」と9：2のそれとが同じ事態に関係していると考える場合には、今本文で指摘した事情から考え、この見解は支持し難い。

5　パウロの生涯の絶対年代については、確実なことはほとんど判らない。唯一手掛かりになるのは第二伝道旅行のコリント滞在時が、ガリオンがローマ総督であった時期と重なるということである。この点については序説5を参照。

11節　10節末尾でコリントの人々についての説明を行った上で、11節でパウロは彼らに対する勧告に転じ、「しかし、今は実行することも完遂せよ[1]」と述べる。「今」[2]は前節の「昨年来」とのコントラストを意識して使われている（ファーニシュ 406、バーネット 411 他）。「実行すること」と訳した語は τὸ ποιῆσαι。ここでは明らかに、この表現が 10 節で「欲すること（τὸ θέλειν）」と対をなす形で使われていたことが意識されている（11節でもすぐ後に「欲すること［τοῦ θέλειν］」が出る。ただし、そこではそれと対をなしているのは τὸ ἐπιτελέσαι［完遂すること］）。あなたがたは「欲すること」はすでに始めた。今は「実行すること」も完成せよ、というのである。「も」が使用されているのも同じ意識が働いているためである。

　それに続いて ὅπως で始まる副文章が記されている。ὅπως はしばしば目的を表す接続詞として使われる語で、通常は接続法の動詞を伴う。ここの場合は動詞はない。「のように起こるように」という意味の γένηται を補って考えるべきであろう（Bauer/Aland, WB ὅπως 2aα）。そのすぐ次に出る καθάπερ は「…ように」を意味する語で、その次の οὕτως（そのように）と対をなす。ここも動詞はない。οὕτως の内容は「持っているのに応じて（ἐκ）完遂することも」という動詞の不定法に冠詞をつけて名詞化した語で記されている。

　καθάπερ の句に出る「欲することの熱意」[3]は前節にあったコリントの人々は昨年来献金運動への参与を「欲することを始めた」との発言を念頭においている。「熱意（προθυμία）」のパウロで全部で四回の用例はすべて II コリ 8、

1　この「完遂せよ」は 8、9 章の中で用いられている唯一の命令法の動詞。パウロは「命令として述べているのではない」（8節）とのスタンスに立ち、極力命令法の使用を避けて来たが、コリントの人々に最も訴えかけたかったことを述べる段になって、思わず命令法が出て来たのであろう。彼は明らかに完遂を急いでいる。

2　「今」はここでは νῦν ではなく、強調の場合に用いられる νυνί。これ以上の遅滞は許されないという思いが込められている（プランマー 243）。

3　この生硬な表現はプラトン『法律』III p.697D でも使われている（ヴィンディシュ 256 他）。計画を行うに際し熱心に乗り気であることを示すこの用語はギリシア語の中にしっかりと定着している（ダンカー 127）。しかし、パウロがここでこの生硬な表現を使っているのは、一つには彼が前節同様（「実行すること［τὸ ποιῆσαι］」との対を意識して）「欲すること」という硬い表現を選んだためである。

8：11

9章に集中しており（8：11,12,19; 9：2）、いずれも献金問題に関連している（8：19以外はコリントの人々の持つ熱意）[4]。「欲することの熱意」とは献金運動への参与を欲する熱意、という意味であろう。

節の末尾の οὕτως 句はそれを受けて「…完遂すること」と述べる。これが節の最初にあった「完遂せよ」を受けていることは明らかであり、考えられているのは献金運動の完遂である[5]。ここではそれに「持っているのに応じて（ἐκ τοῦ ἔχειν）」[6] という語が、予期しない新しい要素としてついている。ἔχειν という語は、11節の理由を述べる次の12節でも二度用いられていて、いずれも「所有している」を意味しているから、われわれの個所でもそれと同じ意味に理解すべきであろう。この発言[7]は、実際には貧しい信徒を念頭にお

---

4 ファーニシュ 406 はこのことから、この語はコリントの人々自身またはテトスが彼らの献金活動に関連して用いていたものである可能性を考える。
　　προθυμία の同根語としては、パウロでは形容詞 πρόθυμος が一度だけ、名詞化されてロマ 1：15 で使われている。意味の近い σπουδή については 7 節の説明を見よ。

5 Kloppenborg, Membership 210 は、われわれの個所の ἐπιτελεῖν（完成する）に関連して、「献金が完成されたことを示す最も単純な方法は…寄金者のリストを作ること」と述べる。Last, Church 174f はそれに加え、P.Oslo III 144 は、「任意団体（associations）は支払い先が（エルサレム教会宛の献金の場合のような）外部のグループであっても、寄金者のリストを作ることが出来た」と述べる。しかし、この個所の文脈から見て、ここで「完成する」をこの特別の意味にとる必然性は認めがたい。

6 ヴィンディシュ 256 がこの ἐκ は「応じて（entsprechend）」の意味だとし（Bauer/Aland, WB ἔχω 2a も同様）、クセノポン『アナバシス』IV 2：23、同 Oecon.VII 11 に類例があると指摘。ベッツ 125 も R.Kühner, Ausführliche Grammatik der griechischen Sprache, [3]1890-1904, II 1, S.461g に依拠しながら同じ主張を行い、パピルスで、とくに経済問題との関連で、そのような用例がある、と指摘する。

7 トビ 4：8「あなたの持てるものに従って、その中から豊かに施しなさい。あなたの財産が少なければ、わずかでもよいから恐れずに施しなさい」を参照。
　　ガラント 381 は「新約では『あなたの持っているものに応じて』という原理が旧約に見られる十分の一税の原理にとって代わっている」と指摘しているが、これは適切である。
　　スコット 180 は、パウロはここで、コリントの人々に対し、彼らがマケドニアの人々のように自分たちの資力を超えて捧げることをそれほど求めてはいない、と述べている。しかし、単にマケドニアの人々の「どん底の貧しさ」を指摘するだけでなく、彼らは「自分たち自身を…主に…捧げた」（5 節）と言葉を極めて称揚していることを考えると、パウロは心底からマケドニアの人々の協力申し出に感動していると見

129

いての発言であろう（ステグマン 199 他）。

12 節　12 節は 11 節の理由句であるが（γάρ）、11 節と比べ論議の進展は
ほとんど見られない。最初の「その熱意があるなら」は 11 節で「欲するこ
との熱意同様」を受けている。「もし（εἰ）」で始まっているが、後続文章か
ら見て、パウロが「熱意」の有無を改めて問題にしている気配はない。後続
文章では「持っているのに応じて」「［神に］受け入れられる」ことを述べる
のに主眼がある。パウロは「熱意があるならば」と書き始めてみたものの、
途中で発言の方向を変えたのであろう[1]。

後続文章の「持っているのに応じて——持っていないのに応じてではなく
——」は 11 節末尾にあった「持っているのに応じて」をやや詳述したもの
である。「持っているのに応じて」の部分では「もし（ἐάν）」が伴っていて、
動詞は接続法であるのに対し、「持っていないのに応じてではなく」の部分
では「もし」はなく、動詞は直説法である。この表現の違いは、パウロが
主として「持っていない」者を念頭に置いているためであろう。あるいは彼
は所有の実態を自分の方から確言することを避けようとしているのかもしれ
ない。「持っているのに応じて［献金する］」場合には、その熱意は「［神に］

るべきであろう。その彼がコリントの人々を相手にして、それを割り引くような発
言をしているとすることは、不可能ではないにしても、蓋然性に富んでいるとは思
われない。われわれの個所の発言とマケドニアの人々が「どん底の貧しさ」にもか
かわらず献金したという 1–5 節での記述とが完全には調和していないのを認めた上
で、「パウロは明らかにこの矛盾には気づいていない」（ヴィンディシュ 256）とす
る方がいい。

　ファーニシュ 418f はこの勧告をコリントでの献金活動の停滞と結びつけ、コリン
トでは分不相応に献金しようとするために活動に停滞が生じた可能性がある、とす
る（ヴィンディシュ 256、スラル 538 も同様）。しかし、コリントでの献金運動の停
滞が貧しい人々のためらいが主要な原因となって引き起こされた形跡は、他には認
められない。

1　この前半部分を孤立させて読む場合には「熱意」さえあれば「受け入れられる」
　ということになる。しかし、ここでは「欲する」だけでなく「完遂を」という文脈
　での主張に優先権を与えて解釈すべきである。ここでのパウロの発言は十分熟慮さ
　れたものとは言い難い。ヴィンディシュ 257 を参照。

8：13

受け入れられる」[2]とされている。この最後の点が 11 節に比べ形の上で唯一
の新しい要素であるが、11 節でもそれは暗黙のうちに前提されており、議
論の新しい進展とは言えない。

　原文で最後に出る「持っていないのに応じてではない」は直前にある「持
っているのに応じて」に誘発されて出て来た語であるが、実際にはとくに意
味をなしていない。このような語を付加したのは、貧しい信徒たちが自分た
ちが持っていないこと、したがって献金が出来ない、ないしは少ししか出来
ないことに神経を尖らせているのに対し、神の前でそのことはどうでもいい
ことだ、と指摘しようとする気持が背景にあったからであろう。

13 節　13f 節はこの献金活動の実際上の目的を述べる。

13 節には初めに γάρ（「なぜならば」）があるが、それは直前の 12 節を理
由づけるものではなく、献金活動を完遂せよとの勧告全体を理由づけている
（ハリス 588 他）[3]。

「他の人たちに楽が、あなたがたに患難が〔生じるようにというの〕では
なく、平等のゆえ［である］」は簡潔な作りの文章で、動詞は一切使われて
いない。しかし、パウロの言おうとしていることは明瞭である。前半「…
ではなく」の部分では「他の人たちに」「あなたがたに」が対をなしており、
それぞれに「楽（ἄνεσις）」「患難（θλῖψις）」という主格形の名詞が配属さ

2　εὐπρόσδεκτος。ἐστίν が省略されている。「神に」に相当する語は原文にはない。
εὐπρόσδεκτος にはロマ 15：31 に、パウロたちの持参した献金がエルサレムの信徒に
よって「受け入れられる」ことを望むという用例がある。われわれの個所ではしか
し、そこでのような不安をパウロが持っていることを感じさせる文言は見当たらな
いから、それを強力な参考例とするわけには行かない。全体の論調から見て、「神
に」を補って考えるべきであろう。なお、この語はパウロでは他にロマ 15：16；II
コリ 6：2 に用例があるだけである。新約全体でも他に I ペト 2：5 に出るだけであり、
LXX では一度も使われていない。しかし、世俗ギリシア語では用例が少なくない。
Liddell/Scott, εὐπρόσδεκτος を見よ。

3　バーネット 413 は、13f 節は、自分はコリントの人々に自分たちの持っていない
ものを他者に与えることを勧めているのではないとした前節の発言を保証しようと
している、と見る。おそらくこれは 14 節の「あなたがたの余裕が」という語に注
目して得られた見解であろうが、14 節では献金者の「余裕」が献金の受け手の「不
足」と対をなしているのに対し、12 節では献金者自身の「持っていない」と「持っ
ている」とが問題になっており、両節の視点にはずれがある。

131

れている。ここは「生じるように（γένηται）」を補って考えるべきであろう（BDR § 480A9）。その後に、文頭の οὐ と係り結びになっている ἀλλά で導入される形で、直訳すれば「平等から」という、二語から成る簡潔な表現（ἐξ ἰσότητος）が続いている。

「平等（ἰσότης）」は新約ではここと次節以外ではコロ 4:1 に出るだけである。そこでは奴隷の扱いがテーマであり、われわれの個所の参考にはならない。同根語としても、パウロでは形容詞 ἴσος がフィリ 2:6 に一例あるだけであり、この用例もわれわれの個所の参考にはならない（他の新約文書でもこの語の用例は数例にとどまる。その中ではマタ 20:12［およびルカ 6:34］がわれわれの個所の用例に近い）。LXX ではヨブ 36:29f およびゼカ 4:7 に名詞形 ἰσότης の用例がそれぞれ一つずつあるが（いずれの場合もヘブライ語の該当する語はない）、これもわれわれの個所の参考となるものではない。

他方、ギリシア世界ではこの語はとくに法律、国家論の基本概念の一つであった（O.Stählin, ThWNT III 346,21ff、K.Thraede, RAC 11, 122ff を参照）[1]。ヘレニズムユダヤ教でも、とくにフィロンで用例が多い。彼の『相続人』141-206 には、平等についてのまとまった記述がある（詳細はヴィンディシュ 258、Georgi, Kollekte 62f および 97f を参照。後述、Georgi 説の紹介の部分も見よ）。

「平等のゆえ［である］」と訳した部分について。ここで用いられている ἐκ（訳文での「のゆえ」に相当）という前置詞は、普通は分離（「から離れて」）を意味しており、転じてある動きの起源、原因を指すことも少なくない[2]。こ

1　ただし、「ギリシア政治学にとって平等はいつも権利及び身分の事柄であり、それが経済的領域にまで拡大されることは決してなかった」（Welborn, Equality 82）。

2　ガラント 382f は、ἐκ のこの普通最も頻繁に用いられる意味に重点を置いてここでの表現を理解する。すなわち、彼によれば、パウロがここで ἀλλ' ἐξ ἰσότητος という「思いがけない」表現（われわれの訳文の「平等のゆえ」に相当）を使っていることを指摘し、「パウロは——平等を作り出すという——彼らの献金の目的についてではなく、——平等から（from equality）という——彼らの献金の基礎について語っている」。ガラントはまた A64 では「パウロは平等を、荒野のさすらいの間マナを通して神が定め、コントロールした」事柄と結びつけているとも述べ、平等は神の意志に根拠を持つとの見方を強調する。しかし、このように「平等から」の側面を一方的に強調すると、神はなぜ現実には貧富の差を設けているのかというような問題に突き当たることになろう。14 節でパウロが「平等が生じるため」という言い方をしていることを考えても、「目的」という側面を完全に排除することは適切では

れに対し Bauer/Aland, WB ἐκ 3i は、ここの ἐκ は適用されるべき基準を指していているとし、ἐξ ἰσότητος を「平等という基準に即して」と訳す。Bauer/Aland の場合は、辞書という性格上、ἐξ ἰσότης の訳語を記しているだけなので、文脈とのつながりがどのように考えられているのか明瞭でないが、たとえばグレサー II 34 はこの Bauer/Aland の見解を採用した上で 13 節全体を「平等の基準に従って…献金を捧げた後に捧げたあなたがたが献金を受けた者より悪い状態、後者が前者よりよい状態になるべきではない」とする。グレサーはこのように ἐξ ἰσότητος を 13 節の一部として扱うが、それに対したとえばリーツマン 134（訳文）は、ἐκ を同じく「基準に即して」の意味にとりながら、――上述のように ἐξ ἰσότητος は原文では 13 節の最後に孤立気味に記されているだけなので――これを 13 節の先行する部分から切り離し、次の 14 節と結びつけて [3]、「平等の基準に即して今の時は…その結果平等が生じるためである」とする（シュメラー II 63f もこれに同じ）。ἐκ がこのように「即して」という意味で用いられる例は、「から、離れて」の場合に比べれば少ないとはいえ、他にないわけではないから（Bauer/Aland 同所は他の例としてロマ 9:12; II コリ 8:11 を挙げている）、ここに紹介した ἐξ ἰσότητος の理解の仕方は不可能とは言えない。この解釈の場合、ἐξ ἰσότητος は 14 節文末の「その結果平等が生じるため」と意味の上で非常に近くなる点が難点である [4]。リーツマンのように ἐξ ἰσότητος を 14 節と結びつけて読む場合はその点がとくに顕著であるが、グレサーのような解釈を採る場合にも実際上それと大差ない。

　これに対し Georgi, Kollekte 64 は、以上のような解釈の持つ問題点を指摘した上で、パウロはここで文脈から期待される「献金の基準、目標を述べ

ない。

3　たとえばアロ 220 は、この節の後半部分は 14 節に属すると見るべきだ、と言う。しかし、文章のリズムから見て、この部分は節の前半と結びつけ、この部分の後に「すなわち」というような言葉を入れて 14 節に続ける方がいい（ヴィンディシュ 257）。

4　リーツマンとほぼ同じ意見に立つシュメラー II 64f は、ἐξ ἰσότητος（彼はこれを「基盤としての平等（Gleichheit als Grundlage）」と訳す）を 14 節の頭につけることにより 14 節では「平等が二度出る［ことになる］が、…それは意味あるものとして説明され得る」と述べる。しかし、「基盤としての平等」という語が 14 節でどのような機能を果たしていると彼が考えているのか、私にはよく判らない。シュメラーは II 66f で、1-15 節のまとめの一環として、「すでに存在している信仰者の平等は物質的にも実績のあるもの（wirksam）となるべきである」と述べているが、これが彼の言う「基盤としての平等」に関係があるのかもしれない。しかし、「すでに存在している信仰者の平等」は文脈の中でとくに強調されてはいない。

る代わりに、もう一度それの根拠（Grund）の問題に立ち帰っている」と主張する。具体的には、彼は ἰσότης という概念のヘレニズム・ユダヤ教的理解（Spielart）」から出発して、「平等」は「神的能力（Potenz）」を指しているとし、「ἐξ ἰσότητος［平等から］はほとんど ἐκ θεοῦ［神から］の意味を持つ」、「ἰσότης は…すでに何回も使われた χάρις［恵み］という概念に非常に近くなる」、「13節では ἐκ χάριτος［恵みから］」と表記されていてもおかしくない、と述べる。この彼の主張には、フィロンが上掲書（『相続人』）191 で出 16：18——パウロ自身この旧約の個所を次の 14 節で引用している——を引用している事実が一つの支えとなる。すなわち、そこには「神的ロゴスは、魂の天的食物、智慧——それを［モーセは］マナと呼ぶ——を、それを用いようとするすべての者に平等に分配する、その際それ［ロゴス］は平等であることに注意を払う。モーセはそのことを以下のように証言している。『たくさん持っている者が余分に持つことはなく、僅かしか持っていない者が欠乏することはなかった』と」。ここではマナの出来事は神的ロゴスが神的智慧を人々に平等に分配することの比喩と受け取られている。その場合、平等な分配を行うのは人間ではなく、神的ロゴスである。Georgi が ἐξ ἰσότητος（平等から）は ἐκ θεοῦ（神から）とほとんど同義とするのは、このフィロンの発言を背景として考えれば、直ちに不適切とは言えない。ただ、——「ここでパウロとフィロンとの間に伝承関係が存在する蓋然性は非常に高い」（ヴィンディシュ 259）としても——パウロがフィロンと同じようにマナ伝承を神的ロゴスによる神的智慧の分配と結びつけて理解しているとすることは、パウロが前後の文脈でひたすらコリントの人々の自発性を強調しているだけに（8,10,14 節）あまりに唐突であり、読者にとって理解可能であったとは考え難い。パウロ自身もわれわれの個所の文脈でこの観点をそれ以上展開していない。出 16：18 を引用するに当たっても、平等な分配が神意に基づくことを示唆する言葉を一切述べていない（Koch, Schrift 259）。同じ ἰσότης という語を次節では献金の当事者が実現すべき目標として用いていることも、われわれの個所でこの短い表現に文脈から外れたあまりに重い意味内容を負わせることには慎重でなければならない。Georgi 説は興味深いが、これに賛同することは出来ない [1]。

1　ガラント 382f が Georgi 説に大筋において賛同。他方、Georgi 説に対して異論を唱える研究者も少なくない。バレット 226f は、平等は基本的に道徳的概念だとし、パウロはここで公正な振舞（fair delaing）に関心を向けている、と反論。グレッサーⅡ 34 は「パウロは 13 節で具体的・実践的に…平等の実現を考えているのであって、

8：13

　Münch, Geschenk 140-142 は、ἰσότης は大抵は平等（Gleichheit）、平均化（Ausgleich）の意味とされているが、13f 節の論拠づけのために 15 節で引かれている出 16：18（マナの出来事の報告中の言葉）およびマナの出来事の報告自体で、各人が同じ量を集めたのではなく、各人は自分の必要に従って集めたことが述べられていることから見て、この解釈は適切ではない。13 節でも、ἰσότης は与え手と受け手とが同じ量を手にすることを指しているとする解釈は適切ではない。ここでも ἰσότης はむしろ「必要と所有との正しい関係」という意味での「適切さ（Angemessenheit）」ととるべきだ、と主張する（141）。しかし、ἰσότης はめいめいが同じ量を所有することではないというある意味で正しい指摘を強調するに際して Münch が代わりに選んだ「適切さ」という概念は、実際にはテキスト解明のためにかえって混乱を招く。彼は 142 で、ἰσότης は 11 節の原則を短くまとめた表現（Kurzform）であると言うが、11 節で述べられているのは献金者であるコリントの人々の献金への取り組み方についてであって、献金の授受が行われるコリント、エルサレム両教会相互の関係の問題はここではまだ視野に入っていない。他方、13 節はコリント教会からエルサレム教会への献金が行なわれる場合実現すべきものとしてパウロが考えている状況を述べており、その関連で ἰσότης という語がこの段落で初めて使われているのだが、そこでは ἰσότης は明らかに両教会相互の関係に関して用いられており、コリントの教会でめいめいが献金を捧げるに際し献金者の捧げる額がその人の財産に照らして適切であるかという問題は取り上げられていない。153 で Münch は、14c 節では「コリントの人々とエルサレムの人々との間での今の領域〔＝物質的領域〕における所有の適切な関係（ein angemessenes Verhältnis des Besitzes）」が考えられていると述べているのも、この第二の部類の「適切さ」理解に沿うていよう。それに対し、13f 節の論拠づけをなしている 15 節を Münch が、「めいめいが同じ量を集めたというのではなく、個々人の需要が強調されている。彼らは同じ量をではなく、おのおのは自分たちの需要に即して集めた」と説明する場合、引用句の重点は「めいめいが同じ量を」（この表現の適否については後で考察する）から「め

献金の起源および本質について考えているのではない」とし、Georgi は 13 節全体の機能を取り違えている、とする（ヴォルフ 173A68 も同様）。マーティン 266 は詳細に Georgi 説を紹介した上で、「しかし、これはテキストを過剰解釈していよう」と切り捨てる。Koch, Schrift 259 は、Georgi の理解はパウロがわれわれの段落で繰り返し示しているコリントの人々の自発性を促す姿勢（8,10 節）と一致しない、と指摘。

135

いめいが自分たちの需要に即して」へと移されている[1]。これは先に紹介した Münch が 11 節について提唱している「適切さ」と通じる捉え方である。要するに、Münch は「適切さ」という概念のもとで、献金者の所有と献金額との比率、献金の授受の結果生じる両教会間の経済状況のバランスという二種類の事柄を考えている。パウロは実際この両方の事柄を述べているが、そのうち ἰσότης という語を用いているのは後者だけである。その両者にわたって ἰσότης という表現を用いて論じるのは、いたずらに混乱を招くもととなろう。

　以上と関連して次に、13,14 節での ἰσότης——すでに指摘したように、この段落でこの語が使われるのはこの両節においてだけ——を「平等」と訳すことが Münch の言うように不適切であるかを考えたい。Münch は「平等（Gleichheit）」という訳語は「めいめいが同じ量を所有することを意味するであろう」から不適切だ、と言う（141）。しかし、パウロがこれら両節でこの語を用いたとき、厳密な「同じ量」を考えていなかったことは自明のことであった。ἰσότης はその意味でおよその方向性を指すにとどまる語である。この事情は訳語を「平等」としても十分通用する事柄であって、むしろ「平等」は「めいめいが同じ量を所有する」ことを指すとする捉え方の方が厳密に過ぎる。パウロは要するに、献金の結果両者の状況が互いにバランスのとれたものとなることを願ってこの語を用いたに過ぎない。それを「適切さ」と訳す方がいいと言うならそれでもいい。ただし、Münch の理解している「適切さ」には、先に指摘したように、複数の視点が絡んでいるので、パウロの言う ἰσότης の意味がかえって不明瞭になる懼れがある。

ここではパウロは比較的裕福なコリントの人々を目の前において論議を進めている。ここでの論理を突きつめると、貧乏のどん底にあるマケドニアの人々（2 節を見よ）がエルサレム教会のために献金することは称揚の対象とはなり難くなる[2]。この点ではパウロの議論は首尾一貫性に欠ける[3]。

1　15 節の引用句については、たとえ元来のマナの報告からは推測出来てもパウロ自身が実際に引用している言葉以上の事柄をそこに読み込んでパウロの引用の意図を推測することには、慎重であるべきであろう。15 節の説明を見よ。

2　2 節ではマケドニアの人々は「患難」の只中にある、われわれの個所ではあなたがたに「患難」が生じると、同じ θλῖψις という語が用いられている。

3　シュメラー II 64f は、13f 節は「一般に通用する原理」を展開するものではなく、献金は「エルサレムの人々を豊かにし、自分たちを貧しくする」とのコリントの人々の間に起こりかねない、あるいは実際に起こっている異議申し立てに向けられてい

8：14

14節　14節は13節で述べた平等の概念を13節におけるより一段と丁寧
な仕方で説明する。すなわち、先ずコリントの人々の献金は「あの人たちの
不足」を補うと平叙文で記した上で[4]、それに ἵνα 目的句をつけて、それは「あ
の人たちの余裕があなたがたの不足」を補うためとし[5]、さらにそれに ὅπως
目的句をつけて[6]「その結果平等が生じるため」とする。

　節は「今の時には（ἐν τῷ νῦν καιρῷ）」という語で始まっているので、一
見したところ歴史の中の時の推移を織り込んでの説明である印象を与える[7]。
しかし、「今の時には」に対応するたとえば「後には」という語は、原文に
はない（ヴォルフ173他）。節の後半は ἵνα 句であるが、これは別の時点の
ことをではなく、「今の時」に起こることの一端を述べている。換言すれば、「今
の時には」は節全体にかかる。この見方は、次節でマナの分配の故事が時の

る」、「コリントでの心配に対するその場限りの（ad hoc）反応」だとし、エルサレ
ム教会のためのパウロの考えはロマ 15：27 に見られる、とする。パウロの見解の一
貫性の欠如そのものは不問に付している。この問題については補説 3「献金運動」
G a を見よ。

4　この主文には動詞はない。また次の ἵνα 副文にも動詞 γένηται のない写本がある（p[46]
および少数の小文字写本）。主文に合わせて動詞を省略した可能性がある。意味の
上から考え、主文、副文ともに γίνεσθαι の変化形（意味の上では「補う」）が省略
されているのであろう。

5　ἵνα 副文は ἵνα καὶ τὸ ἐκείνων περίσσευμα γένηται εἰς τὸ ὑμῶν ὑστέρημα。γίνεσθαι εἰς
については、新約には他にわれわれの個所と同じよう例はないが、やや近い例と
してガラ 3：14「アブラハムの祝福が…異邦人へと来る（εἰς τὰ ἔθνη ἡ εὐλογία τοῦ
Ἀβραὰμ γένηται κτλ）」がある。この発言との類比から、われわれの個所は「あの人々
の余裕があなたがたの不足へと来て（、不足を解消する）」という意味に理解出来
よう。このように稀な表現が用いられたのは、パウロが次の ὅπως 句で用いる積りに
していた γένηται を早まってここでも使ったためかも知れない。

6　この場合の ὅπως は機能上 ἵνα と同じ。われわれの個所のような ἵνα…ὅπως…の作
りは I コリ 1：28f にも見られる。BDR § 369A8 を見よ。

7　協会訳は「後には」、新共同訳は「いつか」という語を補っている。田川 074 は
節の後半を「彼らの余剰があなた方の不足にもたらされる時も来よう」とするが、
これも同じ前提に立っている。その他、山田『パウロ書簡』113 の説明「将来立場
が逆になった時に」（マキャント 85f にも同じ表現が出る）も同じ判断に立つ。ステ
グマン 199、コリンズ 172、シュメラー II 65 等同様。しかし、これらに相当する
語は原文にはない。

137

推移という要素を含ませることなしに言及されていることによっても支持される。

それではこの「今の時」とは何か。パウロはここで使っているのと同じ——単純な νῦν［今］に比べてやや複雑な——「今の時（ὁ νῦν καιρός）」という表現をロマ 3 : 26; 8 : 18; 11 : 5 でも使っている。これらの個所では「この表現は十字架における恵みの行為により特徴づけられた現在を、ある場合は過去と（ロマ 3 : 26; 11 : 5）、他の場合は将来と（ロマ 8 : 18）対立的に」表わしている（Georgi, Kollekte 65）[1]。つまりそれはキリストの出来事によって始まった歴史の中の新しい段階を指している[2]。

次の 15 節でパウロはマナの奇跡に関する出 16 : 18 を引いてこの段落の締めくくりとしている。このマナの奇跡はシリ・バル 29 : 8 で終末時の至福を描く一こまとして用いられている（「そのときにはまたマナの倉が上から下ってきて、その時代にはこれを人々は食するであろう」）ので、14f 節は献金運動の終末論的性格を述べており、その冒頭にある「今の時」は「献金運動に終末論的要素を持ちこんでいる」と理解する研究者がいる（たとえば Beckheuer, Paulus 139f）。

それではこの「今の時」には何が起こるのか。ロマ 3 : 26; 11 : 5 は、神が

1　バーネット 414f、ガラント 383 も同様の指摘を行う。ただし、ガラントが以上に加えて挙げている II コリ 6 : 2 は「今はふさわしい時」という発言であって、やや種類が違う。

2　Münch 142-144 は、この「今の時には（ἐν τῷ νῦν καιρῷ）」を、次の句に原文にはない「後には」を補ってそれとの対の語と見る理解を——われわれ同様——退けるだけでなく、それを「終末論的」に理解することも、それをしたのでは 12-14 節に異質の観点を持ち込むことになる（143）として、反対する。さらに、καιρός はもとの意味は「時」ではなく「命中したもの（Treffer）」、「機会（Gelegenheit）」であると指摘する（143f）。また νῦν には「今」という時間的意味に並び、「今の状況に当てはまっている」という「より事柄に即した（sachlich）」意味もあり、その場合は ὁ νῦν καιρός は「今の領域（Jetzt-Bereich）」、われわれの個所の文脈に合わせて言えば「物質的財の領域」を意味していると主張する（144）。終末論的理解が 12-14 節の文脈にとり異質だとの指摘は、ある妥当性を持っている。しかし「時」「今」についてのこれらの訳語の提案はパウロに他に例を見ないものであり、読者がこれを容易に理解出来たかは疑問である。この難点の方が、私には、「終末論的」理解の持つ難点よりも大きいと思われる。

8：14

信じる者を義とすることを「今の時」の特徴としている。われわれの個所の場合、問題になっているのは神と個々の人との間の新しい関係ではなく、信徒の共同体内部での新しい関係であるから、ロマ3:26; 11:5を直ちにわれわれの個所の平行例とすることは出来ない。しかし、ロマ3:26; 11:5の「今の時」理解とわれわれの個所のそれとは、深いところで明らかに連なっている。それでは、パウロが「今の時」に実現すべきものとして考えている「平等」は、具体的にはどのような内容のものか[3]。

われわれは「今の時には」という冒頭の語は節全体にかかっていると考えるが、その場合には、パウロが ἵνα 目的句でエルサレム側からコリントに向けての物質的援助を考えていると見ることは、見当違いであろう。「今の時」にエルサレム側にそれだけの「余裕」があるなら、コリント教会がエルサレムに献金を献げることは、それほど意味のあることとは言えないからで

───────────────

3　Georgi, Kollekte 65f は上述のように「今の時には」について私には適切と見える解釈を下した上で、この「今の時」は──15節に言及されるマナの奇跡が終末に先行する「中間時代」に期待されていることから明らかなように（この点については15節の説明を見よ）──「中間時代」であって、それがここで言及されているのは「場合によっては起こり得る、宇宙的かつ神秘的な思想への脱線（Abgleiten）に対して釣り合うもの（Gegengewicht）を作り出すため」であるとし、「すべての者にとり同じであり、かつすべての者、すべての物を同じにする起源（der allen gleiche und alle und alles gleichmachende Ursprung）としての神の恵みの行動は、すべての世界に関わり、また個々人にもその内奥において関わる。…」と説明する。この説明は前後の文脈から簡単には読みとれない抽象的概念を多用しており、説得的とは思われない。ただし、彼は67では「この相殺（Ausgleich）はユダヤ人キリスト者と異邦人キリスト者との相互依存において起こる」と述べた上で、ここではロマ15:27と「何か似たようなこと（etwas Ähnliches）」が述べられているとする。ツァイリンガー278もこのGeorgiの意見に従う。両者が取り上げているロマ15:27との関連については、本節の説明の末尾近くで記す。

　なお、次注で紹介するプリュムは、パウロがエルサレム教会からコリント教会への物質的支援を考えているとは思われないとする一方、肯定的には、ここで考えられているのはエルサレム教会がコリント教会に対して行う「霊的援助（die geistliche Beihilfe）」だとし、その例を、9:14に記されているエルサレム教会によるコリント教会のための祈願（Bittgebet）に求めている。しかし、われわれの個所の「あなたがたの不足を補う」と、9:14の、エルサレム教会がコリント教会のために神に祈願を捧げることが内容的に重なり合っていると見ることは困難であろう。

139

ある[1]。しかし、そうであれば、エルサレム側からコリントに提供するものとして考えられているのは（広義での）霊的な返礼以外にはあり得ない。実際研究者の中にはその角度からこの個所を理解する者がいる。たとえばマーティン261は、8:9を例にとりながら、パウロの心は「物質的財（goods）［エルサレムの聖徒たちを物質的に助けること］と霊的に富むこととの間を変動する（oscillate）」ことが出来ると指摘し、われわれの個所の発言をロマ15:27に即して理解する[2]。ただ、霊的返礼が考えられているとすることを妥当とするとしても[3]、ロマ15:27をここで引き合いに出すことが適切かは別

1　プリュムI 522fは、パウロは歴史の中での時の推移を考えながら述べているとの見方に立ちながら、「パウロが目下のところ…こんなにも窮状にあるエルサレム教会が比較的近い将来経済的に本格的に上昇すると信じるほどに世事に疎かったとは、まったく考えられない」と述べる。ベッツ130も、「パウロが、コリントでの物質的不足がエルサレム教会の物質的余剰によって助けられるに違いないと期待していたとは考え難い」と言う。プリュムのようにパウロが歴史の中での時の推移を念頭に置いているとする見方には賛同できないが、しかしプリュムの指摘は的を射ていよう。エルサレム会議に際してのエルサレム側の発言（ガラ2:10）、また、エルサレム教会がもともとエルサレムに生活基盤を持たない人々を中心として成り立っているという事情から考え、エルサレム教会がコリント教会よりも物質的に豊かになる可能性があるとパウロが考えていたとは、まず想定し難い。たとえばキーナー206は、「コリントの人々は友愛、『平等』、互恵という理想をおそらく原理として（in principle）受け入れた」とするが、これも現実を視野に入れていない見解である。ファーニシュ420は、「14節は平等の原理についての形式的な（formal）言明」としている点ではキーナー等と似ているが、その上で、「それの実行が将来何を意味するかについてとくに考えられてはいない」としている。

2　アロ220によれば、このタイプの解釈はすでにクリュソストモスに見られ、カトリックの伝統的理解となっており、アロ自身もこれを支持する。最近の文献では、たとえばU.Wilckens, ThWNT VIII 597,8ffもこの意見。

3　もっとも、この点についても異論の可能性は十分にある。リーツマン135は、自分の建てた教会にエルサレムからの精神的悪影響が及んだ苦い体験を持つパウロが、他ならぬそのエルサレムからコリントの教会に精神的助けがなされることを期待することはあり得ないと指摘（ヴィンディシュ260、ベッツ130も参照）。ただしこの点は、パウロがロマ15:27のような発言をすることが出来たことを考慮に入れると、あり得ないと断言出来るほどであるかは疑問。Münch, Geschenk 149は、エルサレムからの霊の賜物とコリントの側からの献金とは「単純に互いに比較することは出来ない。エルサレム側からの救済の財（Heilsgüter）は最終的には神の賜物であり、他の次元に属しているからである」と述べる。しかし、パウロはロマ

140

8：14

問題である。ロマ 15：27 では異邦人教会がエルサレム教会から霊的なもの
を受けたことが先行しているが、われわれの個所では、「あの人々［＝エル
サレム教会］の余裕があなたがたの不足を補う」は ἵνα 目的句の形で書かれ
ており、異邦人教会がエルサレム側の霊的なものの分け前に与ることは、少
なくも先行する事実としては述べられていないからである[4]。

　Georgi 67 は、パウロはわれわれの個所で、節の前半でも後半でも、余裕
と不足とについてそれ以上詳しく述べていないが、それはおそらく彼が「一
般的に、あらゆる種類の余裕とあらゆる種類の不足について、またそれらの
必然的に今起こりつつある相殺（Ausgleich）について語ろうとしているか
ら」だ、と述べ、エルサレムからコリントへと与えられるものが霊的な豊か
さである可能性を示唆している。これと似た解釈はクラウク 69 にも見られ
る。彼は、ここでいうエルサレム側の「余裕（περίσσευμα）」は、エルサレム

15：26f ではこれら異次元のものの比較を行っている。ハリス 592 は、霊的代償を考
える場合には、純粋に物質的平等を記している 15 節での旧約言及との繋がりが不
自然になると指摘している。これは確かに問題として残るかもしれない。しかし、
この点に関しては 147 頁注 4 を見よ。なお、バレット 226、プランマー 245、マー
テラ 193 等も物質的平等説をとる。

4　Münch, Geschenk 145ff は、ここの ἵνα を final の意味にとったのではコリントの人々
は返礼（Gegengabe）を得ることを目的として献金することになり不都合だと指摘
し、この ἵνα は kausal な（原因を示す）ἵνα と理解すべきだとし、kausal な ἵνα の
用例は遅い時期のコイネーには例証が少なくないとする（kausal な ἵνα については
BDR 456A2 を見よ）。この Münch の見解に従えば、ここの部分は「彼らの余裕があ
なたがたの不足へと（来た）から」と訳されることになる（weil auch ihr Überfluss
zu eurem Mangel〔kam〕。152）。ἵνα 句はこの場合、Münch によれば、「直前の句〔「あ
なたがたの余裕があの人々の不足を…」〕と結びついてはおらず、一つの挿入句を
なしており」（149）、したがって最後に出る ὅπως 句（「その結果 ἰσότης が生じるため」）
は最初の句（「あなたがたの余裕があの人々の不足を…」）に直結し、「それゆえ 14c
節の ἰσότης は第一には「物質的必要を一方とし、所有ないしは供え物（Abgabe）を
他方とする両者の間の正しい関係」、つまり両当事者それぞれにおいて地上的需要
が適正に満たされることを意味している、と主張する（149）。しかし、私には、問
題はむしろ、Münch が、この ἵνα 句はコリントの人々の意図を示していると考えて
いる点にあると思われる。次の句は、ὅπως 句ではあるが、そこでは γένηται を用い
て――コリントの人々の意図ではなく――事のなり行きを大局的に記している。そ
れと同じように、ここの ἵνα 句も、コリントの人々の意図をとくに問題にしてはお
らず、事全体のなり行きを客観的に述べていると考えれば、この ἵνα に新約では稀
な用法（BDR 456A2）を想定しないでもよくなる。

141

の人々がコリントの人々からの献金を受けるに際して持つ喜び、感謝、祈り
を指す、と言う（Joubert, Benefactor 143 もこれに従う）。これらの見解の場
合には、ロマ 15:27 を平行例として考えるときに生じる前後関係の不自然さ
は生じない。ただ、いかにコリントの人々からの献金に端を発する論議とは
言え、エルサレムからの霊的財、クラウクの言う喜び、感謝、祈りを、「余裕」
と表現することは不自然であるし、そのような霊的対応が行われた後の状態
を「平等」と表現することも不自然である。

　スコット 181 は、パウロの関心はエルサレムの信徒とコリントの信徒と
の間の現在および将来における物質的な支援関係にはそれほど向いておらず、
むしろ「パウロが宣教の対象としている諸国民の一部分であるコリントの
人々が現在と将来におけるイスラエルの回復（restoration）に参与すること」
に向けられているとし、ロマ 15:27 に述べられていることは「平等の現在的
局面」に過ぎず、最終的には、諸国民全員がイスラエルのもとに来て、シオ
ンからの救済者の到来および死者の復活が実現し、「全イスラエル」の救済
が達成することが期待されていると述べる。パウロのここでの発言の不明確
さを意識して、それの解明のために努力している点は評価できるが、パウロ
がこの段階でここまで将来に対する期待を思い描いていたかは、少なくもこ
この文面からは読み取れない。

それではエルサレム教会の「余裕があなたがたの不足を補う」でパウロは
何を考えているのか。この問いに対しては、明確な答を与えることは難しい。
節の末尾には「その結果平等が生じるため」という発言がある。パウロの考
えでは、これが献金の目標であった。ただ、そのことが実現する過程を明ら
かにしようと思いついて、彼は ἵνα 句を書いたが、その中身については突き
詰めて考えていなかった、というのが実情であろう[1]。後にロマ 15:27 を書
く段階では、彼はこの点をもっと整理して、説得力があると考える意見にま
とめ上げた。しかし、これは彼が後に到達した見解であって、われわれの個
所の段階では彼の意見はまだそこまで熟していなかった[2]。

1　ファーニシュ 420 は「14 節は平等の原理についての形式的な（formal）言明であっ
　て、それの実行が将来何を意味するかについてとくに考えられてはいない」と言う
　（ハリス 591f も同様）。

2　ロマ書は（II コリント書より後にではあるが）コリントで書かれたから、コリン
　トの人々がロマ 15:27 に見られるパウロの考えを口頭で聞いていた可能性はまった

8：15

パウロはここでこのように平等の原理を持ち出し、次節で聖書の言葉を引くまでしてそれの論拠づけを試みているが、彼の視野にあるのはあくまでもエルサレム教会と異邦人教会との関係であって、たとえば比較的裕福なコリント教会と「どん底の貧しさ」の中にあるマケドニアの諸教会との間に平等の原理を適用することまでは考えていない[3]。ここで平等の原理を持ち出しているのもエルサレム教会との特別な関係を前提にした上での補助的原理としてである。

15節 パウロはしばしば自分の論述を旧約からの引用によって明確にすることを試みる[4]。われわれの個所では出 16：18 が引かれている[5]。

く否定できないものの、その蓋然性は乏しい。献金問題を集中的に、しかもかなり網羅的に扱っている II コリ 8、9 章でこのような考えが述べられていないことから考え、この時点でまだ書かれていないロマ 15：27 を出発点としてわれわれの個所の発言を説明することは避けるべきであろう。

　山田『パウロ書簡』119 は、「8：13-15 では『平等』という言葉で、経済的・物理的な意義が説かれ」ているが、パウロは後に「エルサレムの貧しい聖徒と豊かなコリント人が将来立場が逆転したときの相互扶助という思想を改めて、『霊的なもの』と『肉的なもの』の現時点における相互扶助に修正する（ローマ 15：27）」と述べ、後者は 9：7c-10 で「義」という言葉で表現されているとして、「9 章の『募金』の理念は、8 章の『募金』の理念を前提にして、それを補って修正する」とし、8 章と 9 章とが一つの手紙であることの論証の一つとしている。私は、すでに述べたように、パウロがエルサレムの人々が将来コリントの人々よりも豊かになって物資的援助をコリントの人々に提供するという非現実的なことを考えたとは考えない。その点でロマ 15：27 をわれわれの個所の発言の直接的な「修正」と見なす山田説に賛成することは難しいし、ましてやロマ 15：27 的な考え方を代表しているとは思えない 9：7c-10 が 8 章の募金の理念の修正だとする見方には与しない。しかし、ロマ 15：27 がある意味でわれわれの個所の発言の延長線上にあると見る山田の意見には賛成である。

3　たとえばガラント 386 は、エルサレムのための献金活動は「キリストにあって人々の世界大の交わりを創るという神のより大きな原理の現実化」であり、「彼らはキリストにより互いに結び合わされる」とするが、この個所の発言をこのように一般化して理解することは問題である。

4　パウロの旧約引用は、自説を説明することを目的とする場合と立証することを目的とする場合とに大別できる（Koch, Schrift 258）。われわれの個所の旧約引用は前者の「唯一十分明白な例である」（同 260）。

5　フィロン『相続人』191 もこの同じ出 16：18 を引いている。ヴィンディシュ 259 は、ここではパウロとフィロンとの間に伝承史的関係があると推定する。

143

引用に際してパウロが最も頻繁に用いる導入の定型は、われわれの個所でも用いられている「記されているように（καθὼς γέγραπται）」であり、その使用例は全部で十八に及ぶ[1]。

　われわれの個所の引用句そのもので使われている用語の大半は、パウロで他に用例がまったくないか、あっても極めて僅かであり、他方それらは出16：18 LXXでの用語と大幅に一致している。すなわち、最初に出る「多くのものを［持つ］者（ὁ τὸ πολύ）」は「多くのもの（τὸ πολύ）」という、形容詞に冠詞をつけて名詞化した語に、さらに男性単数の冠詞をつけて「者」を表した特色のある言い回しであるが（ὁ ἔχων τὸ πολύ の省略形）、これはLXXの当該個所でも使われている。それと対をなす「僅かのものを［持つ］者」についても類似のことが言えるが、ただここではLXXが ἐλάττων という比較級の形容詞（原級は μικρός）を使っているのに対し、われわれの個所ではそれとは系統の違う ὀλίγος が用いられている。パウロには ἐλάσσων[2] の用例はロマ9：12（創25：23の引用）以外にない。ὀλίγος は新約の他の文書ではかなり頻繁に使われるが、パウロではここ以外に用例がないから、彼が ἐλάσσων を自分にとって馴染みの深い ὀλίγος で置き換えたとすることは出来ない。ただ、彼が「エルサレムの貧者たちの深刻な貧しさを強調するために」比較級から原級へのこの置き換えを行った（ハリス593）ことは考えられる[3]。「多く持っている（πλεονάζειν）」はパウロで他にも多くはないが用例があり（われわれの個所以外で六例）、それゆえ彼に馴染みのない語とは言えないが、こ

1　そのうち十四例（内四例には καθάπερ γέγραπται とする異読があるが、写本状況から見て καθὼς γέγραπται の方が強い）までがローマ書に集中している。その他四例は、Ⅰコリント書二例、Ⅱコリント書二例である。καθὼς γέγραπται に次いで多いのが γέγραπται γάρ で七例（ローマ書二例、Ⅰコリント書二例、ガラテア書三例）、その他、それ以外の導入の言葉を用いている例が全部で八つある。

2　ἐλάσσων は ἐλάττων のコイネー形。新約でもⅠテモ5：9; ヘブ7：7では ἐλάττων が使われている。

3　Koch, Schrift 142 は、パウロは μικρόν（「小さい」の意味で使われることが多い）に代えて、πολύ（「多くの」）との釣り合いがよりよい ὀλίγος（「僅かな」）を用いた、と考える。Stanley, Citation 232 はフィロンもこの引用句で ὀλίγον を用いていることを指摘し、「パウロおよびフィロンの両者…が ἔλαττον の代わりに ὀλίγον を持つ聖書のテキストに依拠した可能性を完全に排除することは出来ない」としているが、同時にA168では「フィロンのテキストはキリスト教サークルで保存されていたので、彼の聖書の引用が新約でのそれに同化されている例が知られていないわけではない」とする。

8：15

この「多く持たなかった（οὐκ ἐπλεόνασεν）」は LXX とまったく同じ言い回しである。残る一つの語「不足する（ἐλαττονεῖν）」はパウロではここ以外に用例がなく、しかもここの場合の言い回しは LXX と完全に一致している。以上のように、使用されている用語の点から見ると、パウロのこの引用句は LXX への依存度が極めて高い。両者の違いはむしろ構文にある。LXX は前半を動詞・主語の順、後半を主語・動詞の順と、構文に変化を持たせているのに対し（交叉構文。マソラもこの点では同様）、われわれの個所では前後半とも主語・動詞の順で書かれていて、順序の変更は見られない。しかし、この構文の違いが原因となって、われわれの個所の発言が出 16：18 の場合と別の意味合いを持つようになったとは認めがたい。他方、パウロでも交叉構文は珍しくないから、彼が単純な修辞上の理由で変更を施したとも考え難い[4]。あるいは、パウロの依拠したギリシア語の旧約原文が交叉構文を持たないものであったのであろうか。いずれにしてもこの違いを重要視する必要はなかろう。要するに、パウロはわれわれの個所では言語上は比較的忠実に出 16：18 の LXX テキストを引いていると見るべきであろう。

　それではこの引用句はこの文脈の中でどのような機能を果たしているのか。出 16：18 はイスラエル民族が荒野を四十年旅したとき、神がイスラエルの人々の食料とするため毎朝宿営の近くにマナを降らせ、人々はそれを拾い集

4　Koch, Schrift 107f は、パウロは二行から成る旧約発言を引用するに際し、語順を変えることによって二つの行の相互対象性ないしは平行性をより明確にする場合があるとし、ロマ 9：13 およびわれわれの個所で共通して旧約の交叉構文が完全に平行な語順へと変えられていると指摘している。Stanley, Citation 231f も参照。

145

めたという記事[1]に出る言葉で、「たくさん［持つ］[2]者は余分を持たず、少な
く［持つ］者は不足を持たなかった」としている。この出 16：18 とわれわれ
の個所の発言とは、人々の受け取るものが平等であるという中心となる点
で一致しているが（ヨセフス『古代誌』3：29f も同様）、それ以上の共通点
は見出せない。敢えて言えば、パウロは引用に際し、マナが神からの贈り物
であるのと同様、金銭を基本的に神の贈り物と捉えて、その点を示唆しよう
としている可能性がないとは言えない。しかし、献金問題を論じるに当たっ
ておそらく基本となり得るこのこと（たとえば 9：10ff を見よ）をパウロがこ
この文脈で持ち出そうとする気配はとくに窺えないから、彼がこの点を意識
してこの引用を行ったと見ることには無理がある[3]。むしろ彼は、引用に当た

1　マナについての物語は初期ユダヤ教、原始キリスト教の救済論で大きな役割を果
たしており（詳細は R.Meyer, ThWNT IV 467,18ff、468：29ff を見よ）、パウロも I コ
リ 10：1-5 で用いている。ヴォルフ 174 はこれらの事実を論拠に、われわれの個所で
は「救済時のイスラエルとしてのキリスト教会の自己理解」が反映しており、パ
ウロが献金活動を完全に「神の恩恵に由来するもの」と理解していることを示して
いる、と述べる。確かにパウロの献金活動はエルサレム教会と異邦人諸教会との「交
わり」（ガラ 2：9）の徴であり、そのことは「救済時のイスラエルとしてのキリス
ト教会の自己理解」に根ざしている。しかし、本文で述べた通り、その際金銭をマ
ナのように教会ないしは信徒の生命を支える神からの賜物と見なす観点は、少なく
も顕著には働いていない。また、パウロが献金活動を神の恩恵の働きと理解してい
るのは事実だが（1,9 節）、それは信徒が行う捧げる行動の中に働く神の恩恵であっ
て、与えられること自体が恩恵であるマナとの類比は実際には希薄である。ヴォル
フの指摘するような要素がパウロのここでの発言の背後である働きをしていること
はあり得ても、彼がそれ以上強力にこのことに思いを致しているとは認めがたい。

2　「持つ」に相当する動詞は原文にも出 16：18 にも記されていない。出 16：18 の直
前の 17 節では「集めた（συνέλεξαν）」が使われているからわれわれの個所でも「集めた」
を補うことが適切とも見えるが（ファーニシュ 408 がこの見解。スラル 542A249 が
それを支持）、パウロが直前の 11,12 節で献金との関連で「持つ（ἔχειν）」を使って
いることから見て、ここもリーツマン 135、バレット 227 が主張するように「持つ
（ἔχων）」を補った。

3　ハリス 594 も、マナの場合は「神的奇跡の結果」であり、平等の分配は神によっ
て「強いられた、逃れることの出来ない」ものであったが、われわれの個所の場合
は「人間のイニシアティヴの結果」であり、自発的になされるものであるとして、
両方の場合に違いのあることを指摘する。Welborn, Equality 87f も、フィロンが『相
続人』におけるこの同じ出 16：18f の引用の場合と比較しながら、パウロではフィ

146

8：15

ってはユダヤ教の伝統に立って、聖書の個々の発言をそのまま神意を伝える
ものと見なし、僅かの手掛かりさえあれば直面する問題についての神意をそ
こに見出そうとしたと見るべきであろう[4]。それゆえ、われわれの個所の場合
も、15 節の引用発言は 14 節で述べたことに事柄の点で何か新しいものを付
け加えるものではない[5]。

ロンのように出 16：18 を神慮に基づく分配の例とはされておらず、人間が分配に行
動によって達成することの出来る平等の範例として引かれている、と見る。もっと
も、われわれの個所の場合、形の上では、ハリスの言うように、「人間のイニシアティ
ヴの結果」であるが、聖書の言葉が引用される結果、それには「強いられた、逃れ
ることの出来ない」に近い性格が付与されている点は見逃せない。

　他方、Beckheuer, Paulus 141 のように、われわれの個所の献金理解の終末論的要
素を強調し、ここの発言は「手紙の受け取り人の思想を——非テーマ的にではある
が——献金の救済論的要素へと導く」として、「平等」は「教会（複数）を社会的に
同列に置くこと（Gleichstellung）」を意味してはいないとする主張は、13f 節の「平
等」に関する発言から見て採ることは出来ない。

4　「発言の文脈ではなく、文言が決定的（maßgebend）」（リーツマン 135）。「引用の
機能は…ἰσότης［平等］を説明することに限定されている」（Koch, Schrift 259）。ファー
ニシュ 420 も、パウロにとってマナ物語のテキストの中でただ一つ関心を引いたの
は平等への言及であったとし、同じことはフィロン『相続人』191 でも確認出来る、
と言う。この観点からすれば、たとえばバハマン 321 が行っている、この引用句に
おいても「順次行われる均等化ではなく、同時期における平等」が取り上げられて
いるとして 14 節に述べられた補い合いを今と将来に分ける見方への反論材料とす
ることは不適切、ということになる。

5　Joubert, Benefactor 143 はシリ・バル 29：8; シビュラ 7：149 を挙げながら、ここ
で引用されている出 16：18 に代表される場面はユダヤ教黙示思想でメシア時代に実
現すると考えられていたと指摘し、そのことを論拠に、パウロは献金を一つの終末
的徴と理解している、と述べる（クラウク 70、Gnilka, Kollekte 312、Beckheuer,
Paulus 139f もこれに近い）。もしそうだとすれば、これはパウロの献金理解の一つ
の大きな特徴をなしていることになる。しかし、そのような重要なことがただ引用
句においてのみ——しかも引用句自体でこのことをとくに強調することなしに——
述べられているのは奇異である（これに対し上掲二つのユダヤ教の文書の場合は終
末時の様子を描いた文脈の中で、終末時に起こる出来事の一つとしてマナの出来事
が述べられている）。先行するテキストには確かに 14 節の「今の時には」のように、
それ自体としてはパウロが終末を考えているととれる発言もあるが、他方、10 節の
「昨年来」のようにもっぱら現在の歴史の中の時の流れを念頭に置いて使われてい
る用語もある。この点から見て、われわれの個所の出 16：18 引用から献金の終末論
的意味を見出すことは、適切ではない。

8:16-24[1]　テトスと二人の兄弟たちの派遣

16-24節　16-23節は献金運動の推進のためテトスおよび二人の兄弟を
コリントに派遣するに際しての推薦ないしは紹介の言葉。テトスのコリント
への派遣についてはすでに6節に言及があった。そこではパウロは、献金運
動をすでにコリントで開始したテトスにそれを完成するよう勧告したとある。
その後、テトスの派遣に関する発言は16節に至るまで中断し、その間7-15
節にはコリント教会に献金の推進を求める勧告が記されている。16f節のテ
トスに関する報告は6節の直接の続きである印象を与える。とくに6節でパ
ウロがテトスに再びコリントに行くことを勧告したとあったのに呼応する形
で16節でテトスがパウロたちの勧告を受けたとの指摘があることが、この
印象を強くする。もともとこの8章はテトスたちを派遣するに際しての推薦
書であったと思われるから、この16-24節でこの文書は本来の目的に達し
たことになる。ただ、6節ですでにテトスの派遣に言及していながら、それ
を中断しているのがなぜかが疑問となる。

　　ヴィンディシュ260はこの点に関して、「すでに6節から7節への移行が
われわれに面倒を掛けたし、他方24節は断片的な勧告で終わっているので、
ここでも［原本の］頁の取り違えによって二つのおよそ同じ長さの段落の位
置が［二次的に］逆転した可能性を考慮すべきであろう」と述べる。つまり、
8章は元来1-6節/16-23節/24節+7-15節の順序で書かれていた可能性が
ある、というのである（グレサーII36も「頁の取り違え」説を考慮に値す
るとする）。IIコリント書では2:14と7:4との間にも同じような問題があ
るだけに、この見解を簡単に無視することは出来ない。しかし、「頁の取り
違え」説にはそれなりの無理もある。

　　6節から7節の間には、確かに報告から勧告へという移り変わりはあるも
のの、それは考えられないほど無理な移行ではない。他方、ヴィンディシュ

1　シュメラーII69fは、この段落の終わるのは24節ではなく、9:5だとする。この
　問題については8:24および9:1の説明を見よ。

148

8：16－24

の考えるように、7-15 節が元来 16-23 節の後にあった場合には——8 節では
「他の人たちの熱情」に言及があり、その点で 7-15 節は 1-5 節と深く結び
ついているのに対し——7-15 節には 16-23 節を反映する発言がとくにない
という、別の角度からの問題が新たに生じることとなり、それを解明する必
要が生じる。また、——ヴィンディシュ 268 が 7-15 節の勧告の導入と見な
す——24 節の勧告は、二人の「兄弟」の訪問に際して望まれる生き方をコリ
ントの人々に勧告している点、また、——7-15 節では見られない——この二
人の「兄弟」に直接関係する言葉（「彼らに」「諸教会に向かって」）がある点で、
16-23 節との密着度が高い。

　ここに見られる論旨の展開の不自然さは、別の角度から理解することが出
来ないだろうか。

　16-23 節では奇妙なことに、テトスおよび二人の兄弟が何のためにコリン
ト教会を訪問するかが、仄めかされてはいるが（17 節）、明言されてはいな
い。19 節は第一の兄弟が献金をエルサレムに届けに行くパウロの同行者と
して諸教会から選ばれたと述べているが、それは直接コリント教会に関わり
のある任務ではない。僅かに 24 節が、彼らの訪問がコリント教会での献金
運動の完全実現と結びついていることを示唆しているにとどまる。訪問目的
は、9:2-5 ではもっと明白に、コリントでの献金運動をパウロたちの到着
以前に完遂することと述べられている。同じ時期における同じ人物たちの派
遣であるから、9:2-5 の派遣目的は 8 章で派遣に言及する場合にも当然考
えられていたはずであるが、8 章で該当する記述がせいぜい 24 節において
しか見られないのはなぜか。

　コリントの信徒たちはこの人たちの来訪を歓迎する態勢にはなかった。そ
れは、同地の献金運動が依然として順調に進捗していなかったからである。
パウロは 1-5 節で、献金運動がマケドニア教会では急速に（9:2 を見よ）、
しかも驚異的な高まりで進んでいると書いている。コリントでの進捗が順調
なら、このような報告は必要なかったろう。8 節、10f 節の発言にも、同じ
ような空気が反映している。これらの発言の語調は、献金運動が、テトスの
努力によって実現した教会とパウロとの和解の後も、おそらく期待されたほ

149

どには改善されていないこと、それが何か技術的な問題に起因するものではなく、教会全体にそれを積極的に進める機運が依然として欠けていることに由来することを示唆している。パウロは当然のことながら、そのような空気を察知している。6節で、この文書の本来の目的であったはずのテトス派遣の問題を一旦書き始めながら中断し、文書をいよいよ終えようとする16節に至ってようやく、しかも単刀直入にではなく、持って回ったような語り口で再開しているのは、コリントでの献金問題に嘴をはさむことについての彼自身のためらいが反映しているためとしか考えられない。おそらくこれが、この文書（8章）での論旨の展開の不自然さの背後にある事情であろう。

　段落はまずテトスのコリントへの再度の訪問について述べる（16f節）。次いで諸教会からパウロの同行者として選ばれた一人の兄弟がテトスに同行することを述べる（18–21節）。22節はさらに第二の兄弟についての紹介。最後の24節で締めくくりとしてコリントの人々に向けての献金の推進を促す勧告。これは7–15節と性格が近い。

　16節　16節はテトスについての神に対する感謝の言葉で始まる。「神に感謝（χάρις τῷ θεῷ）」はパウロがその手紙の中で何回か挿入句的に用いる、神に感謝を述べる表現（ロマ6:17; 7:25; Iコリ15:57; IIコリ2:14; 9:15）[1]。この表現の用いられているこれらの個所のうち、われわれの個所以外では感謝の対象は信徒一般に対してなされた神の救済行為であるが、われわれの個所では、感謝はテトスという個人がコリントに赴く決心をしたことに向けられている。他の事例に比べこれは感謝の対象として小さいと見えるかもしれ

1　この言い回しは世俗文献にも出る。たとえばエピクテートス『談義』4:4:7 : τότε καὶ ἐγὼ ἡμάρτανον・νῦν δ'οὐκέτι χάρις τῷ θεῷ（「私も過失を犯した時があった。だが今はもう犯さない、有難いことだ」。Bauer/Aland, WB χάρις 5が指摘）。動詞として ἔσθω が補われている事例が散見されるから、直訳的には「感謝が神にあるように」ということになろう。

　　シュメラー II 69 は、われわれの個所の χάρις τῷ θεῷ … ὅτι は1節の τὴν χάριν τοῦ θεοῦ … ὅτι の「捉え返し（Rückgrif）」である、と言う。しかし、われわれの個所のχάριςが1節の場合と違い献金との関わりなしに用いられていること、他方、われわれの個所の表現をパウロは――献金との関係のない――他の個所でも用いていることから見て、このシュメラーの意見には賛成出来ない。

8：16

ない。表現としてこれは大袈裟と見えるかもしれない。テトスは「あなたが
たに関する［わたしと］同じ熱情を」持つに至ったと書けばいいだけのこと
ではないか。神が彼にそれを与えているとすること、少なくもそれを表現に
まで持ち込むことは、必要のないことではないか。しかし、この点について
は他の個所で「神に感謝」の対象となっている信徒一般を対象にしての神の
救済行為が人間の常識からすれば奇跡としか言いようのないことであること
を想起したい。パウロがテトスの決心をこのように表現することの背後には、
このような——先の見通しが定かでない——熱情は人間の常識からは期待す
べくもないという気持、そのような気持を不可避とする客観情勢の厳しさが
あったためと考えられる。それと同時にこの表現は、テトスのコリント再訪
が恵みに富む神の意思に基づくことをコリントの人々も心得ておいてほしい
との彼の願いも言外に表わしている。

　テトスに関する感謝は、具体的には、神が彼に「あなたがたに関する、［わ
たしと］同じ熱情」を与えている [2] ことについての感謝である。後の二人の
「兄弟たち」、とくに最初に挙げられた「兄弟」に関する記述からは、このコ
リント行きは献金運動の一環であった可能性が高いが（19 節の説明を見よ）、
テトスに関してはここでも 23 節でもそのことに触れておらず、ここでは「あ
なたがたに関して」彼に「熱情」が与えられた、23 節では「あなたがたに

───────────

2　「与えている」と訳した語は διδόντι。διδόναι の現在分詞。写本 p[46] S[2] D F G 等は
δόντι（アオリスト分詞）で記す（ネストレ・アーラントもこれを採用）。διδόντι と
読む写本は S* B C 等。与える動作は通常一回的に行われる動作であるし、17 節の
「勧告を受けた（ἐδέξατο。アオリスト）」「出掛けて行く（ἐξῆλθεν。アオリスト）」との
の整合性から考えてもここはアオリスト分詞の方が無理がない。しかし、それだけ
にアオリスト使用の方が二次的であろう。現在形を支持する研究者としてはヴィン
ディシュ 261、プリュム I 525、ヴォルフ 174A76 等。現在形を支持する研究者のう
ちバレット 217A1 は、アオリストの使用は 7：7 を反映していると考え、それゆえ
そのような繋がりを想定出来ない現在形を有利とするが（マーティン 271、ファー
ニシュ 421 等がこれに賛成）、7：7 とわれわれの個所の発言との間にそれほどの近
い関係を考え得るかは疑問である。またスラル 544A254 は写筆者が διδόντι の δι を
見落として δόντι としたこともあり得るとするが、これは確証出来る事柄ではない。
現在形の使用はむしろ、テトスが継続的に熱情を持ち続けていることがパウロの念
頭にあったためであろう（ヴィンディシュ、プリュム）。

151

対しての［わたしの］同労者」と、一般的な表現に終始する。

　テトスについての説明の中の「あなたがたに関する」と訳した語は ὑπὲρ ὑμῶν。前置詞 ὑπέρ は属格支配の場合は「のために」「にゆえに」「に関して」等の意味を持つ。ここの場合、そのいずれをとっても大差はない。むしろ問題は、テトスの持つ熱情が「あなたがたに関する」熱情とされている点である。テトスの熱情は本来エルサレム教会のための献金に向けられているはずである（リーツマン 135、ファーニシュ 433 がこの点を指摘）。ここで「あなたがたに関する」となっているのは、パウロにはエルサレムへの献金は最終的にはコリントの教会をも益するとの認識があったためと考えることも出来るが（プランマー 247、ファーニシュ 433、バーネット 419 等がこれに近い意見）、おそらくここではそのような入り組んだ考慮は働いておらず、それは単純に、パウロの関心がコリント問題に釘づけになっていたからであろう。あるいは、パウロには献金問題に直接触れることを避けたいとの気持が潜在的にあったためかも知れない（この点に関しては 24 節の説明も見よ）。23 節の「あなたがたに対しての同労者」も参照。

8：17

17節　17節は再度コリントを訪問する[1]テトスの熱情[2]を伝える。「熱情」
と訳した語（σπουδή）は 7f 節にも出た。ここではテトスの熱情を「［わたし
と］同じ熱情」と表現することにより、コリントの人々に対する自分自身の
思いを間接的に伝えている[3]。「自由意思で」は 3 節で献金運動に携わるマケ

1　「出掛けて行く」と訳した語はアオリスト（ἐξῆλθεν）。田川 482 は「直前の『呼び
かけを受け入れてくれた』もアオリストであって、しかもこれは過去の事実しか意
味しない。したがってすぐ続く二つのアオリストも、単に過去の事実である」として、
この語を「赴いた」、また 18 節のテトスと同行する一人の兄弟についての記述でも
アオリスト形の συνεπέμψαμεν を「ともに送り出した」と訳す。しかし、16ff 節はテ
トスおよびその同行者たちに関する紹介ないし推薦の言葉である。紹介状ないしは
推薦状は本人たちの到着に先立って、ないしは到着と同時に先方に届いているのが
普通であろう。本人たちがすでにコリントにいるのであれば、その人物を単に「兄弟」
と無名のままで済ますことも普通はしない（「兄弟」については 18 節の説明を見よ）。
私としてはそれゆえ、われわれの個所の ἐξῆλθεν は 18 節の συνεπέμψαμεν ともども「手
紙のアオリスト」（手紙を書くとき、手紙を読む側の立場を先取りして、現在のこ
とをアオリストで書く手法。BDR § 334 を見よ）と考える（バハマン 322、ヴィン
ディシュ 261、ベッツ 134、ガスリ 422、シュメラー II 73f 等もこの見解）。これに
対しアロ 223 は 18,22,23 節および 12：17f を指摘してこれを手紙のアオリストと見
る意見を退け、またパウロでは手紙のアオリストの使用は慣例的ではない、と述べ
る。しかし、18,22 節でのアオリスト使用はわれわれの個所のそれと連動するから、
有力な論拠とはなりがたい。パウロが他の個所でも手紙のアオリストを使用してい
ることについては BDR 上掲個所を見よ。とくにフィリ 2：28 には πέμπειν（「派遣す
る」）に関してのわれわれの個所によく似た用例がある。なお、17 節初めの「彼は
勧告を受けた（ἐδέξατο）」というアオリストについては事柄は過去のこととしか理解
できないから、われわれの段落で相次いで使われているアオリストの間に（田川が
指摘するように）用法上の捩れがあることになるが、これは致し方ない。

2　「一層熱情的に（σπουδαιότερος）」は σπουδαῖος の比較級。意味は最上級的（「非常
に熱情的に」）ともとれる（BDR § 244A3 を見よ）。22 節でも σπουδαιότερον が出る。
σπουδή/σπουδαῖος の多用については 7 節の説明も見よ。

3　原文には「わたしと」に相当する語はない。ヴィンディシュ 261 は、パウロは
コリントの人々に対する自分自身の熱情についてどこにも語っていない、他方、彼
は 1-5 節ではマケドニアの人々がエルサレムへの献金に示している熱情について述
べており、また 8 節では「他の人たちの（複数！）熱情」という表現を用いている、
それゆえわれわれの個所で述べられているのはマケドニアの人々の持っているのと
「同じ情熱」だと主張する（グレサー II 37 も同様。ベッツ 133 は 7 節および 8 節を
指示しながら、コリントの人々およびマケドニアの人々に与えられたのと「同じ熱
情」とする。しかし、「あなたがた（＝コリントの人々）に関する同じ熱情」とい
う表現から見て、「コリントの人々に与えられたのと同じ熱情」とするわけには行

153

ドニアの諸教会の態度を表現するのに用いられていた。新約でこの語が用いられているのはこの両個所だけである。パウロはここではそれを述べるに際し、テトスはパウロから[1]そのことへの「勧告[2]を受けはしたが[3]」と言葉を添えている。テトスがパウロの反対を押し切ってコリントに行く決心をしたというのならこのような添え書きは引き立て役として意味を持つであろうが、パウロの意向もテトスがコリントに行くことに賛成であった、むしろそれを望んでいたとあっては、添え書きはテトス推薦には役立たない。敢えてこの言葉を付加したのは、この6節を思い起こさせる表現の付加により16節では直接言及しなかったテトスの「熱情」の内容を示唆しようとの意図、また

かない［スラル544が指摘］）。ヴィンディシュの挙げる論拠のうち、パウロがコリントの人々に対する自分自身の熱情についてどこにも直接言及していないという点は、採用することは出来ない。「熱情」という語を使っていないでも、彼がそれを持っていることはこの文書全体から見て明らかだからである。また、直前の文脈でマケドニアの人々の熱情に言及があるとは言え、彼らが持っていたのはエルサレム教会に対する関心であって、コリントの人々に対するそれではなかったから、「同じ熱情」を「マケドニアの人々と同じ熱情」と考えるわけにも行かない（スラル544f）。多くの研究者はこの「同じ」を「わたしと同じ」と理解している（たとえばリーツマン135、バレット227、ファーニシュ421、ランク321）。これが妥当な解釈だろう。

1　パウロはここで「［テトスは］勧告を受けたが」と書くのみで、その勧告が自分の発した勧告であることを明言していない。これは、そのことは6節から見て自明だからと考えることも出来るが、献金問題で自分が表面に出ることを出来るだけ避けたいという彼の気持（本節の説明の最後の部分を見よ）の反映と見ることも出来る。

2　ベッツ133,134fはわれわれがここで「勧告」と訳した語（παράκλησις）はギリシアおよびローマの法体系で法的委託を指す術語であったとし、8章はパウロとテトスの間に交わされたそのための契約文書だ、と主張するが、この問題については87頁注3を見よ。われわれの個所に関してはスラル545fがベッツを批判している他、グレサーII 38も、ここでは礼拝用語（「神に感謝」）および、テトスに神が熱情を与えたとの「礼典的定型」が用いられていること、ことに献金が「恵み」と理解されていること（6節）および派遣される者が「伝道者」（18節）、諸教会の使者（23節）とされていることを指摘して、ベッツ説に反対する。

3　プランマー247はこの「勧告を受けた（ἐδέξατο）」をも手紙のアオリストと見るが、これは無理であろう。
　　原文ではこの部分はμέν … δέの構文になっているので、「勧告を受けはしたが」と訳した。テトスがすでにコリント行きの決心をしているので、わたしの勧告は無用となった、とのニュアンスがある（ハリス599を参照。バレット228も同様）。

154

テトスの計画に彼が賛成であること、むしろそれは彼自身の意に適っていることをコリントの人々に間接的に伝えようとの意図が働いたためであったろう（ハリス 599 を参照）。

　ここではテトス自身については「一層情熱的となって、自由意志であなたがたのところに出かけて行く」としか述べられていない。従ってここでのテトスの心情等について、われわれとしては推測する以上のことを多くすることは出来ない。しかし敢えて推測を交えながらこの時のテトスの心情に今少し踏み込むことは、意味のないことではなかろう。コリントからパウロのところに戻った彼は、和解工作が成功したと彼に報告したとされる。しかし、パウロがテトスについて彼が献金運動を「以前始めたように」と言っていること（6 節）から見ると、彼は明らかに献金運動についてもパウロに報告していた。この「以前始めたように」は、献金運動の再組織化を指している。テトスは再組織化を始めたが、それ以上のことはしないでパウロのところに戻ってきたことになる。それは、この運動の将来にある目途が立ったから、と理解することも出来る。しかし、コリントでの献金運動再組織化には障害が多くて、なかなかそれ以上に前進しなかったため、と解釈することも出来る。いずれにしても、彼はそれを途中で放り出してパウロのもとに戻った。その彼を動かして再びコリントに向かわせようとした原動力は何か。最大の原動力は、彼がマケドニアで直接見聞した、マケドニアの人々の献金運動への参加の熱望であったろう（Klein, Begründung 124 を参照）。その背後には、挫折とまでは言わないまでも、自分はコリントでこの運動を中途で投げ出して来たという自責の思いが無かったとは言えまい。パウロがこのテトスの決心に関して「神に感謝」という、おおげさともとれる言葉を用いているのは、決して理由のないことではなかった。

それではパウロ自身はなぜ自らコリントに出かけることをしないで、コリントから帰ったばかりのテトスに再度コリント行きを勧告するのか。彼が献金運動を近いうちに仕上げたいと願っていると窺われるだけに、これは奇妙な行動と映るかもしれない。エラン 70 は、おそらくパウロは、この献金運動が自分の懐を肥やしているとの誤解（20 節を見よ）を避けるために、自分がこの運動を中心的に推進しているとの印象を薄めることを狙っていると推測する（マーティン 274、ハリス 599 も参照）。しかし、20 節のような発

言があるとはいえ、彼が、自分が懐を肥やしているとの中傷に非常に神経質になっているとは受け取れないし——もしそうであれば、彼はそれに対する本格的反論を行ったであろう——、この献金運動がパウロのイニシアティヴのもとに行われていることは運動に参加している人には知れ渡っていたはずだから、今更コリント行きを遅らせてもその印象を薄める効果は見込めなかったに違いないから、このエランの説明には説得力はない。むしろ、彼がすぐに自分でコリントに行かないでテトス等を派遣したのは、一つには、マケドニアの人々の献金運動への参加の申し出に接して、自分が今しばらくマケドニアに留まることをよしと考えた、という事情があったのかもしれない（Klein, Begründung 122 を参照）。今一つには、献金が一向に完遂されていない今、自分がコリントに乗り込めば、コリントの人々に厳しい姿勢で臨まなければならないと予見して、コリント教会との折衝に実績のあるテトス、および出身教会ですでにエルサレムのための献金をそれなりに成功に導いた他の二人の兄弟を派遣して、自分自身の再訪問のための環境作りをさせることを考えた、ということも考えられる。もっとも、いずれの点についても彼自身の記述はないから、これらは推測以上のものではない。

18 節　18-21 節はテトスと一緒にコリントに派遣する一人の「兄弟」[1] について述べる。「兄弟」の名前は述べられていない。

　パウロでは「兄弟」は信徒を指すごく普通の用語である。「兄弟たち」という呼びかけで使われることが最も多いが（ロマ 1:13 他、約六十回）、呼びかけ以外にも信徒一般を指して使われる例（たとえば I コリ 6:5-8）、特定の信徒の肩書のように使われる例（I コリ 1:1; 16:11; II コリ 2:13）等もある。われわれの個所のように特定の信徒が念頭にありながらその名前を挙げることなしに「兄弟」と呼ぶ例は比較的少ない。ただ、テトスと一緒にコリント教会に派遣する人物については、われわれの個所だけでなく 22,23 節、

1　「兄弟」には冠詞（τόν）がついているが、これは（原文では以下に）この兄弟についての説明（「その者［に対する］…称賛が」）が続いているため（ファーニシュ 420、BDR §258,1 を見よ）であって、この「兄弟」がコリント教会にとって既知の人物であることを示唆しているわけではない。

8：18

12：18 にも用例がある（9：3,5 でも「兄弟たち」が単独で出るが、そこでは
おそらくテトスも含まれているから、われわれの個所の類例とするわけには
行かない）[2]。12：18 ではテトスおよび「あの兄弟」の派遣はすでに過去のこ
ととされているから、名前を記さないのは相手教会がその人物を知らないこ
とが理由ではない[3]。Ⅰコリ 16：11,12 ではテモテないしはアポロに同行する
人たちを名前を挙げずに「兄弟たち」と呼んでいる。この場合は、一々名前
を挙げる煩雑さを避けるという事情もあろうが、いずれにしてもパウロの関
心がテモテないしはアポロに集中していることが、その他の者をただ「兄弟
たち」で済ませている主な理由であろう。われわれの個所についてもこれと
類似のことを考えることが可能である[4]。しかし、9：3,5 の場合はそれでは説
明がつかない。

　　この点に関してガラント 393 は、この兄弟たちは、コリントの人々が自分
たちの献金を完遂するのを助けることを目的としてではなく、エルサレムで
マケドニアの諸教会を代表するために選ばれたのであって、パウロが彼らの

2　マーティン 275 は、パウロにおけるわれわれの個所の「兄弟」に匹敵する例とし
　てフィリ 4：3「真実の仲間」を挙げるが、この場合はこの者は相手教会のよく知っ
　ている人物であり、われわれの個所におけるように相手教会におそらく未知の人物
　を「兄弟」と呼んでいる事例の平行例と見なせるかは疑問である。
3　プランマー 248 は「これら二人がまだコリントで知られていないのなら、彼らの
　名前を言及することは意味がなかろう」とするが、この個所で名前が挙げられない
　ことの説明として適切とは思われない。
　　ロマ 16：1 ではフェベが相手教会に未知の人物であるにもかかわらず名前を挙げ
　て紹介されている。もっとも、この場合はフェベは相手教会を訪ねることを主目的
　にしているのだから、事情は同じではない。この点から見れば、われわれの二人は
　コリントを訪ねることを主目的にはしていなかった、ということかもしれない。
4　ベッツ 138 は、パウロはこの二人の「兄弟たち」を無名のままにすることにより、
　「彼らに［使節の中での］必要以上に高い地位を付与することを避け」、「使節の中
　に事実上二段階の権威を作った」、「テトスは完全な意味で権威を与えられ」、兄弟
　たちの役割は「随伴者の役割へと減じられた」、と主張する（ヘーフマン 360 も同
　様）。しかし、「兄弟たち」に対する彼の褒め言葉（18,22,23 節）からは、使節団の
　中での差別化を図ろうとする意図は窺われない。二人の「兄弟」たちが選ばれた「わ
　たしの同行者」としての役割はコリント教会での働きを越えている。他方テトスに
　ついては、それに匹敵する役割があることは明言されていない。むしろ両者の主任
　務は異なっていると捉えるべきであろう。以下の記述を参照。

157

名前を挙げないのは「彼らがコリントの人々と一緒に働くわけではないからだ」と指摘している。しかし、これでも 9：3,5 の事例は説明がつかない。結局のところ、彼らが無名であることについて説得力のある説明は出来ない。コリントの人々への実際の紹介は、彼はテトスに任せたのだろう（プランマー 248、バレット 228、ハリス 602）。

　ここで「兄弟」の名前が挙げられていないことについては、この他にも研究者の間に諸説がある[1]。諸説の中の代表的なものを挙げれば：アルツト・グラブナー 172 は、手紙の持参者の名前が挙げられる必要が必ずしもないことは事柄の性質から明らかであるし、パピルスの手紙でも名前を挙げないことは特別のことではなかった、と述べる。しかし、われわれの個所の場合、テトスと二人の兄弟たちとの扱いに違いがあることが問題として残ろう。リーツマン 136f は、「無名の人物を紹介したり推薦したりしないことは礼に適っているばかりか自明のことだ」「それにパウロは他の場合は規則的に名前を挙げている…」とし、また、元来は名前が挙げられていたが、この「兄弟」および 22 節の「兄弟」は「［コリントの］教会に悪い思い出を残したので、［後の］人が彼らをパウロの手紙の中で言及するにふさわしくないと考えたのかもしれない」とも述べる（第二の点についてはヴィンディシュ 262、エラン 70f も同様）[2]。しかし、この見解については、他の個所に類例を見出すことが出来ないし、われわれの個所でも元来個人名が挙げられていた根跡は存在しないという難点がある。アロ 224 は、パウロが「兄弟たち」の名前を挙げないのは、彼がこの文書を書いたとき、彼らはすでにコリントにいて仕事に従事しており、テトスが彼らの紹介の労をとることになっていた、と考える（プリュム I 525f が賛成）。しかし、パウロの文言にはそのことを匂わせる発言は見出せない。マーフィー・オコナー 107 は「最も単純な仮説は、彼［この無名の「兄弟」］がコリントのキリスト者でマケドニアにおける教会の拡大を助けに行き、そこで傑出した福音の宣教者として自らを確立した人であったということ」と述べる（Murphy-O'Connor, Paul 315 でも同様）。しかし、

1　この点の諸説についてはアロ 224-226、ヒューズ 312-316、スラル 557-559 が詳細に紹介し、かつ概ね適切な批判を行っている。

2　Ollrog, Mitarbeiter 52A245＋42A190 は同じく、元来書かれていた名前を後の人が抹消したとの見方に立つが、抹消は、パウロの手紙が全教会に宛てて書かれたとの考えが主流になる段階で手紙集の公同性を保証するためになされた、との見解を主張する。しかし、この見解も他に類例を見出すことが出来ない。

8：18

コリントからマケドニアへのそのような助力者の存在については他に記録が
ないし、コリント教会の出身者ならパウロは当然ここでその名前を記したと
考えられること（フィリ2：25ffのエパフロデトの例を見よ）、さらに、パウ
ロは22節でもこれと別の「兄弟」を一緒に派遣するとしているが、この「兄
弟」も無名のままであること（この「兄弟」もコリント教会の人物だとは考
え難いし、Murphy-O'Connerもそのようには見ていない）から考えこれを説
得的な意見とするわけには行かない。

　この二人の無名の「兄弟たち」が具体的に誰であるか、その個人名につい
ては研究者の間で多くの議論がなされているが（たとえばスラル561fの紹介
を見よ）、決め手となる材料がなく、議論は徒労に終わらざるを得ない。われ
われとしてはこの議論に踏み込むことはしない。ただ一応注目すべきは、
使20：4が伝える、パウロが最後にエルサレムに上京した時の同行者の名簿
である。使徒言行録の著者はパウロの主導したエルサレム教会のための献金
運動には一切沈黙を守っており、ここの名簿も単にパウロのエルサレム行き
の同行者としているだけである。しかし、彼が何の根拠もなくこの名簿を捏
造したとも思えない。パウロのエルサレム行きになぜ複数地域の複数教会に
亘るこれだけの人数の同行者がいたのかも、献金を届けるという特別の理由
を考えない限り、容易に説明出来ない。名簿の正確度の問題も含め[3]ある程度
の留保が必要であるが、これは献金の「護送団」（田川483の用いている表現）
の名簿、と考えることが最適であろう。注目すべきは、この名簿には三人の
マケドニア出身の者、デルベの人ガイオ、テモテおよび二人のアシア出身の
者の名が挙がっていることである。それ以上に注目すべきは、この名簿には
コリントであれほど献金運動のために尽力したテトスの名がないことである。
われわれの個所と関連づけて言えば、これはエルサレムにまで同行する二人
の「兄弟たち」とテトスとでは、その主任務が終始はっきりと区別されていた、
ということであろうか。テトスについては補説3「献金運動」Ⅰcをも参照。

3　この名簿の最大の「欠陥」はコリント教会の代表の名が入っていないことである。
その他、この名簿では「テサロニケ人アリスタルコ」および「デルベの人ガイオ」
が出るが、使19：29ではパウロの同行者「マケドニア人ガイオ、アリスタルコ」が
エペソで人々に捕えられたとある。両個所で別人が考えられているとは思われない
ので、両リストのうちいずれかがガイオの出身地を正確に伝えていないと考えざる
を得ない。以上のような事実があるので、この名簿をパウロがエルサレムに献金を
持参するに際しての同行者の正確な名簿と断定するには無理がある。

159

われわれの個所では、パウロはまずこの第一の「兄弟」についての「全教会を通じて」のよい評判を伝える。パウロ自身この人物をどう評価しているかについては——第二の「兄弟」の場合（22 節）と違い——述べられていない。この人物は 19f 節で献金運動が適正に行われていることを確認することのために諸教会から選ばれたとあるが、この任務を遂行するには、一方では「全教会を通じて」の高い評価が望ましい条件であり、他方ではパウロ自身による高い評価はかえって妨げになりかねない、と彼は考えたのであろう。

彼はその「福音における称賛」が「全教会を通じて」聞こえているとされる [1]。「福音（εὐαγγέλιον）」は「福音宣教」の意味で使われることがあり（たとえばフィリ 4：15「福音宣教（εὐαγγέλιον）の初め [2]）、ここでもそれを採用する研究者が少なくない（ヴェントラント 196、プリュム II 516、ヴォルフ 177、スラル 548、グレサー II 39、G.Friedrich, ThWNT II 727,4、Ollrog, Mitarbeiter 53,129 等）。しかし、「エキュメニカルな名声を持った巡回伝道者または旅行歴に富んだ教会指導者」（ヴィンディシュ 262）がエルサレムに献金を届けに行くパウロの同行者の一人として「諸教会によって選ばれる」ことは、もちろん不可能とは言えないが、蓋然性が高いとは思われない。われわれの個所のように「福音における（ἐν τῷ εὐαγγελίῳ）」という形が使われるパウロにおける残り五例（ロマ 1：9; I コリ 9：18; II コリ 10：14; フィリ 4：3; I テサ 3：2）の中には「福音」を明らかに広義に使っている例があるので（とくにフィリ 4：3）[3]、ここでも狭義の宣教以外の教会における奉仕も視

1　この部分は「兄弟」を受ける関係代名詞 οὗ によって始まり、「その者の（＝その者に対する）称賛」を主語とする句であるが、動詞を欠いている。ἐστιν（「存在する」）を補うべきであろう。なお、これより 20 節までは一応一つの文章の形になっているが、実際には定動詞の代わりに 19,20 節で動詞の分詞を用いて繋げた三つの文章から成っている。各節の説明を見よ。

2　フィリ 4：15 におけるほど明瞭ではないが、εὐαγγέλιον が「福音宣教」を意味している可能性のある個所が他にもある：ロマ 1：1,16; 10：16; I コリ 4：15; 9：12,14,18; II コリ 2：12; 10：14; ガラ 2：7; フィリ 1：12; 4：3; I テサ 2：4; 3：2; フィレ 13。

3　ハリス 601 はロマ 1：9; フィリ 4：3; I テサ 3：2 はこれに当たるとする。他方スラル 548 は、五例中フィリ 4：3 を除く四例では εὐαγγέλιον は福音宣教を意味しており、残るフィリ 4：3 でもそれを認めてよかろうとする。

8：19

野に入れた意味で使われていると理解する方がよかろう。

パウロはこの「兄弟」に対する「称賛」は「全教会を通じて」起こっているという。彼はときどき「全教会」という表現を使う。中には、少なくも彼の思いの中ではそれが実際に「全教会」である場合もあるが（Ⅰコリ 14：33）、われわれの個所の場合はこの人物に対する称賛が文字通り「全教会を通じて」行きわたっているかをパウロが確かめたわけではない。これは差し当たっては彼がこの文書を書いていると思われるマケドニアの諸教会を念頭に置いての発言であろう[4]。「全教会」の同じような用法はロマ 16：4, 16 にも見られる。敢えて「全教会」という表現をここで使ったのは「称賛」の度合を強く印象づけるためである[5]。「全教会」については次節での「諸教会」の説明も参照。

19 節　19 節はさらに、この「兄弟」が教会で公的に与えられた身分を紹介する。すなわち、「彼はわたしたちの同行者[6]として諸教会に選ばれもした[7]」。「諸教会」によって選ばれたという客観的事実を指摘することによって、

4　ヴィンディシュ 263、リーツマン 137、エラン 70、バーネット 420 等がこの意見。マーテラ 197 等は小アジアおよびマケドニアの諸教会を考える。不可能とは言い切れないが、小アジア全体を含むとなると直線距離千キロに及ぶこととなり、とても現実的とは思えない。プリュム Ⅱ 526、ファーニシュ 422 は「彼の全伝道領域」の可能性も考えるが、その場合はコリントもそこに含まれるはずだから、そのことを示す表現が加えられていることが期待される。

5　ヴォルフ 177 は、キリスト教会は互いに比較的密な接触を持っていたから、「全教会」を誇張と見る必要はない、と言う。しかし、パウロがここで彼らに関する称賛が「全教会」に行きわたっていることを確かめて書いているのではないから、誇張でないと言い切ることは難しい。

6　συνέκδημος. 元来は「一緒に居住地から［出て行く者］」の意味。新約では他では使 19：29 で出るだけ。

7　「選ばれた（χειροτονηθείς）」は χειροτονεῖν の受動態アオリスト分詞男性単数。分詞形で文章を続ける手法はパウロにしばしば見られる。BDR § 468A3 を見よ。類似の構文は 20 節にも出る。
　　χειροτονεῖν はもとは「手を差し出す」の意味。古典ギリシア以来、事柄の決定や役職者の選出に際し意思表示の手段として行われた。たとえばトゥキュディデス『歴史』Ⅲ 49：1、プラトン『法律』Ⅵ 755E; 756A を見よ。神や王を主語として「任命する」の意味で用いられることもある（ヨセフス『古代誌』6, 54 + 312; 13：45）。パウロとほぼ同時代のパピルスにも、ある人物を政治的または軍事的職務に選ぶことを表すのに用いられている例がある（アルツト・グラブナー 408f. 例証もあり）。

161

パウロは先に述べた「全教会を通じて称賛されている」という主観的判断とも受け取られかねない彼自身の評価の裏書きを試みている。今回は「教会」に「すべての」がついておらず、その点では筆致はより現実的である。

この場合の「同行者」は献金を届けにエルサレムに行く旅の同行者のことである。パウロは同行者の選定を献金運動に参加した教会の決定に委ねた（Ⅰコリ 16：3 も参照）[1]。

フィロン『律法詳論』Ⅰ 78 は、ユダヤ教の神殿税の納付に関して、「ほとんどすべての都市に聖なる金銭のための宝物庫があり、人々はそこに来て献金を捧げる習慣である。そして定められた時に、これら金銭の聖なる運び手として、（それらを）安全に送る送り手として、各都市から、生まれにおいて確かな者たち、最も信頼出来る者たちが選ばれる」と記している（ツァイリンガー 287 を参照）。われわれの個所での「兄弟」の選出はそれを一種のモデルとしている可能性がある[2]。

─────────────

その他フィロン『賞罰』54,『ヨセフ』248 を見よ。LXX では動詞形の使用例はなく、同根の名詞 χειροτονία がイザ 58：9 に出るだけ。新約では χειροτονεῖν の用例はわれわれの個所以外では使 14：23 に見られる（長老たちの選出）。他にもテト 1：9 でこの語を含む読みを持つ写本があるが、有力ではない。以上全般については E.Lohse, ThWNT IX 426,31ff を見よ。

「選ばれた」彼らは 23 節では「諸教会の使者」と呼ばれる。この点については同所の説明を見よ。

1　マーフィー・オコナー 107 は、「選挙はパウロのものごとの進め方ではなかった」とし、「彼は共同体の共通の利益に対する実践的な貢献によってリーダーシップを表した人々を認める方を好んだ（Ⅰコリ 16：16; Ⅰテサ 5：12f）」と言う。しかし、彼の挙げる二つの個所からこのような結論を引き出すことが適切かどうかは疑問である。シュメラー Ⅱ 78 は、「使節が、一部は諸教会によって、一部はパウロによって、…任命された（besetzen）というのではない。むしろ、使節はパウロの主導権（eine Intiative）のもとにある。18f 節の兄弟は諸教会によって一つの他の目的のために定められていた（συνέκδημος〔同行者〕）」、と述べる。しかし、「使節」と「同行者」とを峻別することは、パウロはここで行っていないし、実際そのことは、Ⅰコリ 16：3 に照らしても、実情から考えても、行われていたとは考え難い。

2　神殿税との類比については、補説 3「献金運動」G a を見よ。キーナー 210 が神殿税関係の参考個所として m.Sheq.3：2（ここでも箴 3：4 が引用されている）および t.sheq.2：2 を挙げている。G.Kittel, ThWNT IV 286,17ff は、パウロの献金活動の類比を神殿税よりもむしろ神殿税と並んで行われていた「マカベア時代から繰り返し言及があり、とくにディアスポラから捧げられた、エルサレムに対する、自由

8：19

　この「兄弟」の選出が実際にどのような形で行われたかは判らない。選出
したのは複数の教会とされている。この「諸教会」をあまりに広範囲にわた
って捉えることは、選出の過程から考えて現実的でない。「諸教会」をマケ
ドニアのそれとする研究者が多いが（リーツマン 137、ハリス 603 等）、パ
ウロがこの文書をマケドニアで書いているとするならば（その蓋然性は高
い）、これが最も自然な解釈であろう[3]。スラル 559-561 は、マケドニアの諸

　　意思に基づく愛の贈り物」に求めるべきだとし、II マカ 3：2; ヨセフス『古代誌』
　　18：82 を指示している。また、このような自由意思に基づいて贈られる贈り物との
　　関連で何度も ἀποστέλλω（派遣する）、ἀποστολή, apostoli（使者）、という術語が出る
　　と指摘し、ネヘ 8：10,12（＝I エズラ［LXX］9：51,54; I マカ 2：18; II マカ 3：2 等）
　　を例証として挙げる。しかし、上掲 II マカベヤ書およびヨセフスの二つの個所はそ
　　れぞれかなり特殊なケースを扱っているので、どの程度「ディアスポラからの…愛
　　の贈り物」一般の確証であり得るかについては疑問の余地なしとしない。
3　一つ引っ掛かるのは 9：3-5 との関係である。パウロはその個所で、自分はマケ
　　ドニアの人々にコリントでの献金の準備が進んでいると「誇った」のに、自分と一
　　緒にマケドニアの人々がコリントに着いてそれが進捗していないのを見たら、自分
　　は恥じ入らなければならない。そういうことにならないため自分は「兄弟たち」を
　　派遣する、と述べている。この場合「兄弟たち」がどういう人物かについては言及
　　がない。しかし、それがマケドニア教会の人、しかもそこで献金活動関連で選ばれ
　　た人物であるとすれば、パウロがマケドニアの人々に知られるのを避けたいと願っ
　　ているコリント教会の現状（献金活動の停滞）はマケドニアの教会に筒抜けになっ
　　てしまう。そのことを考えると、われわれの個所の二人の「兄弟たち」をマケドニ
　　ア出身者とする見方には難点がある（Nickle, Collection 19f がこの意見。Munck,
　　Paul 296 も、「もちろん、この人物を選んだ諸教会はアカヤにもマケドニアにもない。
　　これら二つの属州の外の諸教会が考えられていると見るのが最も自然である」とし
　　ている。ただし、Munck はそれ以上の詳述はしていない）。しかし、二人の「兄弟
　　たち」のいずれもがマケドニア以外の出身と考えることは、それ以上に非現実的で
　　あろう。この問題は、9：3f に記された懸念は最終的重みを持たなかった、として解
　　決せざるを得ない。すなわち、パウロは 9 章執筆の段階では確かに、マケドニアの人々
　　が自分と一緒にコリントに行ったときコリントで献金運動が完遂していないために
　　自分が恥をかくことを懸念していたが、彼のもともとの願いはコリントでの運動の
　　早期完遂にあったので、そのことを優先させるために、9：3f に記したような懸念に
　　はそれ以上捕われないで兄弟たちの派遣に踏み切ったのであろう。
　　　以上とは別に、これら二人の人物はエルサレム教会によって任命されたとする
　　Nickle 18ff の意見がある（Nickle は先行意見として W.L.Knox, Saint Paul and the
　　Church of Jerusalem, 1923, 288＋294A27 を挙げる）。彼はこれら二人の人物は使
　　15：22 でエルサレム会議の後エルサレム教会がアンティオキアに帰るパウロたちに

163

教会と見る説を「より一般的」（560）と認めながらも、Ｉコリント書執筆後の時期パウロがエフェソをベースとしていたことを理由に（559f）、それはアジアの諸教会でもあり得るとし、選出したのはアジアの諸教会またはマケドニアのそれ、あるいは両者が連携してであったろうとする。連携の形として彼女は、アジアで選ばれた者をマケドニアが承認した形を考える（560f）。私はエフェソ教会が献金運動に参加していたかについて多分に懐疑的であるが（補説3「献金運動」Ｈｂを見よ）[1]、スラルがこのような推測をドすことは、私にとって興味深い。この文書を受け取ったコリントの教会の中にも「諸教会」をこのような方向で受け取った者が少なくなかったと思うし、それ以上に、パウロ自身、どこまで意識的であったかは兎も角、選出母体を出来るだけ広く見せることを期待しながらこの表現を用いたと考えるからである[2]。こ

同伴させたバルサバと呼ばれるユダとシラスを指すとした上で、これら二人がここで言われる二人の人物だと主張する。しかし、シラスは確かにパウロの伝道旅行に伴っており、第二伝道旅行ではコリントで活動した形跡すらあるが（Ⅱコリ 1:19。「シルワノ」は「シラス」のラテン名。なお、シラスはパウロの手紙ではこの他Ｉテサ 1:1 に出る）、ユダについては使 15:33 でアンティオキアにしばらく留まった後エルサレムに戻ったとされており、その後パウロの周辺に現れたとの記録はない。また、Ⅱコリ 8:19 は、二人の人物は献金の件でパウロたちの同行者として選ばれたとされており、使 15:22 の派遣の記事をこれにあてはめて考えるのは無理である。これら二人の選出母体が「諸教会」という複数形で表現されている点も、エルサレム教会による任命を主張する場合には解明が必要であろう（Holmberg は「エルサレムとその近郊」として、この問題を回避している）。要するに Nickle 等の意見は十分な論拠に支えられているとは言えない。

1　Georgi, Kollekte 54 もこの「兄弟」はエフェソまたはガラテアにおいて「代表（Vertrauensmann）」として選ばれ、後にマケドニアの諸教会によってそのことが確認された、と見ることも可能だ、とする。しかし、エフェソがこの献金運動に携わっていたとの情報はない（Georgi はこの可能性を認める）。また、エフェソにしても、とくにガラテアの場合は、コリントを経由してエルサレムに行くことはかなりの大回りになる。彼らが Georgi の推定するように「献金のための旅行のパウロの同行者として選ばれた」のであれば——彼らは当然ガラテアなりエフェソなりの献金を携行していると思われる——途中でこの旅行に合流することが可能だったはずで、道中の危険を考えてもこれだけの大回りをすると考えることは非現実的と思われる。

2　パウロではある地域名と結びつけて、たとえば「マケドニアの諸教会」（1 節）という具合に同一地域内の複数の教会をまとめて表現することは少なくないが（ガラ

8：19

れを「マケドニアの諸教会」と書いたのでは、射程はマケドニア州（地方）
内でとどまる。しかし、「諸教会」と書く場合には、自分たちの教会がマケ
ドニアを超えた、場合によっては全世界的規模の教会網の中に位置づけられ
ていることに目を向けさせられる。東西の交通の要衝であるコリントにある
教会であるだけに、この視野拡大は献金運動の促進に大きな効果を持ったで
あろう。

　パウロたちの「旅」については「主の栄光とわたしたちの善意とのため
にわたしたちによって奉仕されているあの恵みの件で[3]」という長い、かつ複
雑な表現の説明がついている。「恵み（χάρις）」はわれわれの語感からは異
質な感じがするが、6,7 節でも献金を指して使われている（6 節の説明を見
よ）。ただし、6,7 節が献金の活動を指しているのに対し、ここの χάρις は献
金の果実を指している（この点では I コリ 16：3 の「あなたがたの χάρις」が
われわれの個所の用法に近い）。「あの恵み」に直接つけられている「奉仕す
る（διακονεῖν。この語は次の 20 節でも同じ意味で出る）」の場合も、同根の
名詞「奉仕（διακονία）」が 4 節で献金との関連で使われていた（同所の説
明を見よ。9：1,12,13 にも同じような例がある）。このような発言から窺わ
れるように、パウロは献金集めが終わった段階で、献金をした諸教会から選
ばれた人たちと一緒に自らそれを届けにエルサレムに行く積りであった[4]。こ
れは後に使 21：15ff に記されているエルサレム訪問として実現した（ただし

1：2；I コリ 16：1 でガラテアの諸教会、ガラ 1：22（および I テサ 2：14）で「ユダ
　ヤの諸教会」、I コリ 16：19 で「アシアの諸教会」）、われわれの個所におけるよう
　にそのような地域名との結びつきなしに、あるいは「すべてに」とか「他の」とい
　う他の形容詞を伴わないで、「教会（ἐκκλησία）」を複数形で使う例は、ここの文脈
　（8：19,23,24 節）以外にない。
3　「の件で」と訳したのは σύν という前置詞。この前置詞はある人物と「一緒に」の
　意味で使われるのが普通で、われわれの個所のように非人格的な対象とともに使わ
　れる例は珍しい（ハリス 597）。そのため、σύν の代わりに ἐν と記す写本が少なくな
　い（B C P 等。ネストレも 24 版以前は ἐν を採用していた）。しかし、これは理解を
　容易にするための二次的訂正である。σύν としている写本としては p⁴⁶ Ｓ D 等がある。
　ハリス 604 はこの σύν を in connection with, in dealing with と説明する。
4　これと似たようなことはパウロ自身すでに I コリント書の段階で考えていた。I
　コリ 16：3 を見よ。ただし、そこでは彼自身のエルサレム行きは考えていない。

165

使徒言行録はエルサレム訪問を述べるに際し、献金問題については沈黙している）。パウロがこの「兄弟」をコリントに「派遣」したのは、関わりのある各教会からの献金と各教会の代表者たちを一旦コリントに集め、そこからエルサレムに上ることを考えていたためであろう。「わたしたちの同行者として」という言葉はそのことを指している。つまりこの「兄弟」のコリントへの「派遣」はこの最終的なエルサレム行きのいわば序章であった。それは、パウロがこの献金運動を間もなく完成させたいと考えていることを示しており、その意味ではこの「兄弟」のコリントへの派遣はこの運動をまだ完結していないコリントの教会に圧力をかけることをも意図するものであった。

「恵み」にはさらに「主の栄光[1]とわたしたちの熱意と［が顕わとなる］ため」という形容の言葉がついている。

「主の栄光」と「わたしたちの熱意」の両語に対しては一つの冠詞しか付されておらず、しかもそれは一つの前置詞 πρός で支配されている（πρὸς τὴν

---

1 「栄光」は旧約以来伝統的に神の属性とされて来たため、パウロでも（ロマ 1:23; 3:23; フィリ 1:11; 2:11 他）、パウロ以外でも（ヨハ 11:4,40; 12:43; 使 7:55; I テモ 1:11; テト 2:13; 黙 15:8; 19:1; 21:11,23)「神の栄光」という表現が一般的であり、それに比べ「主の栄光」「キリストの栄光」の用例は極端に少ない。パウロでは「主の栄光」はわれわれの個所の他 3:18 に出るに過ぎず（「主」の場合は、それが神を指している可能性も一応考えられるが［たとえばファーニシュ 423 がこの意見］、これら両個所の場合、わざわざ「主」を用いていること、またすぐ先行する「主」の用法（3:16f および 8:9）から見て、「主」＝キリストであろう。なお、パウロ以外で「主の栄光」が出るのはルカ 2:9; II テサ 2:14 の二個所のみ）。「キリストの栄光」も II コリ 4:4; 8:23 に用例があるのみである（パウロ以外には用例なし）。23 節におけるように「キリストの栄光」とせず「主の栄光」としているのは「神の栄光」という慣用語の語感が残っていたためであろうか。ここでキリストの栄光を考えるようになったのはエルサレム教会への献金をユダヤ教の神殿税と区別しようとしたためかも知れない。

Münch, Geschenk 154f は、Baumert, 2Kor 158 に従い、ここの δόξα は栄誉、栄光ではなく、「ギリシア・ヘレニズム的語法に従って、神の計画、決定を意味する」、と主張する。また、次に出る προθυμία は「この計画に参入すること」を意味しており、このように理解すれば δόξα と προθυμία とに対して一つの冠詞が用いられていることも説明が容易になる、とする。しかし、パウロが δόξα を用いている個所は全部で約五十あるが、その中で Münch の言う「ギリシア・ヘレニズム的語法」の例は他にまったくないことが、この説明にとって大きな障害である。

8 : 19

[αὐτοῦ] τοῦ κυρίου δόξαν καὶ προθυμίαν ἡμῶν)[2]。πρός がわれわれの個所のように対格を支配する場合、その用法はかなり多様であるが（詳細は辞書の項目を見よ）、その中からここの両表現に共通して合うものを見出すことは、実際には容易でない。それゆえ、研究者によっては πρός を二度に訳し分ける者もいる[3]。われわれとしては、一つの前置詞を同時に複数の意味に解することは適切と思えないので、上に掲げるような訳文を選んだ。

「栄光」は本来神に属するものであるが、それはいつもだれの目にも明らかに示されているわけではない。「栄光のために」はそのように明瞭には認められない栄光が顕わとなるために、ということである。人間の行動が神の栄光を顕わにすることを直接述べる発言としては、パウロではロマ4：20がある[4]。エルサレム教会への献金が「栄光のため」とある理由としては、——「主の栄光」がここでは「わたしたちの熱意」と並んでいることから考えて——貧しい同信の人たちへの援助の行動が神への賛美をもたらすことが考えられていると見ることが出来る。しかし、献金問題に込めたパウロの思いからすれば、この語は、献金が目指す、エルサレム教会による異邦人教会の受け入れが、神の栄光にふさわしいことを含意していると考えることも可能である。

---

2 これと似た構文は 24 節にも見られる : τὴν οὖν ἔνδειξιν τῆς ἀγάπης ὑμῶν καὶ ἡμῶν καυχήσεως ὑπὲρ ὑμῶν（「あなたがたの愛とあなたがたについてのわたしたちの誇りとの証拠を」）。ここでも二つの言葉「あなたがたの愛」と「あなたがたについてのわたしたちの誇り」が一つの冠詞 τῆς によってまとめられて、それが「証拠を（τὴν ἔνδειξιν)」にかかっている。「あなたがたの愛」と「あなたがについてのわたしたちの誇り」とは、もちろん同一の事柄を指してはいないが、両者はいずれもコリントの人々の行う献金に関わっていて、互いに深い関係にあり、一つにまとめられておかしくない。

3 リーツマン 137 は πρός は「栄光」の場合と「熱意」の場合とでは異なる意味をもっているとし、136 の訳文では「主自身の名誉<u>のため</u>およびわれわれの願いに<u>即して</u> [dem Herrn selbst zur Ruhme und unserm Wunsch entsprechend]」と訳し分けしている。バレット 229 [to the glory of the Lord / in agreement with our own eager will]、マーティン 275 [for the honor of the Lord himself / to prove our own readiness] もこれに近い。

4 神をほめたたえることを指して「神に栄光を帰する」という表現が旧約以来しばしば用いられるのを参照（たとえばエレ 13：16 ; ルカ 17：18; ヨハ 9：24; 使 12：23; 黙 11：13; 14：7; 16：9)。

「主の栄光のために」のところで写本 S D¹ K Ψ 等は πρὸς τὴν αὐτοῦ τοῦ κυρίου δόξαν と、αὐτοῦ（「彼の」）という語を間に挿んでいる。他方、写本 B C D* 等はこの語を欠いている（ネストレ・アーラント 28 版は αὐτοῦ を鍵括弧に入れている）。後者は αὐτοῦ が判り難いので取り除いた二次的な読みであろう。写本 P 等は男性形 αὐτοῦ の代わりに女性形 αὐτήν とし、それを「栄光」（女性名詞）に掛けている。これは意味不明の αὐτοῦ を理解するための努力の根跡であり、それ自体は二次的だが、もともとその位置に αὐτοῦ があったことを示唆している。この αὐτοῦ はすぐ後に続く τοῦ κυρίου（「主の」）を強調していると見る研究者もいるが（たとえばヴォルフ 177f、グレサー II 40）、文脈から見てここでだけ「主の」を強調しなければならない必然性を見出すことは難しい。むしろバレット 217A2 のように、パウロは一旦 αὐτοῦ と書いたが、すぐにそれに τοῦ κυρίου を補って「彼の」の意味を明確化した、と考える方がいい（マーティン 271f が賛成。ハリス 597d 等が好意的に紹介）。

パウロはここで「主の栄光」に並べて「わたしたちの熱意」を挙げる。「熱意（προθυμία）」はすでに 11 節で献金に関する熱意の意味で使われていた。「主の栄光のために」は「主の栄光が顕になるために」の意味であったが、「わたしたちの熱意のために」もそれが顕になるためということであろう [1]。自分たちの奉仕が自分たちの熱意が顕になるためになされるというのは、この表現を孤立的にとりあげると、自分たちの奉仕が私的目的のためである印象を与えるが、ここでは、「わたしたちの熱意」は「主の栄光」と並んでいるだけでなく、すでに指摘したように、両者に対して一つの冠詞が付されているから、両者は密接な関係で考えられているととらなければならない。パウロは「自分たちの熱意」そのものが公的な性格を持つと理解しているのであろう [2]。すなわちこの熱意は、彼の理解では、エルサレム教会と異邦人教会とが

1　ここの部分を「わたしたちが［使者を派遣する］用意のあることを立証するために」ととるマーティン 276 は、パウロは 11,12,16 節を説明するため、また自分自身が使者を派遣する用意のあること（readiness, πρόνοια）を、コリントの人々の一年前の readiness, πρόνοια と呼応させる（match）ために、この表現を付け加えたと見るが、このような呼応関係を指摘する文脈上の必然性は感じられない。

2　ヴィンディシュ 264 は「主の栄光とわたしたちの熱意とのために」の部分を「諸教会によって選ばれた」にかける（アロ 223、キュンメル 207、バレット 229、ファーニシュ 423、マーティン 275、スラル 549f 等も同様）。この表現を「選出」に掛け

8：20

一つの教会であることを視覚化することに向けて、パウロたちに神から与えられた熱意である。

20 節　20 節は、パウロがエルサレムに献金を届けに行くに際して「同行者」として「諸教会」から選ばれた（19 節）一人の人物をテトスと一緒にコリントに派遣する（18 節）について、そのことの目的を述べる。この「同行者」の本来の任務は、献金を届けにエルサレムに行くパウロに同行することであって（19 節）、コリントでの献金集めの支援は元来の目的ではない。それゆえ本来なら彼はこの時点でテトスと一緒にコリントに送られる理由はなかった。22f 節に出るもう一人の「兄弟」の場合も、コリントに派遣されるについての具体的任務に関しては一言も述べられていない。他方、9：3-5 は、「兄弟たち」[3] 派遣の目的を、コリント教会がパウロたちの到着以前に自分たちの献金を完了するよう促す点に置いている。8 章の「兄弟たち」が 9：5 の述べるような任務をパウロから（副次的に）与えられたことは、彼らがコリントへと同行するテトスの任務（3 節）から見て十分あり得ることである。パウロがここでも 22f 節でもそのことについて触れていないのは、彼がそれを微妙な問題と受けとめているからであろう。彼はコリント教会での運動の推移に覚束なさ、焦りすらも感じていた。

ることは不可能ではない。ただし、原文の語順から見て蓋然性が高いとは言えない。問題はむしろ、この表現を選出に掛けた場合、選出がパウロの熱意を強めるという発言をどう説明するか、である。ヴィンディシュは、パウロはここでは「自分自身の意識から語り、事柄に関する彼の個人的評価を表現しているのであろう」と述べる。しかし、事柄に対するパウロ自身の評価が突然、しかも極めて短い言葉（わずか三語）で表現されているとすることは、説得的とは言い難い。キュンメルは、使者の選出は、パウロは 20 節にある心配をもはやする必要がなくなるので、彼のやる気（Bereitwilligkeit）を高める、と説明する（ファーニシュが賛成。スラル 550 も同様）。確かにそのような事情はあるかもしれない。しかしそれは、選出を行ったマケドニアの諸教会に向けて感謝を込めて書くのならともかく、コリントの教会に向けた文書の中で、しかも「主の栄光」と並べて言及することではなかろう。「主」と「わたしたち」の並置については 5 節に例がある（9：12 も参照）。

3　この「兄弟たち」はわれわれの個所に言及される「兄弟」と 22 節に出る「兄弟」の二人であろう。9：5 の「兄弟たち」と 8 章の二人とを別人物とすることは難しい。この点については 9：3 の説明を見よ。

われわれの個所では、パウロは「〔献金の〕多さにおいて」自分たちが誹謗されることを懸念している。しかし、パウロの献金集めに疑惑を持つ者が仮にいたとしても、それは集めた額が多かったことに由来するものではあるまい。献金が他の用途（とくにパウロの私用）に使われていはしないかという疑惑であったろう。それにもかかわらず「多さ」という表現が使われたのは、一つにはパウロが事柄を厳密に捉えて書いているのではないこと、換言すれば流用というような事態は実際には存在せず、彼は架空の可能性を述べているに過ぎないことを示唆していよう。実際に、パウロが献金を他の用途に回しているとの疑惑をある人々に持たれていたと考えることは難しい。そういうことであれば、「諸教会」はパウロの献金持参に同行させるために自分たちの使者を選ぶことはしなかったであろう。パウロは「教会の使者」に言及したところで、ユダヤ教の神殿税持参で、不正の起こるのを防止することを一つの目的として、そのような措置を行う習慣があることを想起し、このような発言を付け加えたものと思われる。なお、これと類似の発言が12:16-18にあるが、それについては同所の説明を見よ。「多さ」という語の使用にはもう一つの動機が考えられる。すなわち、パウロはすでに約束された献金が多いことを暗示することによって、コリントでの献金運動の一層の進展を促そうとしたのであろう[1]。

　「このことを［用心］している」と訳した語（στελλόμενοι）は動詞 στέλλειν の中動態の現在分詞男性複数形。分詞形の使用については 161 頁注 7 を見よ。στέλλειν という語はもとは「置く」という意味であったが、そこから出発して極めて多様な関連で用いられている[2]。LXX、新約ではこの動詞はいつも中動態で出る。新約における用例はわれわれの個所の他 II テサ 3:6 があるのみである。ここでは στέλλεσθαι はマラ 2:5 LXX 同様、分離の意味を持つ

1　マーティン 276 はこの場合の「多さ」を「献金」の同義語として扱う。しかし、単純に献金と表現したかったなら 7,19 節同様 ἐν τῇ χάριτι という表現を用いたであろう（プランマー 250、バーネット 423A44）。やはり「多さ」の自覚が多少とも働いていたのでこの表現（ἁδρότης。新約での用例はここだけ）を選んだと考えるべきであろう。

2　στέλλειν の語義およびそれの変遷についてはハリス 605f、K.H.Rengstorf, ThWNT VII 588,5ff、Moulton/Milligan, Vocabulary στέλλω を見よ。田川 484 も参照。

8 : 21

前置詞 ἀπό を伴っており、「避ける」を意味する。われわれの個所の場合は στέλλεσθαι は ἀπό を伴っておらず、かわりに τοῦτο（「このこと」）という目的語がついている。この τοῦτο は（原文で）すぐ後に記されている μή で始まる副文章（「誰かが…ないよう」）を先取りしていると見ることも不可能ではないが（この場合はこの動詞は「避ける」に近い意味となる）[3]、しかし、その場合はわざわざ τοῦτο と記す必要はない。むしろこの τοῦτο は 18f 節の記述内容（テトスと一緒に一人の「兄弟」を派遣すること）を指していると見る方がいい。その場合、στέλλεσθαι は「このことを置く（＝用心のために行う）」という意味になる（アロ 226、プランマー 249、ハリス 605f、K.H.Rengstorf, ThWNT VII 590,18ff. 田川 074 は「我々がこういう準備をしたのは」とする［スラル 550f、ガスリ 425f も同様］。その他エラン 71、ファーニシュ 423、マーティン 276、シュメラー II 76 等も参照）。

21 節　「わたしたちは主の前でだけでなく、人々の前でもよいことを心がけている」は 20 節をさらに理由づける言葉（γάρ）。「よいこと（καλά）」[4]——この表現自体は箴 3:4（後述を見よ）から採られた——で考えられているのは前節で言及のあった、献金に関して「非難」を受けない公正な振舞である。

　パウロはここで箴 3:4 LXX「主と人々の前でよいことを心がけよ」を意識して書いている[5]。箴言の場合と違い、「だけでなく、…も（οὐ μόνον …

3　Bauer/Aland, WB στέλλω 2, Liddell/Scott, στέλλω IV 4 が「避ける」と解する。

4　καλός については 13:7 の説明を見よ。

5　II コリ 8:21：προνοοῦμεν γὰρ καλὰ οὐ μόνον ἐνώπιον κυρίου ἀλλὰ καὶ ἐνώπιον ἀνθρώπων
箴 3:4 LXX：προνοοῦ　　　καλὰ　　　ἐνώπιον κυρίου　　καὶ　　　ἀνθρώπων
この同じ箴言の言葉をパウロはロマ 12:17b でも、一般的勧告の中で援用している（προνοούμενοι καλὰ ἐνώπιον πάντων ἀνθρώπων［すべての人々の前でよいことを心がけよ］）。この箴言の言葉はさらにポリュ 6:1、フィロン『酩酊』84 でも援用されている（ヴィンディシュ 265f が指摘）。ベッツ 144f は、ポリュ 6:1；アヴォート 2:1 等にも類似の言葉が出るが、これらのテキストは箴 3:4 とかなり異なっていると指摘し、このことはパウロがこの言葉を諺として知っていたことを示す、と主張する。もともと内容としては人々の日常生活に近く、表現としては単純かつ短い言葉であるから、一般論として、この言葉ないしはそれに近いものが、とくに LXX の引用と意識することなしに語られていた可能性は大きい。ただ、われわれの個所の場合、箴 3:4 LXX との対応がかなり正確であり、かつ、パウロには一連の論議を旧約の援用句で締めくくることが多いこと（たとえば 15 節を見よ）から考え、ここの場

ἀλλὰ καί)」を挿入することにより、「人々の前で」を強調している[1]。

　「主の前で」はイスラエル民族またはそれに属する個人にとって、言動の適否に関する最終的基準であった。神のよしとする生き方はしばしば「神の前で歩む」と表現される（創17：1; 王上2：4; 3：6; 8：25; 9：4; 王下20：3; 詩56：13; 116：9; イザ38：3 他）。それにまして使用例が多いのは「神の前で悪を行う」という表現である（申4：25; 士2：11; 10：6; 13：11; サム上15：19; 王上11：6; 代下36：9; 詩51：4; エレ7：30 他）。とくに王たちの行動に関して用いられることが多く、その場合には、人の目には妥当と映ろうともというニュアンスが伴う。

　パウロでも「神の前で」[2]を最終的基準の意味を込めて使う用例が散見される（ロマ3：20; ガラ1：20 他。事柄の上では I コリ4：3-5 も参照）。それに対しわれわれの個所の場合は、「主の前で」は最終的基準を示すために用いられておらず、「よいこと」を行うことは「主の前で」はむしろ当然とされており、重点は「人々の前でも」に置かれている[3]。神の意に沿うことを第一

　　合もパウロは意識して箴3：4を援用していると見るべきであろう。
　　ここでは、たとえば9：9の「と記されている通りである」のような、引用句であることを示す言葉が欠けているが、パウロではわれわれの個所と同じように格別の断り書きなしに引用を行う例が他にも少なくない（9：7b 他。Koch, Schrift 15A18c が例を挙げている）。

1　同じ箴言の言葉を引用しているロマ12：17b では、パウロは箴言の文章通り、οὐ μόνον … ἀλλὰ καί のない形で引用している。
　　われわれの段落ではパウロは19節でも οὐ μόνον … ἀλλὰ καί を使っている（「それだけでなく」。ツァイリンガー 282 が指摘）。しかし、両個所でのこの言い回しの使用に特別の共通点は見出せない。たまたまの筆の流れの結果、と見るべきであろう。

2　われわれの個所では「主の前で」であるが、パウロではこの関連で他の場合には「主」が用いられることはなく、使われるのは一貫して「神」である（ロマ14：22; I コリ1：29; II コリ4：3; 7：12; ガラ1：20）。おそらくここでの「主」の使用には、当時のユダヤ教的慣習の影響があろう。すなわち、当時のユダヤ教では神の固有名詞「ヤハウェ」を口にするのを避けるため、それを一般名詞「主」と呼び変える慣習があった。この個所のヘブライ語聖書では「神（אלהים）」が使われていたが、パウロはこの慣習に従って「主」を用いたのであろう（Koch, Schrift 85f を参照。箴3：4 LXX で「主」が用いられるようになった時期はもっと遅い可能性がある）。いずれにしても、ここの「主」でとくにキリストが考えられているとは考えられない。
3　旧約でも「神の前で」に並んで「人々の前で」ないしはそれと類似の事柄が問題

8：22

に考えて献金運動を展開しているのであれば「主の前で」の評価で十分と思われるのに[4]「人々の前で」の方が重視されているのは奇妙と見えるかもしれない。これは、パウロが信仰的独善を避けようとしている言葉と見ることも出来るが、ここの場合第一には、献金運動を何とかして成功させたい、そのためには「人々」、具体的にはコリントの人々が持っているかもしれない誤解[5]を解いておきたいとの彼の思いの反映と見るべきであろう。

22 節　第二の「兄弟」の派遣について[6]。第一の兄弟の場合（18 節）と同じく、まず「派遣」の事実について述べた上で、この「兄弟」についての推薦の言葉を記す。

この第二の兄弟の紹介の仕方には、第一の兄弟の場合と異なる点がある。すなわち、第一の「兄弟」の場合に見られた、この者が諸教会から選出されたとの報告に相当するものが 22 節で第二の「兄弟」が単独で紹介される段階ではない（23 節で二人の兄弟たちが一緒に紹介される段階では事情が違う）。また、そのことと関係があるかもしれないが、18 節では第一の「兄弟」を推薦する言葉として、彼に対する称賛が「全教会を通じて」広まっているとあったのに対し、22 節の第二の「兄弟」についての推薦の言葉の内容はパウロ自身の確認の範囲にとどまっている。

それではこの第二の「兄弟」はどういう経緯でコリント行きの使者に加わることになったのか。

ベッツ 146 は、この「兄弟」がわれわれの個所で（第一の「兄弟」と違い）「わたしたちの兄弟」と呼ばれていることを根拠に、この人物はパウロ自身によ

とされる例は箴 3：4 以外にない。パウロの場合も「神の前で」はそのような意味で単独で用いられることが多い。しかし、II コリ 4：2; 7：12 では、表現は違うが、「神の前で」と並んで人々の見る目への配慮が並んで出る。ロマ 14：18 に「神に喜ばれ、かつ人間たちに尊敬されている」とあるのも参照。

4　違う関連でではあるが、たとえば I テサ 2：4「人間たちを喜ばすのでなく、わたしたちの心を吟味する神を［喜ばせる］」を参照。

5　「またもや、教会に対する関係がなお問題であり、それが決して、7：5-16 が推測させるようには信頼にまで到達していなかったことに気づかされる」（シュメラー II 78）。

6　συνεπέμψαμεν（「派遣する」）はここでも（18 節におけると同様）手紙のアオリスト。

173

って任命されたとし[1]、それをさらに発展させて、パウロがこの人物を使者に加えたのは使者三名の中で自分を代表する者を多数派とすることを望んだからだとする。しかし、テトスたち三人が合議して何らかの決定を下さなければならないことが起こる可能性は、とくに想定しがたい。ましてや、その際三人の意見が二つに割れ、第二の「兄弟」はテトスに同調するはずだとすることも、度が過ぎた推測である。この人物がパウロにとくに近かったかも疑問である（後述を見よ）。

この人物が使者に加わったのは、最終的にはパウロの承認のもとでであるにしても（「わたしたちは」この人物を「彼らと一緒に送る」）、そこに至る前段階がどういう経緯によるものであったかは、判らないとしか言いようがない。彼の自発的な参加申し出であった可能性もないとは言えない（「彼はあなたがたを大いに信頼して非常に熱心になっている」）。

この「兄弟」についてパウロは、「わたしたちは彼が熱心であることを多くの点でしばしば確かめた」と述べる。推薦の用語は「熱情的（σπουδαῖος）」。この語ないしはそれと同根の言葉はテトスについて用いられていた（16,17節）。

「多くの点で」「しばしば」という両語は「すべての点で、絶えず」ではないという限定的ニュアンスを伴う。構文の上から見ればこれら両語は「熱情的である」に掛けることも出来るが、「確かめた」に掛けて考える方がいい。

テトスの場合は「一層熱情的になって」と、熱心である事実をそのまま述べる形をとっているのに対し、ここでは「わたしたちは確かめた」という表現が用いられている。わざわざ「わたしが確かめた」という表現を使っているのは、その事実が——「称賛が全教会を通じて［存在する］」という第一の「兄弟」の場合と違い——教会一般にそれほど知られていなかったことを反映していよう。この人物がパウロに長い間付き添っていたならそのようなことは発言し難いから、彼は——多くの研究者が考えるのとは逆に——パウロ自

---

1 たとえばヴォルフ 178、マーテラ 198 もこの人物が「わたしたちの兄弟」と呼ばれていることを根拠に、彼は「パウロにとくに近い」としている。しかし、23 節で第一の「兄弟」と合わせて「わたしたちの兄弟たち」という表現が使われていることから見て、この点をそのように重要視することには賛成出来ない。

174

身に比較的近くない人物であろう[2]。熱心さを「確かめた」のがすべての点で、絶えずではなく、「多くの点で、しばしば」であるという書き方も、このことを裏書きしている[3]。

　節の終わりにパウロは、この「兄弟」は「あなたがたを大いに信頼してもっと熱心になっている」と付け加える。「あなたがたをもっと信頼して」は、この「兄弟」の派遣の状況から考えれば、コリントの人々が献金問題に積極的になることを指していよう。いずれにしても、この「兄弟」にもコリントでの献金運動への協力が予定されている。コリントの人々へのメッセージという観点からすれば、この報告は、コリントの人々に信頼して、つまり献金運動に関する彼らの熱意を予感して、派遣される者がいるのだから、彼らは一層熱心にそれに取り組んで、この「兄弟」が失望することがないようにしてほしい、という勧告である。

　第一の「兄弟」の場合同様、この「兄弟」の場合も、それが誰かを具体的に確かめることは出来ない。

23f 節　23f 節は改めてテトスたち三人を紹介し、コリントの人々に彼らの遇し方についての要望を伝える。これは古代における推薦文の形式に即しており、新約ではロマ 16：1f のフェベの紹介がそれの典型的な例である（ツァイリンガー 288）。このような改まった紹介は、パウロがこの文書を閉じようとしていることを反映している。

23 節　23 節では、パウロはまたもやテトスと二人の「兄弟」たちを別々に紹介する[4]。両者の身分の違い、両者に対するパウロの親疎の違いが反映し

2　反対意見として前注で挙げたヴォルフの他、アロ 227、マーフィー・オコナー 108、Ollrog, Mitarbeiter 53 等。

3　「確かめた」を中心とするこの個所の発言に関しての Mitchell, Letters 328 の意見については、補説 3「献金運動」I b α ③を見よ。

4　εἴτε … εἴτε の構文。パウロでは、いわゆる第二パウロも含め、比較的頻繁に出るが、それ以外の新約文書では I ペト 2：13 に出るに過ぎない。複数の対象を次々に数え上げるときに使われる。καί … καί とほとんど違わない意味となることもある。定動詞を伴わないことが多く、われわれの個所もそれに当たる。BDR§454,3 を見よ。

175

ている。「テトスについて」[1]では「わたしの仲間」「あなたがたに対しての同労者」と、パウロとの関係の近さを表す名詞が用いられる。この 23 節で「わたしの」のついた肩書で呼ばれているのは彼だけである。

「わたしの」は親しい関係にあることを強調するためにだけつけられた言葉ではない。テトスが以前コリントでパウロからの使者として活動していたこと、パウロが彼と親しい関係にあることは、コリントの人々にはよく知られた事実であって、今さら新たに気づかされるべき事柄ではない。「わたしの」の強調は、テトスがこれからコリントで従事する活動（献金運動の推進）が、パウロの意を受けたものであることを明らかにし、さらにはテトスの行う献金運動がパウロにとって極めて重要な意味を持つことをコリントの人々に訴えることを、間接の目的としてなされている。

パウロが自分の同信の者を「仲間（κοινωνός）」と呼ぶ例は他にフィレ 17「もしあなたがわたしを『仲間』と考えるなら」があるに過ぎない。用例が乏しいから断言することは出来ないが、このフィレ 17 の例は「仲間」という語が特別の親しみをこめて使われていることを仄めかす。

他方「同労者（συνεργός）」はパウロではかなり頻繁に、しかも以下に見るように総じて特色ある仕方で使われており、注目に値する。

---

1 「テトスについて」と訳したのは ὑπὲρ Τίτου。ベッツ 147-150 は、前置詞 ὑπέρ はここでは「特別の、管理の専門用語として、かつ法的意味で」使われており、その例は当時の法的文書の中に多く存在する、と言う。彼によれば、それは代理の権限を付与したことを表す表現であり、「誰それの代わりに」「誰それの名前で」を意味する。彼は「パピルスにおいてはこの行為はしばしばより完全な『わたし誰それが誰それの名において記す』（ὁ δεῖνα ἔγραψα ὑπὲρ τοῦ δεῖνα）で表現されている」とし、例として Hibeh パピルス 84 の 26-28 行「この契約は、それがティモクレスまたは彼の代理を勤める人物（einer Person an Timokles' Statt）によって提示されるときは…いつも効力を持つ」を挙げる。しかし、ベッツの挙げる例では ὑπέρ＋人物は、その人物に「ついて」ではなく、その人物の「代わりに」の意味で使われており、われわれの個所の「テトスについて」の平行例とは言い難い。スラル 553 のベッツ批判も見よ。

　なお、二人の「兄弟たち」の紹介に際しては ὑπέρ はついておらず、εἴτε を繰り返した後いきなり「わたしたちの兄弟たちは」と主格で始まっている。ベッツ 150 はこのことを理由に、この「兄弟たち」はテトスと同じようにパウロの代理としての権限を持っていないと言うが、この意見が適切と言い難いことは上に述べたことから明らかであろう。

8：23

　この語はパピルスでも用例が少なくない。それについては G.Bertram,
ThWNT VII 869,28ff を見よ。他方、この語の LXX における用例は四個所に
過ぎず、その中にパウロでの用例の参考になるものはない。その他のユダヤ
教文書でも、各文書での出典数に多寡はあるものの、G,Bertram 上掲項目
870,24ff が提示している限り、人物に関してそれを用いている例はなく [2]、われ
われにとって直接の参考になるものはない。

　パウロは συνεργός を合計十一個所で用いている（ロマ 16：3,9,21; I コリ
3：9; II コリ 1：24; 8：23; フィリ 2：25; 4：3; I テサ 3：2; フィレ 1,24）。他に
同根の動詞 συνεργεῖν が三回出る（ロマ 8：28; I コリ 16：16; II コリ 6：1）[3]。

　　名詞形の使用実態は大別して二つに分かれる。一つは彼が自分自身を指し
て「同労者」を用いている場合で、I コリ 3：9; II コリ 1：24 がこれに当たる（動
詞の用例のうち II コリ 6：1 もこれに相当）。これらの例では「同労者」は宣
教者としての自称である。第二のグループは、自分の協力者である他の宣教
者ないしは（必ずしも宣教者ではない）同信の者を指してこの語を使う例で
ある。これら諸例では「同労者」は特定の個人名と結びついており（例外は
フィリ 4：3 だけ）、パウロはいわば「同労者」と呼ぶ人々の顔を思い浮かべ
ながら書いている(I コリ 3：9; II コリ 8：23; フィリ 2：25; 4：3; I テサ 3：2)。「同
労者」に「わたしの」ないしは「わたしたちの」という人称代名詞をつける
ことによって自分との近い関係を表す場合が少なくない（ロマ 16：3,9,21; フ
ィリ 4：3; フィレ 1,24。II コリ 8：23; フィリ 2：25; I テサ 3：2 もこれに準じ
る）。ただし、その際彼が自分自身を、「同労者」と呼んでいる人と同一平面
上にある一員と意識しているかは、必ずしも明らかではない [4]。第二グループ

───────────

2　Ollrog, Mitarbeiter 66 は、パウロにおけるこの語およびそれと同根の動詞の用法
　の、他の文献のそれと比べての重要な違いは、それらが「基本的に人物――それも
　パウロが伝道の働き（Missionsarbeit）で一緒に活動した人物――に関係づけられて
　いる点にある」と指摘。「伝道の働きで一緒に活動した」という部分については留
　保が必要だが（後述を見よ）、指摘の主要内容は正しい。

3　　この三例では、この語は神との共働（ロマ 8：28：「[神は] 神を愛する者たち
　…と共に働く」。II コリ 6：1 も参照）または他の信徒と「共に働く」人々（I コリ
　16：16）を指して使われており、名詞形の場合ほとんど例外なしにパウロ自身に関
　係の近い同労者ないしは同信の者を指して使われるのと異なっている。

4　Ollrog, Mitarbeiter 71f は、おそらくわれわれが第一のグループとして取り上げた
　個所のみを念頭におきながら、パウロは自分自身を「同労者」と位置づけている、

177

の例の約半分は手紙の初め・終りの挨拶文での用例である（ロマ 16：3,9,21;
フィレ 1,24）。第二グループのうち明確に宣教仲間を指して使われている例
としては I テサ 3：2（テモテ）およびわれわれの個所（テトス）があるに過
ぎない。この二個所についても、信頼している親しい仲間という意味合いを
軽視すべきではない[1]。

われわれの個所では συνεργός に「あなたがたに対しての」という語がつ
いており、テトスのコリントでの活動[2]を念頭において彼を自分の「同労者」

と主張し、それをもとに、「彼は、その周りに『助言者』『随伴者』『協力者』が集まる、
奉仕に当たっての主人公（Dienstherr）ではない」とするが、これはパウロの「同
労者」の用例全体を公平に見た意見とは言えない。彼はそれに続けて、「辞典、注
解書、聖書翻訳およびその他のパウロに関する文献でほとんど一貫して用いられて
おり、一般ギリシア語の語法に由来している［συνεργός を「助力者」とする］表示は、
どの個所においても、パウロによって考えられている事柄を適切に表現するもので
はない」としているが、これは一方的に過ぎる。われわれが第二のグループで扱っ
た個所の大部分ではむしろ「助力者」という訳語の方が事柄に即している。

1　Ollrog, Mitarbeiter 67 は συνεργός について「テーゼ風に」、「συμεργός はパウロと
　一緒に神から委託をうけた者として伝道宣教（Missionsverkündigung）という共通
　の『働き（Werk）』に従事している者」と定義しているが（たとえばスラル 553 は
　これをそのまま採用）、これが厳密に当てはまるのはわれわれが第一のグループで扱
　う諸個所と第二グループの中の二個所だけである。第二グループの大部分（συνεργός
　の用例の過半数がこれに属する）については「神から委託を受け…伝道宣教という
　共通の働きに従事している」という点は、明確とは言い難い。Ollrog はそれに続け
　て「この語は［伝道という］共通の働き、ἔργον によって定義づけられているのであっ
　て、チームの思想、働きにおいて一緒であること、συν-［一緒］であることによっ
　てではない」と言うが、このように問題を二者択一の形で提出することは、この語
　の使用実態に合っていない。

2　この活動をヴォルフ 179 は Hainz, Koinonia 104-106、Ollrog, Mitarbeiter 77 に依
　拠して「福音の宣教」への参与としている。「パウロと教会との関係をうまく解明
　したこと」（eine positive Klärung … ［ヴォルフの表現］）をも「福音の宣教」に含
　めるなら、これは肯定出来るが、Ollrog のようにこの概念を狭く捉える場合には、
　これには賛成出来ない。Hainz 105f は、I コリ 9：1 に οὐ τὸ ἔργον μου ὑμεῖς ἐστε ἐν
　κυρίῳ;（「あなたがたは主にあるわたしの働きではないか」）とあることを指摘して、
　テトスはコリントでの「福音宣教」に参与しているゆえに συνεργός と呼ばれている
　としている。この場合も、われわれの個所でテトスに言及があるのは「一人の兄弟」
　（18 節）の場合同様、献金運動遂行のためであるから、「福音宣教」を狭くとらえる
　べきではない（Hainz 自身は 131 で、「ガラテア書以後に記された、献金の取り決
　めを取り上げているすべての個所で、κοινωνία ［コイノーニアー］に…言及がある」

8 : 23

と呼んでいることを示唆している。「同労者」と言っても、それはパウロと
テトスとが同時にコリントで活動するということではない。換言すれば、コ
リントでの仕事はその場に実際にいないパウロにとっても「仕事」であり、
テトスの働きはパウロ自身の働きでもあるという考え方がこの用語から読み
取れる（ハリス 610 を参照）。

　Ⅰコリ 3:9 とⅠテサ 3:2 とでは συνεργός に θεοῦ（「神の」）が伴っているので、
「神とともに働く者」を意味している可能性がないではない。しかし、Ⅰコリ
3:9 の場合は、この語はコリントの教会に生じたパウロ派、アポロ派の競合
に直面して、宣教の主役は自分たち個々の宣教者ではなく神であることを強
調する文脈に出る言葉であって、原文では「神の」という語を最初に置いて
際立たせている（θεοῦ ἐσμεν συνεργοί）。さらに、この表現に続けてコリント
の人々を「神の畑（θεοῦ γεώργιον）」「神の建物（θεοῦ οἰκοδομή）」に譬えてい
ることからも、パウロの主張の意図は明らかである。すなわち、「神の」は「神
に所属する」という意味であり、「同労者」はパウロとアポロとを指している。
Ⅰテサ 3:2 では、パウロはテモテを「わたしたちの兄弟」と呼んだ上で、そ
れを「キリストの福音における神の同労者」と言い直している。ただし、こ
の個所は異読が多い。われわれの関心との関連では、大部分の写本は「神の」
を欠いており [3]、「神と共に働く者」という考え方の典拠とするには不適切であ
る。要するに、パウロにおける συνεργός の用例には神を人間の「共労者」と
する例、「神と共に働く者」を意味して使われる例はない。ただし、動詞形
の場合は、前者に当たるものとしてロマ 8:28、またおそらく後者に当たる
ものとしてⅡコリ 6:1 がある。

　パウロ以外の新約諸文書では、これらの用語の用例は極端に少ない。
συνεργός は他にコロ 4:11（「神の国のための同労者」）およびⅢヨハ 8（「真
理のための同労者」）があるのみであり、συνεργεῖν は他にヤコ 2:22（「信仰
が行いとともに働く」）およびマコ 16:20（「主が彼ら［弟子たち］とともに
働く」）があるのみである。名詞形の二例は「同労」の内容を明示している

との適切な指摘を行っている）。なお、ヴォルフは A110 で、Ollrog 70 が、テトスは「教
会と一緒に同じ働き（つまりユダヤ人キリスト教と異邦人キリスト教の一体性を示
威する献金の働き）に従事している」としているのを批判して「パウロは『あなた
がたと共に』あるいは『あなたがたの同労者』とは書いていない」と指摘しているが、
これは正しい。

3　この点については田川 113-115（Ⅰテサ 3:2 の訳注）を見よ。

179

点でＩテサ3:2（「キリストの福音における」）に近いが、このような内容明示はパウロではここだけであって、他に例はない。なお、使徒教父でもヘル・譬5:6:6に肉体と聖霊との共同の働きについて動詞形が用いられているだけで、それ以外に συνεργ- の用例はない（Ollrog, Mitarbeiter 66f が指摘）。

　節の後半は二人の兄弟たちの紹介である。ここでは彼らは一括して「諸教会の使者」と呼ばれている。「使者」と訳した語は ἀπόστολος で、「使徒」とも訳し得る。ここでのような「使者」という意味での用例としては、他にフィリ2:25（エパフロデト）がある。エルサレムの使徒たちおよびパウロの場合、「使徒」たることは終身であるのに対し、「使者」の場合は、時間的に、また任務の点で限定づきである。われわれの個所の「諸教会の使者」も何か公的な呼称のようなものではなく、訪問先のコリント教会の観点に立って二人を捉えた呼称であろう。すなわちそれは、彼らはいずれも「諸教会」（原文では単純な複数形）、つまりコリント以外の教会に所属している信徒であって、外部者としてコリント教会を訪問することを指しているに過ぎない[1]。

　二人の「兄弟」のうち、第一の「兄弟」の場合は「諸教会によって選ばれた」との記述があるから（19節）このように呼ばれるのにふさわしいが、第二の「兄弟」の場合はそのような経歴の報告はない。しかし、彼とてもコリント教会から見れば他教会の者であり、かつパウロたちによってコリントへと派遣される（22節）のであるから、第一の「兄弟」と合わせて「諸教会の使者」と呼ばれることは、厳密とは言えないものの、不自然とまでは言えない。

　「諸教会の使者」と並んで「キリストの δόξα〔栄光〕」という説明がついている。この表現も彼らについての共通の呼称として——公的に選出されているか否かという違いを超えて——用いられている。δόξα はパウロでも「栄光」の意味で頻繁に使われる語。それは本来神（のみ）に備わっている栄光を指すことが多いが、それが信徒と関連づけられることも少なくない。とくに

1　ヴィンディシュ267は、第二の「兄弟」が「諸教会の使者」とされているのは修辞上の理由からか、または彼は本当に諸教会から委任を受けたが（ハリス609もこのように推定）、パウロにとっては第一には個人的従者であるから、とする。第二の観点は、私は採らない。

8：23

それは信徒の救済との関連で言及されることが多い。（とくに終末に際して）信徒は神の栄光に与るという期待はすでにユダヤ教（とくに黙示文学）にあったし（たとえばシリ・バル 51：10f。G.Kittel, ThWNT II 250,26ff を見よ）、パウロでもこの期待を述べる発言が少なくない（ロマ 5：2；8：18；9：23；フィリ 1：11；3：21）。さらにはこの終末時の期待が信徒においては実現しており、彼らは現在すでに栄光に与っているという発言も見られる（ロマ 2：10。ロマ 9：4；II コリ 3：18 も参照）。しかし、われわれの個所の場合は「キリストの栄光」という呼称は二人の「兄弟たち」にのみつけられており、——パウロから見れば三人のグループの筆頭であるべき——テトスについては用いられていないから、この言葉がこのバランスを崩すほど重い神学的意味を持って使われているとすることは適切でない。

　特定の信徒を「キリストの栄光」と呼ぶ例は、パウロで他には見られない。われわれの個所の用例はそれゆえ、ここでの文脈から理解するのが最上であろう。その点では、19 節でパウロが自分たちは「主の栄光…のために」献金の奉仕に従事していると述べている点が注目に値する。彼は、自分たちが展開している献金運動は「主の栄光」を顕にする活動だと認識していた（ヴォルフ 179、マーフィー・オコナー 109 等を参照）。彼らはその献金運動完遂の助力者として現れるので、「キリストの栄光」の担い手という意味で「キリストの栄光」と呼ばれる[2]。それはそれゆえ、一種の褒め言葉（ランブレヒト 140）というよりも、——「諸教会の使者」が、彼らがコリント側から見て歓迎すべき存在でない（16-24 節の説明を見よ）にもかかわらず、彼らにつけられている呼称であるのと同様——コリントの人々に、彼らが彼らを「キリストの栄光」として重んじ、仮にも彼らを拒むことのないよう求めている

───────────

2　リーツマン 137 のように I コリ 11：7 を指示しながら、「δόξα Χριστοῦ［キリストの栄光］はすべてのキリスト者がそうだ」としたのでは、この二人の「兄弟」が特別に「キリストの栄光」と呼ばれている理由がなくなってしまう。

　　コリンズ 178 は、「キリストの栄光の布告は福音の布告であるから、8：23 の無名の兄弟たちは、彼らの福音布告の仕事について褒められていると思われる」と述べるが、22 節の記述内容から見ても説得的ではない。

181

呼び名である[1]。

24節 23節で二人の「兄弟たち」の推薦を兼ねた紹介を繰り返した後、24節でパウロは彼らを迎えるについてのコリントの人々に対する要望を述べる。それは実質的には献金運動を速やかに完遂してほしいとの要望である。パウロにとってはそのことが目下の最大の望みである。

　24節をコリントの人々に対する要望とする見方に対しては、異なる見解を持つ研究者もいる。すなわち、シュメラーII 28f＋80fは、24節は通常16-23節を締めくくる訴えの言葉（Appell）と理解されているが、それには二つの問題がある、と言う。すなわち、① その場合には9:1で新しいテキスト単元が始まっているとされるが、それは正しいか。② ἐνδεκνύμενοι という分詞（われわれが「示して［欲しい］」と訳した語）の解釈。このうち②についてはこの節の説明の中で後述する。ここでは①だけを取り上げる。

　シュメラーは8章と9章との間に切れ目があるとする考えに反対し、8:24と9:2-5とはいずれも、パウロがコリントの人々の献金への熱心を第三者に対して誇っていること、この誇りは三人に対し、また（後にパウロに同行してコリントに赴く）マケドニアからの使節に対して、確証されるべきことを述べている、と指摘する。確かに、この両個所間にはテーマの重なりがある。しかし、派遣される「三人」の使命についてのシュメラーの見解には同意できないものがある。彼の上掲の要約自体が示しているが、「三人」の役割は、8:24と9:2-5とでは同じではない。すなわち8:24では「三人」は（「諸教会」と並んで）コリントの人々によって自分たちの愛と彼らについてのパウロたちの誇りとが確証されるべき相手とされているのに対し、9:3-5では「三人」は、パウロがコリントの人々と一緒にコリントに行ったときに自分たちの誇りが空しくならないよう、あらかじめそのための準備をしておくことを委ねられている。

　冒頭の「だから（οὖν）」は三人を派遣するという今までの発言を受ける言葉。この「だから」に続けて、コリントの人々がこの三人の訪問をどう受け入れるかについての要望が記される。彼が願っていることは、エルサレム教

1　ヘーフマン362がこの個所を、「コリントの人々の間での彼ら［二人の兄弟］の働きを拒絶することは、キリストの教会における、また教会の使徒たちの間でのキリストの現実（reality）を拒絶すること」と説明している。

8：24

会への献金についてのコリントの人々の積極的協力であり、われわれの個所
の発言は趣旨において 6-15 節で述べられたことと同じである。ただ、その
表現の仕方は 6-15 節と比べ間接的である。このような間接的表現を選ぶの
は、コリントでの献金運動の展開の鈍さに直面して、献金問題に直接触れる
ことを避ける気持が彼に働いているためであろう（彼は 16 節でも献金問題
に直接触れることを避けている。同所の説明を見よ）。しかし、そのように
間接的であるにしても、彼は段落の最後にあたり自分の要望を改めて述べて、
コリントの人々の協力を促す [2]。

彼の要望は「あなたがたの愛」と「あなたがたについてのわたしたちの誇

---

2 「示して［ほしい］」と訳した部分は ἐνδεικνύμενοι。またしても分詞が用いられ
ている（19f 節を見よ）。19f 節では直説法的意味であったのに対し、ここの場合は
命令法的意味。BDR §468A5 を見よ（同所にパウロを含む新約での類似例あり）。
ἐνδεικνύμενοι の部分については、これを ἐνδείξασθε（アオリスト命令法）とする異読
がある（S C D² 等。これに対し ἐνδεικνύμενοι と読むのは B D* 等）。分詞が命令法
的意味を持つこと（セム的語法）を知らない写筆者による二次的訂正である。田川
486 は、ἐνδεικνύμενοι を命令法的な意味の分詞とする解説は「根拠があるわけでは
なく、S C 他の写本の命令法の意味を分詞に持ち込んでいるだけ」と言うが、たと
え少数でも命令法的な意味の分詞の例が他にもあり、しかもそこではわれわれの個
所におけるように命令法の異読がないことを考えると（たとえばロマ 12：9ff）、こ
の主張は当たらない。
　ガラント 396 は、相手に向かって「愛を示せ」と言うことは「理論的には危険で
あり得る」、神は「あなたがたがわたしを愛するなら、このことをするないしは与
えることによってそれを示せ」とは言わない。「パウロはしかし、コリントの人々
の物惜しみしない行動は神の恵みが彼らの間で働いていることを証するものである
ことを知っている。…それは神の恵みの体験から自然に出て来る」と述べる。この
ガラントの指摘は神学的には正しかろう。それに 8 章の中でも、パウロは 9 節でキ
リストの恵みを指摘しており、信徒がそれに即して生きるべきことを述べていた。
しかし、この 9 節の言葉が文脈で浮いていることは、9 節の説明で指摘した通りで
あり、さらにその 9 節すらも、愛の行動が恵みの体験から「自然に出て来る」と
言うにはほど遠い勧告的性格を強く持っていた。もしパウロがコリントの人々に向
けてここでガラントの言うようなことを言おうと思ったのなら、彼はキリストの恵
みの指摘に徹するべきであったのではないか。それとはかけ離れた語り方をしてい
るのは、一方ではコリントの人々に対する彼の信頼がそこまで深くなかったためで
あり、またパウロ自身現実の前に理論一本で突き進むだけの楽観主義に立っていな
かったためではなかろうか。いずれにしてもこのガラントの指摘は、われわれの個
所の解釈という観点から言えば、説得的とは言えない。

183

り」との証拠を使者たち、さらには彼らが代表している「諸教会」に示すことである。「証拠」の中身は二つに分けて述べられているが、事柄から言えばいずれも献金活動の完遂である。そのことがパウロたちにとっても重要であるということで、第一の言葉とは不釣り合いな、また問題の本質から見て場違いの感じを与えかねない第二の言葉がつけられた。

　コリントの人々の献金を「愛」と表現することは7,8節でも行われていた。「わたしたちの誇り（καύχησις[1]）」はパウロがマケドニアの人々に向かってアカヤではすでに献金の準備をしていると伝えたことを指す(9：2を参照)。「証拠」の提示先は、一旦「彼らに」とした上で[2]、節の末尾で「諸教会に向けて[3]」と言い直しているが、これは彼らが「諸教会の使者」であることを思い

1　καύχησις は誇る行動、これに対し 9：3 等に出る καύχημα は誇りとするもの、誇って述べたこと。実際には両者は同義に用いられることが多い。

2　たとえばアロ 228 は、「彼らに（εἰς αὐτοῖς）」は原文ですぐ後に続いている「示して［ほしい］」にではなく、すぐ前にある「わたしたちの誇り」に掛ける（「彼らに向けて誇る行為」）方が、「示す」が「彼らに（εἰς αὐτοῖς）」と「諸教会に向けて（εἰς πρόσωπον τῶν ἐκκλησιῶν）」という εἰς のついた二つの発言をとることにならないからいい、とする。この場合「彼らに」は、9：2 から見るとマケドニアの「諸教会に」と考えたいところだが、ここでは「諸教会に」という語が文末に出るから、「彼らに」は「二人の兄弟たちに」であろう。パウロが二人の兄弟たちにコリントの状況について誇ったとは、直前の文章では述べられていないが、9：2 のような発言のあることを考えると、われわれの個所で「彼ら（二人の兄弟たち）」に向けて誇ったとあってはおかしい、とまでは言えない。しかし他方、23 節によれば「二人の兄弟たち」は「諸教会の使者」である。コリントの人々の愛と、コリントの人々についての自分たちの誇りとの証拠を示すこととの直接相手となるのが「二人の兄弟たち」であることは確かであるし、パウロがそのことの波及効果を考え、発言を一段と強めて、その後に「諸教会に向けて」という語を付け加えることも十分考え得ることである。その点から見ればわれわれの個所で「示す」は「彼らに」と「諸教会に向けて」の二つの εἰς 発言がかかるとするのも、これまたおかしいとは言えない。結局のところ、この個所は、われわれのように理解することも、アロの主張の線に即して理解することも、いずれも可能である。しかも両者のいずれをとっても実質上大きな違いはない。

3　「諸教会に向けて」は εἰς πρόσωπον τῶν ἐκκλησιῶν。ベッツ 158f は、8 章の文脈では τὸ πρόσωπον は単に「前で」という以上の意味を持っているとし、ここでは法的概念である persona（人格）との関連を否定することは出来ない、と主張する。E.Lohse, ThWNT VI 771 はこれを否定するが、ベッツはそれに対し反論し

8：24

起こして言い直した言葉であろう。それと同時にここにはエルサレム教会への献金を彼とコリント教会との間だけでの懸案事項とせず、コリント教会をこの点において諸教会とのネットワークの中に位置づけようとする彼の狙いが反映している。換言すればそれは、コリント教会も諸教会の交わりから孤立するなとの勧告を含意している[4]。

24 節は動詞の定型を含んでいない文章で、「示して〔欲しい〕」は、原文では分詞（ἐνδεικνύμενοι[5]）で表現されている。Verbrugge, Style 254-258は、この個所は元来 1-8 章から成っていた手紙の締めくくりであり、そこには元来 ἔρρωσθε（「お元気で」）のような慣習的な手紙の末尾の言葉があって、ἐνδεικνύμενοι はそれと文法的に結びついていたが、Ⅱコリント書の編集の段階で編集者が命令的な ἔρρωσθε を省略し、分詞 ἐνδεικνύμενοι を宙に浮いた形のまま残した、と推定する。この Verbrugge 説に対しては好意的な研究者もいる（たとえばグレッサーⅡ 43、スラル 556）。しかし、批判的な研究者も少なくない。たとえばハリス 613 は、このような一人の編集者の推定上の作業に訴えることは説得力に欠ける、と述べる。パウロが「お元気で」のような「慣習的な手紙の末尾の言葉」で手紙を終える例が他に一つもないことにも留意する必要があろう。すなわち、彼は手紙を終えるに当たっては、大抵は礼拝の終わりの祝祷を思い起こさせる言葉を用いている（ロマ 15：33; 16：20,23f; Ⅰコリ 16：23f; Ⅱコリ 13：13; ガラ 6：18; フィリ 4：23; Ⅰテサ 5：28）。このような言葉はいかにも手紙の終わりを示唆するので、編集者がこれを省いたと考えることも可能かもしれない。しかし、このような手紙末の祝祷は、パウロではいつもそれだけ単独で述べられており、われわれの個

　て、「二人の「兄弟たち」は彼らによって代表される教会（複数）の法的かつ政治的 persona であった。パウロはこの用語を用いることにより献金がより広い法的かつ教会的基盤（Grundlage）の上に置くことを希望した」、と主張している。スラル 556 はこれに対し、パウロがここで求めている態度はもちろん法的活動と関係ないが、法的人格という一般的観念がここでの当事者の間の関係に移転可能ということはあり得る、とする。「法的人格」ということで言えるのはせいぜいこのスラルの見解どまりであろう。

4　ランク 322 が、パウロはこの最後の節でコリントの人々に「マケドニアからの使者を愛をもって受け入れ、支える」ことを求めているとする。

5　写本ＳＣＤ[1]Ψ 等は ἐνδεικνύμενοι の代わりに ἐνδείξασθε（アオリスト二人称複数形）と読むが、これは「宙に浮いた形の分詞形」である ἐνδεικνύμενοι の不自然さを解消するための二次的な試みであろう。

185

所の ἐνδεικνύμενοι のようにその前の勧告文等と形の上で直結している例はない。この点から考えても、ここで紹介した Verbrugge の推測には無理がある。この ἐνδεικνύμενοι は、多くの研究者が考えるように、命令法的意味を持つと見るべきであろう（BDR§468,2b、スラル 555、ハリス 613 他）[1]。

1　ただし、この点について異論を唱える研究者もいる。シュメラー II 80A66 は、BDR468A5 はパウロにおいて分詞が命令法的に用いられているわれわれの個所以外の例としてロマ 12：9-13 と II コリ 6：1f を挙げているが、後者では用法は命令法的ではなく、直説法的であり（この点についてはシュメラーは自分の注解の同所の説明を見よ、としている）、ロマ 12：9-13 では、分詞は確かに命令法的であるが、そのことはそれに先行する 12：3-8 によってあらかじめはっきり示されており、その点でわれわれの個所とは違う、と述べる。なお彼は、独立した分詞が直説法的に使われている例として 19 節の χειροτονηθείς を挙げる。確かに、このシュメラーの意見は簡単に無視出来ない。しかし、文脈次第で分詞が命令法的に使われるロマ 12：9-13 のような例もあるから、シュメラーの異議を決定的とすることも出来ない。この問題については、シュメラーが 24 節の文脈上の位置づけについて述べている 9：1-5 との結びつきについての議論も検証する必要がある。それについては以下を見よ。

9章　エルサレム教会への献金Ⅱ

訳　文

9 ¹聖徒たちに対する奉仕についてあなたがたに書くことはわたしには余計なことである。²というのは、わたしはあなたがたの熱意を知っているからである。わたしはあなたがたについてマケドニアの人々に、アカヤでは昨年来準備が出来ていると誇っている。そしてあなたがたの熱心は多くの者たちを刺激した。³しかし、わたしはあの兄弟たちを派遣した。それはあなたがたについてのわたしたちの誇りがこの点で空しくされないためであり、あなたがたが、わたしが［マケドニアの人々に］言って来たように、準備出来ているためであり、⁴もしわたしと一緒にマケドニアの人々が行って、あなたがたが準備が出来ていないのを発見し、──あなたがたが、とはわたしは言わない──わたしたちがこのことについて恥を蒙らないためである。⁵そこでわたしはあの兄弟たちに、あなたがたのところに先に行き、先に約束されていたあなたがたの讃美（＝献金）を前もって整えるよう、勧告することを必要と考えた。それが讃美として、貪欲としてではなく、準備されているために。

⁶［わたしの言いたいのは］次のこと［である］。［すなわち］けちけち播く者はけちけち収穫することになろう。また、賛美をもって播く者は讃美をもって収穫することになろう。⁷めいめいは心で決めていた通りに［献金すべきであって］、気が進まないまま、または強いられて［すべきではない］。というのは、神は喜んで贈り物をする者を愛するからである。⁸神はあらゆる恵みをあなたがたに溢れさせる力を持っている。その結果、あなたがたはあらゆる点で、あらゆるときに、完全な充足を持ち、すべてのよいわざに向け

て富むこととなる。[9] それは、

　彼は貧しい人々にまき散らし、与えた。

　彼の正義は永遠にとどまる、

と記されている通りである。[10] 播く者に種と食用のパンとをそなえる者はあなたがたの種をそなえかつ一杯にし、あなたがたの正義の実を増やすだろう。[11]［あなたがたは］すべてにおいて豊かにされて、この上もなく純真となり、この純真さはわたしたちを通し神への感謝を作り出す。[12] というのは、この献金の奉仕は聖徒たちの不足を満たすだけでなく、神への多くの感謝によってますます豊かになりもする。[13] この奉仕の実証が誘因となって彼らはキリストの福音へのあなたがたの告白の服従および彼らおよびすべての人たちとの交わりの純真さのゆえに、神に栄光を帰す。[14] 彼らは、あなたがたのための祈りにおいて、あなたがたへの豊かな神の恵みのゆえにあなたがたを慕っている。[15] その書きつくすことの出来ない賜物のゆえに神に感謝〔する〕。

9:1-5a　コリントへの兄弟たちの先遣

1-5a 節　この段落の主目的は、コリントでの献金運動の完遂を目指して「兄弟たち」を派遣すると通告することにある。コリントでは、献金運動はパウロが期待したほど順調に進展していなかった。その事情は、この段落で繰り返し用いられる「準備が出来ている」という語の使用状況にはっきり反映している。すなわち、彼は2節では、自分はマケドニアの人々に向かい、アカヤでは献金運動の「準備が出来ている」と誇ったと述べているが、3節で使者の派遣の目的を説明する段になると、彼らの目的は、コリントで献金運動が、自分がマケドニアの人々に誇ったように、「準備の出来ている」状態となるよう協力することにあると言い、4節では自分がマケドニアの人々と一緒にコリントを再訪するとき、「あなたがたが準備が出来ていないのを

188

9:1

発見」することにならないように、と述べている[1]。これらの文言から見ると、この段落の記述の背景には、パウロはコリントでの献金運動は最終局面に入っていると期待していたが——それはパウロが主導する献金運動全体の完遂を意味していた——、実際はそうなっていなかった、という事情がある。ただ、彼は、その事情を率直に指摘することをせず、相手方への気遣いを混えながら書いているので、文意の展開は滑らかとは言い難くなっている。

1 節　1 節は「聖徒たちに対する奉仕について」(περὶ μὲν γὰρ τῆς διακονίας[2] τῆς εἰς τοὺς ἁγίους) で始まる。

　「聖徒たち」はエルサレム教会の人たちを指す。8:4 の説明を見よ。「奉仕」は具体的には献金のこと。これも 8:4 の説明を見よ。

　原文で最初に出る περί (「について」) ＋属格は、パウロがあるテーマについて論述を始めるときにその段落の初めで言わば見出しのようにして何度か用いている表現であって[3]、I コリント書に複数回その例がある他 (7:1,25;

1　2-4 節での「準備が出来ている」については、2 節の説明で述べるヒューズ 324 に対する批判を参照。

2　ハリス 617f はこここの διακονίας には冠詞がついているが、この冠詞は前方照応的 (anaphoric) であり、パウロが 8 章で論じたエルサレムへの献金を考えていることを示している、と言う。しかし、パウロは 8 章で διακονία という言葉を最初に用いている場合 (4 節) にもこの語に冠詞をつけている。このことは、彼は、「聖徒たちへの διακονία」と言えば例の献金問題だということを読者は自明のこととして受け取ると考えていることを示しているに過ぎず、これに「8 章で論じて来た」という意味を持たせているとすることは、少なくも自明のことではない。
　スラル 39 (＋42) は逆に、8:4 で献金問題が取り上げられた後、6,7,19,20 節でその問題に触れるときには指示形容詞がつけられていること、9 章でも同じことが 5,12,13 節で確認されることを指摘し、もし 9 章が 8 章に属しているなら 1 節の「奉仕」にも指示形容詞 ταύτης がついていることが期待される、と主張する。このスラルの意見の方が説得的である (ただしアロ 229 も見よ)。

3　I コリ 8:4 でだけは、それは同 1 節での同種の言い回しの反復である。ハリス 617 は、一般のギリシア語文献には περὶ μὲν γάρ という言い回しが導入的機能を持っている証拠は見当たらないとして、それがここで新しいテーマを導入しているとの見方に反対する。しかし、前置詞 περί とそれの支配する属格の名詞の間に入っている小辞が μέν と γάρ であるか、パウロの他の多くの用例のように δέ であるかは執筆時の雰囲気等に左右される副次的問題であろう。パウロで περί＋属格が新しいテーマを導入する例がかなり多くあるという事実がありさえすれば、それをわれわれの

189

8:1,4; 12:1。とくに 16:1：περὶ δὲ τῆς λογείας τῆς εἰς τοὺς ἁγίους［聖徒た
ちに対する献金について］はわれわれの個所の表現に近い）、Ｉテサ 4:9；
5:1 にもその例がある。Ｉコリント書の事例ではパウロは当該問題について
コリント教会から質問を受け（とくに 7:1 を見よ）、それに答えて自分の意
見を述べている。それに対しわれわれの個所では、その問題について「あな
たがたに書くことは余計なことだ」[1] とあり、当該案件について意見を述べる

個所の περὶ μὲν γάρ ＋ 属格の比較材料とするのに十分であろう。われわれの個所の
μὲν γάρ については以下の説明を見よ。

ベッツ 166＋A7 は「古代の手紙では περί という前置詞でテーマを導入することが
一般的であった」とし、デモステネス Ep.3.1 等をその例として挙げている。

1　田川 075 はここのところを「これであなたがたには十分に書いたことになる」と
訳し、487f で「8 章ですでに十分に書いたから、それ以上言う必要はない、という
意味」だと説明した上で、「もしこの意味であれば、9 章は当然 8 章の続きである」
と言う。山田『パウロ書簡』117 は、「『…これ以上あなたがたに書く必要はない』
という表現は既に述べられていることに補足的な説明を加えるための修辞学的な表
現」とするが（「これ以上」は原文にはない、山田による補足。アルット・グラブナー
135 もパピルスにおける類似表現を指摘するに際し、「もう一度（noch einmal）」と
いう原文にない語を補っている）、これも田川説と類似の観点に立つ解釈と言えよ
う。しかし、ここの原文は「…についてあなたがたに書くことはわたしには十分で
ある（『十分』は田川の訳語。Bauer/Aland, περισσός 2b はわれわれの個所の訳語を『余
計な［überflüssig］』としている）」であり、「十分である」ことを 2 節で「わたしは
あなたがたの熱意を知っている」と理由づけている（γάρ）。1 節のこの発言を田川
のように「十分に書いた」と、今まで書いたことに関係づけて訳すことは、1 節の
発言自体の解釈から見ても 2 節との関係から見ても問題なしとしない。

写本 p46 は περισσός の代わりに περισσότερον と比較級で書く（「これ以上に余計な
ことを」）。これは上で紹介した田川の意見と基本的に一致する見方に立っているが、
明らかに二次的改変である。

もっともファーニシュ 426 はここで「書く」という不定法（γράφειν）に冠詞がつ
いていることを指摘して、これを前方照応的（anaphoric）と解釈することが可能と
主張する（バレット 233 も同様）。しかし、ここの場合の冠詞にそこまでの機能を
期待してよいかは疑問である。ハリス 618 もファーニシュと同意見で、彼はここの
「書く」を「書くことを続ける（to go on with this writing）」と解することを提唱す
るが（ランブレヒト 145、マーテラ 200 も同様）、「続ける」は原文にはない。マーティ
ン 282f は「わたしがして来たように」を補っている。

ヴィンディシュ 269：「パウロが［口述を］休んだ後、または何かに妨げられた後
に、最後に扱った事柄について、その間に思いついたことを付け加えるためにもう
一度述べるということは、それ自体としては十分考え得る。しかし、その場合には

9：1

ことをむしろ回避しているかの印象を与える。この点ではわれわれの個所の
事例はＩテサロニケ書の二つの事例に近い。

　ただ、ここであたかも新しいテーマに移るかのように改めて「聖徒たちに
対する奉仕について」と言い直すのは、9章が8章に直接続いているとの見
方に立つ限り、不自然な感じを与える。「聖徒たちに対する奉仕」に相当す
るものは8章でも扱われているからである[2]。しかし、「余計なことだ[3]」とい
う発言は次の2節でのそれについての理由句、コリントの人々は献金に対
し熱意を持っており、自分はそれをマケドニアの人々に対して誇ったほどだ、
という言葉で内容的に支えられており、この 1f 節全体が一種の外交辞令と
なって（この点については後述を見よ）、次の、コリントの人々には快くは
受けとられない使者派遣の目的を説明する言葉の導入の役を果たしていると
いう、ここでの文章の流れを考えると、彼がここで、8章からの流れに対し
て一息つく形で、「聖徒たちに対する奉仕について」と書いたと見ることは、
不可能とまでは言えない。

　「あなたがたに書くことは余計なことだ」とされている「聖徒たちに対す

彼は、自分が補足しているに過ぎないことを意識しているに違いない［が、その形
跡はない］。新しい報告を受けたことを示唆する要素もない。8章全体を無視してい
る［この個所での］表現の不正確さは私の感覚では余りにも著しいものであり、そ
れは以下の叙述によって8章との一体性に関するあらゆる疑問が払拭されない限り、
我慢の限度を超えている」。

2　Ｉテサ 4：9; 5：1 では「…について」はそれまでの記述で扱っていなかったテーマ
　を導入しているから、そのような不自然さは感じられない。

3　「余計なこと」と訳した語は περισσός。パウロではここの他ロマ 3：1 にしか用例
　がなく、しかもそれはユダヤ人が異邦人に比べて余計に持っているものを指してお
　り、われわれの個所の参考にはならない。しかし、この語はⅡマカ 12：44 では「不
　必要な」という意味で使われている。
　　世俗パピルスにはわれわれの個所同様、それが「書くこと（τὸ γράφειν）」と結び
　ついて用いられている例もある（アルツト・グラブナー 134−136、Bauer/ Aland,
　WB περισσός 2b）。アルツト・グラブナー 135 は「余計なこと」が「書くこと」と結
　びついている例を挙げた上で、われわれの個所でも「新しい手紙の重要テーマの導
　入」が行われているのではなく、「すでに知られている関心を取り上げ、同時に今
　までまだ述べられていなかった詳細（この場合にはとくに 9：3−5,11 に述べられ
　ていること）の導入が行われている」とする。

191

る奉仕」[1] は、エルサレム教会に献金することの意義を指しているとも、献金
運動の実際を指しているともとれる。このテーマについての記述が回避され
ているので、パウロが何を具体的に思い描いてこの表現を使ったのかは明ら
かでない。2 節の「わたしはあなたがたの熱心を知っている」という理由づ
けの言葉も、その点の解明には役立たない。しかし、この発言自体が、今述
べたように、外交辞令的ということであれば、パウロが「聖徒たちに対する
奉仕」という表現を特定の内容にしぼって用いたと考える必要はなくなろう。

　1 節の発言を少し細かく見て行くことにしよう。

　1 節の発言には μέν という小辞がついている[2]。μέν は δέ と係り結びとなっ
て用いられることが多い（「…であるが、しかし」）。実際ここでも 3 節の初
めに δέ が出る（ἐπεμψα δὲ τοὺς ἀδελφούς …「しかし、わたしは兄弟たちを…
派遣した」）。兄弟たちの派遣の目的は、5 節によれば、「先に約束されてい
たあなたがたの讃美（＝献金）を前もって［パウロ自身の訪問に先立って］
整える」ことに協力することにあった。つまり、コリントの人々は「先に約
束されたあなたがたの讃美（＝献金）」を自力では整えられない、というこ
とである。これで「あなたがたに書くことはわたしには余計なことだ」と言
い切れるのか。つまり、この発言と「わたしは兄弟たちを派遣した」という
発言とは、コリントの人々の現状に関してそれぞれ異なる認識を言い表して
おり、実質上互いに矛盾している。その際、派遣の目的を述べる δέ の出る
発言はパウロの意図をそのまま表現しているとしか受け取れないから、そ
れと内容的に矛盾する μέν の出る発言は、一種の外交辞令と考えざるを得な
い[3]。パウロはコリントの状況について実際には厳しい判断をしているが、コ

1　「聖徒たちに対する奉仕（τῆς διακονίας τῆς εἰς τοὺς ἁγίους）」という表現自体は
　8:4 にも出た。

2　この μέν は訳文では省略してある。敢えて訳すとすれば、節の終わりを「余計な
　ことであるが」とすべきであろうが、次の 2 節は 1 節の理由づけの発言であり、μέν
　の係り結びの相手となる δέ は 3 節で初めて出るので、1 節末の訳文に「が」をつけ
　たのではかえって文脈の理解に混乱を招きかねないと判断して、省略した。

3　これと同じような、相手方に遠慮して、述べる必要はないとしておきながら、実
　際にはそのことを述べる例が I テサ 4:9f; 5:1ff にも見られる。BDR§495,3 および

9：1

リントの人々に向けて書く段になるとその判断をむき出しに書くことを控えている。彼らのこの問題に対する気持を徒に刺激しないように配慮しているのだろう。

　1節の発言は8章からの論述の流れとの関連でもうまく溶け込んでいない。パウロは8：10では、コリントの教会はエルサレムへの献金の問題をよく知っているばかりか、すでに着手していたとしており、しかもそこでは献金問題について自分はあなたがたに「意見を述べる」とも書いている。こういう筆の運びを前提にした上でそれに続けて書く場合には、普通なら、自分はあなたがたに献金についてはすでに十分書いてきたが、というような言葉であって[4]、ここに書かれているような、それについて書くことは「余計なことだ」という表現ではあり得ない。つまり、この言葉は、9章が8章の論議を引き継いでいると見る場合、論理的に見て適切な表現とは言えない。ただ、「余計なことだ」を上述のように使者たちの派遣を言い出すための外交辞令的前提の言葉と理解する場合は、それがここで述べられてもおかしいとは言えない。

　次に、この最初の発言には μέν に続いて γάρ という小辞がついている。γάρ は通常理由句を導入する場合に使う小辞である。われわれの個所でそれ

　A10 を参照。アルット・グラプナー 426 は、後2世紀以後の複数のパピルスを例として挙げながら、書くことないしは指示することは余計なことだという言い方は「以下に述べることが重要であることを丁寧な仕方で強調する定型として」用いられていたと指摘している。ベッツ 167A10、ハリス 618 はこれを paraleipsis（逆言法。ある事柄が言及する必要がないほど明白だというふりをして逆に強調する修辞法）とする。その他、アロ 229（une precaution oratoire）、スラル 564（a rhetorical device）等も参照。
　外交辞令的であるかどうかは、一つには「あなたがたに」の持つ重みにかかっている。「あなたがたに」は単純に利害関係を示す与格であり得るし、「あなたがたには」に重点を置いて、他の人々には余計でなくても、あなたがたには余計だ（あなたがたはそれを十分知っているからだ）というニュアンスを持たせて使うことも出来る。われわれの個所の場合は、本文で述べた文脈上の理由に加え、「あなたがたに（ὑμῖν）」は文末にあって強調されているから、他人はいざ知らず、の意味がこめられていると見る方がよかろう。

4　上述（190頁注1）の田川の意見を見よ。

193

が通常と同じ機能を持っているとすれば、1節はそれに先行する現行 8:24 の発言、「あなたがたの愛とあなたがたについてのわたしたちの誇りとの証拠を彼ら（派遣される兄弟たち）に…示して［欲しい］」、を理由づけていることになる。われわれの個所の発言、エルサレムへの献金について「あなたがたに書くことはわたしには余計なことである」を直接この 8:24 の理由づけの言葉とすることは適切とは思われない。バハマン 327、アロ 229、ヴォルフ 180f、マキャント 76、ヘーフマン 363、ハリス 617、山田「パウロ書簡」117 等は、ここの γάρ は 8:24 を受けており、9:1-4 は、コリントの人々がなぜパウロの誇り（8:24）の正しさを三人の使者に対し証明しなければならないかの説明であることを示す、とする。つまり、γάρ は 1-4 節全体を理由づけの言葉として導入している、との見方である。確かに、このようにとれば 8:24 までと 9:1-4 とはいずれもコリントの人々についてのパウロの「誇り」の問題を取り上げており、両者のつながりが見えて来る。しかし、献金について書くことは不要だという 9:1 の発言についているこの γάρ をこのように 8:24 と 9:2-4 とを結びつけていると見ることが適切かには疑問がある。ガラント 400f はこの γάρ はパウロがなぜ自分はそのように自信を持ってコリントの人々の他者に対する愛について誇ることが出来るかを説明する句を導入しているとする。この方が上記バハマン等と比べ 8:24 と 9:1 との関係は密接に捉えられているが、8:24 は「あなたがたの愛とあなたがたについてのわたしたちの誇りとの証拠を彼らに…示して［ほしい］」という文言であり、自分が彼らについて大きな誇りを持っていることを述べることを主眼としているわけではないから、この γάρ の解釈にも無理がある。γάρ は確かに主として理由づけに際して使われるが（ファーニシュ 425 はそれゆえ、1節は議論を続行している［resumptive］と見る）、いつもそうとは限らず、単なる強意のために使われることもある（Bauer/Aland, WB γάρ 4 を見よ [1]）。われわれの個所でもこの γάρ を過度に重要視し、そのことを根

1　われわれの個所の γάρ を強意の γάρ とする研究者についてはハリス 617A7 の指摘を見よ。ランク 323、スラル 42, 564 はこの γάρ は編集に際して加えられた可能性を考える。

拠に 9 : 1 - 4 を 8 章末尾の発言の理由づけの言葉と見ることは、適切とは思われない。

以上を要するに、この 1 節の言い回しは文脈に完全に馴染んでいるとは言えないが[2]、それを、使者派遣について書くに先立っての一種の外交辞令的発言と考える場合には、文脈との食い違いの問題をそれほど深刻に考える必要はない、ということになる。

2 節 2 節は 1 節の「余計なことである」を理由づけて、自分はコリントの人々の「熱意[3]を知っている」と言い、それをさらに具体化して、自分はマケドニアの人々に、「アカヤでは昨年来[4]準備が出来ていると誇っている」と述べる。

マケドニアについては補説 1「マケドニア」を見よ。アカヤはギリシア中心部のアテネ、コリント等を含む地方名。この地方は前 146 年のムンミウスのコリント破壊後ローマの統治下に置かれ、属州マケドニアに組み入れられたが、前 27 年、アウグストゥスのもとで属州アカヤとして独立、コリントが首都とされた。パウロが「アカヤ」と言うとき、それが属州名であるか、地方名であるかは定かでない。いずれにしても、パウロ関係で「アカヤ」が用いられる場合、コリント、ケンクレアイ（およびアテネ）がこれに含まれていた。

ここで「コリント」ではなく「アカヤ」が使われていることを論拠に、9 章を（8 章と違い）アカヤ地方（または属州アカヤ）の諸教会宛ての文書と

2　ヴィンディシュ 286、ブルトマン 258、スラル 39, 42、グレサー II 45、Bornkamm, Vorgeschichte 186、Georgi, Kollekte 56、Beckheuer, Paulus 124 等は、この表題めいた言葉は、8 章で詳しく献金問題を扱った上では丁寧過ぎ、9 章が 8 章にすぐ続いているとする見方にとって不利とする。他方、アロ 229 は、このような議論は「明らかに何らの力を持たない」としている。

3　「熱意（προθυμία）」については 8 : 11 の説明を見よ。

4　同じ表現は 8 : 10 に出た。われわれの個所の場合、この「昨年来」は「誇っている（現在形）」の内容を説明する ὅτι 句の中に出ているから、この文書執筆の時点から振り返っての「昨年来」ととることが出来るが、他方、この「誇り」の内容がマケドニアの人々を「刺激した」とされているから、「昨年来」はマケドニアの人々が刺激を受けた時点から振り返っての「昨年来」ととることも出来る。この表現にはこのような曖昧さがあるから、それを支えとしてパウロの年代記作成や 8 章と 9 章との史的関係の解明を試みることは、適切ではない。

見る研究者がいる（たとえばヴィンディシュ 288、マーティン 283、ツァイ
リンガー 253、Georgi, Kollekte 57、Sänger, Jetzt 275）。しかし、この峻別
は説得的ではない。われわれの個所には「わたしはあなたがたについて、ア
カヤでは昨年来…」とある。他方 5 節では「わたしはあの兄弟たちにあな
たがたのところに先に行き…」とある。もしコリントとアカヤとを峻別して
考えなければならないとすれば、この 5 節の「あなたがた」も、2 節の「あ
なたがた」から見て、コリントの人々ではなく、アカヤの人々ということに
なるが、8 章では使者の派遣先は 6,17,18,22 節から見てコリントであるから、
9：5 の「あなたがた」でもコリントの人々が考えられていると見なければな
らない。

　マケドニアに関しては、パウロは複数（少なくもフィリピ、テサロニケ）
の教会に献金運動への参加を呼びかけたと思われるので、両都市の属する地
方名（属州名）を用いたのは自然であった。それに彼は、とくに必要があ
るとき以外は、フィリピ（フィリ 1：1；4：15；Ⅰテサ 2：2）、テサロニケ（フ
ィリ 4：16；Ⅰテサ 1：1）とマケドニアの個別都市名を使うことはしていな
い。ここでの地方名（または属州名）「アカヤ」の使用は「マケドニア」の
使用に誘発されたためであろう。それに、ここで述べられているような「誇
り」を行うに際しては、献金準備の出来ている地域を出来るだけ広く表現す
ることが効果的であるはずで、パウロの筆が自然にその方向に動いたことは
十分考えられる。「マケドニア」と「アカヤ」とを組み合わせて使う例はロ
マ 15：26；Ⅰテサ 1：7f にも見られるが、「マケドニア」と「コリント」を組み
合わせて使っている例は、パウロには見られない（スラル 42）。「アカヤ」で
実際に考えられているのは、ここの場合、コリントである（マーフィー・オ
コナー 110、ランブレヒト 145 他）。

自分はマケドニアの人々に「アカヤでは昨年来準備が出来ていると誇って
いる」というここの発言[1]は、コリントでの献金運動の実際の推移を考える

1　原文では「誇っている」の部分には ὑπὲρ ὑμῶν という語がついている。ガスリ 435 は、
　直前に「あなたがたの熱意（τὴν προθυμίαν ὑμῶν）を知っている」という発言があり、
　この「熱意」を関係代名詞 ἥν で受けた上で「ὑπὲρ ὑμῶν わたしはマケドニアの人々
　に誇っている」という構文になっているから、ὑπὲρ ὑμῶν が「あなたがたについて」
　という意味では余計な表現ということになる。この語はむしろ「あなたがたのため
　に」を意味していると解すべきだ、と述べる。確かに、彼の指摘するように「あな
　たがたの熱意を誇る」と「あなたがたについて誇る」とは重複している感じを与える。

9：2

とき、一種奇妙な印象を与える。コリントの人々がかつて献金運動に熱意を
もって取り組んだことは事実であろう。Ⅰコリ 16：1ff がコリントの人々から
の問いに対する返答であるとすれば、そのような問いを発する背後には、運
動に対する彼らの前向きな姿勢が窺われる。しかし、運動がその後停滞勝ち
となったことは、9 章自体の記述から容易に推測出来る。彼はこのコリント
の現状を知りながら、なぜ「アカヤでは昨年来準備が出来ていると誇る（「誇
っている」は現在形[2]）ことを敢えて行っているのか。彼は言葉を続けて、彼
が誇っている結果、「多くの者たちを刺激した」と述べている。彼はおそら
く「誇る」行動がそのような結果を生むことを、誇る時点ですでに期待して
いた。他方、彼がこれより早い時点でマケドニアの人々にコリントでの献金
の準備について誇った形跡はない。つまり彼は献金運動が次第に完成期を迎
えようとするこの時期になって初めて、しかもコリントでの献金運動が停滞
しているのを知りながらそのことには触れないで、この行動に出ている。こ
れはマケドニアの人々を献金運動に獲得することに気を奪われた、勇み足的
な行動であった。彼には、有力なコリント教会が献金運動から脱落する最悪
の事態を想定しての焦りが働いていたのであろう。献金運動はそれほどにま
で、彼にとって何としても達成しなければならない企てであった。

　他方、マケドニアで「アカヤでは…準備が出来ていると誇っている」結果「多
くの者たちを刺激した[3]」というこの報告が他ならぬ（コリントを含む）アカ

　　しかし、「あなたがたのために」とする場合は、パウロがコリントの人々のことを
　　マケドニアの人々に誇ることがどういう意味で「あなたがたのため」となるのかが、
　　少なくもここの文面からは判り難い。ここはやはり「あなたがたについて」の意味
　　に解する方が自然であろう。

2　　ここで現在形を用いていることは、パウロがマケドニアの人々にコリントでの運
　　動の進展について語っているのはこの 9 章を書いているのとほぼ同時期であること
　　を示している。

3　　「誇っている」が現在形であるのに対し、その効果を述べる「刺激した」はアオ
　　リストで現わされている。後者は前者のもたらした効果の言わば端緒を表わしてい
　　るのであって、マケドニアでの献金運動がすでに完結したという意味ではない。な
　　お、ハリス 621 は、「誇っている」という現在形が「マケドニアでの献金が 8：2 の
　　ἐπερίσσευσεν〔溢れ出た〕、8：5 の ἔδωκεν〔捧げた〕、9：2 の ἠρέθισεν〔刺激した〕のア
　　オリストにもかかわらず、まだ完結していなかったことを示唆している」としてい

197

ヤの人々に向けてなされていることも、見方によっては大胆なことである。パウロの側から言えば、「アカヤでは…準備が出来ている」とマケドニアの人々に「誇る」ことは、コリントの献金運動が停滞しているにしても自分は今でもあなたがたの献金運動を信頼しているというメッセージを込めた行動であったかもしれない。しかし、運動の停滞がパウロに対する何らかの不満ないしは批判の反映であった場合は、パウロは自分たちの批判をまたもやまともに受け止めていないという批判を呼びかねないだろう。もっとも、パウロがそのような懸念を持っていた形跡は、彼の手紙には残されていない。しかし、コリントの事態が完全には修復されていないことは、彼自身が 3f 節で、自分はコリントでの運動の停滞の件で恥じることになりはしないかとの懸念を表明していることから明らかである。いずれにしてもこの行動は、コリントに人々が以前の熱意を取り戻してほしいとの願いに気を奪われた、十分な目配りの伴っていないものであった。

　彼のこのような行動がコリントの教会にどういう結果をもたらしたかは明らかでない。この点についての直接の報告はない。コリントでの献金運動が完全に失敗に終わったことを推定させる記述はないが、それが大きな成功を収めたことを示唆する記述もない。この点について手がかりを提供するものとしてロマ 15：26 があるが、それについては補説 3「献金運動」I c を見よ。

　以上で説明を試みた、この個所の報告をめぐる、混乱していると見えるパウロの発言を明らかにするために、研究者はいくつかの提案をしている。

　たとえばヴォルフ 181（スラル 566 の意見もこれに近い）は、パウロは中間訪問の後もコリント及びアカヤで献金運動は成功裡に進行していると確信しており、それをマケドニアで誇って述べた。コリントで献金運動が停滞したのは彼が同地を去ってからであり、パウロがそれを知ったのは、涙の手紙を持参してコリントに派遣されていたテトスがマケドニアに戻って彼に報告をしてからだった、と説明する。しかし、コリントにおける献金運動の停滞は、何か特別の事件を契機に急に始まったものではなく、むしろパウロの献金運動の構造的問題に対するコリント側の反発に多くを負っていると思われるか

───────────

る。マケドニアでの献金運動がこの時点で未完結だとの指摘は妥当だが、三つのギリシア語動詞のうち、三番目のを前二者とこのように同一次元に置いて論拠とすることは、それの意味の点から見て適切ではなかろう。

ら（補説3「献金運動」Ⅰbα見よ）、全体としてむしろ徐々に浸透したと見るべきであろう。彼が厳しい批判を受けた中間訪問の当時、献金運動がまだ無傷であったとは考え難い。また、献金運動こそは第三伝道旅行における彼の最大の関心事であったのだから、彼がそのときそのことに気付かなかったとも考え難い。それゆえ、コリントでの献金運動の停滞を彼が知ったのはテトスの帰着後だったとする見方は説得性に欠ける。これに対し、テトスがパウロのところに帰着したときにコリントでの献金運動が展開していないことをパウロに報告したというヴォルフの見解の第二点は、彼が帰着後パウロにこのことについて報告したとはどこにも記されていないものの、あり得ることである。いずれにしても、彼が帰着後、おそらくマケドニアの人々の献金運動に対する熱心さに触発され、献金運動のためのコリント再訪をパウロに願い出たことから見て、彼はパウロのところに戻る前にコリントで献金運動の再組織を試みた（8：6の「始めた」）がうまく行かなかったため挫折感を持っていた、と考えることは、十分理にかなっている。

　ベッツ168f は、「パウロが、コリントでの献金の成功が疑わしいこの時点でアカヤの人々について誇ることが出来たのは、彼がアカヤでの事情をコリントでのそれと切り離して観察していることを意味しており」、Ⅱコリント書に反映している彼と教会との関係の危機はこの町（＝コリント）の教会だけのことであって、アカヤ州の他の諸教会は彼と変わらない関係を維持していたと結論することが出来る、と主張する（マーティン283も同様）。しかし、パウロは3節で「あなたがた（ベッツ流の使い分けによればコリント以外のアカヤの諸教会）についてのわたしたちの誇りが…空しくされないため」と述べており、「アカヤ」でも運動の停滞が起こっていることが前提されている。パウロの手紙の中ではそもそもアカヤの他の教会についての記述は乏しく（ロマ16：1; Ⅰテサ3：1）、それらの教会が献金運動をめぐりパウロとどのような関係にあったかを示唆する発言は、われわれの段落を除き、一つもないこと、反対に、ここで述べられているパウロのアカヤについての誇りは、彼が8：10でコリントについて述べている事柄と内容的に重なること、献金運動に関しコリントとアカヤとの間に何らかの態度の違いを推測させる要素はこの9章にもまったく見られないことから考え、このベッツの主張は単なる推測以上のものではない。

　ヒューズ324 は、われわれの個所での「準備」と3f節でのそれとは同じでない、との見方をとる。すなわち、われわれの個所でのそれは意向の上での

準備であるが（preparedness of intention）、3f 節でのそれは完成させる準備（preparedness of completion）だ、と言う（バレット 233、ハリス 620,624 も同様）。確かに両個所の「準備完了」をこのように区別すれば、両個所の発言の間に混乱はない。しかし、「準備する」がわれわれの個所でも 3 節でも同じ動詞（παρασκευάζειν）の中動態現在完了形[1]で表されているだけでなく（4 節の場合は否定の接頭辞 ά- を伴った形容詞 άπαρασκευάστους）、3 節では「準備が出来ている」に「わたしが言ったように」という語が伴っていることを考えると、両個所の「準備」にこの区別を設けることは便宜的に過ぎる。

　私はむしろ、この個所から 3f 節にかけてのパウロの記述に関しては、工夫をこらして、そこには混乱はないと説明するのではなく、混乱があることをそのまま認め、その上で、そのような混乱が生じた理由を推定する方が適切と考える。明らかなのは、献金運動が大きな混乱に直面しているということであり、パウロがそのような状況にあって懸命にそれを乗り越えようとしているということである。私としては、このような混乱した報告の背景を以下のように考えたい。すなわち、パウロは困難を乗り越える努力の一環として、有力なコリント教会が万一脱落した場合、その穴を少しでも埋めるために、極端な貧しさの中にあるので（8：2）、しかも他の形で類似の貢献を十分にしているので（11：9; フィリ 4：15f）[2]、当初は計算に入れていなかったマケドニア諸教会を献金運動に組み込むことを考え、そのための誘いとして、彼はコリント教会の運動への取り組みをマケドニアの人々に向けて「誇った」、ただし、マケドニア教会の獲得という目標に心を奪われて、彼はコリントでの状況のマイナス面を述べることを省略した[3]。

　上で述べたように、パウロがアカヤで準備の出来ていることをマケドニアの人々に「誇っている」のは、それを材料にしてマケドニアでの献金運動の

1　ただし、2 節では直説法であるが、3 節で ἵνα の支配下にあり接続法（παρεσκευασμένοι ἦτε）。

2　この点については補説 3「献金運動」J を見よ。

3　バレット 233f（マーフィー・オコナー 110 も参照）は、パウロは自分の側の人々についてはその最もよいものに目を留め、またこの光の下で彼らを他の人々に提示する習慣があった、と指摘している。現象面の指摘として興味深い。しかし、われわれとしては、何がこのような態度をとらせているのかにも注目すべきであろう。

9：3

展開を図るためであった。そしてそれは成功した。「あなたがたの熱心[4]は多くの者たち[5]を刺激した[6]」。パウロはこれと同じ手法を8：1ffでも——ここでは逆に、マケドニア教会の熱意を指摘してコリント教会に刺激を与えようとしてではあるが——行っている[7]（Ⅰテサ1：7fも参照）。

3節 3節からこの段落での本題が始まる。パウロは「あの兄弟たち」の派遣について語る。

「派遣する」という動詞はアオリスト。手紙のアオリストである可能性がないではないが（8：18,22の συνεπέμψαμεν を参照。たとえばシュメラーⅡ 83が手紙のアオリスト説をとる）、ここでは「兄弟たち」に冠詞がついていて、

---

4 「あなたがたの熱心」は τὸ ὑμῶν ζῆλος。ὑμῶν（あなたがたの）が強調されている。彼は「マケドニアの多くの人たちが刺激を受けたのは、まさにあなたがたの熱心によってであった」と述べて、コリントの人々の道義的責任とでもいうべきものを指摘している。

5 「多くの者たち」と訳した語（οἱ πλείονες）は形容詞 πολύς の比較級を名詞化したもの。全員ではないが多数の者、というニュアンスで使われることもあるが（たとえばⅠコリ15：6）、全員でないこと、つまり少数の例外者がいる点をとくに意識しないで使われる場合もある（たとえばⅡコリ2：6；フィリ1：14）。われわれの個所の οἱ πλείονες はこの第二の部類に属する。もっとも、われわれの個所を少数の例外者の存在を組み込んで理解しようとする研究者もいる（たとえばバーネット 431A15、ガラント 402、コリンズ 182、シュメラーⅡ 82）。ベッツ 171 も「この表現はマケドニアの人々の間にも懐疑的な少数派が存続し続けたことを含意しているように思われる」とし、「この少数派はマケドニアの代表を一人コリントに送ること（8：18-21）にも固執したのかもしれない」と述べる。しかし、これは余りに想像力豊かな見解である。

　前後の文脈から考え、「多くの者たち」でマケドニア教会以外の者が考えられている可能性はない。単に「マケドニアの人々」という言い方でなく、「多くの者たち」と書くことにより、「あなたがたの熱意」を自分が「誇っ」たことの効果が絶大であったことを、パウロは強調しようとしている。

6 「刺激した」と訳した語は ἐρεθίζειν。この語は新約全体でもここの他コロ3：21でしか使われていない。一般には悪い意味のことが多く、コロ3：21でも「いらいらさせる」を意味している。われわれの個所のようにいい意味で使われる例としては、たとえば Aelius Aristides Ⅱ 28,75K がある（Bauer/Aland, WB ἐρεθίζω）。

7 ブルトマン 258 は、「パウロがコリントの人々を模範として提示したことは［彼の彼らに対する］信頼の証明であった」と言う。われわれの個所だけを見ればそのようにとれないことはないが、8：1ff の事例も視野に入れて考えると、このように簡単に割り切ることが適切かに疑問がある。

201

彼らがコリントの人々にすでに知られていることが前提されているから[1]、このアオリストは過去の一回的出来事を指していると理解する方がよかろう。「兄弟たち」の教会での身分、パウロとの関係については、8章の場合と違い、説明がない。これも彼らがコリントの人々にとって既知の人物だからであろう。

この段階でのコリントへの使者の派遣については8:16ffでも記されている。そこでは派遣されるのはテトスおよび二人の「諸教会の使者」であり、われわれの個所ではそれは「兄弟たち」と呼ばれている。9章にはテトスの名は直接には出ないが、彼はおそらく「兄弟たち」の一人として扱われている。ここで「兄弟たち」に含まれるテトス以外の二人は、8章で挙げられた「諸教会の使者たち」に含まれる二人と同じであろう。仮に9:3,5の「兄弟たち」にテトスは含まれていないとすると、9章のこの「兄弟たち」の任務は、パウロがマケドニアの代表たちと一緒に間もなく最終的にコリントに着くまでにコリントでの献金活動を完遂に持ち込むこと、ということになる。これは8章での派遣の言葉では明記されていなかった要素であるが、テトスを派遣するに際しパウロがコリントでの献金の完成についてそれほど長い時間的余裕を計算に入れていたとは考え難いから、彼がこのことだけを任務として二人を追加派遣したとは考えられない[2]。

---

1 8:18,22の「兄弟たち」の場合も冠詞がついているが、そこでは「兄弟たち」にはその後に、関係代名詞によって導入される説明の言葉がついている。

2 8章と9章とで同じ使者が言及されているとする見方を採る研究者として、たとえばツァイリンガー 295、Vielhauer, Geschichte 153、別人説を採る研究者としてたとえばエラン 73（いずれも詳述はしていない）。グレサー II 50 は、8章では経理担当者、監視者（Rendant, Aufpasser）であるのに対しここでは献金の促進者、集金者（Schrittmacher, Einsammler）とされていることを指摘して、両者は別々の使者との見方を有利とする。しかし、派遣する使者について、パウロはこのように厳密な担当区分を考えていたのであろうか。その他、ベッツ 172、Beckheuer, Paulus 155 も参照。

　なお、たとえばファーニシュ 432 は、われわれの個所での「兄弟たち」は読者にとって既知であることが前提されており（8:18ffを参照）、9章の記述は8章の記述を必要としていると指摘して、それをもって8章と9章とは同じ手紙に属していたことの一指標と見なしているが、8:18ffでも彼らは「諸教会の使者たち」（19, 23 節）であること以上のことは——20f 節に述べられている事柄が独立した担当者を必要と

202

9：3

　ここでは「派遣する」は一人称単数形で記されている。8：18,22 での二人
の兄弟たちの派遣の場合は一人称複数形が使われていた。この単複数の違い
はとくに意図的とは考えられない。

　ハリス 326 は、もしテトスに伴う兄弟たちがマケドニアの人々であった
なら、4 節の言う、パウロと一緒に行ったマケドニアの人々がコリントで献
金の準備が出来ていないのを発見すれば自分たちは恥じ入らなければならな
くなるという警告は意味をなさなくなると述べて、ここで言う兄弟たちはマ
ケドニアの人々ではあり得ない、とする。しかし、パウロが恐れているのは、
彼が最終的にコリントに到達した時点でコリントで準備が完成していないこ
とであって、この文書を書いている時点で準備が完成していないことは彼に
とって織り込み済みと見るべきであろう。それゆえ、ハリスのような論拠で
テトスの同行者にマケドニアの人が入っていないと推測するのは適切とは言
えない。さらに、実際最終的にガラテア、エフェソの教会がこの献金運動に
参加したにしても（この点についてはロマ 15：26 から見て疑義がある）、エ
ルサレムへの旅に彼らがコリントで合流する予定であり、その前に彼らが、
パウロが滞在しているマケドニアを訪問していた、と考えることは、彼らの
旅全体のルートとして遠まわりに過ぎ、その可能性は乏しい。むしろテトス
に同行したのはマケドニアの人々と見るべきであろう。彼らはエルサレムま
でのパウロの同行者としていずれにしても一旦コリントに行くことを予定し
ていたのであり、テトスとともにコリントに行くのはその予定を一部早めた
だけのことである。

　事柄の上で疑問となるのは、パウロはコリントでの献金運動が「準備が出
来ている」状態にするために、——いずれ間もなく自分でコリントに行く予
定にしているのに——なぜ自分自身がコリントに乗り込むことをせず、「兄

　するほど深刻な問題に絡んでいるのでない限り（私はそこでのパウロの記述の仕方
　から見て、それほど大きな問題が起こっているとは考えない。8：20 の説明を見よ）
　——具体的に紹介されておらず、逆に彼らが諸教会の使者であることは、9 章が 8
　章と同一の手紙でなくても、コリントの人々には他の手段で（たとえばコリントに
　到着した彼らの自己紹介によって）知られている可能性は十分に考えられるから、
　このファーニシュの議論は説得的とは言えない。

203

弟たち」の派遣を考えたのか、である。次節で彼は兄弟たちの派遣の目的を、準備を整えさせることによって「わたしたちが…恥入らない」で済むようにするためとしているが、彼は自分たちのいわばメンツのために兄弟たちの派遣を考えたのであろうか（この点については4節の説明を見よ）。それとも彼は、マケドニアでの献金運動のために自分がしばらく残る必要を感じたのであろうか。

　私はむしろ、パウロはコリントの人々に対する最後の説得をこの使者たちの派遣に賭けたのではないかと考える。コリントでの準備の現状は、テトスからの報告によっても、絶望的状況に近かった。今自分が乗り込んだら、自分としては厳しい言葉を発しなければならなくなる。しかし、それをしたのでは献金運動全体は瓦解するだろう。献金運動には時間的制約があり、そろそろ終わりに持ち込まなければならない。しかし、――おそらく彼は冬が過ぎて航海に支障がなくなる春にコリントからエルサレムに向けて出発することを考えていた――出発前のコリント滞在はそれほど長い必要はなく、今ならまだしばらく余裕がある。この時期に、自分よりもコリントの人々の説得を心得ているテトスたちに彼らの最後の説得を任せた、それが使者派遣の真相だったのではなかろうか。

　　9章の場合テトスに一切直接の言及がないことは不自然と見えるかもしれないが、パウロは9章ではコリントに既知のテトスの紹介を省略したのであろう。

　節の後半から4節にかけてはこの「兄弟たち」の派遣の意図について述べる。それは否定、肯定、否定の三つの句から成る（最初の二つは ἵνα 句であるが、最後の句では ἵνα は出ず、μή πως で始まる）。

　三つの句のうち、否定形で表わされた第一、第三の句は実質上「わたしたち」を主語としており、間にある肯定形の第二句は「あなたがた」を主語としている。全体として注目を引く事柄が二つある。一つは、献金の取り決めが最初になされたエルサレム会議に直接言及する言葉が一切見当たらないことである（ヴィンディシュ274が指摘）。もっとも、これはわれわれの個所だけのことではない。パウロはIIコリ8、9章だけでなく、ロマ15：25ff; I

204

9：3

コリ 16：1ff でもエルサレムへの献金に言及しているが、これらの個所でも事情は同じである。彼がロマ 15：25ff は別として、これらの個所でエルサレムへの献金を自明のこととして扱っていることから見て、彼はこのことについてコリント教会に向けて口頭（もしくは「前の手紙」［I コリ 5：9 を見よ］）で説明をすでに行っていたのであろうか。第二の点はより注目に値する。すなわち、彼はわれわれの個所で、献金の準備の完了を大いに促していながら、献金の緊急性はおろか、その具体的な必要性すらも少しも訴えていない（われわれが何か募金をするときには、募金しなければならない必要を熱心に訴えるのではないか）。それはすでに自明のことだからということなのだろうか。しかし、これもこの個所でのみ見られる現象ではない。9 章全体を見ても、エルサレム教会の窮乏は僅かに 12 節で軽く触れられているに過ぎない（5b-15 節の説明、とくに③も参照）[1]。8 章に視野を広げても、それは 14 節で取り上げられているだけで、中心的関心をなしているとは言い難い。それにもかかわらずパウロはわれわれの個所で、コリントでの、エルサレム教会のための献金運動の完遂に熱意を燃やす。しかもそれを自分の使徒としての誇りと密接に絡めて取り上げる。それはなぜか。この疑問を念頭に置きながら、ここでの彼の発言を具体的に見て行くことにしたい。

　最初の否定形の句は 2 節の発言を引き継ぎながら、自分たちの誇りが空しくされないようにすることが「兄弟たち」を派遣する意図だとしている。ここで 1-5 節の中で初めて一人称複数形の表現が出るが（「わたしたちの誇り」）、まずこの点から検討しよう。1-5 節では論述内容は一貫していながら、一人称単数および複数の使用の点では一貫性に欠けている。もっとも実際には、この点の使い分けはそれほど無秩序ではない。パウロは、自分自身の単独行動を述べる場合には——2 節で自分がマケドニアの人々に向かって「誇って」いることを述べる場合も含めて——単数形を使っている[2] のに対し、

1　ただし、9 節の引用文から見て、パウロがこの問題に無関心だったとは思えない。同所の説明を見よ。

2　写本ＳＢＣ[2] 等は 4 節「あなたがたが、とはわたしは言わない」の「言う」を複数形で記している（λέγω の代わりに λέγωμεν）が、これは原文ではすぐ前に出る「わ

205

3,4 節で自分たちの誇りが裏切られる懸念を述べる場合には——そしてこの関連においてのみ——複数形を使っている（「わたしたちの誇りがこの点で空しくされないため」および「わたしたちがこのことについて恥を蒙らないため」）。それではこの使い分けはどう解釈すべきか。

　同じ「誇る」という語が 2 節でも 3,4 節でも用いられているので紛らわしいが、おそらくパウロはこの二つの場合、「誇り」の意味に差を設けている。すなわち、2 節の場合はコリントでの献金準備についてパウロがマケドニアの人々に向かって行った個別の行動を指しているが、3,4 節の場合は彼の同労者を含め自分たちが宣教、教会建設に際して相手教会に対し持っている、より基本的かつ包括的な意味での誇り（それは宣教者の権威と深く関係していよう）を指している。

　「わたしたちの誇り」には「あなたがたについての」という形容の語がついている。ὑπὲρ ὑμῶν は「あなたがたのための」とも訳せる。ガスリ 437 は、ここでは「2 節で述べられた『誇り』がはっきりと反復されている」ことを理由に「あなたがたのための」と訳すことをよしとする。しかし、いずれの説を採っても実質上大きな違いはない。

　上で述べた、「誇り」に関する一人称の単複数の使い分けに関する見方は、3 節および 4 節で「この点で」および「このことについて」という一種の限定を意味する語[1]が挿しはさまれていることによって支持される。これらの限定の言葉はコリントの献金運動をめぐっては二つの観点が問題になることを示唆している。すなわち一方でこれらの限定の言葉は、「わたしたちの誇り」——それは宣教者としての権威に通じる——が全的に傷つけられるのではなく、傷つけられるのはそれの一部であることを示唆している。コリントでの献金運動が所期の成果を挙げられなくても、神から自分に直接福音宣教を委

　たしたちが恥入らない」に引かれた二次的な読みである（ファーニシュ 427 等）。単数形で記している写本としては p[46] C[*] D F 等がある。

1　「この点で」と訳した語は ἐν τῷ μέρει τούτῳ。これとよく似た表現（「この場合〔ἐν τούτῳ τῷ μέρει〕」）が 3：10 でも使われている。4 節の「このことについて」と訳した語は ἐν τῇ ὑποστάσει ταύτη。この語の意味について、208 頁注 2 を見よ。私は、両発言には大きな違いはないと考える。

9 : 3

ねられているという事実が消えるわけではないとの確信が、この言葉では前
提となっている。他方では、自分が懸念する事態が起これば、たとい全的に
ではないにしても、「わたしたちの誇り」が無傷では終わらないとの深い懸
念がそこには反映している。おそらくパウロの頭にあったのは、彼の建てた
異邦人諸教会とエルサレムに代表されるユダヤ人諸教会との一体性（交わり）
の可視化の機会が失われることであったろう。パウロにとってエルサレム教
会への献金はこの可視化のための最も重要な一こまであった。ただし、それ
が彼の福音理解、使徒職理解の根幹とどこまで整合的であったかについては、
検討すべき余地がある（補説 3「献金運動」G a および I b β を参照）。

「空しくする」と訳した語は κενοῦν。パウロでは五個所に用例があるが、
新約では他に用例はない。同根の形容詞 κενός も、パウロでは用例が十あるが、
その他では散発的に八回出るに過ぎない。つまり、新約の著者たちの中でパ
ウロは「空しくする／空しい」について一際敏感な感覚を持っている[2]。

「空しくする／空しい」はパウロではいつも信仰との関連で出るが、その
上での実際の用例にはかなり多様性がある。フィリ 2 : 6ff のキリスト賛歌は
キリストの受肉を「自分を空しくした」と表現している。直接キリスト論の
一部として用いられるのはここだけである。この場合、「空しくする」は肯
定的に受けとめられている。それ以外の例では「空しくする／空しい」には
否定的評価が伴い、それゆえ——われわれの個所も含め——否定辞と共に使
われることが多い。内容的に見て比較的多く出るのが、自分の使徒としての
働きと関連する場合である。われわれの個所に近い用例として、信徒たちが
サタンの試みによって信仰から脱落することを「わたしたちの労苦が空しく
なる」と表現する例（I テサ 3 : 5）、また彼らがよい信仰生活を送れば自分の
労苦が「空しく」ならないとしている例（フィリ 2 : 16; I テサ 2 : 1）がある。

第二の肯定形の句は事柄をより直接に表現している。

「わたしが言って来たように」では、「言って来た」の相手はマケドニアの
人々一般（プランマー 254）[3]。これをハリス 624 のように節の初めの「兄弟た

2　意味の近い μάταιος およびそれの同根語（ματαιότης, ματαιοῦσθαι 等）の場合、新
　約全体でもパウロでも用例が少なく、またパウロの場合（I コリ 3 : 10; 15 : 17; ロマ
　8 : 20; 1 : 21）、κενοῦν 等に見られるような使徒としての働きとの関連はない

3　協会訳、新共同訳「わたしが言ったとおり準備／用意していてもらいたい」は「わ

207

ち」に限定して考えることは適切とは思われない。

「あなたがたが…準備出来ている」の部分は παρεσκευασμένοι ἦτε。παρεσκευασμένοι は παρασκευάζειν の中動相完了分詞、ἦτε は εἰμί の接続法二人称複数形。接続法が使われているのは、執筆の時点で準備はまだ出来ていないためである（ガスリ438）。

4節 このようにパウロは3節の二番目の ἵνα 句で「あなたがた」を主語とし、肯定形の表現を用いることによって事柄をより直接的に述べたにもかかわらず、4節で再び視座を3節の最初の ἵνα 句の場合同様「わたしたち」に戻して事柄を論じる[1]。彼が二度までも自分たちがマイナスの影響を受けないようにとの観点から発言をしていることがすでに、彼が献金運動を自分の使徒たることすべてのかかった問題と捉えていることを示している。

4節は、マケドニアの人々がコリントでの献金運動が未完成なのを発見すればパウロたちが「このことについて[2]恥を蒙る」と記しているが、この発

――――――――――

たしがコリントの人々に言ったとおりの仕方で」という意味にとられかねないが、「わたしが言った」は自分がマケドニアの人々に向かって誇ったことを指しており、それは準備が出来ている事態そのものにかかっていると見るべきであろう。

1 3節で ἵνα μή が使われていたのに対し、ここでは μή πως が使われている。意味の上では違いはない。μή πως のパウロでの類似の使用例は I コリ 9：27；II コリ 2：7 にもある。

2 「このことについて」と訳した語は ἐν τῇ ὑποστάσει ταύτῃ。ὑπόστασις という名詞には本質、状態等多様な意味がある。われわれの個所についてもこの表現をたとえば協会訳は「かように信じきっていただけに」とするなど、種々の提案がなされている。田川 488-492 はこの問題を詳述し、『この事柄に関して』と訳す方が自然」との結論に至っている（ファーニシュ 427f 等がこれに近い）。この解釈が適切と思う。これに対し、たとえばアロ 231 は「信頼」「確信」という訳語の方が状況によく合っており、かつヘレニズム的用法とよく一致しているとし、バハマン、リーツマン、プランマー等大部分の注解者によって採用されているとする。R.Bultmann, ThWNT I 190,12ff も、この個所では期待と恥入ることとの対応が述べられていると指摘して、「確信（Zuversicht）」と理解する。これに対し、シュメラー II 84 は、この語は3節の ἐν τῷ μέρει τούτῳ（「この点で」）とはっきりと対応しているから「信頼」という訳は不可能、とする。Bauer/Aland, WB ὑπόστασις にも、田川が指摘しているように、この訳語は出ていない。

他方、H.Köster, ThWNT VIII 582,43ff はこの個所を次のように説明する：パウロは、自分がコリントで献金運動が進捗しているとマケドニアの人々に誇ったことが結果から見て正しかったか否かの問題はすでに3節で扱った。4節はそれの単なる

9：4

言で彼が何を考えているのかを検討しよう。この発言は一読したところ、パ
ウロ（たち）の個人的メンツの問題を述べている印象を与える。また実際そ
の側面がないとは言えない。しかし、ここで使われている用語は、パウロが
事態をもっと深刻に捉えていることを示唆する[3]。すなわち、「わたしたちが
恥を蒙る」と訳した語は καταισχυνθῶμεν。これは καταισχύνειν（恥をかかせる）
という動詞の受動態アオリスト一人称複数形である。ここでは、「恥を蒙る」
はマケドニアの人々がコリントで献金の準備が完成していないのを発見した
場合に起こるとされているから、すべてはマケドニアの人々が事態をどう見
るかにかかっており、パウロたちの身に起こる「恥を蒙る」は、メンツを失
う、という程度の、比較的軽い悪影響を指しているとの印象を受けるかもし
れない。しかし、この動詞は LXX でしばしば神の審判を指して用いられる
語であり、それも恥を受ける人の心の状態よりも、その人物の置かれた状況
に焦点が合っている（R.Bultmann, ThWNT I 188,35ff）。この語感は新約で
も少なからぬ個所で保たれている。パウロでは、ロマ 9：33; 10：11 で「信
じる者は恥を蒙ることはない」というイザ 28：16（LXX）の引用が出る。パ
ウロは引用文以外でもこの語を同じ意味で用いている（ロマ 5：5）。われわ
れの個所でも、彼は単に「恥をかく」程度のことを考えているのではなかろ

　反復ではなく、彼はここで「兄弟たち」を先遣する本当の理由に戻る。すなわち、
彼は献金を速やかに成功裏に終結させることを願っている。コリントの人々がその
準備が出来ていなければ、彼はこの「計画（Plan,Vorhaben）」全体について恥をか
くことになる。要するに、ὑπόστασις は「計画」と訳すべきだとの彼の主張の論拠は、
3 節と 4 節とではパウロの関心が変化している、という点にある。しかし、「準備が
出来ている・出来ていない（παρασκευασμένοι/ἀπαρασκευάστους）」という一対の語が
両節に跨がって使用されていることから見て、3 節と 4 節との間で関心が変わった
と断言することは難しい。

3　シュメラー II 83f は、ここの表現を「当時の社会的文脈では極めて気遣わしいこ
とを表している観念（eine … außerordentlich beängstigende Vorstellung）」と説明
する。この表現を現在の語感で捉えたのでは不十分であることを指摘している点は
評価出来る。また、彼が指摘するように、パウロはこれと似た表現を 7：14 でも使っ
ている。しかしわれわれの個所の場合、「当時の社会的文脈」で「気遣わしい」こ
とが表現されているというレベルの理解で十分であるかは、事柄が事柄であるだけ
になお疑問として残る。

う。献金運動の失敗は神の裁きの対象となりかねないほどの厳しい事態と彼が受けとめていること、読者にもそのことを伝えようとしていることが、ここでの用語の選択から読みとれる[1]。ただ、そのような事態の出現をマケドニアの人々の発見に左右されるとしたり[2]、「あなたがた」を対象から除外することによって——もっともこの除外はかえって、招きかねない事態の深刻さを暗示している[3]——、実際の論調を控え目にする努力が払われている。論調の厳しさが、ただでさえ危ういコリント教会との信頼関係に一層のひびをもたらすことを、彼は警戒している（シュメラーⅡ84）。

パウロは異邦人諸教会からエルサレム教会に宛てた献金をコリントで一応取りまとめ、そこからエルサレムに運ぶことを考えている（実際それはそのように行われたようだ。使20：3ffを見よ）。「わたしと一緒にマケドニアの人々が［コリントに］行って」とは、献金を実際に運ぶマケドニア教会の人々[4]が

1　それゆえ、訳語も少し硬い「恥を蒙る」を用いた。

2　もちろんパウロは、コリントでの献金運動がこのままで行けば挫折することをマケドニアの人々が気づかないかもしれない、と考えているわけではない。「もしマケドニアの人々が…発見し」は、「そのときまでにコリントでの準備が出来ていないならば」というのと同じである。

3　パウロはここで「あなたがたがとは言わない」という語を挿し挟み、今述べていることから読者が受けかねない印象の是正を図る。これと同じ手法はロマ8：34；Ⅰコリ7：10；Ⅱコリ2：5；ガラ4：9；フィレ19にも見られる。BDR§495A12を見よ。同所に教会教父の事例も挙げられている。

彼はこのように、自分は、献金運動が期待通り進んでいないときコリントの人々が恥をかくことになると言っているのではない、いわば予防線を張っているが、これは裏を返して見れば、そのようなことになればそれはコリントの人々にとっても恥入らなければならない事態だ、と彼が考えていることの反映である。「彼は短い副文で、献金集めの遂行が不十分で恥をかくことになるのは本来コリントの人々自身であると仄めかしている」（ヴェントラント198）。「原初の読者たちは、非難に値するのはパウロではなく、彼ら〔＝コリントの人々〕であると理解するであろう」（キステメーカー308）。

4　この個所の「マケドニアの人々」には冠詞はついていない。「彼らは、おそらくマケドニアの人々であった。8：18-23の二人の無名の兄弟たちではなく、マケドニア出身の不特定数の人物で（「何人かのマケドニアの人々」）、彼らは多分マケドニアの献金の運び手であったろう」（ハリス625）。しかし、マケドニアの諸教会にそれだけの人的余裕があったのだろうか。

コリントに着くこと[5]。

5a 節　節の前半は「兄弟たち」に与えた「勧告」内容を簡潔にまとめて述べる。「勧告」と言っても、実際には指示である。勧告内容を記す文では προ-（先に、前もって）という前綴りのついた動詞が三度用いられている。三つの動詞のうち、原文では第一、第二に出る（訳文では第一、第三）「先に行く」と「前もって整える」は、パウロたち自身のコリント到着以前に事柄が片付いていることに彼が大きな関心を持っていることを示している[6]（この関心についてはすでに4節で述べられていた）。

　　ここで述べられている勧告内容、つまり派遣の目的は、8:6でテトス派遣について述べられているものと微妙に違う。8:6では献金運動を完遂させることだけが述べられていたが、ここでは、今述べたように、献金運動をパウロの到着以前に終わらせておくことが強調されている。もちろん、両記述は互いに矛盾しているわけではない。われわれの個所の記述は8:6のそれのいわば補足である。

「讃美（＝献金）」と訳した語は εὐλογία。

　εὐλογία は「よく（εὐ）」と「語ること（λογία）」の複合語で、古典ギリシア語では「美しい言葉で語ること」ないしは「ある人物についてよいことを語る、褒める、賛美すること」を意味した。LXX の場合と違い、古典ギリシア語文献ではこの語ないしはその同根語が神々の人間に対する祝福を意味して使われる例は極めて少ない。人間が神々を「賛美」することを指す例は散見される（H.W.Beyer, ThWNT II 752,3-36 を見よ）。

　　LXX では εὐλογία はマソラに対応のある部分で約七十回使われている（他に、マソラに対応のない部分で約二十例）。そのうち約六十例は בְּרָכָה の訳語である。同根の動詞 εὐλογεῖν の場合は、マソラに対応のある部分での用例

5　マケドニアの人々が献金を運ぶためにパウロに同道することはほぼ既定の事実であったはずだから、「もし…行って」の部分は ἐάν（もし）＋接続法（ἔλθωσιν［来る]）ではなく、ὅταν（…の時に）＋直説法が期待されるところである。ここの文章全体が「もし」＋接続法になっているのは、「発見する」に関してはパウロはそれを不確かなこととしておきたいと考えているためである。それが強く働いて、文章全体がそれに引きずられた。

6　原文で第三（訳文では第二）に出る「先に約束されていたあなたがたの讃美」については、後述する。

は三百近くあり（他に、マソラに対応のない部分での用例が百五十例近くある）、そのうち三分の二以上は בֵּרֵךְ piel の訳語である。さらに同根の形容詞 εὐλογητός は、マソラに対応のある部分で約四十回用いられているが（他に、対応のない部分での用例が約二十）、それはほとんど例外なしに בָּרַךְ の訳語である。εὐλογεῖν およびその同根語の主要な用法は、①神による人間の祝福。用例は数多く（創 1：22,28; 12：2 等々）、内容的には子孫繁栄、支配の保証等を始め、多岐にわたる（Beyer 上掲項目 753,30ff）。神による祝福は祭司によって行われる場合がある（民 6：22ff; 申 18：5; 21：5 等）。時代が進むにつれこちらの方がむしろ常態と受けとめられた（Beyer 上掲項目 755,17ff）。②これとは逆方向に、人間が神をたたえることを表すのに使われる場合も少なくない（創 24：48; 士 5：2,9; 代上 16：36; 29：10; トビ 12：6 等。Beyer 上掲項目 756,3ff）。とくに形容詞 εὐλογητός の場合はこの例が圧倒的に多い（詩 LXX 65：20; 67：19 等々）。③イサクによるヤコブの祝福の物語では、イサクには祝福によって相手に家督権を授与する能力が備わっていることが前提となっている（創 27 章他。Beyer 上掲項目 753,15ff）。これに類する観点に立つ記述として、バラムによるイスラエル民族の祝福がある。彼はモアブ王バラクがイスラエルを呪うことを彼に依頼したにもかかわらず、神の命に従ってイスラエルを祝福した（民 22-24 章）。④他方、旧約・LXX ではそのように特別の身分になく、特別の能力を持たない者が他の者を祝福するとの記述は極めて少ない。ただし、数は多くないが、人間相互の挨拶を指してこの語群を用いる例はある（サム上 13：10; サム下 13：25 他。Beyer 上掲項目 756,28-30）。また εὐλογία が贈り物を指す例（創 33：11; ヨシ 15：19; サム上 25：27; 30：26〔写本 B では欠如〕; 王下 5：15。Beyer 上掲項目 756,31f[1]。いずれもとくに宗教的背景を持たない）等もある。

εὐλογία および同根の動詞、形容詞のパウロの用例は数から言えばそれほど多くない（εὐλογία が八回、εὐλογεῖν が六回、εὐλογητός が四回）。その用法は

---

1 Beyer は εὐλογία が贈り物を意味する事例の説明に際し、贈り物は下位の者から上位の者に向けられると述べている（756,31f）。これは当てはまる場合もあるが（たとえば創 33：11）、サム上 30：26（この個所は写本 A は εὐλογία を含んでいるが、B はそれを欠いている。そのためか、Beyer も Bauer/Aland, WB εὐλογία 3bβ もこの個所は指示していない）では贈り物はダビデから「ユダの長老である友人たち」に贈られており、この説明は当てはまらない。われわれの個所でもこの語が使われていることを理由に、パウロはエルサレム教会を上位のものと見ていると論じることは適切ではない。

9 : 5a

旧約 / ユダヤ教での בְּרָכָה および εὐλογία 等の場合に見合って、いくつかの種
類に分かれている。すなわち、①神による人間の祝福を指す例がガラ 3:14（名
詞）、およびガラ 3:9（動詞）。いずれも神によるアブラハムの祝福と関連し
ている。それとは別にロマ 15:29 はパウロ自身がキリストの祝福を携えて
ローマの信徒たちのところに来るとの期待を述べる[2]。②信徒が行う神への賛美
に関わると思われる例が I コリ 10:16（名詞および動詞）；14:16（動詞）に
ある。形容詞 εὐλογητός の場合は、LXX での用例に見合って、四例すべてが
この部類に属する（ロマ 1:25 他）。③動詞はロマ 12:14（二度）および I コ
リ 4:12 で人間同士の間での行動を指して使われている。ただし、いずれの
場合も不当な仕打ちを受けたときの反応として、相手を呪うのではなく、祝
福するという文脈での用例である。④ロマ 16:18 の εὐλογία は美辞麗句とい
う悪い意味。⑤残るのはわれわれの個所、つまり II コリ 9:5,6 だけである。

II コリ 9:5, 6 には名詞 εὐλογία が四回集中して使われているが、それらが
同一の意味なのか、それとも一種の言葉の遊び[3]が行われているのかに議論
がある。

まず 5a 節に出る「先に約束されていたあなたがたの εὐλογία」の場合は、
内容的には明らかに献金を指している。人から人への贈り物を意味してい
る点で、上で LXX での用例の④後半に挙げた創 33:11 等に近い（Bauer/
Aland, WB εὐλογία 3bβ を見よ）。ただし、それらの例と違い、ここの場合は
宗教的背景が濃厚である。5,6 節での四回の εὐλογία に統一的な訳語を与え
ようとする田川はこれを「祝福」と訳し（075）、コリントの人々が行う「エ
ルサレム教会に対する祝福の行為」の意味に解する（492）[4]。宗教的背景を

2 　この個所はエルサレム教会への異邦人教会からの献金を述べた発言の直後にある
　が、「祝福」という語は献金とは直接の関係なしに用いられている。

3 　ヴィンディシュ 274、ファーニシュ 428、バーネット 434A37 等もこの個所の説明
　に際し「言葉の遊び」という語を使うが、考えられているのは εὐλογία と λογεία（I
　コリ 16:1 を見よ）との間のそれである。私は、パウロはコリント教会で用いられ
　ている λογεία という言葉についてある種の批判を持っていたと考えるので（この点
　については補説 3「献金活動」　D b を見よ）、ここで好んで εὐλογία/λογεία の間の言
　葉の遊びを行ったとは考えない。私の言う言葉の遊びは、献金を表すのに、5b-6
　節で用いるのと同じ εὐλογία を用いている、という点についてである。

4 　たとえばヒューズ 328「彼らの贈与は他者を祝福しようとの気持の表現」もこれ

213

視野に入れている点で、この説明の方がLXXでの用語の説明④後半に挙げた「贈り物」という意味の踏襲と見なす見解より勝っている[1]。ただ、LXXでεὐλογεῖν等が祝福の意味で使われる場合は神による人間の祝福を指す場合が圧倒的に多く、人と人との間で行われる祝福を指して使われる例が極めて少ない点、パウロにおいても人間同士の間での「祝福」を意味しての用語法が極めて限られている点（上述パウロでの用法③を見よ）が、この見方にとっての障害となる。「祝福」という訳語を選ぶなら、むしろ神による祝福を考えるべきであろう[2]。ただし、われわれの個所の場合、献金を神が祝福する贈り物という側面から理解することが適切かは、これまた問題である[3]。われ

に近い。ガラント404も同様。

1　両者の折衷的解釈として、たとえばハリス628はεὐλογεῖνが人間間の関係を記す例があること（ハリスはロマ12：14; Ⅰコリ4：12を指示。ただし、この両個所での用法はかなり特殊。εὐλογίαのパウロでの用法の説明③を見よ）、LXXでεὐλογίαが時に相手方に対する祝福としての贈り物を指す例があること（ハリスはA57で創33：11; サム上25：27; 王下5：15を指示）を指摘し、われわれの個所で用いられているεὐλογίαはgift of blessing（相手方を祝福する贈り物）の意味だ、と述べる（ヴォルフ182も参照）。

2　スラル571は、旧約では祝福は最終的にはヤハウェに由来するから、他の者を祝福する者は神の祝福の仲介者として機能しているとのM.Theobald, Die überströmende Gnade（Würzburg, 1982）290fの意見を紹介した上で、これではわれわれの個所のεὐλογίαは過剰に説明されているとし（この点には同意出来る）、ロマ15：27でパウロが、エルサレムの信徒たちが異邦人に霊的なものを提供したのに対し後者は物質的なもので応えるとの観点から献金の必然性を説いている事実からわれわれの個所を説明する。しかし、これではパウロがわれわれの個所でわざわざεὐλογίαという表現を用いている点を説明していないし、ロマ15：27に見られるものが献金に関する彼の見解の唯一のものではない事実（補説3「献金運動」Fbおよびcを見よ）にも注意を払っていない（スラルの見解については223頁注4も見よ）。
　ヴィンディシュ274はロマ1：2とわれわれの個所とで（この二個所でだけ）「先に約束される（προεπαγγέλλεσθαι）」という語が共通して用いられていることにヒントを得て、われわれの個所では献金が「神の行う祝福の寄贈（Segensspendung）の模倣」と性格づけられている、と述べる。結論は兎も角、この立論の仕方には無理がある。

3　たとえばマーテラ203が、εὐλογίαという語の使用は、「人間に対する神のχάρις［恵み］およびεὐλογία［祝福］に起源を持つ贈り物の、物惜しみしない、かつ親切な側面に焦点を当てている」と述べている。ベッツ178が「祝福の贈り物（eine Segensgabe）」は「受けた祝福（empfangene Segnungen）」に対する応答、ランク

9：5a

われの個所の場合、献金が神に祝福されたそれであることに読者の注意を向けることは、あってならないことではないが、ものの考え方の流れを複雑にし過ぎる（この問題は8-10節になって新たに展開される）。この点から考え、ここの εὐλογία は言葉としても献金を意味して用いられている、と考えるべきであろう。

ここでは讃美（＝献金）に「先に約束されていた」という形容の言葉がついている。

「先に約束する」という語（προεπαγγέλλεσθαι）は新約でここの他ではロマ 1：2 に一度出るだけであるが、「約束（ἐπαγγελία）」ないしは「約束する（ἐπαγγέλλεσθαι）」はパウロにとっての重要な神学的用語として、とくにロマ 4 章、ガラ 3 章で頻繁に用いられる。ただし、それは一貫して神が一方的な恩恵として人に与えるものであって、教会ないしは信徒集団が約束を行う主体として出る例は、パウロではわれわれの個所以外には見られない。

ここで「約束し」たのはコリントの人々。ただし、コリントの人々が献金の約束をしたとの記録はどこにも出ない。教会単位の献金運動への参加に際しては教会は何か決議めいたものを行い（8：10 を参照）、それがパウロにも伝えられたと考えられる。これが「先に約束されていた」の実際であろう。しかしそれ以上に、それに期限とか献金額まで含まれていたとは、われわれの個所での記述の仕方から見て考えられない。それはむしろ、漠然とした表現と捉えるべきであろう。

「約束されていた」はパウロに対しての約束であろう。神に対しての約束

---

324 が「神の祝福に対する信仰者の感謝に満ちた応答」としているのもこれに近い。いずれも「祝福」という語が使われているので、神が人に与える祝福という要素を加味した解釈である。これらは不可能な解釈とは言えないが、εὐλογία には「先に約束されていた」という形容の言葉がついているから、この解釈では祝福の前約束が考えられていることになり、「祝福」という語の使い方としては不自然な感じがする。パウロの「祝福」の用例の中にもこれに類するものはない（上述を見よ）。

同じくここの εὐλογία を神から与えられる祝福と解しながら、それをもっぱらエルサレム教会の受ける献金と結びつけて理解する研究者もいる。たとえばステグマン 210 は、「献金は最終的にはエルサレム教会に対する神の祝福である。コリントの人々…は神の恵みのチャンネルである特権を持っている」と説明する。しかし、この理解は、ここでの文言が「あなたがたの εὐλογία」であることから見て、適切とは言い難い。

215

であったならば、約束不履行の場合についての警告的発言があっておかしくなかろう。

われわれの個所での「讃美として」の使用についてむしろ注目すべきは、7節での「心で決めていた通り」との違いである。後者の場合は7節全体が「めいめいが」で始まっていることから明らかなように、献金を捧げる教会員個々人に目が向けられており、その個々人は自分の「心で決めた通り」に献金すべきであって、「気が進まないまま」「強いられて」献金すべきではないとしている。これに対しわれわれの個所では「先に約束」した主体は集団としてのコリントの教会である。そこで約束したことがいくら献金するかについて「めいめい」が「心に決める」ことと、もちろん無関係ではないが、完全に一致しているとは限らない。パウロはそのどちらに重点を置いて考えているのであろうか。彼はおそらくそこまで厳密に詰めて考えてはいまい。しかし、もしこの両者は両立しない場合があり得ると指摘され、そのいずれがより決定的かと問われれば、彼の日頃の発言、また7節でのその後の展開（「神は喜んで贈り物をする者を愛する」）から考え、それは「めいめいが」の方であろう。

9:5b-15 「献金」をめぐる基本的問題

9:5b-15節　5a節までで、パウロはコリントでの「献金」運動完遂に向けて使者を派遣するという、コリントの人々に当面伝えたい事柄を記したが、5bff節では「献金」についてより基本的な事柄を記す。

5b節は、形の上ではまだ5a節に属しているが、内容的には献金をする時の心構えを説いた、それまでとは違う次元の発言である（以下、5b節の説明を見よ）。

5b-15節もエルサレム教会への献金をテーマとしており、その点では8章と重なるが、おそらく8章とは別の文書に由来しよう。両文書の書かれた史的背景および両文書の文献上の関係については8、9章の序論を見よ。9章

が元来独立文書であった段階で当然ついていたと思われる、初めおよび終わりの挨拶は、この文書が現在のⅡコリント書の中に組み入れられるに際して省略された。

5a節では献金を指して「讃美（εὐλογία）」という語が用いられており、それに続く5b節——それは原文では「讃美として、貪欲としてではなく」で始まっている——はこの5a節の「讃美」という語をそのまま受けて、それを展開しているように見える。しかし、5b節では「讃美」は「貪欲」と対をなしており、それまでの「讃美」とは違う観点からの言葉である。5b節全体はこの新しい関心によって規定されており、5a節と5b節との間では論旨の切り替えが起こっている。このことは、5b節以下の文脈の展開を見れば一層明らかになる。すなわち、5b-7節では、先ずこの「讃美」と「貪欲」の対を軸にして論旨が展開し、それ以後は——5b節で始まった、献金は喜びをもってなされるべきだとの線に沿って——献金をめぐる基本的な問題が扱われている。他方、1-5a節で取り上げられていた、献金運動の完遂という喫緊の問題は、もはや直接再び出ることはない。

この事態をどう理解するか。「讃美」と「準備されている」という今まで使われていた語が5b節でも使われていることを重視して、パウロは次第々々に関心を移したためこのような書き方になったと考えるか、それとも、「讃美」と「貪欲」との対概念という新しい要素が論議の中心となっていることを重く見て、ここでは元来は別の文書に属していたものが始まっており、それを5a節までの文書と5bff節とを一体化させるために、5a節にあった「讃美」、とくに「準備されている」という表現を5b節の中に取り込んだと見るか、いずれかであろう。これは、8、9章の相互関係をどう考えるかの問題に関連しており、それはそれなりに重要な問題であるが、5a節および5b節自体の理解にとってはそれほど大きな意味を持っていないので、ここではこれ以上検討はしない（8、9章の相互関連の問題については、8、9章についての序論を参照）。

次いで彼は6節で、格言風の言葉を用いながら、「献金」に際しての基本的心構え——「献金」は、強いられてではなく、喜んで行え——を説く。コリントの事情が念頭にあることは確かだが、それへの直接的言及はない。冒

頭に「めいめいは」とあるように、ここではむしろコリント教会という枠組を離れ、逆に今まで一度も言及されなかった神による個々人の「献金」の受け入れが指摘されるという具合に、一般論的見地から「献金」問題を捉える。この個所をパウロは7節末尾で、おそらく箴LXX 22:8の影響のもとに締めくくっている。この箴言の援用は、強いられてではなく、喜んで贈り物をする者が神によしとされることの強調を前節に続いてその目的としていたが、7節全体での一般論的見地への移行を契機として、8ff節では神こそが人に「献金」を可能とする根源者だという、「献金」についての基本論へとテーマが移っている。それは「献金」を神の恵みと呼ぶ彼の献金理解を文章の形で表したものである。実際、この議論の延長線上にある14節では「神の恵み」という表現が用いられている。テーマの移行は、9章でそれまで一度も使われていなかった「神（θεός）」という語が7-15節ではほとんど各節毎に頻繁に用いられるという統計的事実からも見てとることが出来る。11b-14節は献金の持つ総括的な意義、とくにそれのもたらす結果を、エルサレム教会（「聖徒たち」）へのコリント教会からの「献金」の問題に引きつけながら、エルサレム教会の人々はコリントの人々の活動を知って神に感謝を捧げ、諸教会間の霊的交わりが一層緊密となるとの期待を記す。普通そのような場合主要なテーマとなる受贈者の困窮の解決については短く触れられるだけである（この点については、以下で、5b-15節でとくに注目すべき点の③として記す事柄を参照）。5b-15節全体はこれらのことを可能とする神への感謝で終わる（15節）。

　このように、5b-15節は一旦はコリント教会で現実に起こっている問題を離れはするものの、「献金」一般に通じる基本的な事柄に目を転じた上で、最後にそれをエルサレム教会に対するコリント教会の「献金」の問題に再び結びつけ、議論をいわば丸く締めくくっている。

　以上の概観でも一部触れたが、5b-15節には全体を通して注目すべきことがいくつかある。① 1-5a節では問題はもっぱらコリントでの献金運動の展開という視点から捉えられていたが、5b-15節では、コリント教会の献金という具体的問題を視野の中に置いてはいるものの、献金についてのより

9 : 5b ― 15

本質的な問題へと記述の重点が移されている。パウロは、コリントの人々を説得するためにも、事柄の基本へと目を転じる必要を認めた。② ただし献金をめぐる基本的問題は、献金を神がよしとするか否かの一点に向けられており、信仰は貧しい者に目を向けることと不可分だというような主張は、ここでは見られない。③ 献金の受け取り先であるエルサレム教会、とくにそれの経済的に困難な状況への言及は、9節の引用文を別として、12節に付随的に出るにとどまる。この点はしかし、1-5a節でも同じであった。最初に1節で「聖徒たちに対する奉仕について」という表題めいた言葉が出るだけで、関心がコリントでの献金運動の展開に集中していることに影響されたこともあって、エルサレム教会、とくにそれの具体的な貧困問題はそこでも言及されていない。他方、エルサレム教会の貧困の問題はガラ2 : 10; ロマ15 : 27、またⅡコリ8 : 14でも触れられているから、エルサレム教会への献金を考えるに際しそれが一般にある重要な役割をはたしていたことは否定すべくもない。しかし、それにしてはパウロにはこの問題を中心に据えてエルサレム教会への献金の呼びかけを行う姿勢が感じられないのはなぜか[1]。それは、パウロの目からすれば、エルサレム教会の貧困の問題は、無視することは出来ないものの、当時の世界一般の基準からすればそれを献金運動の訴えの中心に据えるほど深刻とは映っていなかったからではないか（たとえばⅡコリ8 : 2に言及されたマケドニア教会の窮状を参照）。換言すれば、彼には、エルサレム教会の貧困とは別に、同教会への献金を訴えるための理由があって（とくにロマ15 : 27に反映していると思われる、エルサレム教会を異邦人諸教会の母教会とする、自分としても無碍に否定出来なかった、しかし、必ずしも自分の宣教の基本とするほど重要視はして来なかったエルサレム教会観を参照［パウロのエルサレム教会観については補説3「献金運動」Ｇａを見よ］。それに加えるに、第二伝道旅行末のエルサレム訪問時に受けた、

1　Joubert, Benefactor 146 が「パウロはエルサレム教会の貧しさを献金についての彼の主要な動機づけに含めなかった。それは、パウロの諸教会が献金の持つ慈善的機能に気づいていなかった、ということではない。この点の知識は彼らのエルサレムとの互恵的関係の枠組の中で機能していた」と指摘しているのを参照。

219

多分に教会政治的「刺激」の問題がある)、エルサレム教会の貧困の問題は献金を訴えるについての補助的理由の域を出なかったのではなかろうか。④上で述べた、神が良しとするか否かの観点から献金を考える態度は、別の意味で注目すべき特徴である。当時のギリシア・ローマ社会でも喜捨は珍しくなかったが、その場合、神がそれをどう受け止めるかが問題にされることはなく、貧者に対する喜捨は、何よりも喜捨を行う人間の社会的力が明らかにされる行為と考えられた。セネカは、喜捨に対する「報い」は喜捨の受け取り手から喜捨を行った者への「名誉」の贈呈の形で行われるとした(この点については Peterman, Gift 68,89 を参照)。つまり喜捨には喜捨を行う余力のある人の自己顕彰のための手段に終わる性格がつきまとっていた。ガラント 398 は、この点を指摘した上で、パウロは「与える」ことを問題にする場合には旧約に見出されるユダヤ教的観点から接近しているとして、申 15：11「この国から貧しい者がいなくなることはない。それゆえ、…この国に住む同胞のうち、生活に苦しむ貧しい者に向けて手を大きく開け」との勧告を例として挙げている。パウロの唱えるエルサレム教会のための献金が十分この線に沿うものと言い切れるかに問題はあるものの、ギリシア・ローマ社会の風潮に左右されやすいコリント教会に対して、献金を神が良しとする行為とするこのパウロの発言は一つのアンティテーゼとなっている。⑤神が信徒の捧げる献金をどう受けとめるかを論じるに際し、暗い影がまったく欠如している点もここでのパウロの記述の特徴に数えられよう。すなわち、6 節でこそ「けちけち播く者はけちけち収穫することになろう」とあり、7a 節ではまだ「気が進まないまま」「強いられて」の献金に言及があるものの、7b 節では「神は喜んで贈り物をする者を愛する」とのみあって、「神はけちけち贈り物をするものを好まない」というような、それと対をなす表現は出ない。これは 8 節以下でも同じであって、パウロは、コリントの信徒たちは神の「恵み」に動かされ、心から喜んで献金運動に参加するものと決めてかかっているかのようである。ここには審判を持ち出しての献金の強要は一切見られない。審判が問題になるときには、人間がいかに生きたかについて責任を問われるが、ここでは、人間がいかに生きたかが問われる以前に、人間は徹頭徹

9：5b

尾神の恵みによって生かされるという、もっと根源的な現実が一方的に前提
されている。パウロが現実には、コリントでの献金運動の停滞という深刻な
問題に直面していることを考えるとき、これは注目すべき事柄である。ただ
し、この点については4節の「恥を蒙る」についての説明を参照。パウロは
ただ一方的に楽観的であったのではなかったが、コリントの人々に悲観的見
方を伝えることには極めて慎重であった。⑥ 神への言及がしばしばなされ
るのに、キリストへの言及は、13節での付随的な言及を別として、どこに
も出ない[1]。

5b 節　5b 節は直前の 5a 節に出た εὐλογία を指す形をとっている指示代名
詞（ταύτην）で始まる不定法句。献金はまさに εὐλογία（讃美）をもってなさ
れるべきであって、πλεονεξία（貪欲）をもってなされるべきではない、と言
う。「εὐλογία（賛美、祝福）として、πλεονεξία（貪欲）としてではなく」では、
両語は明らかに対をなしている。まず πλεονεξία から検討しよう。

πλεονεξία（貪欲）はパウロでは他に二個所（ロマ 1：29; I テサ 2：5）、同根
の動詞 πλεονεκτεῖν が五個所、名詞 πλεονέκτης（「貪欲な人」）が三個所出るが、
II コリ 2：11 で動詞形が「（サタンが）欺く」という意味で使われている以
外はいずれも、相手方に意図的に経済的損失を与える悪徳を指して用いられ
ている（「貪欲」「騙し取る」）。われわれの個所の場合も（献金という）金銭
の授受が問題になっているから、その限りではこの語が「貪欲」を意味する
可能性はあるし、実際他の訳語を考える余地はない。しかし、「貪欲」とい
う訳語を採用するについては、「他人を援助する募金を『貪欲として』準備
する者はいない」（田川 492f）という難点がある。田川はこの難点を、パウ
ロないしはテトスがコリントの人々から「騙し取り」の非難を受けていたこ
とを反映する 12：16-18（8：21 も参照）を引き合いに出すことによって解
決することを試みる。すなわち田川は、「自然な理解は、『あなた方はこの募

1　ヴィンディシュ 275 が指摘。ベッツ 180f も同様。ベッツは、この部分全体は「パ
ウロ以前のヘレニズムユダヤ教的神学に由来する」とする。Klein, Begründung 129
「9 章では過去におけるキリストの行為にではなく、創造における神の働きに目が注
がれている」も参照。

221

金に関して、これはパウロが自分の貪欲のために集めているのだ、などと悪口を言っているが、そのような悪口を言わないで、エルサレム教会に対する祝福として行いなさい』ということだろう」と言う（7:2; I テサ2:5 も参照。バレット 235、ファーニシュ 428,439、ベッツ 178 もこれに近い）。しかし、直訳すれば「貪欲として」となる表現を「パウロに対し貪欲呼ばわりしないで」という意味に解することは自由に過ぎるし、この個所でこの悪口への言及が背後にあるとすることは、いかにも唐突である。それに、節の末尾で「讃美として」は「πλεονεξία として」の対語とされているが、後者を「（パウロに対する）悪口を言わないで」と理解したのでは——たとい田川のように前者を「（エルサレム教会に対する）祝福として」と理解するとしても——両語の対の関係は複雑に過ぎるものとなる。ここの「貪欲」はやはり、献金をするコリントの人々自身が陥りかねない貪欲を指しているととるべきであろう[1]。もっとも、このように理解しても田川の指摘する不自然さは残る。献金することを貪欲の一表現と見なす可能性があるかのようにして論じることは難しい。これはおそらく献金に際しての心の持ちようを指す言葉と理解すべきであろう。つまりそれは、貪欲な心を持ち続け、献金に応じることは本来したくないのだが強いられたので無理して献金する、または——とくに売名行為の場合に見られるように——自分の持っている貪欲な思いの実現の手段として、ということを意味している。文脈から見ても、無理して献金するという意味に理解することは自然である。次節の「けちけち」、7 節の「気の進まないまま」も、いずれもこの「貪欲として」の言い換えである。マーティン 286 が「6,7 節でのポイントがまさにこの点だ」と指摘しているのを参

1　スラル 572 が、対置されている ὡς πλεονεξίαν と ὡς εὐλογίαν とは「同じ主語〔＝あなたがた〕を維持している」とする方が自然だ、としているのも参照。

バハマン 328f は、ここでの πλεονεξία は献金する者ではなく、献金を受ける者についての言葉であり、後者が前者に不機嫌に接し、不平を申し立てることを指している、と主張する。しかし、われわれの個所の文脈では献金の受け手であるエルサレムの人々に対する勧告はまったく意図されていないから（とくに 6ff 節の展開を見よ）、この考えを採ることは出来ない。

9：5b

照（ヴィンディシュ 275 も同様）[2]。

　それでは、このような「貪欲として」と対置される ὡς εὐλογίαν はどのように理解すべきか。われわれは、5a 節での εὐλογία は献金を意味しており、敢えて「祝福」という訳語を選ぶなら神による祝福を考えるべきだとしたが、この εὐλογία 理解を 5b 節の ὡς εὐλογίαν にあてはめることは無理である[3]。むしろ、「貪欲として」が自らの利益を関心の中心に据え、すべてをそれを基準にして判断する生き方を指すのに対し、それと対置される ὡς εὐλογίαν は自分の利害を関心の中心に置かず、もっぱら神の意思に焦点を合わせる「賛美として」という意味に理解すべきであろう[4]。パウロの頭には、献金の準備

2　たとえばステグマン 210：「彼〔パウロ〕ががっかりするのは、彼ら〔コリントの人々〕が自分たち自身を富ませることにあまりに関心を持っているため、僅かしか、しかも不承不承でしか献金しないこと」。

3　「祝福」を人間同士の間でのそれととることも、よい解決策とはならない。田川 075 は 5 節を「あなたがたが約束した祝福を前もって準備しておくように」と訳しているが、──「祝福」は献金を指しているという前提に立てばこれで通じるが、そうでないと──「祝福」はあらかじめ約束する対象になるのか、前もって準備することの出来るものなのかという疑問が生じる。

4　Bauer/Aland, WB εὐλογία 5 は、祝福の概念は豊かさの概念を伴っているので、この語はわれわれの個所で「豊かな贈り物、豊かな成果（d.reichliche Gabe, d.reichliche Ertrag）」の意味を獲得した、と説明する。またスラル 573 は 8：13–15 で財的平等が説かれていることを指摘しながら、われわれの個所の ὡς εὐλογίαν は「豊かな贈り物として（as a bountiful gift）」を意味するとする。しかし、これらの意見では εὐλογία が本来持っている意味が十分に活かされていない。とくにスラルのようにパウロがここでコリントとエルサレムとの財的平等を念頭に置いているとすることには、彼は 9 章では、最初に「聖徒たちに対する奉仕」という表現を用いているものの、その後は献金の訴えをするのにそれの宛先であるエルサレム教会の事情にはまったく触れずに来ていること（先にも指摘したように、献金の訴えをするときには財的援助を必要とする相手方の事情を具体的に述べるのが普通であろう）、この後も、9 節で引用句の中で「貧しい人々」に触れるものの、本格的には 12 節での「聖徒たちの不足」への言及までその問題を取り上げていないこと、要するにわれわれの個所を書くに際し、彼がエルサレムの財的状況を絶えず念頭に置いているとは言い難いことから見て、賛成出来ない（マーテラ 205 が 8：7–15 とわれわれの個所とではパウロの観点が違うことを指摘している）。パウロが（おそらくエルサレムに劣らず貧しい状態にある〔8：2ff を見よ〕）マケドニア教会の代表と一緒にコリント再訪を視野の中においてこの文章を書いていることも、スラルのような捉え方にとって不利である。いずれにしても、ここでの πλεονεξία/εὐλογία の対置を貧しさ・豊かさ

が前もって出来ておらず、自分たちが到着してからそれを急いで、教会員から強制的に取り立てることになると、献金は「讃美」でなくなる恐れがあるということもあったろう。「讃美として」と書いたところで、彼の関心の重点は献金を捧げるコリントの人々の心の持ちように移り、「讃美として」と対をなす言葉として「貪欲としてでなく」という語を付け加えた（この語は原文では文章の末尾に、「讃美として」のすぐ後に、それを補うような形で置かれている）。無理をして対語として付け加えたので「貪欲として〔献金を〕準備する」という辻褄の合わない表現が出現することになった。

　この文脈で εὐλογία（讃美）が最後に出るのは 6b 節である（6b 節には εὐλογία は二度出る。6b 節の εὐλογία については同所の説明を見よ）。6a 節で出た「けちけち播く・収穫する」という表現と対をなすものとして、6b 節で「ἐπ᾽εὐλογίαις（讃美をもって）播く・収穫する」が出る。この格言ないしは譬えが意味あるものとして成り立つためには、ἐπ᾽εὐλογίαις のあるところに「鷹揚に」というような語が出ることが期待される[1]。それに代わって ἐπ᾽εὐλογίαις が採用されているのは、明らかに 5 節での εὐλογία の使用を意識してのことである。それゆえ、この表現の採用には一種の言葉の遊びが認められる。ただ、言葉の遊びが成り立つためには、εὐλογία にそれなりの素地があるはずである。おそらくここでは εὐλογία が「讃美」を意味することが意識されて用いられているのであろう[2]。讃美の心は、自分の利害関係に釘づけ

　の対置に主眼を置いて捉えることは適切ではない。

1　Bauer/Aland, WB εὐλογία 5 は前注で紹介した理解に基づき、われわれの個所の ἐπ᾽εὐλογίαις を mit vollen Händen（両手一杯）としている。類似の意見の研究者として、たとえばマソラ 204、ハリス 633 等がいる。

2　εὐλογία を「（神による）祝福」の意味とすることも不可能ではない。この場合には前置詞 ἐπί は「根拠に、即して」の意味であろう（ἐπί のこの用法については Bauer/Aland, WB ἐπί II1bγ を見よ）。ただ、5b 節での εὐλογία の使い方から見て、この訳し方を優先させることは出来ない。相手方の人物に対する「祝福」を考える場合には、とくに後半「祝福して収穫する」（田川訳）の意味が通じにくい。「賛美をもって」と訳す場合、前置詞 ἐπί は行動の仕方を表す。ἐπί のこの用法については Bauer/Aland, WB ἐπί II1bζ を見よ。バハマン 329 も「行動（または起こること）に随伴し、かつそれらの内的性格を形作る関係」を指している、とする。ただし、Bauer/Aland は同所でわれわれの個所を例として挙げているが、前半の場合を

9 : 5b

になっている献金者の目を、それらをはるかに超えた次元へと導く。パウロはこの表現を用いることにより、元来この譬えの持っている量的多寡の次元で捉えられかねない「けちけち・鷹揚」という枠組を越えるところにまで読者の注意を向けることを意図している[3]。

　以上、5、6節で四回出る εὐλογία の検討を行ってきたが、結論として、四回全部に統一的訳語を与えることは無理である[4]。εὐλογία は上に述べたように LXX で頻用された語であり、それだけに種々のニュアンスを持つ語であった。パウロがこの個所で四回にわたってこの語を用いているのは、そのニュアンスの違いを活かしての一種の言葉の遊びである。

　「祝福の両手をもって、すなわち豊かに（mit Segenshänden d.h. reichl.）」、後半を「両手いっぱい（mit vollen Händen）」と訳しており、賛成し兼ねる。またバハマン 329f はここの ἐπ᾽εὐλογίαις を「その際祝福が伝えられる」仕方で、とするが、これにも賛成出来ない。

3　バハマン 330 は、ἐπ᾽εὐλογίαις は「ここではそれと対立する概念 φειδομένως〔けちけち〕」の単なる裏返しではない。…豊かさという量的要素は単に随伴的に現れている（mitschwingen）に過ぎない」と述べているのは、パウロが意図的にこの表現を使っていることを指摘している点で正しい。

　　ベッツ 187 も、ἐπ᾽εὐλογίαις を「豊かに」と訳したのではこの「ギリシア語表現が『祝福』の意味を保持している」ことを表せないし、「このニュアンスなしにはパウロの議論全体が理解不可能のままになる」と指摘している。ただ、彼がそれに代わって提出する「祝福の賜物に向けて播く者は祝福の賜物の基準に従って収穫する（wer auf Segensgaben hin sät, wird nach dem Maß von Segensgaben ernten）」によっては、この発言が理解可能となるとは言い難い。その一つの原因は、彼が εὐλογία を「祝福の賜物」と固定的に捉えている点にあろう。

4　田川はこの語を「祝福」という訳語で通し（075）、それを説明して、訳し分けをしたのでは「パウロの言葉のあやが伝わらない（あえて『贈り物』といった趣旨の単語を避けた点、これはエルサレム教会に対する祝福の行為だよ、という点、そして、どうせやるのなら『祝福』としておやりなさい、と言っている点）」としている（492）。しかし、この統一訳語には無理が多い。各用例に関してのこの解釈の難点については上でその都度指摘した。それとは別に、ある人が他の人を「祝福する」という言い方が——それは今日では普通に使われる表現であるが（日常会話の次元で違和感なしに使われるかは別問題）——新約時代においてもそうであったかは慎重に検討される必要がある。少なくも LXX での εὐλογία の用例の大勢からすれば、祝福という語で第一に思い浮かばれるのが神によるそれであることが、今日におけるよりもはるかに強かった。

ところでパウロはエルサレム教会宛の献金を現わすのに一定の用語を用いず、時に応じて数種の用語を用いているが（この点については補説3「献金運動」Cを見よ）、その中にあって献金を指して εὐλογία を用いている例はわれわれの個所以外にない。なぜ彼はここでこのような例外的な表現を用いるのか。それは明らかに、5b,6節での εὐλογία（讃美）の強調を前提にしてのことである。彼はコリント教会での献金運動が頓挫し、今なおその状態を完全に脱却していないことを念頭に置きながら、コリントの人々がかつて取り組み始めたのは人への約束の次元で留まる事柄ではなく、神への讃美であったと示唆し[1]、彼らがそのことを十分視野に入れ、それにふさわしく取り組むことを訴えようとして、敢えてこの εὐλογία という表現を選んだのであろう。

　6節　5b節で述べた、献金を「讃美として…準備」することの期待を念頭に置きながら、パウロは「次のこと（τοῦτο δέ）」という言葉で6節を始める。この語が5b節と6ff節とをつなげている。

　　τοῦτο δέ はそれだけで独立した言葉となっている。パウロはここで「わたしの言いたいのは次のことだ（τοῦτο δέ φημι）」と言おうとしたが（Iコリ7:29; 15:50を参照）、「言う（φημι）」を省略してしまったのであろう（類似の省略の例はパウロで他にも見られる。BDR§481A1を見よ）。

　パウロの言おうとしたことは τοῦτο δέ に続けて格言風の言葉[2]で表現される。この格言風の言葉は、単純形では、「人は自分の播くものを刈る」であろう（ガラ6:7bを参照）。これはユダヤ教知恵文学で頻繁に出るだけでな

1　パウロが献金をいつもこの角度から見ているわけではない。たとえば彼が献金を διακονία と呼ぶときには、それは直接神に向けられた「奉仕」ではなく、エルサレム教会に対する「奉仕」である。補説3「献金活動」Ccを見よ。

2　原文は文体の上でも特徴ある規則性を持っている。すなわち：

［前半］	ὁ σπείρων	播く者は	［後半］	καὶ ὁ σπείρων	播く者は
	φειδομένως	けちけち		ἐπ εὐλογίαις	讃美をもって
	φειδομένως	けちけち		ἐπ εὐλογίαις	讃美をもって
	καὶ θερίσει	収穫するだろう		καὶ θερίσει	収穫するだろう

　ここでパウロが格言風の言葉を半ば引用のような形で用いていることは、以下の文脈で彼がほとんど立ち入って述べていない「けちけち播く」生き方が「讃美をもって播く」生き方と平等の重みをもって取り上げられている点からも見て取ることが出来る。

9：6

く[3]、ギリシア・ローマの世界にも広く例が認められる[4]。ここではそれに「け
ちけち」「讃美をもって」という 5b 節で使われていた、ないしは意味の上で
それと近い二つの表現が加えられ、二つの生きる姿勢の対比の形に持ち込ま
れている。

「播く・刈る」という一対の表現を軸として作られた元来の格言的発言は、
収穫の量の多寡を問題にしているかのような印象を与えるが、われわれの個
所の「讃美をもって収穫する」の場合は、「収穫する」は直接献金の多寡に
関わる表現ではなく、「讃美をもって収穫する」は全体として、神からあら
ゆる面で豊かさを与えられながら一層よいわざに励む力を与えられることを
意味する表現となっている（8 節を参照）。これと対をなす「けちけち収穫
する」の方は、これだけなら収穫量の乏しさを示していると捉えられる可能
性がないではないが、それが「讃美をもって収穫する」と対を成しているこ
とを考えると、これもやはり「ますます自己中心的な行き方に陥る」という
ほどの意味と理解すべきであろう[5]。

この対立的な二種の生き方の表現の持込みはパウロによる。ただ、「けち
けち」を表現するのに 5 節の用いた πλεονεξία 関係の語ではなく、新約で他
に例のない φειδομένως という語（下記を見よ）を使用している点が謎として
残る。しかし、φειδομένως の使用に関して他に説明の手掛かりになるものが
見当たらないこと、また格言の単純形が今述べたように周辺世界でよく知ら

3 　たとえば箴 11：21,24; 22：8; ヨブ 4：8（以上いずれも LXX）; シラ 7：3。その他
　　エレ 12：13; ミカ 6：15、また遺訓・レビ 13：6 等も参照。フィロンの著作にも散見
　　される：『混乱』21,152、『改名』268f、『夢』2：76、『ガイウス』293（以上、スコッ
　　ト 186 が指摘）。

4 　ギリシア・ローマの世界については、たとえばベッツ 186f がまず「基本形」と
　　してキケロが『弁論家』II 65：261 で引用している「自ら蒔いた種は自ら刈り取れ」
　　を挙げ、それに副詞等を加えて拡張したものに、たとえばアリストテレス『弁論術』
　　III 3,1406b10「君は恥のうちにそれらの種を醜く蒔き、不幸のうちにその実を拙く
　　刈り取った」、ギリ・バル 15：2「よく播く者は、よく刈り取る」があるとしている
　　のを参照。その他、プラトン『パイドロス』260D 等。

5 　このような「播く・刈る」の比喩的転義は、たとえば前注で挙げたアリストテレ
　　ス『弁論術』の例でも見られる。

227

れていたこと、とくに「讃美をもって」の方は1-5節以来のパウロの論述によく合っていること（後述を見よ）から見て、パウロはここで何か特定の旧約発言を引いているのではなく[1]、格言の言葉に依拠しながら自分で表現を組み立てているのであろう。

　「けちけち」（φειδομένως）は動詞 φείδεσθαι（惜しむ、断念する。ロマ8:32; IIコリ1:23等に少数の用例あり）の分詞形 φειδόμενος から派生した副詞。新約全体でここ以外に用例がなく、LXXにもない。一般にも使用例は少なく、Moulton/Milligan は Plut.Alex 25 にある「あなたの持っているものを倹約して使え」という用例のみを指摘。Bauer/Aland, WB φείδομαι も Theognis, fgm 1:931 に貪欲であることを指す用例があるとのみ指摘している。意味の上では5b節に出た πλεονεξία（貪欲）と関係が深い（ベッツ187A104）。後半の「讃美をもって」は1-5節で何回か使われた εὐλογία を用いて表現されている。

「けちけち」「讃美をもって」という献金を行うに際しての、二つの対極的な姿勢を表す言葉が使われていることは、パウロの献金理解に関して別の側面でも示唆に富んでいる。すなわち、彼は一方では献金を「神の恵み」と呼ぶことにおいて（8:1; 9:14）、富は基本的に神に帰属するとの認識を示していたが（補説3「献金運動」Dcを見よ）、われわれの個所のこれらの表現、また次節に出る「心で決めていた通りに」は、富の実際的使用が人間の責任に委ねられていることを前提している。

　パウロは農業には詳しくない。ロマ11:17ff での接ぎ木の譬えが誤った形で述べられているのは、その典型的な例である。われわれの個所の譬えにしても極めて単純であって、たとえばマタ13章に出る種まきの譬え、毒麦の譬えに見られるような、実情に即した肌理の細かさは見られない[2]。彼の得意

1　箴11:24f にこれとやや近い発言がある。

2　グレサーII 60 は、ここで農業の比喩がたくさん使われているのはおそらくパウロがこの献金に関する文書を穀物の収穫とは無関係の商業都市コリントにではなく、アカヤの農業地域の諸教会に宛てて記したことを示している、とする。しかし、ロマ11:17ff でオリーブの木の譬えが述べられているからとて、ロマ書がローマ近郊の農業地帯の教会に宛てられたと推測する研究者はいまい。
　Murphy-O'Connor, Paul 92 は、パウロは「都会人」であるにもかかわらず、田

9：7

なのはむしろ都市生活に根差した譬えである（たとえば I コリ 9：24f; フィリ 3：13f）。

「播く・刈る」の譬えを用いてパウロが言わんとしていることは、献金者の献金に臨むに際してのありようである。しかもそれはこの譬えの単純形にこめられかねない、たくさん報いを得るためにたくさん献金せよとの勧告ではない[3]。そのことは節の後半で予想を裏切って「賛美をもって」という表現（この表現については 5 節の説明で述べた）が用いられていることから容易に察することが出来る[4]。ただし、この発言からはパウロが具体的に何を考えているかまでは判らない。それは 7ff 節における論議の展開によって明らかとなる。すなわちそれは、献金者であるコリントの人々が神の讃美へと一層動かされることであり（6 節の後半）、彼らが神に愛されることであり（7 節）、彼らの正義の実が増やされることであり（10 節）、エルサレム教会に神への感謝とコリントの人々への開かれた思いがもたらされること（11–14 節）である。

7 節　7a 節は 6 節で譬えで述べたことを勧告文を用いて言い直す。主文は「めいめいは」という主語以外は記されておらず、期待される動詞「献金すべきである」は省略されている[5]。「めいめいは」の後には副詞 καθώς（「通りに」）

園的環境および農業文化を反映するイエスの比喩を異常な高率で用いていると指摘し、われわれの個所を含めいくつかの個所をその例証として挙げ、彼はイエスの譬えをよく知っていたと結論づける。しかし、実際にはそれらは大部分、例えば「実」という語を「成果」の意味で使うというような（ロマ 1：13; 6：21; 7：4f; 15：28; ガラ 5：23; フィリ 1：22）、イエスの譬えを知らなくとも普通に用いられている、田園用語の転義的使用の例であって、彼の主張の論拠とはなり難い。われわれの個所の発言もとくにイエスの譬えを背景にするものではない。

3　この点からも ἐπ᾽εὐλογίαις を協会訳、新共同訳のように「豊かに」と訳すことには賛成出来ない。

4　ここの「収穫する」を終末の審判に関係づけて理解する研究者がいる（たとえばバハマン 330、ヴィンディシュ 276、リーツマン 122、プランマー 258、シュメラー II 91）。しかし、パウロがこの個所で終末時に起こることに関心を抱いていることを示唆する要素は、文脈の中に一切見あたらない（スラル 574）。

5　プランマー 259 は、パウロは動詞を省略することによってこの句を一層説得力のあるものとしている、と言う。またハリス 635 は、動詞の省略によって、与える行

229

によって導入された、献金の態度を指す副文章が続く。この副文章の部分には、最初は肯定形、次いで否定形の表現が出る。肯定、否定という順序の同じ表現は 5b 節でも見られた。

パウロはエルサレム教会への献金への参加を自分の建てた教会に呼びかけている（I コリ 16：1f）。II コリ 8：1 では、献金への参加を当該「教会に与えられた神の恵み」と表現する。このように献金は教会単位で行われる活動であるが、しかし彼は——献金先が個々の異邦人信徒にとってはるかに遠いエルサレムの信徒たちであるにもかかわらず——献金は個々の信徒が心をこめて捧げるべきものと認識している。このことはすでに前節の言葉使いに反映していたが、彼がわれわれの個所を「めいめいは」という語で始めていることにより、そのことは一層顕著となる[1]。

肯定形の部分は「心で決めていた通り」。これは否定形の部分の言葉、とくに第二の「強いられてではなく」に対応していて、献金が自発的になされるべきことを強調しているように見える[2]。もっとも、自発性は他人から言わ

動自体でなく、行動のモティヴェーションが強調されている、と言う。これに対し Verbrugge, Style 259 はプランマーを批判して、ここでの動詞の省略を、パウロが 8、9 章で献金問題を持ち出すに際して示す躊躇の一例と見なしている（ガラント 406 が Verbrugge を好意的に紹介）。ここの場合、文脈から見て省略されている動詞が何であるかが極めて明白であることから考え、単純に、言おうとしていることが明白であるので動詞を省略した、と見れば十分であろう。パウロにおいて、読者にとって自明と思われる語を省略する例は珍しくない。たとえばロマ 13：7「あなたがたはすべての人に対して義務を果たせ。税金を［納めるべき者には］税金を（τῷ τὸν φόρον τὸν φόρον）…」。BDR § 481A2 を見よ。

1　ハリス 635 が、献金関連の記述である I コリ 16：2 および使 11：29 でも「めいめいが」が出ると指摘。

2　Georgi, Kollekte 69 は、ここには意思決定の自由についてのストアの議論の反映が見られるとし、エピクテートス『人生談義』I 17：1「君は本来妨げられも強いられもしない（ἀναγκαστον）自由意志（προαίρεσιν）を持っている。…君が真理をうけがうのを、誰か妨げることができるだろうか」を例示する（ギリシア語を付した部分でわれわれの個所で使われているのと同根の語が使われている）。確かにある程度の近似性は認められるから、パウロがこの部分を書くに当たって民間哲学の言葉を思い浮かべていた可能性がないとは言えない（スラル 575f もこの程度の関連は容認）。しかし、エピクテートスの場合の自由意志の尊重は、地位とか財産とか人間にとって本来的でない利益の誘惑に対抗してなされることが多いのに対し、われわれの個所のパウロの言葉はそのような一貫した考え方に基づく発言ではないばか

れて持てるものではないから、これが自発性の強調であるなら、パウロは何を期待してこのような発言をしているのか理解し難い。さらに、節の後半は「喜んで」献金することを称賛しており、これは必ずしも自発性の強調と結びつかない。この関連でもう一つ問題になるのは動詞「決めていた」が現在完了形であることである（προῄρηται）。これが現在形であれば[3]自発性が強調されていると言えよう。もしアオリストが使われていれば、単に過去に献金の決心をしたことを指摘しているだけということになる。それに対し現在完了形を使っているということは、コリントの人々個々人が過去において献金を捧げる決心をした事実を指摘し[4]、同時に彼らがその決心を捨てることのないよう求めている、ということであろう[5]。パウロは――彼らは実際にはパウロ批判の流れの中で「心で決めていた」ことを一旦放棄したのであったが――彼らが途中で考えを変えたことをとくに取り上げてはいない。彼が彼らに求めているのは彼らに献金への参加を「心で決めた」ことがあったことを

りでなく、以下に述べるように、彼にはこの個所で自発性を重要視する発言をする意図はとくにないと思われるから、両者の近似は敢えて取り上げるほどの問題ではない。

3　これをπροαιρεῖταιと現在形で記す写本があるが、支持する写本はD Ψ 等、比較的弱い。完了形の場合と発音が近いために生じた二次的錯誤であろう（スラル575A83 等）。

4　Georgi, Kollekte 69 はこの発言を自発性に重点を置いて理解する。他方、ヴォルフ 185 はここで完了形が使われていることをも指示しながら（A149）、「心で行った決意（der im Herzen gefaßte Vorsatz）」を指すとする。グレッサー II 55 はこの論争を無意味とし、問題になっているのは「自発的に行われた決心」だとするが、彼は問題の所在を的確に把握していない。

5　このエルサレム教会宛の献金の場合、コリントの教会はパウロからその計画を伝えられて、一旦は公的に賛成の意向を表明した（ここの文脈では5節の「先に約束されていたあなたがたの讃美」を参照）。しかし、それは言わば基本的な賛同であって、めいめいがいくら献金するかまでは定めていなかった。パウロはこのような事情を念頭に置きながら、教会としての基本的賛同の背後にはめいめいが自分がいくら献金するかについての決心があったはずだと指摘する。「心で決めていた通りに」はその意味で個々人の責任を問う機能を持っている。

Klein, Begründung 115 は、ここでは読者が「今まで集められた〔献金の額を〕よく考え、出来るだけそれに若干積み増しすることが考えられている。そうでなければこの勧告はする意味がない」と述べるが、賛成出来ない。

思い起こさせ、その決心をもう一度取り戻すことである。現在完了形の使用
は彼のこの願望の反映である。

　　主語が「めいめい」であるのに対応して、ここでは「心で決めていた通り」
という言葉が使われる。この一組の表現は、公的レベルの「先に約束されて
いたあなたがたの讃美」（5節）と対をなしている。

　否定形の部分で最初に出る「気が進まないまま」と訳した語は ἐκ λύπης。
λύπη は「悲しみ」という意味で使われることの多い語。同根の動詞を用い
ての同じような発言が申 LXX 15：10 にある（「あなたは彼に〔物を〕与え
るとき、心で悲しんではならない〔οὐ λυπηθήσῃ〕」）（Bauer/Aland, WB λύπη）。
それと対をなして挙げられる「強いられて」が外からの強制を表している
のに対し、この「気が進まないまま」は当人の心の動きを表している。

　　この発言は献金についての一般論の様相を呈しているが、パウロはこれ
を述べるに際し、コリントの人々が何らかの苦痛や強制を感じていると推定
していたはずである。その場合、苦痛や強制と感じられる外圧として考えら
れるのは、パウロ自身の行っている、献金運動の再活性化の促し以外にはな
い。しかし、そうだとすると、パウロは、自分が彼らに与えている苦痛や強
制に動かされてではなく、「心で決めていた通りに」献金を行えと言ってい
ることになり、これはいささか奇妙なことである。この奇妙さはしかし、先
に指摘した、「心に決めていた」が現在完了形であることに注意すれば消える。
すなわち、パウロは、あなたがたはかつて自分で決心して献金運動への参加
を決めたのだから、今はそれを実行すべきであって、わたしがこの文書で述
べていることを苦痛や強制と受け取るのは筋違いだ、と言おうとしているの
であろう。

　節の後半は前半での勧告を理由づけて（γάρ）、「神は喜んで贈り物をする
者を愛する」と述べる[1]。ここでの献金はエルサレム教会宛であり、パウロも
それをたとえば1節では「聖徒たちに対する奉仕」と、直接そのことを表す

1　「神は喜んで与える者だけを愛する、というのではない。ここで述べられている
　のは警告ではない。むしろこれは、気前よく与える者に対する励ましの言葉である」
　（ガスリ450。下線部は原文でイタリック）。この言葉が「気前よく与える者に対す
　る励ましの言葉」であることは確かだが、「だけを」が入っていないことをこのよ
　うに強調することが適切かは疑問。

9：7

表現で呼んでいる。それ以後もわれわれの個所に至るまで、献金が神の関心事であることはまったく示唆されないで来た。それゆえ、われわれの個所で献金を神がどう判断しているかが述べられることは唐突の感を与える。おそらくパウロはここで箴 LXX 22：8a[2]、「喜ばしい（ἱλαρόν）人および贈り物をする人（δότην）を神（ὁ θεός）は祝福する」の強い影響下に書いている[3]。とくに ἱλαρός（喜ばしい）は新約でここにしか用いられていない語である（他に同根の名詞 ἱλαρότης が、これまた新約で一回だけ、ロマ 12：8 で使われている）。おそらくここでの「神」の突然の使用も箴言引用句に従ったためであろう。パウロはしかし、この神への言及を契機として、次節では神こそが「献金」を可能とするとの議論へと移行している。これは「献金」すること自体を神の恵みと呼ぶ彼の理解を敷衍して述べた発言と理解出来る。事実 14 節で彼は「神の恵み」という呼称を、9 章では初めて（ただし 8 節を見よ）用いている。なお、箴言のこの個所の直前には「つまらないものを播く者は災いを収穫する」とある。これはわれわれの段落の 6 節と重なる発言である。

2　この個所の LXX の文はマソラの訳と言うよりも、マソラの発言を同趣旨のギリシア語の諺によって置き換えたものであろう（ベッツ 192、ヴォルフ 185）。

　　なお、本注解書では一般に学問的注解書で行われているように一つの節の最初の部分をその節の a と記しているが（したがって 8a 節は 8 節の最初の部分）、この個所の 8a 節という表記は Rahlfs 版の LXX の表記に従っており、8a 節は 8 節の次に来る部分（8 節と 9 節の間に出る部分）を指している。

3　上記 LXX 訳文の中、ギリシア語を付記した部分で、われわれの個所と共通の語が使われている。見方を変えれば、パウロは LXX にあった「人」、および、それを「贈り物をする人」と結びつけている「および」を省略し、「人」についていた「喜ばしい」を「贈り物をする人」に直接かけている（ἄνδρα ἱλαλὸν καὶ δότην → ἱλαρὸν γὰρ δότην）。Koch, Schrift 118 は、パウロにおいて見られる、引用句を短縮する複数の類似例を提示している。

　　ベッツ 193f はわれわれの個所で εὐλογεῖν ではなく ἀγαπᾶν が使われていること、一般に諺の引用に際しては第一には正確な言葉遣いがではなく、諺が言おうとする事柄が重んじられることを論拠に、パウロはわれわれの個所で箴 LXX 22：8a のテキストを目の前においてではなく「記憶に基づいて引用することを試みた」可能性が極めて高いとする（ブランマー 259、キステメーカー 312、田川 493 もほぼ同様）。しかし、彼は、箴 LXX 22：8a とわれわれの個所との間に用語の著しい一致があることを無視している。

233

おそらくパウロは6節を書いた段階で箴LXX 22：8aを思い起こし、ここで理由句として用いた。

　この箴言の言葉は、マソラでは「慈悲深い目［を持つ］その者は祝福される」であるが、後半でそれを理由づけて「助けを必要とする者に食物を与えるから」とあることから明らかなように、これはもともと慈善に関連する発言である。事実、ユダヤ教の伝統でもこの発言はそのような文脈で用いられてきた。たとえばアヴォート・デ・ラビ・ナタン13は「誰かが他の者に世界のあらゆる贈り物を与えても、その顔が不機嫌に地を見つめているなら、聖書はこの人を、彼が何ものをも与えなかったかのように見なす…」と述べる。またLvR 34（131b）は「人は施しをしようとするときは、それを喜ばしい心で与えるべきだ」とのラビJicchaq（後300頃）の言葉を伝える（Str/B III 524）。

このように、この箴言の言葉はもともと喜捨をすることと結びついていたし、ユダヤ教でもその理解が定着していたので、ユダヤ教の律法解釈に通じているパウロがここでこの言葉を引き合いに出したのは、むしろ当然である[1]。ただ、われわれの個所の発言の重点は「喜んで」贈り物をする者を神が愛するという点にあり、「贈り物をする者を神が愛する」ではない。その意味で、この発言は献金そのものの論拠づけを狙ったものではない。

　箴言の影響下であれ、パウロがここで「喜んで」贈り物をするという表現を用いている点は、彼の関心の所在を示している。彼は7節の初めでは献金の自発性を重んじていると受け取れる発言を行っているが——そしてそれも彼の関心に即したことであろうが——彼がここでコリントの人々に最も訴えたかったのは、この献金活動に心から賛同して献金を行うことであった。

　この箴言を反映する言葉で今一つ注目されるのは、動詞として「愛する（ἀγαπᾶν）」が使われている点である。箴LXX 22：8aでは「祝福する（εὐλογεῖν）」

1　そればかりか、贈り物をするときは喜んですべきだとの考えは異教世界でも広まっていた（R.Bultmann, ThWNT III 299,50ff）。Bultmannはセネカ『仁慈について』II 1.1f; 7：1を例証として挙げ、「この思想それ自体がキリスト教的なのではない。それの新しい動機づけがキリスト教的なのだ」（同 299,52f）、と述べる。

9 : 7

が使われていた[2]。パウロは5,6節で εὐλογία を四回、しかも必ずしも同一の意味を持たせないで（上述5節の説明を見よ）使っているから、ここでも箴LXX 22 : 8a にあるようにそれと同根の動詞 εὐλογεῖν を使ってよかったろう。加えて、パウロでは ἀγαπᾶν はそれほど頻繁に使われる語ではなく（全部で十八回）、しかもそのうち十一回は人間を主語とするものであって、神を主語とするものは七例に過ぎない。その七例の中でも、われわれの個所のように特定の条件（ここの場合は喜んで献金すること）を満たした者を神が「愛する」としている例は他にない。つまり、パウロはここで、先行する文脈から見て使用が一見自然な εὐλογεῖν を避け、このような文脈では他に用いていない ἀγαπᾶν を使っていることになる。なぜこういうことをしているのか。おそらくそれは、今まで四回の εὐλογία がいずれも人間の行動を指しての用法であることと関連していよう。ここでは主語が神であるので、混同を避けるために ἀγαπᾶν を用いた[3]。もしかすると、旧約では「祝福」は実際には祭

2　シュメラー II 93 が、ἀγαπᾷ による εὐλογεῖ の置き換えに関する諸説を批判的に紹介しているのを参照。シュメラー自身は、変更の理由は容易には判らない（92）、としている。

3　Koch, Schrift 140A3 は ἀγαπᾶν がはっきりと神の行動を指して用いられているのはロマ 9 : 13（マラ 1 : 21 の引用）と I テサ 1 : 4 だけだと指摘しながらも、「神の愛」という言い回しは何度も出る（ロマ 5 : 5；8 : 39；II コリ 13 : 13。ロマ 5 : 8；8 : 35 も参照）として、ここの ἀγαπᾶν はパウロにとって適切な表現であった、とする。

　ベッツ 193 は、ここでは箴 LXX 22 : 11「主は敬虔な心を愛する（ἀγαπᾶν）」が影響しているとする説を一つの可能性として紹介する。これは不可能ではないが、非常に説得的とも思えない。ベッツ自身の意見については 233 頁注 3 を見よ。

　Klein, Begründung 115f はここで箴 LXX 22 : 8 の εὐλογεῖν に代えて ἀγαπᾶν が使われている理由について、「祝福する」では、喜んで播いた者に神が将来における豊かな収穫を与える約束をしているというような誤解が生じるためと説明するが、パウロは 5f 節で εὐλογία を四回とも、神が人に与える祝福の意味ででではなく、人が神に捧げる讃美の意味で使っているから、この誤解が生じる心配は少なかったろう。

　グレサー II 56 は「祝福する」を神の行動について用いているのはガラ 3 : 9 だけであるのに対し「愛する」は「献金との関連で適切な表現」であるとして、パウロは LXX の「祝福する」を意識的に「愛する」に変えた、と主張する。しかし、彼が、「愛する」を「献金との関連で適切な表現」とするに際し論拠として用いている A.Lindemann, Die biblischen Toragebote und die paulinische Ethik (in FS H.Greeven, Berlin 1986), 261f の、パウロの理解では献金は「キリストの出来事を通して人間に

235

司によって行われることが多いので、この語を使ったのではエルサレム教会への献金がエルサレム教会による祝福を連想させかねないことを恐れ、喜んで献金する者が神から直接よしとされることを一層明白にするためにこのような用語法を行ったのかもしれない。

「神は喜んで贈り物をする者を愛する」は、文字通り、神はそのような者をよしとするという意味であって、この段階では、敢えてそれ以上に、神の愛がそのような行動に向かわせる原動力であることが強調されているととる必要はない[1]（ただし、次節以下の展開を見よ）。このことは「めいめいが心で決めていた通りに」という表現からも明らかである。

8節[2]　7節末尾でパウロは「神は喜んで贈り物をする者を愛する」と、章

与えられた神の愛に対する人間の応答」とする主張は、実際にはパウロの手紙の中に直接の例証を見出すことが出来ないものであり、それに依拠するグレサーの説は説得力に欠ける。

　ヴォルフ 185 は ἀγαπᾶν 使用 の 説明 として M.Theobald, Überströmende Gnade（Würzburg 1982）291 の、元来のテキストでは祝福は気前の良さ（Großherzigkeit）の報酬であるが、パウロでは気前の良い（großherzig）献金（Gabe）自体が神の祝福だ、という言葉を肯定的に引いているが、これがなぜ ἀγαπᾶν 使用の説明となるのか、はっきりしない。

1　Georgi, Kollekte 70 は、神の愛は人間の与える行為の結果ではなくそれの根拠だとし、ここではキリストの死において示された神の愛が考えられている、とする（グレサー II 56）。しかし、ここの「愛する」が知恵文学一般でそうであるように是認する、評価する以上の意味を持っているかは疑問（バレット 236、ファーニシュ 440、ガラント 407）。知恵文学ではここに見られるような「神が愛する」という考え方は珍しくない（箴 8：17；22：11；ソロ知 7：28；シラ 4：10,14）。ヴォルフ 185A155 も、Georgi の意見ではこの発言の知恵文学的性格が十分に顧慮されていない、と指摘し、スラル 577 も、Georgi の説明は余りに手が込んでいる（too elaborate）とする。この他、6–15 節全体を通じてキリストへの言及が、13 節での付随的な言及を別として、どこにも出ない点（ヴィンディシュ 275 が指摘）にも注意。

2　この節ではパウロはおそらく意図的に π（ピ -）で始まる語（頭韻法。ガスリ451）、ないしは同じ語根を持つ語（πᾶσαν, παντί, πᾶν はいずれも πᾶς の変化形。πάντοτε は πᾶς の派生語）を頻用している（BDR § 488A2）。すなわち δυνατεῖ δὲ ὁ θεὸς πᾶσαν χάριν περισσεῦσαι εἰς ὑμᾶς ἵνα ἐν παντὶ πάντοτε πᾶσαν αὐτάρκειαν ἔχοντες περισσεύητε εἰς πᾶν ἔργον ἀγαθόν.

　類似の現象はすぐ後の 11 節でも見られるが、このような韻の踏み方は新約においても、世俗文献においても、総じて多くない（BDR）。

9：8

の初め以来初めて「神」に言及した。このように神に言及することによって、彼自身今までの勧告的発言を一歩進めて、その勧告内容を可能とするもっと根源的事実、神の恵みに読者の目を向けるきっかけを得た。彼は、神こそが献金者に献金を可能とし、献金に際して生じるあらゆる思い煩いから解放する、と述べる。

　8節の主文は「神はあらゆる恵みをあなたがたに対し豊かにする力を持っている [3]」。原文ではこれが節の最初に述べられ、「その結果あなたがたは…すべてのよいわざに富む」はそれにつけられた ἵνα 句である。この ἵνα 句は目的を表示していると見ることも出来るが、おそらく主文に述べられたことがもたらす結果を記していよう（後述を参照）。

　主文では「あらゆる恵み（πᾶσαν χάριν）」が何を指しているかが問題になる。χάρις という語はパウロでしばしば使われるが、ここでのようにそれに「あらゆる」という語が伴っている例は、パウロでは他にない。キリストにおいて与えられた神の恵みを指す場合はこのような「あらゆる」が伴う可能性はない。「あらゆる」はこの恵みが生活の諸局面に絡んで捉えられていることを示唆する。

　χάρις はエルサレム教会への献金をテーマとする 8、9 章でしばしば献金と関連して使われている（詳細は補説 3「献金運動」D b を見よ）。われわれの個所でも χάρις は献金を少なくも含意していると思われる。つまり「神があらゆる χάρις をあなたがたに対し豊かにする」とは、献金も——コリントの人々はそれを自分たち人間の行う「わざ」（この語はすぐ後の ἵνα 句の中で使われている）と見ているであろうが——神が人をそれへと動かし、そのことを可能とする事柄であることを示す。パウロは 8、9 章で何回か、献金すること自体を「恵み」と呼ぶ特殊な語法を使っているが、われわれの個所

3　「力を持っている」と訳した語は δυνατεῖν。文頭に置かれており、強調されている。この語は新約ではここの他ロマ 14：4; Ⅱコリ 13：3 でしか用いられておらず、LXX には用例はまったくない。新約、LXX を通じて普通は形容詞 δυνατός が用いられる。パピルスでもこの動詞の使用例は後四世紀のものが一つあるだけである（アルツト・グラブナー 434）。

237

の発言は同じ事柄を敷衍した形で述べたものである。

なお、ここでは単に恵みを「与える」とはなく、恵みを「溢れさせる」とある。「溢れさせる（περισσεύειν）」はパウロで比較的頻繁に用いられる（二十四回）。その中には中立的な立場からの用例もあるが（たとえば I コリ 8:8; フィリ 4:12）、大部分はいい意味の語と結びついて用いられている。たとえば II コリ 8:2 で「患難」「喜び」「貧しさ」「富」と四つの語が並ぶうち、περισσεύειν は「喜び」と「富」とのみ結びついているのを参照。われわれの個所でもそれは「恵み」と結びついている（「恵み」との結びつきの例としては、他にロマ 5:15; II コリ 4:15; 8:17）。われわれの個所ではすぐ後の ἵνα 句でも「よいわざ」と結びついてそれが出る（ただし、そこでは自動詞「富む」として。この点については後述を見よ）。

主文に続く ἵνα 句では、「あなたがた」を説明する言葉の中で、上述（236頁注 2）のように、πᾶς（「すべての」）ないしは πᾶς の複合語を立て続けに繰り返すことにより、コリントの人々の生活全般が神によって基盤を与えられていることを強調している。あるいは、パウロにはコリントの人々が安定した生活を送っているか否かを彼らと争うつもりは毛頭ないから、この発言は彼らの生活の安定をそのまま事実として前提した上で、それが神の助けに由来することを指摘している、とする方がいいかもしれない。「すべての（πᾶς）」はこの他主文（あらゆる恵み）で一回、ἵνα 句（すべてのよいわざ）でも一回使われており、パウロの高揚した気持を伝えている[1]。

完全な「充足」と訳した語は αὐτάρκεια。αὐτάρκεια は新約ではわれわれの個所の他 I テモ 6:6 にしか出ない語（同根の形容詞 αὐτάρκης もフィリ 4:4 に出るだけ）であるが、ギリシア世界ではソクラテス以来倫理的論議における中心概念のひとつであり、とくに犬儒派・ストア派の哲学では、外なるものに気を奪われることなく自らにとって本来自由であるもので満足する生き方を指す重要な言葉であった（G.Kittel, ThWNT I 466,27ff を参照）[2]。LXX で

1　11 節でも πᾶς が二度繰り返されている。

2　たとえばエピクテートス『人生談義』断片 11（邦訳下巻 238 にあり）がストバイオス 4:33 として伝えるアリアノスの訓戒的談話の中に「たといわたしの所有しているものはわたしにとって十分でないとしても、私はそれらのもので十分であるし

9：8

は箴 30：8; ソロ詩 5：16 に類似用例あり。

　ただし、パウロがここでこの語を用いているのはそのような犬儒派・ストア派的意味においてではない。犬儒派・ストア派の場合は自己充足は心の持ちようの問題であるのに対し、ここのパウロの発言ではそれは「あらゆる点で」「あらゆるときに」という実生活との結びつきを強調する表現が伴っており、また 10 節の発言から明らかなように、第一には物質的充足を指している（バハマン 331、マーテラ 206）[3]。犬儒派・ストア派の場合は自己充足は自分自身を精神的に鍛えることによって得られるのに対し、パウロにおいてはそれはもっぱら神の恵みによって与えられる[4]（バレット 237、ファーニシュ 448。ハリス 638、ガスリ 453 等も参照）。犬儒派・ストア派の場合は自己充足そのものが最終目標であって、自己充足の域に達した者は他者を必要としないばかりか、彼にとっては他者に対する顧慮も自己充足を妨げる余計なこととなる。これに対しパウロにおいては自己充足はその人を他者への配慮へと動かす（ヴィンディシュ 278、ファーニシュ 448、スラル 579f、ハリス 638 他）。それも、新たな義務を課せられたというのではない。「すべてのよいわざに向けて」が「神があらゆる恵みをあなたがたに溢れさせた」ことの結果なのであるから、その恵みを受けた者は「自分が隣人への奉仕へと自由にされている」ことを悟る（グレサー II 57 を参照）。そのような自己充足に関する理解の基本的相違があるにもかかわらず、彼がここでこのような犬儒派・ストア的用語を用いているのは、コリントの人々にも親しみのある言葉で、神が彼らにエルサレム教会への献金を可能とする条件を整えていることを指摘したかったためであろう。「わたしたちは自分たちの欲する金をすべて持つことにはならないかもしれない。しかし、わたしたちは他者に与え

　…」とある。

[3]　この関連では同根の形容詞 αὐτάρκης を用いての次のような発言が LXX にある。箴 30：8：「必要なものと十分なもの（τὰ αὐτάρκη）をわたしに整えてください」、シラ 5：1 ＋ 11：24：「『わたしには十分だ（αὐτάρκη）』と言うな」。

[4]　同根の形容詞 αὐτάρκης のフィリ 4：11 での用法を参照。同所については佐竹『ピリピ注解』276f を見よ。

るために豊かであるのに必要な金をすべて持つであろう」（ガラント 408）。

　「充足を持ち」の「持ち」は現在分詞 ἔχοντες。「よいわざに向けて富む」を説明している。Bruehler, Proverbs 216 はこれを原因を表わしているととるが（causally）、それも可能であろう。

　ἵνα 句の中心をなしているのは「あなたがたはすべてのよいわざに向けて富む」という句。「すべてのよいわざに向けて」とは、すべてのよいわざを行うべく、という意味。神が「あらゆる恵みを溢れさせ」た結果、それを受けた人間は、単に自分の必要とするものを十分に持つに至るだけでなく、他者に対して「よいわざ」を行う力も豊かに持つに至る。すでに指摘したように、「神が恵みを溢れさせる」と「あなたがたがすべてのよいわざに富む」とでは、他動詞、自動詞と使い方の別はあるものの、同じ περισσεύειν という動詞が用いられており、両者の間に密接な関連があることが示唆される。パウロはこの関連を指摘することによって、間接的に、恵みを受けたコリントの人々が「すべてのよいわざ」に向けて積極的に取り組むことを求めている。ただし、それはあくまでもここに記された順序に従ってである。「このわざが恵みを獲ち取るのではない。すでに受けた恵みがよいわざを生み出す」（ガラント 409）。

　「よいわざ」で実際に主として考えられているのは、9 節の引用文からも明らかなように、献金である。その場合、「よい」という形容詞にどれだけ重さがかかっているかは明らかでない。ただ、この段落全体を通して、献金に際しての献金者の心の持ちようが重要視されていること（たとえば 6 節「讃美をもって播く」、11 節「すべてにおいて豊かにされ」たコリントの人々が「この上もなく率直」となること）を考慮に入れると、「よいわざ」は単に献金のいわば代名詞として使われているのではなく、パウロは献金者の心の持ちようまでも含めて「よいわざ」を理解している。

　「よいわざ」にはここでも「すべての」がついていて、包括的に用いられている[1]。パウロは「すべての」をつけることによって、献金をささげること

1　「よいわざ」に「すべての」が伴う例は、パウロでは他にない。他方、第二パウロではそれが数例認められる（コロ 1 : 10; II テサ 2 : 17; I テモ 5 : 10; II テモ 2 : 21;

240

9 : 9

を余りに特別のことと受け取らないよう仕向けているのであろうか[2]。

9節　9節は原文では「記されている通り（καθὼς γέγραπται）」で始まり、その後に詩 LXX 111 : 9（マソラ 112 : 9 に相当）の引用が続く。「記されている通り」はパウロが聖書の言葉によってある事柄を論拠づけるときに用いる常套句（144頁注1を見よ）。ここでも引用句は前節の論述を根拠づけている。引用文の部分はほとんど LXX の言葉通り[3]。LXX のテキストはマソラ

---

3 : 17; テト 1 : 16; 3 : 1）。これは、パウロの場合「よいわざ」を自分の功績として神の前で一つ一つ数え上げることはすべきでないとする彼の基本的な信仰理解があるのに対し（それゆえ彼の場合いい意味で「わざ」という語を使う場合、複数形を用いることはない。この点については佐竹『ガラテア注解』517A1 を見よ）、第二パウロではそのような抑制がもはや働いていないためである。その点でわれわれの個所の用例はパウロとしては極めて例外的である。

　キュンメル 207 は、ここで個別の愛の行為が考えられているのに「わざ」が単数形で使われているのは、パウロにとって「キリスト者の神に喜ばれる行動は一体をなしているから」と説明する（ファーニシュ 447、グレサー II 57 が支持）。これはパウロの「よいわざ」理解一般については正しいが、「よいわざ」に「すべての」が伴っているわれわれの個所については、適切な説明ではない。

　ベッツ 199f は、「よいわざ」という単数形の表現はユダヤ教における「律法のわざ」という概念と取り違えてはならないとし（これは正しい）、むしろこの表現は古代ギリシアで一般に広まっていたものであって、そこでは「富は神の祝福の賜物だという認識は…〔賜物の〕受け手である人間がそれを他者と分かち合うことを可能とする」とされていた、と述べる。しかし、彼はこの論議の中で世俗ギリシア語文献からの例証を一つも提示しておらず、例証として挙げられているのはマタ 10 : 8 と I テモ 6 : 17-21 だけである。

2　ハリス 639 は、パウロはここで目下の問題であるコリントでの献金の問題を越えて、「快く与えるというライフスタイルに目を向けている」と述べる。

3　両者の違いは、詩 LXX 111 : 9 が「永遠の永遠に（εἰς τὸν αἰῶνα τοῦ αἰῶνος）」としているのに対し、われわれの個所は「永遠に（εἰς τὸν αἰῶνα）」で済ませている点だけである。

　「永遠の永遠に」（長形）と「永遠に」（短形）との間には違いはない。長形はパウロではガラ 1 : 5; フィリ 4 : 20（および写本によりロマ 16 : 27）にあるだけで、われわれの個所におけると同様の短形の方が用例数が多い。われわれの個所でもパウロ自身が詩 LXX 111 : 9 にあった「永遠の」を削った可能性が高い（Koch, Schrift 116A7）。

　「永遠に」ないしは「永遠の永遠に」はパウロでは神を賛美することとの関連で出ることが多い（ロマ 1 : 25; 9 : 5 他）。われわれの個所は人間に対する祝福の言葉であり、このような「永遠に」の用法はパウロでは例外的である（われわれの個所

241

のテキストともよく対応している。

　引用文の前半に出る「まき散らす（σκορπίζειν）」および「貧しい人（πένης）」は、それぞれの同根語を含め、パウロではここ以外に用例がない。「まき散らす」は畑に肥料をまき散らすというような場合に使われる語（Bauer/Aland, WB σκορπίζω）。ここではおそらく「けちけちと播く」の対語として用いられており（プランマー 261、ハリス 640）、「（豊かに）分け与える」を意味している。10 節の「播く」はそれを受けての表現。「貧しい」はパウロでそもそも余り出ないが、用いられる場合は――エルサレム教会の「貧しい人々」を指す場合（ロマ 15:26; ガラ 2:10）も含め――πτωχός が使われる[1]。引用文の後半に出る「正しさ（δικαιοσύνη）」についてはパウロで他に用例が多いが、ここでの使い方はとくにパウロ的とは言えない。この点については後述を見よ。このように彼がここで他では使っていない語を用いている、ないしは他で使っていてもその使い方が大いに違っているのは、言うまでもなく、これが引用

での αἰών については後で取り上げる）。その他、「永遠に」のパウロでの例外的用例としては I コリ 8:13 があるだけである。

[1]　πένης はパウロばかりか、新約全体でも他に用例がない。他方 LXX では、πένης の用例総数は πτωχός の半分程度であるが、それでも数十に及ぶ。

　もともと古典ギリシア語では πένης は所有物が少なく、――財産の運用で生活する πλοῦτος（「富者」）と違い――自分自身の労働で生計を維持する者（とくに手工業者、自立している小農民）を指す語であり、πτωχός と称される極端な貧民とは区別されていた。彼らは私的・公的な慈善の対象ではなかった（F.Hauck, ThWNT VI 37,20ff）。

　しかし、LXX では πένης、πτωχός 両語の区別はなくなる。LXX での用例のうち、マソラに対応のある部分でのギリシア語訳語の使用状況を見ると、πτωχός の場合はおよそ半数に当たる約四十例が עני の訳であるが（他に同根の ענו の訳として用いられる場合が約五例）、πένης の場合は三分の一弱が עני（ないしは ענו）の訳語として使われる。他方、πένης の場合はその半数近く、約三十例が אביון の訳語として用いられている。אביון が πτωχός と訳されているのは約十個所で、比較的少ない。このように訳語の使用状況に関しては両語に違いが見られるものの、אביון も עני ないしは ענו も共に主要な意味は「貧しい」であり、πτωχός、πένης 両者の使い方に著しい違いはない。なお、詩編（この注での詩編の表記は LXX による。マソラの場合は章の数を一つ加える）では両語を重ねて用いる例が多い。たとえば「このわたしは πτωχός であり πένης だ」（39:18; 69:5。85:1; 108:22 も参照）。その他、36:14; 71:12,13; 73:21; 81:4; 108:16; 112:7 等も参照。これらの場合の両語は類語反復と見なしてよかろう。以上から見て、パウロは詩 LXX 111:9 にあった πένης を πτωχός と同じ意味と理解して用いていると考えられる。

9 : 9

文であるためである。

詩 LXX 111 : 9（マソラ 112 : 9 に相当）の場合、主語の「彼」は同 6 節に出る「義しい者（δίκαιος）」である。われわれの個所で引かれている文で、後半で「彼の正義（ἡ δικαιοσύνη αὐτοῦ）」という表現が出るところを見ると、引用句でも、詩 LXX 111 編で元来あった「義しい者」との繋がりは維持されており、ここの「彼」は詩 LXX 111 : 9 におけると同様義しい人間を指している、と見える。しかし他方、われわれの個所の文脈自体では、引用句の直前（8 節）、直後（10 節）の文章はいずれも神を主語としており、その点から見るとここの「彼」は神を指している可能性が考えられる。この場合には元来の詩との間にはズレがあることとなる。もっとも、元来の詩でも事情は複雑であり、単純にそこでの「彼」は「義しい者」だと言い切れない。すなわち、詩 111（LXX 110）編と 112（111）編はいずれもアルファベット構造[2]であり、明らかにペアをなしている。その際、詩 111（LXX 110）編は神のわざをほめ讃えているが、それは詩 112（LXX 111）編での義しい者のわざの根拠を示している[3]。その観点からすれば、ここの「彼の正義」は義しい者の行う正義ではあるが（したがって「彼」は神ではなく、「義しい者」）、その義しい者の正義は神によって根拠づけられ、実現にもたらされていると

2　各行の第一字がヘブライ語アルファベットの順に並ぶよう構成されている詩。111 編、112 編がいずれもこの構造を示している。類似の例は詩 25 編、箴 31 : 10-31 等にも見られる。

3　「〔二つの〕詩の順序は、義しい人は他者に対する神の優しさ（goodness）を写していることを示唆している。というのは、この者は神によってこのように行う力を与えられているからである」（ステグマン 214）。「〔神か義しい人かを〕明確にすることが奇妙にも避けられていることにより、何よりも詩 112 編が詩 111 編と関連づけられているという事実もあって、…神が人間の憐みの本来の創始者（Autor）であり、彼の義が人間の義の源泉であるとの思想が強調」されている（Georgi, Kollekte 71f）。ファーニシュ 448f、マーフィー・オコナー 115、ガラント 410 等も同様。ヘーフマン 368 も、「II コリ 9 : 9 は詩 112 : 9 を引用し、II コリ 9 : 8 は詩 111 編での要点を反映することにおいて、パウロの議論は二つの詩の議論に正確に従っている」（ヘーフマンは詩編の章をマソラに従って挙げている）と指摘している。これに対したとえばクラウク 74 は、「パウロの文脈でも、この節を神に関係づけることは出来ない」とする。

243

捉えられている、ということになる[1]。おそらくパウロもこの観点から引用句
の「彼の正義」を捉えているのであろう。

　「正義」という語（δικαιοσύνη）はパウロにおいて他でも用例が多いだけで
なく（四十九回）、神学的に重要な概念である（この語は彼の信仰理解の基
本である義認論との関連で使われることが多く〔ロマ 4 : 3 他〕、用例のほと
んど半数がこの関連のものである）。しかし、われわれの個所の「彼の正義」
を義認論と結びつけて理解することには困難がある。この点に関してはまず、
「正義」という語に属格の人称代名詞を付して人間の義しい行動を指して使
う例がわれわれの個所およびそれを受けて記されている 10 節を除いて他に
一つもない点に注意したい。ここの二度の「正義」の用法はその意味で非パ
ウロ的であり[2]、「正義」がパウロで義認論との関連で多用されているからと
て、われわれの個所の発言をその背景から理解することは適切ではない。さ
らに、文脈から見ても、パウロがここの「正義」で詩 LXX 111 編と大幅に違
う意味を考えているとすることは困難である。彼は引用句中の「彼の正義」
を 10 節で、8 節以来の文脈に合わせて「あなたがたの正義」と言い直してい
るが、このような言い直しは、彼が引用句中の「正義」の意味[3]を大筋におい
てそのまま受け取っていることを示している[4]（ハリス 640 を参照。属格の人

1　ガラント 410 は、「詩〔LXX〕111 : 3 では〔「彼の正義」は〕永遠に続く神の正義
　　に関係している」とし、パウロはわれわれの個所での引用句の中の「彼の正義」を
　　神の正義と理解した可能性が大きいと述べる。しかし、この詩 111 : 3 の解釈が適
　　切かは問題があるし、さらにはパウロが同 9 節の「彼の正義」をもっぱら詩 LXX
　　111 : 3 の「彼の正義」に従って理解したとすることも説得的ではない。

2　たとえば Georgi, Kollekte 71f は、「パウロは II コリ 9 : 5ff で…基本的に義認論に他
　　ならないものを述べている」と言うが、パウロの義認論とわれわれの引用文とでは
　　決定的な違いがある。すなわち、義認論が、神が人を義と認定するのは律法のわざ、
　　つまり人間の功績に基づいてではなく、ただ信仰に基づいてであるとするのに対し、
　　この引用文の場合は、正しい人間の正しい行動が評価され、その正しさは神の前で
　　永遠に正しさとして記憶される、とされている点である。

3　プランマー 261 は詩 LXX 110 : 3 で神の正義を指して同 LXX 111 : 9 におけると同
　　じ「彼の正義」という表現が出ることをわれわれの個所で神が主語である見方の支
　　持材料として挙げている（キステメーカー 314 も同じ。ただし、プランマーは最終
　　的にはわれわれの個所の主語は慈悲深い人間としている）。しかし、これはせいぜ
　　い補助材料となり得るにとどまる。

4　グレサー II 59 は「正義」に関し 9 節とわれわれの個所とでは「意味の明確な変更」
　　が起こっていると主張する。すなわち、9 節ではパウロの理解では神の正義が、他

9：9

称代名詞を付した使い方が彼において他に見られないことは先に指摘した）。つまり、引用句中の「正義」はパウロの理解でも義しい人間の義しい行為であり、ここで彼が具体的に考えているのはコリントの人々に期待される、再活性化された献金運動である[5]。ただ、すでに指摘したように、彼はその「正義」が神に根源を持つことに注意を向けている。

それでは、彼の正義が永遠に「とどまる」とは何を意味しているのか（この点に関しては247頁注2も見よ）。この表現も詩LXX 111：9にあったものであることは、すでに指摘した。詩LXX 111：9では、この句は同じ詩の6b節「義しい者はいつまでも記憶される」に対応し、その人間に与えられる祝福を示している。われわれの個所でもこの句の意味を、彼の義しい行動が神の助けを得て永遠に続く、としたのでは、引用句の前半との関係が滑らかでなくなる。この句はやはり、元の詩におけると同様、義しい行動をした者に与えられる報酬を指しているととるべきであろう。その際一つ問題になるのは、その者の義しい行為が誰のもとで「とどまる」かである。元の詩では「とどまる」＝「記憶される」のが人の記憶の中でのことか、神に記憶されることを指しているのか、判然としない。しかし、パウロはこの詩を、8

方、われわれの個所ではコリントの人々のそれが考えられている、と言う（ベッツ206も同様）。しかし、元来の詩が考えているのは義しい者の正義、それをパウロが引用に際し神の正義と捉え直し、それを彼は10節で再び義しい者の正義と理解し直したというのは、複雑に過ぎる。この複雑さをどうしても組み込まなければならない必然性は見出し難い。

5　「正義」を義しい人間の義しい行為と見る研究者として、ヴィンディシュ278、プランマー261、マーティン291、ヴォルフ186等。
　　Str/B III 525は、われわれの個所で引かれている詩112編がラビ文献で引かれるに際しては、9節の「正義」は敬虔な信徒が行う喜捨を意味しているとし、例としてLevR.34（132a）が伝える、ラビ・アキバが自分の喜捨の行為を正当化するのにこの詩の言葉を引いているのを挙げている。
　　バレット238は「正義」がわれわれの個所で喜捨の意味を持っているかは疑問とし、「この語は（6：14におけると同様）一般道徳的意味を持っているとする方が蓋然性が高い、…法廷的な意味を持っていることも不可能ではない」とし、神の意志に従って貧しい者たちのケアをする者は神に対し義とされた関係を持つ、とする。
　　他方、「彼」を神とするバーネット440等は、この「彼の正義」は神のその民に対する誠実さととる。

245

節で行った「あなたがた」に対する神の働きの記述の根拠づけとして書いていることを考えると、これはやはり神のもとで記憶されることを指しているととるべきであろう。

　ここで「永遠」と訳した語 αἰών はパウロでは「現在の世」との関連で——たいていは否定的な意味をこめて——用いられる場合もあるにはあるが（たとえば I コリ 1：20）、「永遠」を意味して使われることが少なくない。その場合は、それはいつも神の讃美に関わっており（ロマ 1：25 他、全部で七例）、肯定的な意味である。人間に関してこの語が「永遠」の意味で用いられる例は、パウロではわれわれの個所を別として他にはない。しかし、そのことを理由にわれわれの個所の「彼」が神を指すとすることは出来ない。「永遠」を人間との関連で用いることは LXX では少なくなく（たとえば申 5：29; 12：25,28; 詩 17〔マソラ 18〕:50; 20〔マソラ 21〕:4,6; 27〔マソラ 28〕:9; 36〔マソラ 37〕:18 等）、この用語法を日常的に耳にしていたパウロにとってそれは違和感のあるものではなかったので、彼はここでも詩 LXX 111 編にあるがままに「永遠に」を用いた。

　この詩 LXX 111 編の言葉は、貧しい者に施しをする者はその義しさを永遠に神によって認めてもらえると伝える[1]。パウロはまずこの詩 LXX 111 編の文章が「貧しい人々」に施しをする者をテーマとしている点に着目したに違いない。彼は 8：13-15 でも献金を捧げることを富の平準化という観点から理由づけている。それはロマ 15：26; ガラ 2：10 でエルサレムの信徒たち（の一部）を「貧しい者たち」と呼ぶときにも現れる理解である。この引用文に続く部分でも「聖徒たちの不足」という表現が使われており（12 節）、エルサレム教会への献金に際してこの観点が一つの要素であったことを示して

1　共同体の中の貧しい者を助けるべきこと、それを行う者は祝福されるという考えは、イスラエル社会で伝統的であった。申 15：7ff を見よ。レビ 25：35 も参照。
　　ヒューズ 333 はこの個所の説明の中で、キリスト教徒はキリストによる神の贖いという最高の恵みの受益者であるので、イスラエル宗教以上に貧者救済への動機と義務とを持つ、と述べる。しかし、釈義の観点から言えばこのことの強調は、——ヒューズが、そのことは「われわれの目の前にある二つの章から極めて明瞭であるように」と付け加えているだけに指摘しなければならないが——9 章ではキリストについて、13 節の付随的な言及を別とすればまったく述べられておらず、示唆すらもされていないという事実を正当に取り上げる機会を失わせる危険を伴っている。

9：10

いる（ただし後述、および3節、5b-15節の説明も参照）。われわれの個所
でも彼はエルサレムの信徒のための献金を「義しい行い」と見なし、それを
行うコリントの人々にその行為が「永遠に」神に記憶されることを詩 LXX
111編の言葉を論拠にしながら述べた[2]。

10節　10節は6節に続き再び農業の営みを譬えとして用いながら、8節
の主張を再論する。最初の部分（「播く者に種と食用のパンとを」）ではイザ
55：10の影響が認められる（以下を参照）。ただしパウロは、譬えの中の「播
く者」を農地の小作人、「そなえる者」を地主と見なし、さらにそれらをそ
れぞれ献金者および神を指していると見る。「播く者」はすでに6節で出た。
9節の引用句中の「まき散らす」もこれに対応している。6節、9節と違うのは、
ここではその「播く者」が主語でなく、6節にも9節の引用文にもなかった、
播く者に種等をそなえる者を主語として登場させている点である。つまり、
播く者・収穫する者で完結していた譬えの輪、信徒の私的営為としての献金
活動の枠がここでは乗り越えられ、まったく次元の違う存在、神が新たに主
役となる（もっとも神は8節でも主語であった）。

パウロはここで神は「播く者」に「種」だけでなく「食用のパン」を与え

2　プランマー262は引用句後半の解釈の可能性として、① 義しい者の義しい行動は、
神がいつもそのための方法を提供するので、彼が生きる限り続く。② 彼の義しさの
報いである繁栄は彼が生きる限り続く。③ 彼の義しいことは人々の間でいつも記憶
されるであろう。④ 彼の義しいことは神によっていつも記憶されるであろう。⑤
彼の義しいことの効果は代々に影響を及ぼし、永遠に続くであろう、の五つを挙げ、
そのうち④をよしとする。この結論には同意出来る。
　他方ハリス641は New English Bible の訳「彼の善行は永遠に揺るがない」をよ
しとし、この句は、義しい者の気前の良い行為は、彼が貧しい者に与えるものは神
が補給するので、孤立した、不規則なものとなることはなく、生涯にわたったもの
とされることを意味している、と言う（ブルトマン259も、ここの「とどまる」は「神
がそれをいつも繰り返し可能とすること」を指しているとする）。彼によれば、こ
のように理解すればこの句は「先行する節および後続の節と密接に結び付くことに
なる」。確かに、8節および10節にはそのような意味にとれる発言が出る。しかし、
事柄に即して考えるとき、パウロが問題にしているのはエルサレム教会への献金運
動であり、この献金運動は継続的、反復的であることを予定されてはいない。前後
の節で述べられていることも、神が必要なものを備えるということであって、それ
が継続的、永続的であることが強調されているとは考え難い。

247

ると述べる。彼は表現の上ではイザ 55：10 に依拠している。ただし、忠実
な引用ではない。

　パウロでは「パン（ἄρτος）」への言及は、われわれの個所以外では聖餐式
関連に限られている（I コリ 10：16,17；11：23,26,27,28）。彼は聖餐のパンと
誤解されるのを避けるため「食用のため（εἰς βρῶσιν）」という語を補った。「食
用（βρῶσις）」という語およびその同根語「食物（βρῶμα）」は日常用語であり、
パウロでも食事関連以外では使われていない。われわれの個所の場合、「食
用の」を補うくらいなら初めから「食物を与えた」と述べればよさそうに思
われるが、穀物から直接得られる食物ということで、まず「パン」という語
を選んだのであろう。

「播く・収穫する」という譬えの枠組から言えば「食用のパン」への言及
は余計なことと見える。これはおそらくイザ 55：10 の影響下にあろう[1]。しか
し、これの言及にはパウロのここでの関心が反映している可能性もある。彼
は、神は「種」、つまり献金に必要な金銭を献金者に与えるだけでなく、献
金者の日頃の生活全般を可能としている、と指摘しようとしているのであろ
う。それならばしかし、神はエルサレムの貧しい信徒たちにも「食用のパン」
を与えるのではなかろうか。理論的にはそういう問いが出ておかしくない発
言を行うほど、エルサレムの信徒の実際の貧しさの問題は――12 節で「聖
徒たちの不足」に言及があるとはいえ――彼のここでの関心の中心から消え
ている。逆に、献金を呼び掛ける相手であるコリントの信徒の中に貧しい者
たちがいることが彼の念頭にあるのかもしれない[2]。

　すでに指摘したように「播く者に種と食用のパンとを」の部分ではイザ
55：10 の影響が認められる。しかし、それはこの文脈で鍵となっている語に
誘発された旧約援用に過ぎず、それ以上の意味はない。もっとも、ここでの
イザヤ書の援用にもっと大きな意味を見出そうとする研究者もいる。たとえ
ば Georgi, Kollekte 72f（85 も参照。スコット 188 も同様）は、イザ 55：10

1　ギリシア神話に供給者としての神という表象の平行例が数多く存在することを指
　摘するベッツ 204 は、パウロが「彼の時代に通用していた諺を引いている」可能性
　も考えるが、「食用のパン」への言及はこの可能性の小さいことを示唆している。

2　Bruehler, Proverbs 218,224 が、パウロは 6-10 節ではコリント教会の中の貧しい
　人々に配慮している可能性があるとする。

248

はその元来の文脈では「イスラエルの本国帰還という奇跡と、神がこの民族と結ぶ永遠の契約の問題とを取り上げている。イスラエルは諸国民にも呼びかけ、後者は［エルサレムに］来るであろう。ここでは［人々］全体の改心（eine allgemeine Umkehr）が語られている」と述べ、パウロはここで異邦人諸教会のエルサレムへの献金持参をこの観点から「終末時の徴（Zeichen der Endzeit）」と見ている、と主張する。彼はさらに、「パウロが献金をこのように理解したのであれば、それの遂行と持参とはパウロにとり、世界一般、とくにユダヤ人に対する示威として通用しなければならなかった」とする。つまり、異邦人諸教会のエルサレムへの献金持参はユダヤ人に対し挑発的に働き、ユダヤ人の中の神に従順でない者たちもそれによって従順へともたらされる、というのである。これは一見奇妙な議論と見えるが、パウロはロマ 11 章（とくに 11, 30-32 節）でも似たような議論を展開しているから、不可能と言い切ることは出来ない。しかし、われわれの個所の場合、この──たとい Georgi が指摘するように文脈にはロマ 11 章的な考えが述べられているとしても──短い、それ自体としてこの考えを示唆する要素を含んでいないイザ 55 : 10 の部分的援用の言葉からそこまで読み取ることをコリントの読者に期待することが可能であったであろうか。むしろ、「パウロはこのように重要な構想をこんなにも遠まわしに言及することはしなかったろう」とするファーニシュ 450、スラル 584A183 の見方の方が受け入れやすい。加えて、この異邦人キリスト者によるエルサレムへの献金持参を上で述べた意味での「終末的徴」と見ることには、別の困難もある。すなわち、パウロはロマ 15 : 23 ではイスパニア伝道の計画を述べており、25 節の発言はエルサレムへの献金持参をそのイスパニア伝道の前に果たすべき予定としている。つまり、全世界的な異邦人の回心はまだ起こっておらず、パウロがこのエルサレムへの献金持参を「終末時の徴」と見なしたとは考え難い（スラル 513 を参照）。

次にパウロは「種…をそなえる者」の行動について「あなたがたの種をそなえかつ一杯にする」と述べる。ここの文脈で彼がこの言葉で言おうとしているのは、献金者は神が彼らに必要なものを備えるから、心配しないで神にまかせよ、ということである。

ここでは主語（「種と…パンとをそなえる者」）と述語の前半（「あなたがたの種をそなえ…」）とで表現が一部重なっている。主語は一般論的、述語部分はその「種…をそなえる者」のコリントの人々に対する行動を指してい

る。「種」は二度とも σπόρος[1]。いずれも献金に必要な金銭を、最初は一般論として、二度目はコリントの人々に関する個別ケースとして（「あなたがたの[2]種」）を述べている。「そなえる」と訳した語は最初は ἐπιχορηγεῖν、二度目は χορηγεῖν であって、違うのは前綴り ἐπι- がついているかいないかだけである。意味の違いはない[3]。主語では動詞の現在分詞が用いられているのに対し、述語では動詞の未来形が使われており[4]、かつ述語では「かつ一杯にする」という主語にはなかった動詞が伴っている。

1　ただし、最初の場合は写本 Ｓ Ｃ Ｄ[1] Ψ 等は σπέρμα と読む。p[46] Ｂ Ｄ* 等は σπόρος。後者の方が写本の状況はやや優勢。二回目の「種」はいずれの写本も σπόρος を使用。σπέρμα も σπόρος も動詞 σπείρειν（「播く」）から派生した語であり、意味上の違いはない。パウロでは σπέρμα は比較的頻繁に使われているが、ほとんど一貫して「子孫」を意味している。これに対し σπόρος の用例は、パウロではわれわれの個所の二例だけである。ここではパウロは「種」でコリントの人々に献金を可能とする、神が与える経済的余力を表している。他のところでの σπέρμα の用法との違いを意識して、この語を選んだものと思われる。若干の写本が σπέρμα を使っているのは、イザ LXX 55：10 が σπέρμα を使用していることと、パウロは「種」を表すのに、上述のように、普通 σπέρμα を用いていることに基づく二次的変改の可能性が高い。

2　この「あなたがたの」は 8 節の「神はあらゆる恵みをあなたがたに溢れさせ」に対応（ハリス 642）。

3　χορηγεῖν と ἐπιχορηγεῖν とはパピルスでも多くの場合同義的に使われている（アルット・グラブナー 437）。両語とも新約での用例は少ない。前者はわれわれの個所の他Ⅰペト 4：11 にあるだけであり（ただし、LXX では、この動詞の用例は約二十ある他、新約では例証のない同根の名詞 χορηγία も数例見られる）、後者はパウロではガラ 3：5、それ以外ではコロ 2：19；Ⅱペト 1：5,11 に出るだけである（その他、後者の同根語 ἐπιχορηγία がフィリ 1：19 およびエフェ 4：16 に出る。ἐπιχορηγεῖν、ἐπιχορηγία ともに LXX では稀）。χορηγεῖν は χορός（合唱隊）に由来する語で、合唱隊を率いる、合唱隊の費用を調達するという意味を経て、一般に費用を調達することを指して用いられるようになった（Bauer/Aland, WB χορηγέω）。ダンカー 141f が、古典古代における、公的事業のために費用を調達した人物の名誉をたたえる文書のいくつかの例を示している。

4　述語部分の三つの動詞（「そなえ」「いっぱいにし」「増やす」）は写本 S* Ｂ Ｄ* 等では直説法未来形（χορηγήσει, πληθυνεῖ, αὐξήσει）だが、A[2] Ψ 等は希求法アオリストで記している（χορηγήσαι, πληθύναι, αὐξήσαι。「神が…そなえかつ一杯にし…増やして欲しい」）。神はいつもここに記されているような仕方で行動するとパウロが述べている印象を与えることを避けようとした写筆者が希求法を採用したのであろう（ハリス 632）。パウロでは希求法の使用は総じてごく限られている（BDR§384A3 を見よ）。

250

9 : 10

　節の末尾の「あなたがたの正義の実を増やすだろう[5]」では、「実」に「正義の」という形容詞がついている点に注意したい。「正義（δικαιοσύνη）」は9節の引用文に出た。他方、この語がⅡコリ8、9章で使われているのは、同根語を含め、この二個所だけである。そのことを考えると、われわれの個所の「正義の実」は9節の「彼（献金者）の正義」の影響下にある可能性が大きい[6]。9節では、「彼の正義」は神によって根拠づけられ、よしとされる正義を意味していた。そのこと、またこの段落で一貫して献金への「気前のいい」参与が重要視されていることを考慮に入れれば、「正義の実」は単純に献金を指す語ではなく、献金が正しい仕方で、つまり7節の表現で言えば「喜んで」なされることを意味していると見るべきであろう。「あなたがたの正義の実

5　プランマー 263 は、αὐξάνειν は LXX ではいつも自動詞として使われることを指示して、ここでもそれは自動詞だとする。その場合には動詞の主語は「あなたがたの正義の実」ということになる（「あなたがたの正義の実は増えるだろう」）。しかし、この動詞はパウロでは Ⅰ コリ 3:6,7; Ⅱ コリ 10:15 にも出るが、いずれも他動詞として使われており、プランマーの論拠は十分説得的ではない。仮にこの個所のαὐξάνειν が自動詞であったとしても、「あなたがたの正義の実」が増えることの背景には神の働きが考えられているはずであるから、実質上の違いはない。

6　ファーニシュ 450 等はここの「正義」を単純に節の初めに出る「播くこと」（つまり献金）に平行する表現ととり、「あなたがたの正義の実（yield）は播く行動のもたらす産物、つまりコリントの人々のエルサレム教会への貢献の総額（amount）を指すとするのが最も自然」と言うが、「正義の」の使用をもっと重要視すべきであろう。
　　他方、9節の「正義」が法廷的（forensic）な意味を持っている可能性を考えるバレットは 239 で、われわれの個所でも神は「あなたがたがあなたがたの義しい身分（your right status）を神の前で表すことを可能とする」と説明する。マーフィー・オコナー 116「神の前での正しい位置を示す機会を与えられる」、「彼らは神の意思に適う者として認められる」も同じ。つまり、これらの研究者は義認論の光のもとでこの発言を理解しようとする。またバーネット 441f は「正義」には義しい者の道徳的によい行為、および、キリスト者に与えられたキリストによる義という二つの意味が考えられ得るが、この場合それら両者は互いに排他的ではないとし、「あなたがたの正義の実」は、神がキリストにおいてその民を義とすることの実であり、それは貧しい聖徒たちに対する彼らの慈悲深さの中に表わされる、と主張する。しかし、キリストによって実現される神の義は罪人を罪人のまま受け入れるところに特徴がある。われわれの個所でそのような正義が考えられているかは疑問である。244 頁注 2 も見よ。

251

を増すだろう」とは、神が信徒たちに、喜びをもっての献金への参与を可能とする、ということである。

「正義の実」についてはホセ LXX 10 : 12「あなたがたは自分自身のために正義に向かって種を播け（σπείρατε）。…正義の実（γενήματα δικαιοσύνης）があなたがたに来るまで主に求めよ」の影響を考える研究者が多い（たとえばランク 325、Georgi, Kollekte 73）。実際「正義の実」という表現はわれわれの文脈ではやや唐突であり、かつここで「実」を表すのに使われている γέννημα はパウロでは他に用例がないから[1]、ホセ LXX 10 : 12 の反映を考えることには一理ある。しかし、播種の譬えは 6 節以来使われてきたから、ここで「播く」「実」という表現が使われるのは極めて自然である。「あなたがたの正義」も 9 節の「彼の正義」と関係が深い。ホセ LXX 10 : 12 とわれわれの個所との間には今述べた以上の重なりはないから、ここでホセア書の引用ありとすることも十分説得的と思えない（ベッツ 206f、ダンカー 142 を参照）。少なくもその点を重視することは適切ではない[2]。

11 節　10 節で述べられた神の働きが「あなたがた」にもたらす変化についてはすでに 10 節自体で言及があったが、11a 節は再び「あなたがた」に記述の対象を移してそのことを述べる。もっとも「あなたがた」という主語はここでは直接には出ず、主文に相当する部分は分詞構文である[3]。節の後半は、前半に出る「純真さ」という語を関係代名詞で受けて、それがもたらす結果を述べる。

1　同じ語で表記法の違う γέννημα の用例もパウロでは他にない。他の新約諸文書でも γένημα/γέννημα の用例は極めて少ない。通常「実」を表すには、パウロにおいてもそれ以外の新約諸文書においても καρπός が用いられる。

2　Nickle, Collection 137 はここでのホセ LXX 10 : 12 の引用を重視し、ホセア書で直前に出る 10 節にはイスラエルにおける神に対する不信の増大が言及されていることを指摘し、パウロがここで引用する 12 節はそれの文脈において捉えられるべきだとし、節の前半のイザヤ書引用とここのホセア書引用との結びついたものは一体を成して「異邦人の間での神の言葉の有効性（effectiveness）がイスラエルの回心のため役に立ったとのパウロの確信に正確に対応している」と述べる。しかし、われわれの個所におけるようなホセ LXX 10 : 12 の断片的な使用からこのような繋がりのある意味を読みとることは、読者に対しての過重な期待と言うべきであろう。

3　このように分詞を用いて文章を続けることはパウロにおいてしばしば見られる。161 頁注 7 を見よ。9 : 13 の「栄光を帰す」も分詞形。

9：11

「［あなたがたは］すべてにおいて豊かにされ」は漠然とした感じの表現で
あるが、それについてはすぐ後で述べる。「…純真となり（εἰς … ἁπλότητα）」
は「豊かにされ」の到達点を示す形になっており[4]、主文の実質上の主内容を
なしている。「純真さ」と訳した語はἁπλότης。この語は新約全体としての用
例は少ないものの、Ⅱコリント書では比較的多用されており、8、9章でも
われわれの個所以外に8:2; 9:13で出る。その語義については8:2の説明
を見よ。8:2ではこの語はマケドニアの人々についてではあるが、われわれ
の個所と同じく献金者の姿勢を指して使われていた。マケドニアの人々の場
合は極端の貧しさの中にありながら「純真さの富」で溢れた、とあった。そ
のことを考えると、われわれの個所の「すべてにおいて豊かにされ」は、少
なくも第一には物質的に豊かにされることではあり得ない。それは心の持
ちよう全体の変化によってもたらされる「豊かさ」である[5]。そのような豊か
さを与える者としては、今までの論述から見て、神以外には考えられない
（Joubert, Benefactor 145がπλουτιζόμενοιは神的受動形［passivum divinum］
と指摘）。

　同じく今までの論述（とくに10節）から見て、神はコリントの人々をす
でに「豊かにしている」というのではなく、それは「豊かにしてくれるだろ
う」という確信に満ちた期待であり、願いでもある（ハリス644fを参照）[6]。

4　この点で8節と論旨の展開に平行が認められる。すなわち、8節では神が「あら
　ゆる恵み」を与えることがあなたがたが「すべてのよいわざ」に向けて富むことを
　結果としてもたらし、われわれの個所では神があなたがたを「すべてにおいて豊か
　に」することが「あなたがたがこの上もなく純真」になることを可能とする（ハリ
　ス645）。

5　異なる意見として、「すべてにおいて」は「経済および霊性両者の祝福を含む」（ハ
　リス645）。他方、Joubert, Benefactor 145はこれをspiritual wealthととる。

6　実質上この文章の主動詞に当たる「豊かにされる」は現在分詞であり、また「純
　真さ」を説明する副文章（節の後半）の動詞「作り出す」は直説法現在であるから、
　ファーニシュ450が「パウロは今や現在時称で書き始めている」と指摘しているのは、
　文法的に見れば正しい。しかし、ファーニシュもこの個所を説明して、「コリント
　の人々が献金のためにまだ何らかの重要な貢献をしなければならないにしても、
　それに対し必要なすべてのものを提供する神の力へのパウロの確信は強固であって、
　彼はそれがあたかもすでに実現されたかのように、コリントの人々がすでにこの最

自分自身が一人で自分の生活を支えなければならないとする切迫感に支配
されるとき、人はひときわ貧しさを意識して過ぎざるを得ない。神が「種と
食用のパン」とをそなえてくれると意識を転換するとき、人は貧しくありな
がらも「豊かにされ」る。ただし、パウロは——すぐ上で述べたように、「豊
かにされ」の場合もそうであるが——ここでコリントの人々がすでに「率直
な純真さ」を持っていると言ってはいない。彼の目からすればコリントでは
「純真さ」は少なくもまだ十分に実現していない。彼らがそれを持つように
なってほしいという願いがここでの表現にこめられている。

　「この上もなく」と訳した語は πᾶσαν。「すべての (πᾶς)」の変化形。ここ
では度合の高さを表すのに使われている。πᾶς はこの節の初めでも使われて
いた (「すべてにおいて」。この場合は事柄の妥当する範囲の広がりを示して
いた)。一つの文の中での πᾶς の重複使用は 8 節でも見られたばかりであった
(236 頁注 2 を見よ)。

　節の後半では、上述のように関係代名詞で導入される形で、この「純真さ」
は「わたしたちを通して神への感謝を [1] 作り出す」と述べる。「わたしたちを

大の寛大さ (generosity) を示しているかのように書くことが出来る」、と述べている。
　シュメラー II 98 は、ここでは 8:2 に記されたマケドニアの人々に起こったこと
が模範とされている、としている。われわれの個所にはそのことへの直接の言及は
ないものの、パウロの念頭にマケドニアの事例があった可能性を全的に否定するこ
とは出来ない。しかし、シュメラーが、パウロはここでは 8:1-15 全体を振り返っ
ているとし、8:9 のキリストに関する発言を指摘した上で、ここではキリストも模
範とされているとしている点は、拡大解釈に過ぎる。
1　「神への感謝を」の部分は εὐχαριστίαν τῷ θεῷ。τῷ θεῷ (「神への」) をこのように
εὐχαριστίαν (「感謝」) に密着させて訳すべきか、それとも両者を切り離して「感謝
を神に向かって」と訳すべきかが問題となる (後者の場合は τῷ θεῷ は εὐχαριστίαν
にではなく、動詞 κατεργάζεται (「作り出す」) にかかっていることになる)。I テサ
3:9 には τίνα γὰρ εὐχαριστίαν δυνάμεθα τῷ θεῷ ἀνταποδοῦναι (「わたしたちはどんな
感謝を神に捧げることが出来ようか」) とある。この場合は εὐχαριστίαν と θεῷ との
間に δυνάμεθα が入っているから「感謝を、神に向かって」と両語を切り離して捉え
る必要がある。また、「感謝」はときに χάρις を用いて表現される (たとえば 8:16;
9:15：χάρις τῷ θεῷ κτλ. 8:16 の説明を見よ)。この場合は、τῷ θεῷ (神への) と
χάρις (感謝) の順序が逆である場合があること (I コリ 15:57; II コリ 2:14) から見て、
「神に感謝〔する〕」であって、「神への感謝」ではない。これらのことを考えると、
われわれの個所も「感謝を、神に向かって」と切り離して訳す方がいいと見えるか

9：11

通して」はこの場合パウロたちの推進する献金活動を指している。教会では、たとえば宣教者に対する謝儀など日常的支出はおそらく教会員から定期的に集めた拠出金の中から支出された。これに対し、パウロの呼びかけのエルサレム教会への献金はそれの枠外にあった（この点については補説3「献金運動」Dcを見よ）。パウロはⅠコリ16：1fで、コリントの信徒たちに、エルサレム教会への献金は各自が「週の初めの日ごとに…自分のところで…貯え」るよう勧めているが、それはこのような事情を反映している。彼の集めるエルサレム教会への献金は、その意味で特別な性格のものであった。「わたしたちを通して」はそのことを指しており、「この献金運動に参加することによって」というほどの意味であろう[2]。

　献金または贈り物には感謝が伴う。その場合、感謝は受贈者から贈り主へと向けられるのが普通である。今問題にしている場面に当てはめて言えば、献金を受けるエルサレム教会から献金をする（コリント教会を含む）諸教会に対して感謝が述べられるのが普通である。しかし、パウロがここで書いているのはそれとは違う。①それは、献金者たちへの感謝ではなく、「神への感謝」である。節の前半で「聖徒たちの不足を満たすだけでなく」とコリントの人々を実質上の主語としていた直後だけに、コリントの人々に対する彼らの感謝に言及される方が文脈から見て自然であるのに、なぜ「神への感謝」なのか。献金は神に捧げられ、それが神からエルサレムの信徒たちに与えられるという、いわば迂回的経路が前提されているからか。しかし、献金問題を扱うパウロの諸発言では、そのような迂回的思考を含まない場合が多い[3]。

───────────────

　もしれない。しかし、われわれの個所の場合は次節に διὰ πολλῶν εὐχαριστῶν τῷ θεῷ（「神への多くの感謝によって」）という表現が出、この場合は「神への」は「感謝」に直接かかるとしか受け取れない。この次節の感謝発言はわれわれの個所の感謝発言との重なりから見てわれわれの個所のそれを意識して記されたと考えられるから（εὐχαριστία と τῷ θεῷ が直接結びついている表現は新約聖書全体でこの二個所にしかない）、両表現は同じように訳すことが望ましい。この理由から、われわれの個所も「神への感謝」と訳した。

2　ランブレヒト 148 はこの「わたしたちを通して」をパウロたちが献金をエルサレムに運ぶことを指していると理解するが、これは狭すぎる。

3　もちろん、パウロも献金が人と人との間のやり取りでなく、神に捧げられるもの

たとえば 9:1 では、献金問題を扱うこの文書の表題的発言として——神への言及のない——「聖徒たちに対する奉仕」とあるのを参照。9:12 でもエルサレム教会への献金の働きの第一として「聖徒たちの不足を満たす」を挙げている。この問題については以下の記述も参照。② ここでは「神への感謝」を捧げるのは誰かが明記されていない。ただ、10f 節ではパウロの関心は「あなたがた」、つまりコリントの信徒たちに向いている。12 節になって初めて「聖徒たちの不足」という表現が出るが、そこでも文脈全体はコリントの人々の献金がもたらす効果を述べることが記述の主眼であり、パウロの関心は依然としてコリントの人々に向けられている。このことから考えれば、「神への感謝」はコリントの人々が行う感謝と考えるのが自然である。もっとも、大多数の研究者は 12 節の「感謝」をエルサレムの人々が神に向かって捧げるそれと理解し[1]、われわれの個所では 12 節で取り上げられる（と彼らの考える）エルサレムの人々の感謝の問題が先取りされていると見る[2]。しかし、献金に関するエルサレムの側の反応は 13f 節で初めて本格的に取り上げられているのであって、文章の流れが 12 節ですでにコリントの人々の記述からエルサレムの聖徒たちの記述へと移ったとすることは、少なくも優先的に扱われるべき見方とは言えない。13 節では彼らの神に向けての行動は「神に栄光を帰す」と記されている。11 節の「神への感謝を作りだす」がエルサレムの人々の行動の記述とすれば、13 節の「神に栄光を帰す」は内容上同じことを繰り返していることになる。これはあってならないことではな

であることを知っている。たとえば 8:12,19; 9:5,12。ただ、これらの発言は献金に関する一般論の部類に属するものであって、具体的事例では迂回を示す発言は出ない。

1　感謝を捧げるのをエルサレムの信徒とする見解の研究者としては、ヴェントラント 199、ファーニシュ 450、ガラント 412、ヴォルフ 187、ベッツ 209、スラル 585、グレサー II 61 等々がいる。この見解の支えとなるような発言が I クレ 38:2 にある：「富者は貧者を援助し、貧者は神に対し、彼の乏しさを満たしてくれる者をお与えくださったことに感謝を献げるように」（スコット 214 が指摘）。他方、田川 495 はこの「神への感謝」を『『あなた方コリントスの信者』のなすこと」としている。

2　たとえばベッツ 210：「この段落の終りでパウロは、彼の論議でしばしば行われているように、すでに次の段落の鍵になる概念、『感謝』という概念を導入している」。

9：11

いが、第一に選択すべき解釈ではない。

　次に、この問題をパウロの献金理解に即して考えたい。彼は8節で献金を「恵み」と呼んでいる（8：1も参照）。それは献金を受ける者にとっての「恵み」ではなく、献金を捧げること自体が「恵み」だと彼は考えている。しかし、そうであるならば、献金をしたときに献金者がこの「恵み」に対する感謝を捧げるのは[3]、パウロの目からすればむしろ当然ではないか。それは献金を通して神のわざに参加できたことについての感謝であり（フィリ4：17を参照）、献金者個々人にとっては、献金に至る過程、最終的には献金の行為そのもので体験する、自分をそこまで「豊かに」してくれる神への感謝である。以上の理由から、私としてはここの「神への感謝」は、献金者であるコリントの人々が神に捧げる感謝を指す、と考える。

　このようにパウロは、献金を受ける者がではなく、献金を捧げる者が神に感謝を捧げる、と考える。このパウロにおける献金と感謝との結びつきは、キリスト教においてばかりでなく諸宗教でも一般的に見られる献金と感謝との結びつきと、混同されるべきではない。人はしばしば自分に起こったことまたは自分に与えられた物が神に由来すると意識して、それへの感謝の徴として神に捧げものをする、つまりお礼としての献金、感謝献金である。しかし、ここでパウロが「純真は神への感謝を作り出す」という表現で考えているのは、お礼の献金をすることではなく、献金をする行動自体である。「感謝して作り出す」とは「献金する」と実質上同義である。人は献金活動に組み入れられることにより、自ら恵みの力の支配下に置かれる、それが感謝を生む、というのである。ただし、このメカニズムを表現しているのは、パウロでもわれわれの個所だけである。おそらくお礼としての感謝という考えが宗教一般で通念となっており、キリスト教信仰でもそれが支配的となると感じているので、彼は「感謝」という語を献金との関連で用いることについて極度に慎重なのであろう。

3　ヴォルフ187が χάρις（恵み）と εὐχαριστία（感謝）との間には言葉の遊びが見られると言う。同様な χάρις と εὐχαριστία との対応は——献金問題とは無関係だが——4：15にも見られる。ヴォルフはわれわれの個所での両語の対応を単なる言葉の遊びの次元で捉えていて、「感謝」は献金の受け手のそれとしているが、両語の関係はもっと内容に立ち入って考えるべきであろう。

なお、「〔あなたがたは〕すべてにおいて豊かにされてこの上もなく純真となり」の場合もそうであったが、ここに記された「純真さは…神への感謝を作り出す」も現状の描写ではなく、将来についての見取図であり、パウロの抱いている期待であり、願望である（ヴォルフ 184 を参照）[1]。

12 節　12 節は 11 節を理由づける形で（ὅτι）それを補足し、献金奉仕の効果ないしは目的を述べる 13f 節の発言を準備する。

ここで主語となっているのは ἡ διακονία τῆς λειτουργίας ταύτης（「この献金の奉仕」）。最初に出る διακονία は「奉仕」を意味し、8：4；9：1 でエルサレム教会宛の献金活動を指して使われていた（この語のその関連の用例およびそれ以外の用例については補説 3「献金運動」C c を見よ）。他方 διακονία に属格形で伴っている λειτουργία はこれまた「奉仕」を意味する。

世俗ギリシア語では、λειτουργία は元来裕福な市民による公的事業に対する自由意志に基づく金銭またはサービスによる貢献を指して用いられた（たとえば上演される劇における合唱隊の費用の負担）。しかし、時代と共に「奉仕」に期待される事例が劇的に増え、富裕な人々の負担に余るようになり、古典期の終わりからヘレニズム時代にかけて、たとえば三タラントン以上所持していない者には「奉仕」は求められないとか、同時に二つの「奉仕」に義務づけられることはないというような規定が設けられた。この規定はローマ時代にも維持された。後 1 世紀ころには「奉仕」の自発性は失われ、強制的色彩が強くなった（以上、Verbrugge, Style 147‒149 を参照。同所に参考文献あり）。他方、LXX ではこの語およびそれの同根語の用法はいつも祭司およびレビ人が聖所で果たす機能と関係している（ヒューズ 337A7、スラル 586）[2]。新約、教会教父でも、それは何らかの形での宗教的奉仕を意味す

1　シュメラー II 98 は、この説明は可能ではあるが、十分ではないとし、これは 7：4,5‒16 のような、パウロとコリント教会との関係が修復されたことを伝える記述と関連づけながら読むべきだとする。これは 8，9 章と 7：4,5‒16 との関係という、より大きな関連の枠内で検討すべき事柄であるが、私は、献金問題は 7 章の伝えるテトスのコリント訪問によっても解決されずに残っていたとの見方に立つので（この点については補説 3「献金運動」I b を参照）、このシュメラーの見解には従えない。

2　ブリュム I 543 は λειτουργία の LXX での用法を論拠に、パウロは「奉仕（διακονία）」という語にこの属格による説明を加えることによって、「LXX のギリシア語に馴れた耳に対してこの献金のわざを一種の祭祀行動へと高めた」と述べる。この可能性

9 : 12

る。後のキリスト教ではこの語は「礼典」を意味する術語となった（liturgy,
Liturgie）。

　この語は新約ではヘブライ書で比較的多用されるが（たとえば9:21「礼
拝用の器具」）、パウロでは用例が少ない。パウロの例の中では、献金を含め
ての具体的奉仕活動を指す例が目立つ。すなわち、ロマ15:27には異邦人教
会のエルサレム教会に対する献金について、同根の動詞を用い、異邦人がエ
ルサレムの信徒たちの持つ霊的なものに与っているなら、「彼らが肉的なも
のにおいて彼らに仕える（λειτουργεῖν）のは当然」とある。フィリ2:25,30
での同根語の用例も見よ。これらの例ではλειτουργ-は直接神に対してなされ
る奉仕を指しておらず、奉仕する相手はエルサレムの信徒であり、福音宣教
に従事するパウロである。これに対しフィリ2:17では、パウロは自分のフ
ィリピの人々への働きを、この語を用いて、神に供え物を捧げる祭司の行動
にたとえている（τῇ θυσίᾳ καὶ λειτουργίᾳ）。ロマ15:16も参照。

それではわれわれの個所のλειτουργίαはどのように理解すべきであろう
か[3]。

　ベッツ211fはλειτουργίαは、「個人としての市民が自分自身で費用を負担
して行う一種の公的奉仕」を意味する、と指摘した上で、パウロは「この政
治的・法律的概念を、比喩的、宗教的意味においてではなく、その世俗的意
味において」用いている、と主張する（211）。エルサレム教会に対する献金
に関するパウロの発言は、彼によれば、「言葉通りの、世俗的な意味で、つ
まりエルサレム教会の経済的逼迫に関連づけて理解されなければならない」
（212）。このベッツの主張はエルサレム教会に対する献金の持つ「世俗的」
側面に注意を向ける点で有意義である。しかし、この献金をこのようにエル

はないとは言えないが、パウロがロマ13:6で徴税の役人を同じ語根の名詞を使っ
てλειτουργόςと呼んでいることを考えると、確実にそうだと言うことは難しい。

3　StrathmannはThWNT IV 234,39ffで、新約におけるλειτουργεῖν/λειτουργίαの用法
をまとめて①世俗的用語法の影響を受けているもの、②キリスト教以前の旧約的
祭祀と関係するもの、③キリストの意義を説明するためにLXX用語を譬えのよう
にして用いた個別事例に三分割し、われわれの個所を含めてのパウロの三例を①に
挙げている。また、ハリス648fは、この個所のλειτουργίαを翻訳者、注解者たち
は次の三つの意味の一つとしているとし、①public service（バレット239、ベッ
ツ87）、②宗教的または祭司的または聖なる奉仕（ファーニシュ451、Georgi 103,
203n40。フィリ2:17; ロマ15:16）、③非術語的な、popularな意味での「奉仕」
（Strathman, ThWNT IV 227。フィリ2:30; ロマ13:6）を挙げる。

サレム教会の経済的逼迫にのみ関係づけることが適切かは問題である。エル
サレム教会への献金運動には、おそらくエルサレムの人々以上に貧しい状況
にあるマケドニアの人々も参加している。その献金を——ここで直接問題に
しているのはコリント教会による献金であるが——ベッツの言うようにもっ
ぱら世俗的次元の——しかも語源を遡れば裕福な市民に期待された公的援助
を指して用いられた——用語で表現することをパウロは適切と考えたであろ
うか。キリスト教会内部でエルサレム教会が特別の地位を持つとの、世俗的
とは別次元の認識が、この λειτουργία の使用には反映しているのではなかろ
うか。このことと関連し、8、9 章でエルサレム教会の経済的逼迫がほとんど
強調されていないことにも注意を払いたい。これはパウロがこの問題をもっ
ぱら普通の世俗的次元で捉えてはいないことを示唆している[1]。

　他方、この概念が祭祀的色彩の強いことを重視する研究者もいる。スラル
587 は、われわれの個所でこの語の出る文脈が一際祭祀的色彩が強いことを
指摘する。すなわちそこでは「感謝」(11,12 節)、「神に栄光を帰す」(13 節)、
「祈り」(14 節) という語が主要な役割を果たしており、最後 (15 節) は神
への感謝で終わる。彼女はこのことを論拠に、パウロは献金を一つの祭祀的
行動と見なしてわざわざこの語を用いたと考える (バハマン 333 もこれに近
い。グレサー II 62 も参照)。これはあり得ることかもしれない。しかし、上
で指摘したパウロにおける λειτουργ- の用法から見て、説得的とは言えない[2]。
確かに上に挙げた例の中には λειτουργ- が直接神に仕える祭司的働きを指して
使われているものがある。しかし、それらはいずれも宣教の相手を神に捧げ
るという比喩的用法であって、金銭なり物品なりを神に捧げるという発言で
はない。それに、われわれの個所でこの語の出る直接の文脈は「聖徒たちの
不足を満たすだけでなく」である。その場合、パウロが自分たちの献金運動
を一旦神に対する奉仕と考え、それを「聖徒たちの不足」という現実の問題
に戻して捉え直したとすることは、思考の回路として複雑に過ぎる。むしろ
λειτουργία は、直接コリント教会の (ないしはコリント教会を含めての諸教
会の) エルサレム教会への献金を指す表現と見る方が自然である[3]。

1　この問題については 5b-15 節についての説明の中の③で記した点を参照。

2　H.Strathmann が ThWNT IV 234,14f で、パウロが旧約での祭司の奉仕を思い描
　いていたなら、フィリ 2:30 でのように、自分に向かって示された λειτουργία につ
　いて語ることはしなかったろう、と述べているのを参照。

3　シュメラー II 99f は、フィリ 4:18 でパウロが、フィリピの人々からエパフロデ

9：12

　同じくこの概念の祭祀的性格を重視する研究者としてヴォルフがいる。彼
は、λειτουργία はいつも祭祀的アクセントをもって使われるわけではなく、
そのアクセントは「その都度の文脈によって」付与されるとし、われわれの
個所の場合は文脈で「コリントの人々の態度を可能とするものとして神の行
動が強調されており」（8-11 節）、かつ「神への感謝と結びつけられている」（11f
節。13a 節も）と指摘する（187）。文脈で祭祀的性格が強調されているとの
指摘の第二点は、スラルの主張とほぼ重なる。それに第一の点が加えられる
ことにより、文脈の祭祀的性格は一層明確になったとの印象を与える。しか
し、第一の点で強調されているのは献金活動を可能にしているのは献金者で
なく、神だということである。そのことと、現実にはエルサレム教会に渡さ
れる献金そのものをパウロが祭祀的性格のものと考えていると推測すること
との間には、思考の飛躍がある。

以上から見て、私はこの語の祭祀的性格をことさら重視することには
賛成出来ない。しかし、この語をもっぱら「世俗的」と理解することに
も賛成しかねる。この語はロマ 15：17 等におけるようにエルサレム教会
への献金を指して、それの祭祀的効果（エルサレム教会での感謝を引き
起こすという）をも視野に入れて使われていると見るべきであろう。ἡ
διακονία τῆς λειτουργίας の τῆς λειτουργίας はἡ διακονία を補足説明する属
格で（epexegetisch。たとえばシュメラー II 99 を見よ）[4]、ἡ διακονία τῆς

ト を通して自分にもたらされた財的支援を「香ばしいかおり」「神に受け入れられ、
喜ばれる供え物」と呼んでいることを指摘して、彼は「自分が体験した支援に祭祀
的意味を付与することに明らかに何らの困難を感じていなかった」とし、「このこ
とは II コリ 9：12 の λειτουργία にも当てはまろう」としている。このフィリピ書の
個所は、パウロが献金に祭祀的意味を付与することがあり得ることの例証として貴
重だが、われわれの個所の λειτουργία にそれをあてはめることが適切かは、今指摘
した、ここでの直接の文脈から見て疑問である。

4　　プランマー 264f も τῆς λειτουργίας を補足の属格（epexegetic）と見なすが、ἡ
διακονία τῆς λειτουργίας という表現全体を the ministration of this public service と訳
しており——つまり ἡ διακονία も中立的性格の語（a word of general benevolence）
としており——ベッツの意見に近い（ヴィンディシュ 281 も同様）。他方 Georgi,
Kollekte 74 は両語の意味を区別し、τῆς λειτουργίας を目的格の属格と見なし、
διακονία は「遂行（Durchführung）」を意味するとして、ἡ διακονία τῆς λειτουργίας
全体を「公的奉仕の行為」と理解する（バレット 239、ファーニシュ 443、スラル
586A152 が同意）。しかし、διακονία を中立的に「遂行」と訳すことがパウロの他で

λειτουργίας は全体として「エルサレム教会宛ての献金を内容とする奉仕」を
意味している。

　パウロはこの献金の目的を「聖徒たちの不足を満たす[1]」と直接的に表現す
る。献金は神への捧げものであり、神がそれをその用（この場合はエルサレ
ムの信徒への援助）のために使うという回りくどい考え方を彼は採らない。
ただ、献金は援助活動だけで終わらない。その点では、献金は街頭募金のよ
うなものとは異なる。

　「聖徒たち」は 8:4; 9:1 にも出た。エルサレム教会の信徒たちを指す。
8:4 の説明を見よ。

　節の後半でパウロは「献金の奉仕」について、さらに「神への多くの感謝
によってますます豊かになりもする」と述べる。「神への多くの[2]感謝によっ
て」は διὰ πολλῶν εὐχαριστιῶν τῷ θεῷ。「（エルサレムの）聖徒たちの不足」
に言及のあった直後に出るので「聖徒たち」の捧げる神への感謝が考えられ
ていると見えるかもしれないが（事実たいていの研究者はこの見解を採る[3]）、

────────────

の用法から見て適切であるかは問題である。マーティン 287 はやはり両語を区別す
るが、それぞれの意味を Georgi 等の場合と逆にとり、全体を the servise which you
render と理解する（ハリス 648 も同様）。この場合には λειτουργία の捉え方が適切
かが問題となる可能性がある（ただし、λειτουργία がエルサレム教会宛の献金を指
していることは文脈から見て当然、と見なすことは可能）。

1　「満たす」はここでは ἐστιν προσαναπληροῦσα と εἶναι の現在＋προσαναπληροῦν の現
　在分詞で記されているが、意味の上では προσαναπληροῦν の現在形を用いた場合と異
　ならない（BDR§353A9）。
　　プランマー 265 は προσαναπληροῦν を「追加的に（in addition）満たす」「満たすの
　を助ける」と理解し、それはコリントの人々が唯一の貢献者でないことを示してい
　る、とする（ハリス 649 も同様）。しかし、彼が比較事例として挙げる 11:9（新約
　で προσαναπληροῦν の出る他の唯一の個所）でも、「追加的に」という点はとくに強
　調されてはいない。スラル 587A164 も参照。

2　「多くの」は πολλῶν。「多くの人々の」と訳すことも可能（プリュム I 543 がこの
　意見）。しかし、ここでコリントの人々以外の「多くの人々の感謝」が出るとする
　ことは、文脈から見て必然性がない。多くの研究者（たとえばプランマー 265）同様、
　この「多くの」は「祈り」に掛ける方がいい。

3　たとえばバーネット 443 は、「パウロは節の前半でコリントの人々に合っていた
　焦点を節の後半ではエルサレムの人々にシフトしている」と説明する。シュメラー

9：13

この表現は明らかに前節の「神への感謝（εὐχαριστίαν τῷ θεῷ）を意識して記されているから（254 頁注 1 を見よ）、コリントの人々の感謝を指しているととるべきである。「聖徒たちの不足」への言及も、コリントの人々の献金がそれの解消に役立つことを述べる文章の中で出るものであった。ここの文脈の主たる関心はコリントの人々の献金の働きであり、「聖徒たちの不足」への言及によってその流れが大きく変わったと見ることは適切ではない。

「ますます豊かになる」は、その少し前に出る「満たす」の場合同様、動詞の現在分詞単数女性形で記されており、それらはいずれもこの文の主語「奉仕」（単数女性形）にかかっている。「奉仕がますます豊かになる」には「聖徒たちの不足を満たすだけでなく」が先行しているから、「ますます豊かになる」で考えられているのはそれ以上の事柄、具体的には 13f 節で述べられている事柄であろう[4]。

13 節　13f 節は 12 節で述べられたのに匹敵する事柄を、エルサレムの信徒の側に生起することを指摘するという形をとりながら述べる。最初に出る

II 100、Briones, Policy 127f 等も同様。

　ハリス 652f は 13 節で「神に栄光を帰す」の主語がエルサレムの人々としか考えられないことを指示し、「εὐχαριστία〔感謝〕は δοξολογία〔栄光を帰すこと〕の一部だ。これら両行動については同じ人たちが当事者だ（responsible）」、両者を別々の人たちに帰すのは恣意的だ、と主張する。たしかに両概念はその性格において互いに近い関係にある（たとえば、ロマ 1：21 を参照）。しかし、実際に両者が並んで出ることはパウロでは珍しく、たいていは両者はそれぞれ単独で述べられる（ロマ 1：8；14：6；I コリ 1：4；II コリ 1：11；フィリ 1：3；I テサ 1：2；2：13；フィレ 4 およびロマ 15：6；ガラ 1：24 を見よ）。われわれの個所でも、13 節の「神に栄光を帰す」には「この奉仕の実証が誘因となって」および「あなたがたの告白の服従および…純真さのゆえに」という、かなり長い説明の言葉がついており、これらはわれわれの個所（12 節）の「多くの感謝によって」にはかかっていない。つまり、感謝、栄光を帰すの両表現は単純に併置されてはいない。これらの事情を考えると、われわれの個所でこの両語が相次いで出ることを理由に、感謝、栄光を帰すことのそれぞれの主体は同じと論じるのは、性急に過ぎる。

4　スラル 587 は、12 節が 11 節の説明であること（「というのは」）を重視するなら、12 節の言う「豊かさ」の内容はこの感謝自体だ、それは単なる援助の供給を越える、と説明する。しかし、「多くの感謝によって」「豊かになる」のが感謝そのものだというのであるならば、もっと簡明な「感謝が豊かになる」という表現が期待されるのではないか。

263

「この奉仕の実証が誘因となって（διὰ τῆς δοκιμῆς τῆς διακονίας ταύτης）」の「実証」という語（δοκιμή）は 8：2 にも出た。そこでは ἐν πολλῇ δοκιμῇ θλιψεως（直訳すれば「患難の多くの実証において」）とあった。δοκιμή に属格形の名詞が伴っている点で両個所の表現は共通している。われわれは 8：2 を「患難の中で［その信仰が］…実証される」ことと、敷衍して訳したが、同じことはわれわれの個所にも行うことが出来よう。すなわち、「この奉仕の実証」とは、この献金においてコリントの人々の信仰が実証されることを指している。コリントの場合、献金の実現に至る過程は簡単なものでなかったことを考えると、パウロとしてはこの「奉仕の実証」という表現に、彼らがパウロの福音へと復帰したことも含めて考えているととるべきであろう[1]。この場合の διά は原因を指す前置詞（Bauer/Aland, WB διά A IV）であろう。

エルサレムの信徒たちはコリントの人たちの「奉仕」を体験して、後者の「キリストの福音への告白の服従」と、自分たちおよびすべての人たちと彼らが持つ「交わりの純真さのゆえに[2]」、「神に栄光を帰す」。「栄光を帰す」は現在分詞[3]複数形で記されている。「栄光を帰す」主体は前節で「聖徒たちの不足を満たす」ことに言及があったことから考えて「聖徒たち」、つまりエルサレムの信徒たちである[4]。しかし、ここで述べられているのはエルサレムの人々が実際に持つ認識およびそれに基づく行動ではなく、パウロが、自分の

1　「実証」される対象として考えられているのは「彼らのキリスト教的性格」（プランマー 257）というような一般的なものではなかったろう。

2　「のゆえに」は ἐπί。Bauer/Aland, WB ἐπί II 1 b γ を見よ。

3　分詞形の使用については 252 頁注 3 を見よ。

4　バーネット 445A49, 446 は「栄光を帰す」の主体は、同じく分詞を用いて記されている 8 節の「持ちながら（ἔχοντες）」および 11 節の「豊かにされ（πολουτιζόμενοι）」の場合同様、コリントの人々とする。またマーティン 294 は 12 節に出た「多くの者」（と彼はわれわれが「多くの」と訳した語を解釈する）に関係づけ、これはこの間パウロに忠実にとどまり続けたコリントの信徒たちを指すとして、これが「栄光を帰す」の主体である可能性を考える。しかし、「栄光を帰す」ことが彼らの「奉仕の実証が誘因となって」行われること、その場合の「実証」は奉仕者自身に対してでなく、第三者に対してなされるのが普通であること、また同じ句の中に出る「あなたがたの告白」「彼ら…との交わり」という表現から見て、これらの見解を説得的と見なすことには無理が多い。

9：13

献金理解をベースにして、エルサレム側に起こると推測ないしは期待している事柄である[5]。実際は、パウロは献金が届けられたときのエルサレム側の反応について、これよりはるかに悲観的であった。ロマ 15：31 で彼はエルサレムに対する自分の奉仕（＝献金）が聖徒たちに受け入れられるか否かを不安視する言葉を述べている[6]。

　そのことを考えに入れると、パウロは実際に起こると予想していることではなく、起こってほしいと切望していることをここで記している可能性が大きい。献金を受けてエルサレムの人々が「神に栄光を帰す」理由としては、彼らがコリントの人々の行為を覚えてとか、神が自分たちを覚えていてくれたと認識して、と記す方が自然であるのに、実際に記されている「キリストの福音へのあなたがたの告白の服従および彼ら…との交わりの純真さのゆえに」は、表現として生硬であるばかりでなく——この生硬さは彼が常識的な線に従って書いているのではないことを暗示していよう——、文脈から見て唐突の印象を与えるが、それにはこのような背景がある。パウロは、エルサレム教会がコリント教会の福音的正当性と、それのエルサレム教会に対する開かれた姿勢とを認識すること、コリント教会に「豊かな神の恵み」（14 節）が与えられていることを認識することを切望している。異邦人教会からの献金がなぜエルサレム教会の側にこのような結果を引き起こすのかについて、パウロはここでは述べていないが、彼はおそらく、エルサレム会議で、彼に

5　Joubert, Benefactor 148 は「献金はエルサレムへの服従の行動ではなく、エルサレムはそれの中にパウロの諸教会の信仰の証明を見た（Jerusalem saw …）」と述べているが、ここで述べられているのは、エルサレムはそのように見るだろう、ないしは見てほしいとのパウロの願望であって、エルサレム自体の考え方の再現ではない。Gnilka, Kollekte 314 が、パウロはここで献金の受け手を理想化して描いている。9：12−14 は「ロマ 15：30f と厳しいコントラストをなしている」と指摘しているのを参照。

6　マーテラ 209 は、パウロがわれわれの個所でこの点に言及していないのは、コリントの人々に、献金とそれの教会生活にとっての重要さについて深く神学的な理解を提供するため、と説明する。このように見ることも可能であろうが、もっと単純に、ヴィンディシュ 283、バレット 241 のように、パウロはコリント教会の献金運動に水をさすことを避けようとしたため、と説明すれば十分であろう。

265

無割礼の者への福音を委ねられていることが認められ、両当事者の間で交わりの手が交わされたという、当時のユダヤ教的通念からすれば到底不可能と見えることが起こったことを想起していたのであろう。彼は、自分の帝国東半での異邦人伝道の締めくくりとして、この奇跡が再現することを願った。

Klein, Vereinbarung は、① ἐπὶ τῇ ὑποταγῇ τῆς ὁμολογίας ὑμῶν（あなたがたの告白の服従…のゆえに）の ὑμῶν（あなたがたの）は、それが直前の ὁμολογία（告白）についているとする場合は ὁμολογία は告白する行動を意味する名詞（nomen actionis）ということになるが、その場合 ὑποταγή（「服従」）は εὐαγγέλιον（福音）という、それが何に関してであるかを示す語は伴っているが、対象を示す語は持っていないことになり、適切とは言えない（148）。ὑμῶν はむしろ ὑποταγή（「服従」）と結びついていると見るべきである（ὑμῶν のこのような結びつけはセム語的表現が背後にあると考えれば可能）。ὑποταγὴ τῆς ὁμολογίας（告白の服従）および εὐαγγέλιον Χριστοῦ（キリストの福音）の両表現の平行から考えても ὁμολογία は服従の対象を示していると解すべきである（「キリストの εὐαγγέλιον に関する ὁμολογία へのあなたがたの服従」）（149）。② εὐαγγέλιον は εἰς τὸ εὐαγγέλιον のパウロでの他の用例から見て、「福音」とも「福音宣教」ともとれる。われわれの個所の場合、ὑποταγὴ τῆς ὁμολογίας および εὐαγγέλιον Χριστοῦ という、それぞれ属格を伴う二つの表現が並んでいるが、両表現の構造的平行から考え、ここの εὐαγγέλιον は ὑποταγή 同様、行動を示す名詞（nomen actionis。「福音」ではなく、「福音宣教」）である蓋然性が高い（149）。③ εὐαγγέλιον が福音宣教を意味するのであれば、ὁμολογία を行動を示す名詞（nomen actionis）と見ることは出来ない。それは属格形であるが、この属格は対象を示す属格（genitivus objectivus）と理解すべきである（149）。④ ὁμολογία は世俗ギリシア語では「取り決め」の意味で使われる。それはこの個所でも当てはまる（149f）。結論として、ここの表現は「キリストの福音宣教に関する取り決めへのあなたがたの服従」を意味し、内容的にガラ 2：9f と近い（150f）。

Klein のこの論証で最も重きをなしているのは ὁμολογία（告白）の文法上の地位である。彼は ὁμολογία は対象を示す属格（genitivus objectivus）として先行する ὑποταγή（服従）に結びついていると主張するが、その際主たる論拠としているのは、ὑποταγὴ τῆς ὁμολογίας と τὸ εὐαγγέλιον τοῦ Χριστοῦ という、属格で結びついた二つの表現の構造的平行であって、そこから彼は

9 : 13

両属格、つまり τῆς ὁμολογίας と τοῦ Χριστοῦ とは同じような機能を持つと見る（上述紹介の①）。しかし、これは補助的論拠としては有効であるものの、決定的論拠とすることは難しい（たとえば I テサ 3：2 における συνεργὸν τοῦ θεοῦ ἐν τῷ εὐαγγελίῳ τοῦ Χριστοῦ ［キリストの福音における神の同労者］を見よ）。Klein は③でも ὁμολογία が行動を示す名詞（nomen actionis）でないとする、実質上①と重なる論議を繰り返しているが、その際論拠としているのは εὐαγγέλιον の語義であって、これも決定的ではあり得ない。以上から見て、Klein の主張は、ここでの発言を彼の言うように解釈することが不可能でないことを示しているものの、論証が決定的に説得的とは思えない。

しかし、彼の主張そのものはここでの文脈の中で一定の説得力を持ち得るものであり、興味深い。エルサレム教会への献金が実現しようとする段階でパウロがガラ 2：9f と重なり合う思いを持ってこの個所を書いたということは、大局的にはあり得ると見える。しかし、問題がないわけではない。確かにエルサレム会議では、ペトロは割礼の者へ、パウロは異邦人へという「キリストの福音宣教に関する取り決め」がなされた。しかし、この取り決めに関するコリントの信徒たちの関わりを「服従」という語で表現することは極めて不自然である。彼らは、取り決めに従って宣教に従事したパウロによって信仰にもたらされたに違いないが、彼ら自身が取り決めに「服従」したわけではない。「取り決めへの服従」が実際上献金を指しているとする場合、コリントでの献金運動の停滞に目下直面しているパウロが、事もあろうにこの表現を用いるとは思われない。私としてはやはり Klein とは別の道を探ることとしたい。

個別の概念を説明しよう。

「キリストの福音」とは、誰もが「キリストの福音」と認めることが出来るような「客観的な」検証に耐えうる何ものかではなく、つまり、エルサレム教会とパウロとが共通して認める福音では必ずしもなく――それゆえエルサレム教会の側が、コリント教会は自分たちと同じ信仰理解に立ったと認めたことを必ずしも意味しておらず、それはまさに――パウロがこれぞ「福音」と理解し、彼が伝える福音である[1]。それを受け入れ、受け入れたことを

1　11：4「あなたがたが受け入れたことのない異なる福音」を参照。その他、ガラ 1：6f 等を見よ。
　われわれの個所を説明して、たとえば G.Friedrich, ThWNT II 733,1f は「愛の奉

267

表明することが「キリストの福音へのあなたがたの告白」である。「服従」はそれが徹底してなされることを指している。「あなたがたの告白」は属格形で、「服従」にかかっており、「服従」の内容を説明している（epexegetisch）。それは「あなたがたの告白を内容とする服従」である（ヴィンディシュ283、スラル563,589f等）[1]。

ハリス654は「服従」は「キリストの福音の命令（dictates）」、具体的には信徒は困っている者を助けるべきだという命令に対する服従だとし[2]、その根拠として、パウロの手紙からはロマ12:13; ガラ6:9fを挙げている。しかし、これらはいずれも倫理的勧告であって、パウロはいずれの場合もそれを「福音」とは呼んでいない。われわれの個所でパウロがわざわざ「キリストの福音」という重い言葉で考えているのは、彼における「福音」という語の使用状況から見て、自分の宣教の根幹をなすもの以外ではあり得ない。ヴィンディシュ284がここでの表現を「行為を伴う告白」と受け取る理解を「非パウロ的」として退けているのを参照。

ベッツ219ffは、「従順（ὑποταγή）」は元来行政用語であり（219）、ὁμολογίαは法的に使われる場合は文書の取り交わしによって行われる公的行為を意味するとし（220）、τῇ ὑποταγῇ τῆς ὁμολογίας ὑμῶν εἰς τὸ εὐαγγέλιον τοῦ Χριστοῦという表現は行政的、法的には「キリストの福音に関するあなたがたの（公的）説明に（に基づく）服従」を意味し（221）、「服従」はエルサレムに対するそれを指す、と主張する。しかし、エルサレム教会への献金が、パウロに代表される異邦人への福音がエルサレム（ペトロ）に代表されるユダヤ人への福音と対等であることを認めたエルサレム会議に由来することを考える

　仕の活動を行うとき、人は福音に従順であり、それの要求を満たしている」と述べ、ステグマン218は「困窮の中にある人たちを助けよとの福音の命令を実践に移す」と説明するが、この「福音」理解はパウロの「福音」の用法から見て受け入れ難い。

1　これに対しバーネット445A51、ガラント414はこの属格を主語的（「あなたがたの告白から出て来る服従」）と見る（ガスリ459は制作者の属格（genitive of producer）と呼んでいるが、実質上はバーネットたちと同意見と見てよかろう）。バーネットはその際、8:8でパウロが「わたしは〔献金運動への参加をあなたがたに〕命令として述べているのではない」と書いていることを引き合いに出しているが、8:8がここの発言に関係するかは疑問である。ヒューズ339A75、ランブレヒト148はこの属格を目的格的と見る（あなたがたの告白への服従）。

2　コリンズ188、「パウロはコリントの人々の信仰の告白は単なる唇による告白ではなく、行動という形をもとる告白である」も、実質上このハリスの意見に近い。

268

9：13

と「服従」のこのような理解はあり得ないし（ベッツもこの点は意識しており、われわれの個所の「パウロの言葉には〔このときの〕文書の言葉が反映している」と言うが〔223〕、パウロがわれわれの個所を書いているのはまだ献金を届ける前のことであり、このような説明の成り立つ余地はない。ベッツはこの問題があることにも気づいているが、それについては「残念ながら証明の材料がないので、設問する以上のことは出来ない」〔224〕と言う）、ὁμολογία には「キリストの福音へ」という語が伴っていることから見て、この語をベッツのように法的に理解することは難しい（「キリストの福音に関する（公的）説明」が何を意味しているのかも明瞭でない）。ベッツ説についてはスラル 589f、ハリス 654、グレサー II 65 等のベッツ批判も参照。

「キリストの福音へのあなたがたの告白の服従」という表現は内容の重い四つの名詞が重なっており[3]、この言葉全体の持つ意味をかえって判り難くしている。「告白の」は文法的には内容を示す属格ないしは並置の属格（BDR § 167）と見るべきであろう。一見したところ、「告白」と「服従」は、いずれかを欠いていても意味は伝わりそうに見える。しかし、いずれの語も必要だからこのように重ねられたのであろう。「告白」は事が信仰そのものに関していることを明らかにする機能を持っていよう。他方、わざわざ「服従」という語を用いているのは、パウロには、献金問題についてコリントの人々が最近まで不服従であった記憶があったため、と考えられる。すなわち、コリントにおけるパウロに批判的な人々は彼の始めたエルサレム教会への献金活動を重要視せず、他の人々がそれに熱心に関わることを妨げようとした。そのようないきさつを考えれば、献金運動の達成は、彼の目からすれば、彼らの「告白の服従」を具現する重要な事柄であった。エルサレム側がその点を認識することを彼は熱望した[4]。

─────────────

3 Klein, Vereinbarung 146 は、パウロで同じように二つ以上の名詞が次々に使われている例として、ロマ 8：2（「キリスト・イエスにある生命の霊の律法」）および II コリ 4：6（「イエス・キリストの顔における神の栄光の認識の光へと」）を挙げている。

4 スラル 592：「パウロは〔ここで〕初めて教会政治の観点から見て献金の目的が何であるかを明らかにする。すなわちそれは、自分の異邦人諸教会に対するエルサレムの側の正式の認知を確実なものとするという意図である」を参照。ヴィンディシュ 283 も、「これらの言葉の意味はそれを教会政治的背景の上にセットして初めて明ら

269

コリントの人々がパウロの福音を受け入れたことをエルサレム側が認識するとは結局のところエルサレム側がパウロの福音を容認することに他ならない。かつてのエルサレム会議の成功はパウロにこの点に関する楽観を抱かせたであろう。しかし、もともとのユダヤ中心的思考に加え、ユダヤ人社会全体における反ローマ的傾向の増大がエルサレム教会を異邦人教会との交わりに対し次第に消極的方向に向けていることは、とくにいわゆる第二伝道旅行後のエルサレム訪問に際してパウロ自身身をもって感じていたに違いない[1]。ここで彼が、コリントの人々がキリストの福音に服従していること、エルサレムの人々およびすべてのキリスト者との交わりを願っていることをエルサレム側が認識してほしいと記していることは、まさにこの点についての彼の不安の裏返しの表現である。

　もっとも、この手紙はエルサレム教会宛でないから、このような訴えが直接書かれていないのはむしろ当然であろう。それゆえ、たとえばヴィンディシュ 284 のように、「エルサレムのキリスト者たちは彼らに渡された献金において異邦人キリスト者たちが本当に…福音に服従したことの証拠を見出し、…自分たちから出発した福音が本当にそこ〔異邦人キリスト者のところ〕で根を下ろしたことの証しを見出す」と、文面をそのまま読むことも不可能ではない。ただし、ヴィンディシュ自身は、ここの記述はロマ 15 章と比べ「楽観的に」記されていると指摘しており、パウロの考えていることが文面通りでないことを承知している。

　他方、ここの文面をパウロの考えをそのまま記したものとする見方も行わ

───────────

かになる」と述べている。グレサー II 66 も参照。

1　スラル 593 は、パウロがこの文書でロマ 15：31 にくらべエルサレム側の献金受け取りに関し楽観的であることに関連して、パウロが「エルサレムでの状況についてよくないニュースを耳にしたのはおそらく彼が最終的にコリントに到着したときであった」と推測する。ハリス 658f も、彼がよくないニュースを聞いたのは「この手紙が送られた後」であった可能性を考える。これらの研究者の見解は一概に不可能とは言えない。しかし、私は、彼はエルサレム教会のそのような空気をすでにいわゆる第二伝道旅行の終わりのエルサレム上京の折に察知したと考える。この点については佐竹『使徒パウロ』243f を参照。彼がわれわれの個所でその不安を記していないのは、コリントの人々に不必要な気遣いをさせまい、あるいはむしろ、献金運動に対する彼らの熱意がそれによって冷えたりはしないように、との配慮からであろう。

9：13

れているが、これは適切と思えない。たとえばヒューズ339は、エルサレム
の人たちはⅠコリント書の伝えるようなコリントでの「無秩序（disorder）」
のゆえにコリントの人たちの告白が本物であるかを疑っていたが、パウロ
は、献金はこのような嫌疑を晴らすのに役立つと考えている、と説明する（ス
ラル592A200の「律法から自由な教会でのキリスト教道徳（morality）に関
する疑い」にも同じ傾向が窺われる）。この説明はしかし、それ自体として
説得的とは言えないし、また献金運動の性格の認識の点でわれわれと異な
る。まず、この説明自体の説得力についてであるが、コリントでの「無秩序」
がエルサレムに対する反抗を内包するものであったならコリントからの献金
がヒューズの想定するような効力を持つことはある程度想像できるが、Ⅰコ
リント書に書かれた「無秩序」にそのような性格は認められないし、またエ
ルサレム教会がコリントの「無秩序」を聞き知っていて、それに心を痛めて
いたとの報告はない。それに、仮にエルサレム教会がコリント教会に見られ
る性的無秩序について知っており、それに心を痛めていたとしても、コリン
ト教会の献金が届けられることによってこの懸念が解消するとは思われない。
次に、献金の性格についてであるが、パウロは、すでに何回か指摘したように、
エルサレム教会宛ての献金を単純に同教会の窮状を助けるためと捉えてはお
らず、ガラ2章の記述から明らかなように、パウロの福音宣教の果実として
の異邦人諸教会を――ということは、パウロの福音そのものを、ということ
であるが――エルサレム教会が受け入れ、自分たちと対等のパートナーとし
て交わりを持つことと結びつけて考えているのであって、その目標が実現す
ることを願って、彼はここでの発言を行っている――それゆえに「キリスト
の福音」「交わり」というような表現が出る。

　われわれの見解に結論において比較的近い見方をしているものに
Klein,Begründung 118f がある。彼は、パウロは13節全体で「コリントの人々
が献金によってエルサレムで使徒会議に際し結ばれた伝道および…援助に関
する取り決めに服したので、エルサレムの人々は神を賛美すると予見してい
る」と見る。ただ彼はこの結論を導出するに当たっていくつかの同意し難い
議論を展開している。すなわち、彼は、パウロはここでὁμολογίαを世俗ギリ
シア語におけると同様「取り決め」の意味で、εὐαγγέλιονを「宣教」の意味
で使っているとしている。しかし、ὁμολογίαをこのように理解するためには、
第一に、ὁμολογίαについている「あなたがたの（ὑμῶν）」をどう理解するか
が問題になろう。もしὁμολογίαがエルサレム会議の取り決めを指しているな

271

ら、この「あなたがたの」は不要なはずである（Klein はこの語を無視している）。第二に、ὁμολογία に εἰς τὸ εὐαγγέλιον τοῦ Χριστοῦ（キリストの福音への）が結びついている点もこの理解にとって不利な材料である。もし εὐαγγέλιον が彼の言うようにエルサレム会議での伝道対象分割の取り決めを指しているなら、εἰς（…へ）を用いて τὸ εὐαγγέλιον（福音）を ὁμολογία（告白）と結びつけるのは不自然である。次に εὐαγγέλιον（「福音」、「福音宣教」）についてであるが、Klein はこの語は ἐν, διά, ἐκ, εἰς という前置詞を伴って使われる場合には、たいていは福音宣教を意味していると指摘し（117）、われわれの個所の発言もその角度から理解する。εὐαγγέλιον が福音宣教を意味して用いられることが少なくないのは確かである。しかし、それは必ずしもエルサレム会議の取り決めの場合のような狭義の福音宣教を意味してはおらず、宣教以外の種々の奉仕をも含めて用いられている場合も少なくなく、両者ははっきりと区別し難い場合が多い（この点については 8：18 の説明を見よ）。それにその際 εὐαγγέλιον に前置詞がついているか否かは決定的ではなく、その意味でわれわれの個所の εὐαγγέλιον に εἰς がついていることを過度に重視することは適切ではない。要するに、われわれの個所で前置詞つきの εὐαγγέλιον が使用されていることを出発点にして、ここでいう εὐαγγέλιον をエルサレム会議での伝道対象分割の問題と直結することには無理がある。

　ここで「告白」と訳した語は ὁμολογία。パウロでのこの語の用例は他にない。動詞形 ὁμολογεῖν が使われているのも、パウロではロマ 10：9f のみである。パウロ以外の新約諸書でもこれらの語の用例は多いとは言えない。名詞形は五例のみ。ただし、いずれも信仰上の告白を意味している。他方、動詞形は二十四例あるが、そのうち信仰上の術語として使われている例はヨハネ文書を中心に比較的少数にとどまる（たとえば I ヨハ 4：2）。これらの用例の分布から見て、われわれの個所で ὁμολογία が「告白」を意味することは自明とは言えない。この語は古典およびヘレニズム・ギリシア語では用例が多く、用法も多岐にわたる。語源的に見て、それは「同じことを言う」を意味し、パピルスには同意や書かれた契約を意味して用いられる例もある（以上についての詳細はアルツト・グラブナー 441f, および O.Michel, ThWNT V 199,16ff を見よ）。われわれの個所の場合、Klein がそれを（使徒会議での）「取り決め」を指していると主張していることについては、上で紹介した。われわれとしてはこれを（福音への）「告白」の意味に解するが、それは Klein の紹介のところで述べたように、コリントの人々がエルサレム教会宛ての献金について

9：13

持つ考えについての総合的判断に基づく。

「服従（ὑποταγή）」という語もパウロでは用例が極めて少ない（他にガラ2：5があるだけ。そこではエルサレム会議に際して現れた「偽兄弟たち」の要求にパウロたちが屈しなかったことを指して用いられている。われわれの個所の参考にはならない）。同根の動詞 ὑποτάσσειν についてはパウロで約十五の用例があるが、用法は区々であり、直接われわれの個所の参考となるものはない。

パウロがエルサレム側に期待している第二の点、コリントの人々がエルサレムの人々およびすべての人たちと「交わりの純真さ」を持っていることについての認識は、第一の点に比べればより実現の可能性のあることと見えるかもしれない。

「交わり（κοινωνία）」という語をパウロは何度か献金との絡みで、とくにエルサレム教会に対して献金することを指して用いている（8：4；ロマ15：26f を見よ。補説3「献金運動」Cd も参照）。われわれの個所の場合「交わり」と並んで出る、ここで「純真さ」と訳した語（ἁπλότης）もエルサレム教会に対する献金を指して繰り返し使われていることを考えると（8：2；9：11。8：2の説明を見よ）、われわれの個所の「交わり」も献金を介してのそれと理解すべきであろう。「交わりの純真さ」とは、差し当たっては、献金に際しての二心のないことを指す。

ただし、それを献金に限定して考えるのは狭すぎる。「彼らとの交わりの純真さ」だけなら、あるいはエルサレム教会のための献金だけが念頭に置かれていると考えることができるかもしれない。しかし、「およびすべての人たち[1]との交わり」という語が――エルサレム教会への献金を問題としている文脈では唐突に――付加されていることは、「交わり」がもっと広い意味

1　バレット 241、プランマー 267、バーネット 446 等、多くの研究者がこれをすべての信徒ととる。他方、ハリス 655 は8節にコリントの人々は「すべてのよいわざに向けて富むこととなる」とあるのを指示して、ここでは「信徒であろうが非信徒であろうが『困窮している他のすべての人』に言及されているように見える」と述べる。しかし、本文で述べた「交わり」の性格から考え、パウロが「すべての人たち」を非信徒にまで拡大して考えているとするのは無理であろう。また、8節の言葉はハリスの言うような意味に理解されるべきではなかろう。

273

で使われていることを示している（まさか、パウロが「すべての人たち」に
対しての献金までも考えているわけではあるまい）。ここでは「彼らおよび
すべての人たちとの交わり」という語は「キリストの福音へのあなたがたの
告白の服従」と併置されている。従って、考えられているのは「彼らおよび
すべての人たちとのあなたがたの交わり」[1]、つまり、コリントの人たちがす
べての人たちと持つ交わりである。この文章から単純に、エルサレム教会が
持つすべてのキリスト者との交わり（たとえばシュメラー II 102[2]）が考えら
れている、とするわけにはいかない。従って、「パウロの考えではエルサレ
ム教会は〔全教会を〕代表する性格を持っている」（シュメラー同）という
結論を引き出すわけにはいかない。ここでエルサレム教会に期待されている
ことは、パウロの建てたコリント教会が、エルサレム教会だけでなく、「す
べての人たちとの交わりの純真さ」を持つのを目の前にして、そのことに心
から喜び、そのことのゆえに「神に栄光を帰す」ことである。

　エルサレム教会への献金との関連でパウロが思い浮かべた「交わり」は、
かつてエルサレム会議——そこで異邦人教会からエルサレム教会への献金が
取り決められた——に際して結ばれた、エルサレム教会の代表者であるヤコ
ブ、ペトロ、ヨハネと異邦人教会の代表者であるバルナバと自分との間のそ
れであったに違いない。その「交わり」は単なる教会間の結びつきに尽きる
ものではなく、ペトロにユダヤ人に対する宣教が委ねられているのとまった
く同じようにパウロに異邦人への宣教が委ねられていることを互いに認め合
った上で結ばれた交わりであった（ガラ2：7-9を見よ。佐竹『ガラテア注解』
165fを参照）。それを念頭に置きながら彼がここでコリント教会が「すべて

1　併置されている二表現は ἐπὶ τῇ ὑποταγῇ τῆς ὁμολογίας ὑμῶν εἰς τὸ εὐαγγέλιον τοῦ
　　Χριστοῦ および ἁπλότητι τῆς κοινωνίας εἰς αὐτοὺς καὶ εἰς πάντας。両表現を一括して
　　扱っているために、前置詞 ἐπί および、両女性名詞（ὑποταγῇ および ἁπλότητι）につ
　　く与格形の冠詞（τῇ）は最初に一度記されているだけ。同じ理由から「あなたがた
　　の（ὑμῶν）」も二度目は省略されていると見るべきであろう。

2　ヴィンディシュ285が、パウロがここで「エルサレムは全教会を代表し、エルサ
　　レムとの結びつきは全キリスト教との結びつきを意味する」と考えている可能性は、
　　ガラ2：2,9から見てないとは言えない、としているのも、これに近い。

9：14

の人たちとの交わりの純真さ」を持つと口にするとき、彼が考えているのは
エルサレム教会が偏狭なエルサレム中心主義に留まる道を捨て、それを踏み
越え、「すべての人たち」に向けて開かれるはずの異邦人諸教会の働きを自
らも開かれた姿勢で受け入れることである。しかし、パウロはそのことがエ
ルサレム教会にとって容易でないことを知っている。それゆえに彼はここで
「神に栄光を帰す」ことにまで言及する。

14節 13節に続き、定動詞を用いない分詞構文の文である。ただし、今回
は αὐτῶν… ἐπιποθούντων と、属格独立句の形をとっている[3]。文の最初（αὐτῶν
の前）に καί（「また」）がついているが、これは13節に記されたこと（「神
に栄光を帰す」）と以下に記すこと（祈りにおいて慕うこと）との間にある
距離を置く働きを持っている[4]。

この枠組の中でまず δεήσει ὑπέρ ὑμῶν（「あなたがたのための祈りにおい
て」）という与格の表現が出る。この与格は事柄（ここの場合は「あな
たがたを慕う」）の行われている場を示している（たとえばハリス 657：
attendant circumstances）。

研究者の中にはこれを13節の「神に栄光を帰す」の行われる場を示すと

3　αὐτῶν をそれにすぐ続く δεήσει に掛け、「彼らの祈りによって」と訳すことも不可
能ではない。この場合には14節は属格独立句ではなく、「彼らの祈りによって」は
13節の「神に栄光を帰す」にかかることになる（ヒューズ 340A77 等を見よ）。た
だ、「彼らの祈りにおいて」は神に栄光を帰すことが行われる場を指す言葉であり、
13節に出る二つの表現がいずれもコリントの人々の行動（告白の服従、交わりの純
真さ）が神に栄光を帰す動機を指しているのと機能の点で異なる（属格独立句とと
る場合には文章の流れは13節と14節との間で切れるので、そのような不自然さは
ない）。属格独立句とする理解の方が無理が少ない。
　　属格独立句と見る研究者としては、ヴィンディシュ 285、アロ 237、プランマー
267、ファーニシュ 445、ベッツ 224、スラル 592 等がいる（スラル 592 は、14節
ではエルサレムのキリスト者のコリントの人々に対する態度がそれまでより強く出
ているという「方向の微妙な違い」を属格独立句をよしとする理由として挙げる）。
4　ベッツ 224A290 を参照。他方、この καί αὐτῶν を「彼らも」ととり、パウロは読
者に、他の人々、とくに自分もコリントの人々を思い、慕っていることを思い起こ
させようとしている、と解釈する研究者もいる（たとえばアロ 237、ファーニシュ
445、Wiles, Prayers 251A8）。これは不可能とは言えないが、それまでそのことに
触れずに来ているだけに唐突に過ぎる。

275

とって、いわば13節に組み入れて理解する者がいる。しかし、「祈り（δέησις[1]）」は同信の者のために神に捧げる求めないしは願いの祈りであり（ロマ10：1；IIコリ1：11；フィリ1：4,19。動詞形の例としてロマ1：10；Iテサ3：10）、「栄光に帰す」とは——同じく神に向けてなされるものであるとは言え——機能を異にしていることから見て[2]、この見解は採れない。

「彼ら」、すなわちエルサレムの人々は「あなたがたへの豊かな神の恵み[3]のゆえにあなたがたを慕っている」。「慕う」という語はパウロが信徒間の親しい気持を表すときに何回か使っている（ロマ1：11；フィリ1：8；2：26；Iテサ3：6。同根の名詞を用いてIIコリ7：7；フィリ4：1）。ロマ1：11；フィ

1　δέησις は「προσευχή（「祈り」）の一つの特殊な形」であり、「特定の必要についての熱心な祈願」を意味する（ハリス657。Wiles, Prayers 19f も参照）。もっとも、われわれの個所では彼らは「あなたがたの祈りにおいて」「あなたがたへの豊かな神の恵みのゆえにあなたがたを慕っている」とあることを考えると、δέησις の特殊性をどこまで厳密に考えるべきかについては考慮の余地がある。

2　パウロの手紙で「栄光を神に帰す」ことが「祈り（δέησις）」の枠内で行われる例はない。プリュムI 545 は「願いの祈りには神賛美は含まれている」と言うが、例証等は挙げていない。

3　マーティン295 は今まで献金を指して用いられてきた χάρις（「恵み」、「恵み［のわざ］」）がここで8：1以来再び神が献金者に与える「恵み」という意味に戻って使われており、インクルシオ（囲い込み）が成立していると指摘して、それを8、9章が一つの文書であることの証拠としている（ヴォルフ164、バーネット447、ランブレヒト148、マキャント75、マーテラ210、ハリス560,658、ガスリ460、シュメラーII 27 等も同様）。この両個所での χάρις の用法に注目すべき特徴のあることは事実である。しかし、χάρις の類似の用例は9：8にもあるし（ただし「神の」は伴っていない）、8：4,6,7,19 では、少し使い方が違うが、パウロでは他ではIコリ16：3でしか見られない献金関連の χάρις の用例があり、マーティン等の言うような8：1と9：14との対応を目立たなくしている（χάρις の用法については補説3「献金運動」Daを参照）。χάρις のこの特徴ある用法を論拠に（ガラント400 は8章初めと9章終りとの間にはそれ以外にも四つの言葉［δοκιμή, περισσεύω, ἁπλότης, διακονία］の対応が認められるとして、インクルシオ説の補強を図っているが、これら四例は χάρις の場合ほど有力ではない）、両章にわたるこのように長い部分についてインクルシオの存在を主張できるかは、私には疑問である。それに、パウロが「神の恵み」への言及に際し8：1との間のインクルシオを意識していたなら、彼は次の15節で感謝を表すのに χάριν τῷ θεῷ という表現は用いなかったのではないか（彼はたとえばロマ1：8では神への感謝を表すのに εὐχαριστῶ τῷ θεῷ を使っている。この表現は手紙の初めの部分で使われることが多いが、それに限定されてはいない）。

9：14

リ 2：26; I テサ 3：6（同根の名詞のロマ 15：23 の場合も同様）では会うこと
の熱望を表している。われわれの個所もその可能性がないとは言えないが（バ
レット 241、スラル 593、ハリス 657f を参照）、献金を受ける立場にある彼
らの何人にコリントを訪問する能力があったろうか（キステメーカー 321 を
参照）。

　なお、エルサレムの人々が「あなたがたを慕っている」も、彼らがそのよ
うな反応をすると予想しての発言ではない。たとえばガラント 414 は、「贈
り物を送ることは古代世界にあっては友情が確立されるための最も重要な方
法であった。パウロはこの贈り物がユダヤ人キリスト者と異邦人キリスト者
との間に絆を作り出すことを予見している」と述べる。この見解を敢えて
否定する材料はない。しかし、ロマ 15：31 から見て、この見解は楽観的に
過ぎる[4]。彼にとってエルサレム教会への献金は、エルサレムの指導者たちに
エルサレム会議での取り決めを思い起こさせ、パウロの建てた異邦人教会に
対する関係の転換を求めるための、用い得る唯一の方法であった。ここに記
しているエルサレム教会の対応の記述は、彼のそのような期待を反映するも
のである。もちろん、献金運動をまだ完成していないコリントの人々に対し、
エルサレム教会が果たして献金を受け取ってくれるかとの懸念を述べること
は出来なかった。またパウロ自身も事態がよい方向に展開することを願って
いたに違いない。

　パウロはエルサレムの人々にコリントの人々を「慕わ」せるのは「あなた
がたへの…神の恵みのゆえ（διὰ τὴν …χάριν τοῦ θεοῦ ἐφ ὑμῖν）」であると述
べる。通常はこのような場合「慕う」ことの動機となるのはコリントの人々
のエルサレムの人々に対する献金そのものである。それをここでの言葉使い
に近い言葉で表現するなら、διὰ τὴν χάριν ὑμῶν（あなたがたの χάρις ［＝ 献
金］のゆえ）ということになる。しかし、彼はこの見方を採らない。エルサ

4　シュメラー II 103 が、「状況を理想化〔して描いていること〕は否定すべくもない」
　と指摘した上で、「エルサレムによる〔献金の受け取りの〕拒絶の可能性を述べる
　ことは非生産的（contraproduktiv）であろう。逆に理想化は II コリント書で絶えず
　繰り返し観察出来る戦術の一部である」としているのを参照。

レムの人々がコリントの人々を「慕う」のは「神の恵み」のゆえである。彼はここではそれを表すのにやや複雑な表現を用いている。「あなたがたへの（ἐφ᾽ ὑμῖν）」は原文では語の最後に置かれ、強調されている。それによって、この表現が付される直前まで読者が場合によっては持っていた、この献金は第一にはエルサレムの人々への神の恵みであるとの思い込みは取り除かれる。この文章は言うまでもなくコリントの人々宛てに書かれている。パウロは彼らに、エルサレムへの献金を捧げることによって神の恵みが与えられるのは、第一にはコリントの人々自身であることを強調している。

15節　15節は一連の記述の締めくくりとして神への感謝を述べる[1]。「神に感謝」という言い回し（χάρις τῷ θεῷ）については8:16の説明を参照。ここではこの表現は直前14節末尾の διὰ τὴν ὑπερβάλλουσαν χάριν τοῦ θεοῦ ἐφ᾽ ὑμῖν（「あなたがたへの豊かな神の恵みのゆえに」）と対応しており、一種の言葉の遊びが見られる。

　ここで感謝の対象となっているのは神の「賜物（δωρεά）」[2]。それを誰が受けたか、どのような賜物であるかは記されていない。パウロは、献金運動に携わるマケドニアおよびコリントの信徒たちには「恵み」が与えられているとしている（8:1; 9:14）。神から与えられるものを δωρεά と呼ぶ例は8、9章に他にない。パウロの手紙全体でも δωρεά は他ではロマ5:15,17で出るに過ぎない。われわれの個所でも χάρις（「恵み」）を使うことが可能であったと見えるのに、なぜこのような言葉の選択がなされているのか。それはおそらく、一つにはこの節では「感謝」を表すのに χάρις を使っているので、そ

1　ベッツ228は、「パウロは15節で初期キリスト教の感謝の祈りの第一行を引用している」、すなわち、礼拝におけるこの文書の朗読は感謝の祈りの第一行の歌い出しで終わり、会衆はそれに続けて祈りの本体を述べた、と推測する。しかし、パウロの手紙でこのような感謝の祈りで終わる例は他にないから（キーナー214fは段落の終わりの例としてロマ7:25; Iコリ15:57を挙げている）、この推測に賛成することは難しい（ヴォルフ189A185。グレサーII67も参照）。

2　この語はヘレニズム時代にはほとんど例外なしに王から下臣に下賜された国有地を指して、後1世紀以後のローマ時代には多くは皇帝から与えられる特権を指して使われた（アルツト・グラプナー442fを見よ）。われわれの個所でも δωρεά にはこのような語感が伴っている。

9:15

れとの重複を避けたのであろう。今一つには 8:1; 9:14 では χάρις は神から
献金者に与えられる「恵み」を指していたのに対し、ここでは——段落の終
わりに当たっての感謝の言葉ということで、視野を広げ——恵みの受け手を
もっと広い範囲にわたって——少なくも献金の受け手にまで広げて——考え
ようとしたためであろう。

δωρεά はロマ 5:15,17 ではキリストの出来事と深く結びついている。その
こともあって、またわれわれの個所が段落の締めくくりだということもあっ
て、パウロはキリストの出来事を念頭に置いて δωρεά を使っているとする見
解が広く行われている[3]。それに関連して、8:9 でキリストの出来事に言及が
あることがしばしば指摘される。しかし、実際には、8:9 での説明で述べた
ように、8、9 章全体でキリストの出来事への言及がなされるのは 8:9 以外
にはなく、とくにわれわれの個所の直前の文脈には、それの痕跡は皆無であ
る。それにもかかわらずここでパウロがキリストの出来事を念頭に置いてい
るとすることは、不可能ではないが、蓋然性に乏しい[4]。彼がここで δωρεά の
内容として考えているのは、献金の最終目標であるユダヤ人教会による異邦
人教会の受け入れ、エルサレム教会によるパウロの福音の正当性の認知であ
ろう[5]。

---

3 ヒューズ 342、バレット 241（in this summarizing position）、マーティン 288,295、
 バーネット 448f、スラル 594（「書きつくすことの出来ない」は献金…に言及して
 いるだけなら余りに大袈裟」）、ステグマン 219（「贖いの文脈において」）、ハリス
 660、ガスリ 461 等々がこの意見。

4 ヴィンディシュ 286 が、キリストの出来事への関係づけはこの個所にはふさわし
 くない、と主張（ファーニッシュ 452 も同様）。シュメラー II 104 の、「文脈から見て
 何よりもメシアの賜物を考えることは自然ではない。それについては 8:9 において
 しか言及がなかった。他方、章の残りは驚くべきことに非キリスト論的である」も
 参照。シュメラーは「書きつくすことの出来ない賜物」には、8:2 の深い貧しさが
 溢れる富へと変化することを始め、この章のいくつもの内容が属しているとし、中
 でも異邦人キリスト者とユダヤ人キリスト者ないしはすべてのキリスト者の交わり
 という 13f 節に述べられた「教会史的観点」がパウロにとって「おそらく最重要」
 であった、としている。

5 プランマー 257,267f がわれわれの意見に近い。彼は 268 で、この讃美は事実より
 も希望に基づいているとしているが、これも正しい指摘である。

279

「書きつくすことの出来ない（ἀνεκδιήγητος）」は新約ではここにしか出ない（I クレ 20：5; 49：4; 61：1 に用例がある）。「賜物」の偉大さを強調している。

補　説 1　パウロとマケドニア

1．マケドニアの略史[1]

マケドニアは北ギリシアのエーゲ海沿いを中心とする地域。当初からケルト系、イリュリア系、マケドニア系、ギリシア系、トラキア系など種々の民族が混住していたが、前1150年頃ギリシア人のドーリス族が侵入して、住民の中核となった。ギリシア本土と違い、東部海岸地帯を除き都市は発達せず、総じて農村地帯であった。前500年頃王国が成立。フィリッポスⅡ世(359-336年)は中央集権化を推進、339年にはギリシア本土を制圧。その子アレクサンドロス(336-323年)の時代にはペルシアを滅ぼし(330年)、インドにまで兵を進めた。その死(323年)後、彼の制圧した領土は武将たちにより分割された。

そのうち、マケドニアでは長く混乱期が続いた。当初はデモステネスの反乱を斥けたアンティパトロス(アレクサンドロスの武将の一人)が覇権を維持し、その子カッサンドロスはギリシア、マケドニアを支配下に置き、テサロニケの町を再興させたが、小アジアおよびシリアを支配するアンティゴノスⅠ世によって追放され、後者が一旦マケドニア王となった(306-301年)。カッサンドロスはその後、アンティゴノスからマケドニアを奪還し(301年)、マケドニア王となった(301-298年)。しかし、アンティゴノスの子デメトリオスがギリシアに侵入して各地を征服し、デメトリオスⅠ世としてギリシア、マケドニアを支配した(294-287年)。その後彼はトラキア王リュシマコスに追放され、マケドニアは、ギリシアおよび小アジアの西部ともどもリュシマコスの支配下に入った。しかし、リュシマコスはシリア王セレウコスⅠ世に敗れ、さらにセレウコスⅠ世はプトレマイオス・ケラウノスに暗殺され、

1　以下についてはベッツ100f、山我・佐藤『聖書時代史』128ff、松原『古典学事典』1215f を参照。

後者がマケドニア王となった（284-279年）。彼は王位を窺うデメトリオスの子アンティゴノス・ゴナタスを撃退するのに成功したが（280年）、その後、その頃マケドニアに侵入したケルト系のガリア人との戦いで戦死した（279年）。それを受けてアンティゴノス・ゴナタスがアンティゴノスⅡ世としてマケドニア王となった（276-239年）。これにより、アレクサンドロスの死後五十年続いた混乱期は終わり、マケドニアでは安定したアンティゴノス朝時代が始まった（276-168年）。

　他方、272年、イタリア半島の統一に成功したローマとカルタゴとの間に四次にわたるポエニ戦争が行われた（第一次は264-241年）。このポエニ戦争に際し、マケドニア王フィリポスⅤ世（アンティゴノスⅡ世の孫）はカルタゴと結んだため、前3世紀から2世紀にかけローマとの間に四次にわたるマケドニア戦争がおこった。最終的にマケドニアは168年ピュドナの戦いに敗れ、ローマの支配下に四分された。146年、ローマはギリシア全土を属州マケドニアとし、それまでの王都ペッラに代えてテサロニケを首都とした。ローマの共和政時代には、マケドニアはしばしば異民族の侵入を受け、加えて共和政末期の内戦時には将軍たちの間の主戦場となって、荒廃と貧困がもたらされ、人口も減少した。それを回復するためにアウグストゥス（前27-後14年）のもとでローマの退役軍人、市民たちがフィリピ、ペッラ等比較的大きな都市に植民され、またベレア、テサロニケのような都市にはローマのmunicipium（自治都市。独自の地方自治権を持つ都市）の格が付与された。またアウグストゥスは属州マケドニアからアカヤ、エピルスを分離し、マケドニアは元老院属州とした（州都はテサロニケ）。

2．マケドニア一般の経済状況

　ローマの史家リヴィウスの『ローマ史』45:30は、ローマはマケドニアを支配下に置くと、マケドニアに対し、大きな収入源である金鉱、銀鉱を取り上げ、銅、鉄の精錬に課税し、塩の輸入権を手中に収め、造船のための木材伐採を禁じるなど、過酷な経済政策を実施し、マケドニアは都市も農村も

疲弊した、と記している。研究者の中にはこのリヴィウスの記述を根拠に、8:2に言及のあるマケドニア教会の「どん底の貧しさ」をマケドニア全体の状況を述べる言葉として説明する者がいる（とくにプランマー 233）。他方、研究者の中にはこのリヴィウスの記述をパウロ時代のマケドニア全体に関係づけることは不適切とする者もいる。すなわちこの研究者たちは、リヴィウスの書いているのはピュドナの戦いの直後に関わることであって、それより二百年ほど経ったパウロの時代にはマケドニアの一般的状況は改善された、とくにパウロが教会を設立したエグナティア街道沿いの諸都市は、コリント等南ギリシアには及ばないものの、一般には「どん底の貧困」と称される状態ではなかった、それゆえ、ここに記されている「患難」「どん底の貧困」は同地の教会に固有の問題であった可能性が高い、と主張する（バレット 219、ファーニッシュ 413、マーフィー・オコナー 98、スラル 523 等）。

　このように貧困の問題をマケドニア地方（または州）全体の問題と切り離して、同地の教会固有の問題と見ることは、それなりの妥当性を持っているように思われる。しかし、マケドニアには複数の教会がある。それらを一括して、安定しているか、困難の中にあるかを論じることが適切かは、これまた問題であろう。ただ、そのことを考える前に、まずはマケドニアにおける教会設立の状況、具体的には同地でのパウロの活動の実態に目を注ぐ必要がある。

3．パウロとマケドニア

　パウロが最初にマケドニアを訪れたのは、いわゆる第二伝道旅行に際してである。このとき彼は小アジアのトロアスから海を渡ってマケドニアのネアポリスに上陸し、エグナティア街道（ローマから東方世界に向かう主要幹線道路）を西に進み、フィリピ、テサロニケで教会を建てた。この時の両都市での滞在は、パウロ自身のフィリピ、テサロニケ両教会に宛てた手紙から見ても、使徒言行録の記述から見ても、比較的短期間であったようである。Iテサ2:13-3:2の文言は、彼のテサロニケ訪問は十分目的を達しない段階で、

283

心ならずも中断せざるを得なかったことを窺わせる。

　テサロニケを発った後、彼は、おそらくローマを目指して、エグナティア街道をさらに西進した。しかし、バルカン半島を横断するより以前に、クラウディウス帝がユダヤ人をローマから追放したことを耳にしたのであろう、彼は西進を中止し、海路アテネに向かい、さらにコリントに至る。彼がこのときアテネで教会設立に成功したかは明らかでない。しかし、コリントではそのことに成功し、比較的長い期間そこに滞在する。彼の第二伝道旅行はこれで実質上終わり、彼はいったん海路エルサレムに戻り、さらに自分が長い間活動したシリアのアンティオキア教会を訪問している。

　その後彼は、おそらく間を置かず、いわゆる第三伝道旅行に出発した。今回は彼はアナトリア高原をまっすぐに西進し、エーゲ海を挟んでコリントの対岸に当たるエフェソに到着する。エフェソ自体大きな都市であり、その周辺にも千年近い歴史を持つギリシア人の植民都市が点在しており、実り多い伝道の成果を期待できる環境にあった。パウロ自身もそれらの地方に伝道を展開したことは想像できるが、この点については明確な記録は残っていない。むしろ彼の眼はエーゲ海の対岸の、かつて自分自身が教会を設立したコリントに向けられていた。これに対しマケドニアの再訪問は、当初の予定では一旦コリントに着いた後、そこから足を伸ばす形で予定されていたに過ぎない。

　実際にはしかし、ことはこの計画通りには進まなかった。彼とコリント教会との間の関係は、第二伝道旅行後の僅か一年ほどのうちに極端に悪化していた。彼は一旦は海路コリントを訪問するが（いわゆる中間訪問[1]）、コリント教会に受け入れられず、やむを得ずエフェソに戻る。ただ、彼はこの事態を放置出来ず、同労者テトスをコリント教会に派遣して、関係修復に当たらせた。その成果を一刻も早く耳にしたくて、彼は、トロアスでの伝道の機会を活かすことすら断念して、——エーゲ海は冬季は航海に適さないので、コリントからエフェソに帰るにはマケドニア経由とせざるを得ず、それならばテトスとの再会場所はマケドニアにする方がいいとの判断があったのだろう

1　「中間訪問」については序説5b β②③の説明を見よ。

補説 1　パウロとマケドニア

——マケドニアに向かい、そこでテトスを待った。彼の二度目のマケドニア訪問はこのようにして実現したのであった。

　なお、ここではパウロはテトスとの再会場所を記すのに「マケドニア」という地方名（州名）を用いている。しかし、彼がマケドニアに建てた二つの教会の所在地、フィリピとテサロニケとは、互いに百キロほど離れている。テトスから朗報を聞くのを心待ちにしているパウロの心情から考えれば、このとき再会場所として選んだのは、コリントからはるかに離れたフィリピではなく、テサロニケであったろう。しかし、パウロとの親疎の関係、両教会の経済状況から考えると、それがフィリピであった可能性もある。

　パウロの側がこのようにコリント教会に重点を置き、マケドニアの諸教会にはそれほど重視しなかったにもかかわらず、マケドニアの諸教会、とくにフィリピ教会は、彼に対する熱い思いを抱き続けた。フィリ 4:16 によれば、フィリピ教会はパウロがテサロニケで宣教活動に従事しているとき、つまり彼がフィリピから退去してまだ間がない時期にすでに、彼の「必要[を満たす]ために、何度も使いをわたしに遣わしてくれた」、また「わたしがマケドニアから出て行ったとき、あなたがたを除いてはどの教会もわたしとやり取りの関係に入らなかった」（同 15 節）。これと同じようなことは II コリント書でも記されている。彼がコリントで窮乏していたとき——これは彼の最初の、つまり第二伝道旅行でのコリント訪問のときのことである——「わたしの窮乏はマケドニアから来た兄弟たちが埋めてくれた」（11:9）。この場合の「マケドニア」では、第一にはフィリピ教会を考えるべきであろう。さらに、第三伝道旅行でエフェソにいたとき、彼は捕らえられ、しばらく獄中にあったが、そのときもフィリピ教会は教会員エパフロデトをパウロのもとに派遣し、彼の「窮乏を助け」ている（フィリ 2:25）。

　他方、パウロとテサロニケ教会との関係はかなり様相を異にしていた[2]。テサロニケで宣教活動をしているとき、パウロはフィリピ教会から経済的支援を受けた。このことは、テサロニケ教会には彼の宣教を財的に支援する仕組

2　テサロニケ教会の問題については Ascough, Mac.Associations 162-190 を見よ。

がなかったことを示唆する。フィリ4:15がフィリピ教会について述べているような外部に対する支援をテサロニケ教会が行った形跡は残されていない。

　しかし、このようなテサロニケ教会の経済のあり方は、第一には彼らのパウロに対する親疎を反映するものではなく、彼らの置かれた経済状況に左右されての事柄であったと思われる。パウロは最初テサロニケに着いたとき、他に伝手のないまま、自分と同業の人たちが同地で作っている団体に加わって、自らの労働で生活費を工面しながら、同時に同僚の（異邦人）労働者たちに宣教し（Ⅰテサ2:9）、その結果としてこの団体を中心に教会が成立したものと思われる。1:9で彼は、自分がテサロニケに着いたことを述べたのにすぐ続けて、テサロニケの人々は「偶像から神へと向きなおった」と述べている。この記述の仕方から見て、おそらくこの同業者の団体全体が一つのまとまった単位として、それまで団体の守り神として拝してきた「偶像」を捨て、キリストを信じるに至ったと思われる。このⅠテサロニケ書では、パウロは4:11で「自分の仕事に身を入れ、自分の手で働くように」とテサロニケの人々に勧告している（5:14も参照）。このような特別宗教色のない、労働を勧める勧告は他の手紙には例がなく、教会の主体を成す人々が労働に従事する人々であったことを示唆する。また、4:12の自分の手でしっかり働けば「誰の助けも必要としないだろう」という言葉は、彼らの生活が楽なものでなかったことを窺わせる。

　Ⅱコリ8:1ffによれば、「マケドニアの諸教会」は「どん底の貧しさ」の中にありながら、エルサレム教会のための「献金運動への参加をパウロに熱心に願い出た」。しかし、以上述べたように二つの教会の事情は互いに異なっていたことを考えると、この報告が二つの教会のいずれにも等しく当てはまるものであるのか、疑問である。むしろパウロは、テサロニケ教会の貧しさが頭に残っていたので「どん底の貧しさ」と書き、他方フィリピ教会の積極性を思い起して「献金運動への参加を熱心に願い出た」と書いたのではなかろうか。

　　マケドニアの諸教会の「どん底の貧しさ」という発言については、それが比較的裕福なコリントの教会に宛てて、しかも多少とも挑発的意図を込めて

286

補説 1 パウロとマケドニア

書かれている点も考慮に入れなければなるまい。コリントの教会での献金運動の停滞を目前にして、パウロには彼らを刺激しようとの意図もあって、マケドニアの教会の貧しさを強調しているのであろう。この指摘はそれゆえ事柄を実際以上に誇張している可能性がある。他方、今述べたように、それがまったく根拠を持たないとは考えられない[1]。

テトスとの再会を待ってマケドニアに滞在することにより、パウロとマケドニアの諸教会との間には新たな強い絆が生まれたようである。テトスとの再会後には、パウロはその頃最も心に掛けていたエルサレム教会のための献金運動について話し、マケドニアの諸教会はそれに直ちに反応して、この運動への参加を熱心に願い出た（IIコリ8:2-5）。パウロはコリントでのこの献金運動の推進を図るため、コリントから帰ったばかりのテトスをコリントへ再派遣することにするが、その際彼は、献金運動への協力のために、「諸教会から選ばれた」一人の兄弟を同道させる（8:19）。この場合の「諸教会」はマケドニアの諸教会である可能性が高い（8:19を見よ。9:4も参照）。さらに、パウロ自身が献金の取りまとめ、エルサレムへの輸送の準備を整えるため最終的にコリントを訪問するときには、マケドニアからの代表が彼に同行することになっている（9:4）。このマケドニアの代表は、後に献金をエルサレムに届けるに際して、献金運動に参加した各地の代表たちで構成されるパウロの同行者団の一員であることが予定されていたと思われる。使20:4の第三伝道旅行末のエルサレムへの同行者の名簿が献金のための同行者の名簿であるならば（使徒言行録はエルサレム教会への献金について一言も触れていない）、そこには二人のテサロニケの人の名が記されている。

　これらのことから窺われるように、彼は、コリント教会とは違い、マケドニアの諸教会とは良好な関係を持ち続けた。ただ、ローマへの上京を熱望する彼にとっては、マケドニアの諸教会は戦略上比較的小さな存在であり続け

1　Last, Church 95 は、「マケドニアの諸グループはまったく気前よく自発的献金に参加することが出来たのだから、これらの人々はパウロ…が言うように貧窮ではなかった」と述べるが、「マケドニアの諸グループ」をこのように一くくりにすることが適切かは問題である。それに、貧困者は「気前よく献金に参加する」ことはないとの判断は、偏見に基づいており、根拠がない。

287

た。この彼のコリント重視が信仰の次元での判断として適切であるかは、もちろん論議の対象となり得る。

　マケドニアの二つの教会の置かれている状況は、経済以外の点でもそれぞれの仕方で安泰とは言えなかった。パウロの手紙にはそのことを示す記述が少なくない。フィリピ教会については、フィリ4:14に、フィリピの人々は「わたし（＝パウロ）の患難に共に与っている」という発言がある。パウロがここで念頭に置いているのは、記述内容から見て、都市フィリピ全体がではなく、教会が独自に体験している患難である（1:27-30も参照）。テサロニケ教会については、Ⅰテサ2:14で、テサロニケの教会の人々は「自分の同胞」から苦しみを受けている、とある。この場合の「自分の同胞」は、——テサロニケ教会は異邦人主体であったから（1:9）——同じく異邦人である他の市民であろう。教会はその彼らから迫害、少なくも嫌がらせを受けている、というのである。同3:1ffには、テサロニケの人々が患難の中にあるので、パウロはテモテをテサロニケに派遣した、とある。この患難は「試みる者（＝サタン。2:18も見よ）」によって引き起こされているとある。詳細は判らないが、同じ文脈にテモテの派遣は「あなたがたの信仰を強め」るためとあるから、これも教会が信仰ゆえに独自に体験している患難である。その他1:6も参照。パウロはⅡコリ7:5でコリントの状況を心配して派遣したテトスをマケドニアまで出迎えたとき、自分自身がマケドニアで「あらゆる点で患難を受けていた（ἐν παντὶ θλιβόμενοι）」としている。そこではマケドニアの教会自体の患難についての言及はないが、マケドニアの教会は安泰なのにパウロだけが患難に遭ったとは考え難いし、マケドニアで献金活動が始められたのはその直後のことであるから、8:2の「患難」はこの7:5の背後にあった教会の患難と関係づけて考える方がいい（ヴィンディシュ244、ファーニシュ413を参照）。パウロの手紙の中でマケドニア以外の教会が遭遇する患難についての具体性のある記述が一つもないことを考えると、マケドニアの二つの教会は特別患難にさらされていた可能性が高い。

補　説 2　テトスについて

　テトスは使徒言行録では（パウロの同労者であるにもかかわらず！）一度
も登場しない。ただ一個所、18：7 に、パウロはコリントでユダヤ人たちに
よる宣教妨害に直面して、会堂に隣接する Τίτιος（または Τίτος）Ἰοῦστος（ティティオス［またはティトス］・ユストゥス）なる「神を恐れる人」の家に
行った、とある。この異読については Τίτιος を支持する写本として B* D² 等
があり、Τίτος と読むものとしては S E 等がある。Τίτιος は新約で他に出典
がないから、元来 Τίτος であったのが Τίτιος に変えられたことはほとんど考
えられない。それゆえ、この個所がわれわれの「テトス」についての証言で
ある可能性は極めて低い。

　テトスがパウロの同労者として大きな貢献を成したにもかかわらず使徒言
行録に言及がないのは、彼の関わったのが教会内の紛争、とくにエルサレム
教会への献金という、ルカの関心の向いていない事柄であったためであろう
（使徒言行録はパウロの主導したエルサレム教会への献金については徹頭徹
尾沈黙している）。

　パウロの手紙自体でもテトスへの言及は彼の働きの割に少ない。コリント
での献金運動の後、彼はパウロのもとを離れたのかもしれない（補説 3「献
金運動」I c を見よ）。

　「テトス」が新約で出る出典としては、他に II テモ 4：10 とテト 1：4 があ
るだけである。そのうち II テモ 4：10 では、「パウロ」を名乗る著者は、「テ
トスはダルマティアに行った」と述べている。この記事はパウロの弟子の一
人であったテトスの消息を伝えているが、テトスについてそれ以上のことを
知る手掛かりは提供していない。またこの記述自体の信憑性も定かではない。

　テトス書は全体がパウロからテトスに宛てた手紙とされている。1：4 では
彼はパウロの「正嫡の子」と呼ばれている。この「正嫡の子」という呼称は
I テモ 1：2 でテモテについても用いられており、「洗礼を通した…師弟関係を
意味しているのであろう。テトスがパウロから受洗したという事実は確認出
来ないが…、著者はそのような『歴史的事実』を暗に創作しているわけである」
（辻『偽名書簡』164）。

テトスはおそらくアンティオキア出身の異邦人信徒。パウロがテトスに言及するのはⅡコリ2:12; 7:6,13,14; 8:6,16,23; 12:18（二度）；ガラ2:1,3だけである。このうちガラ2:1,3はエルサレム会議にテトスがバルナバ、パウロに同行したことを述べる記事である。バルナバとパウロとはエルサレム会議に際し、アンティオキア教会の異邦人信徒の代表格ということで彼を同行させた（ガラ2:1,3）。エルサレム会議は、ガラ2:1-10でのパウロの記述によれば、アンティオキア教会でパウロたちが伝えている、律法順守を条件としない、その意味で異邦人に開かれている福音をエルサレム教会の指導者たちに提示し、彼らの了解をとりつけることを目的として、アンティオキアの側からエルサレムを訪問して開かれたものであり、パウロは、その目的は達成したと考えている。テトスに関して言えば、彼は「ギリシア人である」にもかかわらず「強いられて割礼を受けたりはしなかった」（3節）。ただし、テトスはあくまでも脇役であって、会議の合意の握手はバルナバ、パウロとエルサレムの代表者たちとの間で交わされた（9節）。テトス自身この会議の意味、その成果をよく理解していたと思われる。

　Ⅰコリント書には、テトスは一度も出ない。Ⅰコリント書でパウロの同労者として活動するのはむしろテモテである。彼はパウロの最初のコリント滞在時（第二伝道旅行）にも彼に協力して活動したし（Ⅱコリ1:19。使18:5を参照）、その後も、第三伝道旅行でエフェソまで来ているパウロによって、コリントに派遣されているが（Ⅰコリ4:17;16:10）、パウロとコリント教会との緊張が極度に高まった、テトスが活躍する時期には、テモテがコリントにいた形跡はⅡコリント書からは窺われない（使19:22; 20:41の記述がこの時期に重なる可能性があるが、詳細は不明）。

テトスはⅡコリント書で突然パウロの同労者として現れ、パウロとコリント教会との関係修復、コリント教会での献金運動再活性化のために大きな貢献をする。彼がこの段階で急に登場するのは、彼がこの時期に初めてパウロの同労者となったことを示唆する。パウロは第二伝道旅行の終わりのエルサレム訪問で献金運動の再活性化を志すようになった。おそらく彼はアンティオキアに寄って、同地で活動を続けていたテトスをそのための格好の同労

補説 2 テトスについて

者として協力を要請したのであろう。パウロはこの事業がコリントではそう簡単に展開しないとの予感をこの時すでに持っていたのかもしれない。

しかし、テトスがコリントで最初に手掛けなければならなかったのは[1]、その間にパウロの想定以上にこじれてしまったコリント教会との緊張関係をほぐすことであった（IIコリント書でテトスが出るのは、いずれもいわゆる中間訪問以後の、パウロにとって最も困難な時期に集中している）。テトスはまず、おそらくパウロの「涙の手紙」を持って、コリントに赴いた。パウロはそのテトスの報告を待ちかねてマケドニア[2]まで出向いているが、そのことは、テトスにとってもこの課題が容易でなかったことを意味していよう。彼はしかし成功をおさめてパウロに喜びの報告をすることが出来た。その後彼は、二人の「兄弟」とともに、再びコリントに派遣されて、彼自身が最初の訪問に際しすでに手掛けていた同地での献金運動再活性化の一層の推進に取り組む（IIコリ 8:6,16ff; 9:5）。これもそう簡単なことでなかったことは、パウロ自身がこの献金を様々の仕方で意味付けしていることから窺われる（詳しくは補説 3「献金運動」Fを見よ）。エルサレム会議に直接参加したテトスにとっては、異邦人教会からエルサレム教会に向けての献金が申し合わされたことの印象は極めて大きかったはずで、この認識に立って、彼は献金運動を熱心に推進したことと思われる。しかし、パウロはテトスのこの新たな訪問の時期の活動の実際については――コリントの読者にはよく知られていることという理由もあったかもしれないが――何も伝えていない。ロマ 15:26 の言葉づかいからは、それはあまり大きな成果を収めなかったのではないかと想像される（補説 3「献金運動」Icを見よ）。いずれにしてもパウロはコリント教会およびその他の教会からの献金を携えてエルサレムに上京し

---

1 テトスはこの時初めてコリントを訪問したものと思われる。以下を参照。

2 IIコリ 2:13 および 7:5 ではパウロは州（地方）名「マケドニア」を用いているが、実際に彼がテトスを待ったのはテサロニケであった可能性が大きい。マケドニアで彼が建てた教会として知られているのはフィリピとテサロニケの二つであるが、テトスとの一刻も早い再会を願っているパウロが、コリントから見て東にさらに 100km 以上も遠いフィリピを再会地として取り決めた可能性は小さい。

た。しかし、このエルサレム上京にテトスが同行した形跡はない[1]（使 20:4 を見よ）。パウロは彼を、コリントにとってなお必要な人材として同地に残したとも、エルサレム上京に一抹の不安を持っていたので（ロマ 15:31 を見よ）意図的に彼の温存を図ったと考えられないこともないが、ロマ 16 章のエフェソ教会への挨拶に、テモテ等の名は出るのに、彼の名は出ないことから考え、献金運動の不満足な結果を理由として、彼はその後パウロから距離をとった可能性も考えられないではない。

　テトスのコリントでの活動の問題に戻ろう。II コリント書におけるテトスについての九回の言及は二つのグループに分けられる。第一は、パウロのコリント中間訪問の後悪化した両者の関係がその後修復されたことにまつわる報告の場面であって、2:13; 7:6,13,14 がこれに属する。第二はコリントでの募金の達成のために再派遣されることに関連するもので、8:6,16,23 がこれに属する。テトスのコリントでの「献金」運動への従事を指している II コリ 8:6 の「彼が以前始めたように」が彼のどの時点での活動を指しているかについて、研究者の見解は一致していない。それはまず、主として II コリ 7:5ff で述べられているテトスのコリントでの活動が何を内容にしていたかについての見解の違いとして現れる。

　　Georgi, Kollekte は「テトスの［II コリ 7:5ff に言及された］最初のコリント訪問は…コリントの〔献金に関する〕事態を再び正常化するとの委託と一度も結びつけられていない」（42）、テトスは最初のコリント訪問に際し、「とくに II コリ 7:5-16 が示すように、事態〔教会とパウロとの緊張した関係〕を再び正常化することについに成功した。…しかし、献金についてはそこではまだ再び言及されなかったようだ」（51）と述べ、テトスの第一回訪問は献金問題と無関係であったと主張する。これに対し Ollrog, Mitarbeiter 35A153 は、「2:13; 7:5ff ではどこにも、テトスの旅がコリント教会との和解

1　テトスがこの献金運動に対し並々ならぬ貢献をしただけに、これは注目に値する。しかし、それを解明する手がかりは、われわれには与えられていない。われわれとしては推測を述べることしかできない。Ollrog, Mitarbeiter 37 は、テトスはパウロのエルサレムへの献金持参に実際にはおそらく同行したと見る。使徒言行録の沈黙は、それがテトスについても（他でも）完全に沈黙していることと何か関わりがあるのかもしれない（Ollrog 37 を参照）。

を目的として行われた…と指摘されていない。7:5ff からは、パウロは教会を静めるようにとの委託を与えてテトスを派遣した…とは受け取れない。パウロは事態の変化をむしろもっぱら自分の手紙の効果に帰している。…テトスは、パウロが（コリントについての）報告をもたらしてくれると期待する最初の人物であるに過ぎない」として、テトスは第一回訪問に際してももっぱら献金問題のために派遣された、とする。テキストの実際はどうか。

　IIコリ 7:5ff では確かに Ollrog の言うように、テトスのコリント訪問がパウロとコリント教会との和解に貢献することを目的とするものであった、と述べられてはいない。確かにパウロは、事態の好転はもっぱら自分の書いたコリント宛の手紙（「涙の手紙」）の効果であったかのような書き方をしている。しかし、和解のためのテトスの貢献が述べられていないのは手紙執筆時のパウロの主たる関心に左右されてのこと、と説明すれば足りることであって——もちろん、「功労者」テトスに対する配慮が十分でないことは認められなければならない——、この面でのテトスの貢献がなかったと断定する材料としては十分でない。他方、パウロは朗報を心待ちにしてマケドニアでテトスを待っていたというのだから、そのときのテトスのコリント滞在が、コリント教会とパウロとの関係の緊迫と関係がなかったとは考え難い。「涙の手紙」はパウロがテトスにコリントに持って行かせたという通説も認められてよかろう。それでは、パウロは「涙の手紙」をテトスに持って行かせ、テトスはそれの結果待ちの間ひたすら「献金」運動の組織化に努力したのか。「献金」問題が状況の緊迫と無縁であったとは考えられないだけに、これは「涙の手紙」持参者のテトスの態度として不自然である。それに、コリントでの事態の変化の報告なら——たとえばコリント教会のパウロに近い人物に報告してもらうというように——他に道がいくらもあったろう。Georgi が指摘するように、7:5ff はテトスが献金のために努力したことにも触れていないことも、Ollrog のようにこの間のテトスの活動をもっぱら「献金」問題のためとする見方に不利である。

　しかし、いずれにしても Ollrog はこのように、「献金」問題でテトスがコリントで働いたのを 7:5ff に記された訪問時としているので、8:6 の言う「彼が以前始めた」のために彼がコリントに赴いた機会を別に想定する必要はないが、7:5ff の訪問は「献金」問題と無関係と見る上記 Georgi を始めとする、他の何人もの研究者の場合は、「献金」問題のためのテトスのコリント訪問の時間を他に想定しなければならなくなる。次にその点を検討しよう。

293

まず Georgi 説から。7:5ff に、テトスがそれに直接先行するコリント訪問で献金問題を取り上げた報告がないことは、Georgi の指摘する通りである。しかし、「テトスの最初のコリント訪問は…コリントの〔献金に関する〕事態を再び正常化するとの委託と一度も結びつけられていない」という Georgi の判断は正しいだろうか。8:6 では、パウロはテトスに「彼が以前始めたようにこの恵みのわざ〔＝献金〕をあなたがたのところで達成するよう勧告した」と述べている。つまり、8:6 執筆以前にテトスはコリントで「献金運動を始め」てもいたというのであるが、Georgi の考え方に従うと、テトスは一旦マケドニアに戻ってパウロに報告した（7:5ff）後、8:6 で再派遣されるまでの間にもう一度コリントを訪問して「献金運動を始め」てそれなりの成果を上げた、ということになる。これは日程的に混み過ぎていないか。「献金」運動を「始め」てそれなりの成果を挙げた訪問から一旦マケドニアのパウロのもとに戻り、「献金」運動のための再訪問を願い出るという点は、あまりにも複雑、かつ不自然である。

これに対しスラル 528 は、テトスがコリントで「献金」運動を「始めた」時期をもっとはるかに過去に位置づける。すなわち彼女は 8:6 の「以前始めた（προενήρξατο）」が προ- という前綴りつきである点を重視し、「それは 7 章が言及しているよりもっと遠い過去の時を示唆しているように見える」と述べ、「この訪問は、献金プロジェクトについてコリントの人々に知らせ、彼らをそれに誘うことを目的として、I コリント書の執筆以前に行われた可能性がある」と主張する。しかし、テトスがそのように早い時期にコリントを訪問し、同地での献金運動を立ち上げたことは、I コリント書にテトスについての言及がまったくないことから見て蓋然性に乏しい。彼は I コリント書以前にコリントで活動し、その後「涙の手紙」の伝達者としてコリントに派遣されるまで一旦パウロのもとに戻っていた、と言うのであろうか。そうであれば、彼はコリント教会に知られているパウロの同労者ということで、両コリント書のいずれか、または双方にパウロの共同発信人として名前を連ねていてよさそうに思われるが、それが記されていないのは偶然であろうか（パウロの使者としてコリントに派遣されるテモテについては I コリ 4:17; 16:20 に言及があるし、II コリント書の共同発信人としてもその名前が出る）。これらすべては、テトスがパウロの同労者としてコリントを訪問するのは比較的遅い時期（中間訪問の前後）と考える方がいいことを示唆している[1]。

1　テトスは第三伝道旅行には初めから（遅くともガラテア訪問時には）同伴してい

補説 2　テトスについて

　スラルが 8:6 の「以前始めた」を I コリント書執筆以前の時点にまで遡って考えるのに対し、同じくこの 8:6 の発言に手掛かりを見出しながら、それの指している時点をもう少し後にずらして捉える研究者たちもいる。クラウクがその一人であり、シュメラーもほぼそれと同じ意見である。クラウク 67 はここの「以前始めたように」は「おそらくテトスの独自の最初の献金旅行に関係して」おり、この最初のコリント訪問は「I コリ 16:1-4 の執筆後、しかしパウロの中間訪問…の前に」行われた、と推定する。クラウクはその注解の序説の中で、「[パウロ自身が書いた] 返答の手紙 [I コリ 16:1-4] に書かれた短い指示では明らかに十分でなかった、パウロは使者によって [献金の] 企画を促進することを必要と考える」(5) と、テトスの最初の訪問の目的を推測している（シュメラー II 52 は、この時のテトスの仕事は「献金を始めて [コリントに] 導入することではなく、それを組織化すること」であったとし、Zeller, Der erste Brief 531A7 の、テトスは「その最初の訪問において、[それまで] 個人的レベルで行われていた [献金の] 準備を始めて教会のレベルで集めた」との推測を指示している）。このクラウクの見方に立てば、テトスの最初の訪問が、パウロとコリント教会の関係が決定的に悪化する中間訪問以後であることはあり得ない、ということになろう（シュメラー II 51f は「中間訪問…の前に」という点については述べていない）。コリント教会とパウロとの関係が決定的に悪化したのは明らかに中間訪問によってであるが、関係のきしみは I コリント書執筆以前からすでに存在しており（I コリ 1:12 に出る分派の存在、パウロによる謝儀受け取り拒絶等）、それは I コリント書以後かなり急速に悪化して行ったと思われる。I コリント書と中間訪問との間は恐らく一年前後の期間であったが、テトスは関係悪化が急速に進むこの短い期間に、初めて訪れたコリントで献金運動を「始め」(8:6) ることが可能であったろうか。

　私には、7:5ff で報告される、それに先行する時点でのテトスのコリントでの活動を、もっぱら和解のためであった、あるいは献金運動のためであったと二者択一の関係で捉えなければならない必然性はなく、8:6 の「以前始めた」は、パウロの中間訪問後に行われたテトスの——われわれの数え方によれば最初の——訪問に際し、和解の努力に付随的に行われたとする方が無

たと思われるから（330 頁注 1 を参照）、彼はエフェソに着いてしばらくはコリントとは無関係の分野で活動していたことになる。

理が少ないように思われる[1]。コリントにおける献金運動の停滞がおそらくパウロに対する反発と連動していただけに、緊張関係の緩和が献金運動の再活性化の端緒となったと見ることは、むしろ極めて自然と言えよう。

　この問題との関連で、テトスが最初にコリントを訪問したのはいつかの問題も解明しておきたい。研究者の中にはテトスの最初のコリント訪問をＩコリント書よりも前の時期とし、そのとき彼はコリント教会に献金運動を発足させたと考える者がいる（ヒューズ 293f,304[2]、ベッツ 107f[3]、バーネット 401A53、Bornkamm, Vorgeschichte 32 等）。Ⅱコリ 8:6 には、パウロはテトスに「彼が以前始めたようにこの恵み〔のわざ〕（＝献金運動）をあなたがた（＝コリントの人々）のところで達成するよう勧告した」と記されている。コリントで献金運動が始められたのはⅠコリ 16:1 から見てⅠコリント書の執筆以前であるから、この発言はこれらの研究者の見解を支持しているように見える[4]。しかし、これには難点もある。パウロの手紙にはテトスがそのような訪問を行ったことを反映する記述がまったくない（Ⅰコリント書にはテ

1　Georgi もテトスのコリント訪問を全部で三回と見るが、これについては上で述べた。その他、ベッツ 107f も、クラウクとは別の論拠に基づき三回訪問説をとっている。これについては本頁注 3 を見よ。

2　ヒューズはテトスがⅠコリ 5:9 に言及されているパウロの手紙の伝達者であった可能性も考える。

3　ベッツはここに挙げた他の研究者と違い、Ⅱコリ 12:18 に言及されているテトスのコリント訪問を彼の言う第一回訪問と同一視する。8、9 章と違いそこでは同行者は二人ではなく、一人とされていることがその論拠である。彼によれば、テトスはその後、パウロとコリント教会との関係改善のために一回、献金運動の仕上げのために一回、最初のと合わせ合計三回コリントを訪問している。これは日程的に見て——不可能でないにしても——無理が感じられるし、それを支える記述はⅡコリント書のどこにも見当たらない。それに、パウロがⅡコリ 12:18 の時点になってⅠコリント書の執筆以前のことにコリントの人々の目を向けさせ、テトスは騙し取ったことがあったかと問うているとすることも不自然である。

4　ヴィンディシュ 249 が、パウロの中間訪問以後に行われたテトスのコリント訪問は短期間であったろうし、10 節には「昨年来」という言葉があるから（ヴィンディシュはこれをテトスの訪問と結びつける。この点については 10 節の説明を見よ）、「以前始めた」をこの訪問と結びつけることは難しい。しかし、そうであれば「テトスはすでに以前に一度コリントにおり、それも主として献金運動を始めることを目的としてであったに違いない」と述べているのも参照。

296

補説 2 テトスについて

トスへの言及は一つもない!!)。II コリ 7：14 の言葉使いはむしろ、同 5ff 節
で記されたテトスのコリント訪問が彼の最初の訪問であった印象を与える。
すなわち、パウロはこの個所で、自分はコリントにテトスを派遣するに当た
り、彼にコリントの人々のことを少しく誇ったと述べているが、テトスがそ
れ以前にすでにコリントで活動し、献金運動を一応軌道に乗せる成功を収め
ていたのなら、パウロは彼に向ってコリントの人々をそのように誇る必要は
なかったろう。それに、I コリ 16：1ff 以前にテトスが献金運動を始めたので
あれば、I コリ 16：1ff のような質問も彼に向けられるべきであったろう[5]。

　要するに、テトスはパウロとコリント教会との関係が緊張している時期に
コリントに派遣され、関係改善に寄与すると同時に、同地での献金活動の再
活性化に貢献した、と考えるべきであろう（たとえばヴォルフ 169 がこの見
解）。

　テトスはこのようにコリントでのパウロの活動を、自分でも情熱をこめて、
熱心に支え、かつ大きな貢献を行ったが、パウロとの関係については——と
くにテモテと比べ——若干距離があったようである。I コリ 4：17 でパウロ
はテモテをコリントに（おそらく初めて）派遣するに当たり、彼を「わたし
の愛する、主にあって信頼する子」と紹介している。テモテがコリントに着
いたときの受入れ方についても配慮に満ちた言葉を記している（同 16：10）。
テトスについても、再派遣に際して彼を「わたしの仲間、同労者」と紹介し
ているが（II コリ 8：23）、上述のテモテの場合と比べると、やや親しみに欠
ける印象を受ける。テモテ派遣のときには彼は自分とコリント教会とがよい
関係にあると信じていたのに対し、テトスの場合は再派遣であること、コリ
ント教会との和解は一応実現したとは言え、コリントでの献金運動がその後
も順調に展開していないなど、パウロとしてはコリント教会に対しまだ十分
心を許せる状態になかったことを考えれば、状況の違いが弟子の紹介の仕方

5　このような事情を考えると、8:6 の言う「始めた」はそもそもの開始を意味して
おらず、献金活動の再活性化を指していると見るべきであろう。たとえば、Sänger,
Jetzt 274：「テトスは…コリントのキリスト者たちに対して新たに献金を動機づける
のに成功した」を参照。

にも影響を及ぼしていると考えられないでもない。しかし、手紙を書くに際し誰を共同発信人として挙げるかという点から見ると、両者の扱いの違いは歴然としている。パウロは第二伝道旅行中に書いた I テサロニケ書、第三伝道旅行に際しおそらくエフェソから書いたフィリピ書、フィレモン書でテモテを共同発信人としており、同じことは II コリ 1：1 でも行われている。コリントから書いた、現存する彼の最後の手紙ロマ 16 章（この部分はおそらくエフェソ宛）では、彼は相手方にテモテからの挨拶を伝えている（21 節）。これに対しテトスの名が同じような関連で出る事例はゼロである。このような違いが生じたことについては、もちろん個別には説明がつくことも少なくない。すなわち、テトスがパウロと行動を共にする第三伝道旅行からであり、かつ I テサロニケ書を書いた段階ではテトスはまだテサロニケを訪問していないから、彼の名が I テサロニケ書の共同発信人として出ないのは当然である。フィリピ書、フィレモン書の場合も、テトスはこれらの教会・個人にとって未知であった可能性がある。II コリント書の場合は宛先への挨拶は後代の編集作業によって作成されたとも考えられるから、テトスが出ないことをそれほど重視出来ないかもしれない。しかし、ロマ 16 章（この章はエフェソ教会宛の挨拶）の場合はどうか。この時期はテトスがすでにパウロに代わってコリント教会に対する工作を行った後であり、しかもその工作は部分的にはエフェソを基地として行われたはずである。ロマ 1 章の宛先の発信人としてはパウロは自分一人を挙げているから、そこにテトスが出ないことは（テトスはテモテ同様ローマの信徒には未知であったろうから）理解できるが、ロマ 16 章で「同労者テモテ」初め多数の者の挨拶が取り次がれているのにテトスが出ないのは、やはり不自然としか言いようがない。全体として見て、テモテとテトスの扱いの違いは無視出来ない。

　使徒言行録によれば、テモテは第二伝道旅行の途中でパウロに出会い、その後は絶えず彼に同行して、その手足となって活動している（16：1；17：14f；18：5；19：22；20：4）。これに対しテトスはバルナバとパウロに連れられてエルサレム会議に出席したが（ガラ 2：1ff）、その後は、おそらく第二伝道旅行後のパウロのアンティオキア訪問まで、両者の間に特別の接点はな

補説 2　テトスについて

かった（使徒言行録には、テトスの名は一度も出ない）。このような経歴の違いが両者の対パウロの親疎の違いとなって表れているのかもしれない。しかし、もっと個人的なレベルにこのような違いの原因があったのかもしれない。使 20：4 のリストがエルサレムに献金を届けに行く者のリストであるかについては疑問の余地があるが、いずれにしてもそこには、テモテの名はあるが（使 19：22 も見よ）、テトスの名は挙がっていない。

補　説 3　パウロによるエルサレム教会のための献金運動

A. 「献金」関連の出典
B. 「献金」に関する記述に見られる特徴
C. パウロが「献金」を表すのに用いる用語
    a. 概観
    b. ロゲイアー
    c. ディアーコニアー（「奉仕」）
    d. コイノーニアー
    e. カリス（「恵み」）
D. 「献金」＝カリスという呼称
    a. パウロにおけるカリスの用法概観
    b. カリスの「献金」関連の用法
    c. 「献金」がカリスと呼ばれる理由
E. パウロの活動と「献金」運動の変遷
    a. エルサレム会議
    b. アンティオキアの衝突
    c. 第二伝道旅行と「献金」
    d. 「献金」運動の着手——第二伝道旅行末のエルサレム訪問
    e. 第三伝道旅行
F. 「献金」の意味づけ
    a. エルサレム会議
    b. ロマ 15:27
    c. II コリ 8、9 章
    d. a–c のまとめ
G. パウロにとってのエルサレム教会
    a. エルサレム教会の史実
    b. 選民イスラエルとエルサレム教会
    c. パウロの「献金」運動と終末時のエルサレム詣の思想
H. 諸教会における「献金」運動の展開
    a. ガラテアの諸教会の場合
    b. エフェソ教会の場合
    c. マケドニアの諸教会の場合
I. コリント教会の場合
    a. コリント教会にはいつ「献金」運動の計画が伝えられたか
    b. コリントでの「献金」運動の停滞
        α．停滞の原因 1：「献金」運動と教会の経済の担い手の問題
        β．停滞の原因 2：エルサレム教会の位置づけ
    c. コリントでの「献金」運動の最終局面
J. まとめ

補説 3　パウロによるエルサレム教会のための献金運動

　ここで扱うエルサレム教会宛の献金（鍵括弧つきの「献金」と記す）は、一地域教会が自分たちの日常経費を弁済するために集める会費的性格の金銭とは別口であって、パウロが自分の建てた複数の異邦人教会からエルサレム教会のために集める献金のことである。

　本補説 C に見られるように、パウロは「献金」を表すのに種々のギリシア語表現を用いている。それらを区別して扱わなければならない場合はギリシア語のままに用いるのが最善であり、読者の便利を考えれば次善の策として邦語訳語を用いることが考えられる。しかし、邦語訳語の場合は、実際にはその語の通常の意味（たとえば「奉仕」「交わり」）との区別が出来なくなって、かえって混乱が起こりかねないので、この補説ではギリシア語表現をカタカナに転写して使用することとし、初回だけ、括弧内にギリシア語表現をつけることとした。

A. 「献金」関連の出典

「献金」の問題は II コリ 8、9 章で集中的に扱われているが、その他にもロマ 15：25ff; I コリ 16：1ff; ガラ 2：10 に言及がある。

　他方、使徒言行録ではそれへの言及は、場合によって 24：17 で認められるに過ぎない[1]。それは、パウロの「献金」活動は第三者の目からすれば些細なことであったからか、エルサレムからローマへの福音の伝達という使徒言行録の描こうとしているパウロの活動の枠に入らないからか（ただし、11：27–30 のような記述はある）、それともこの活動が最終的には不成功に終わり、

1　たとえばベスト 128 が「ルカはパウロがそれ〔献金〕を運んだことを述べている（使徒 24：17）」としている。しかし、そこでは「わたし〔パウロ〕は…同胞に施しをし、また、供え物をしていた」とあるのみで、それがエルサレム教会宛の公的献金であることはむしろ伏せられている。20：4 のパウロのエルサレム行きの同行者のリストは献金護送団のリストであった可能性がある（8：18 の説明を見よ）。しかし、ここでもルカは、事が献金の輸送であることに触れていない。
　その他 11：28–30 に、バルナバとサウロとがクラウディウス帝の治世に起こった飢饉（44–48〔49〕年）に際しエルサレム教会に援助を届けたとの記事がある（この飢饉については荒井『使徒行伝』中 183 を見よ）。使徒言行録の著者が 50 年代に行われたパウロの献金活動の報告をこの時期に移して報告している可能性がないではないが、その可能性は大きくはなかろう。この点については荒井同 188–190 を参照。佐竹『ガラテア注解』181、『使徒パウロ』122–124 も見よ。

そのことがエルサレム教会とパウロとの不一致を決定づけるのに貢献したためか[1]。理由はいずれとも断定し難い。

B. 「献金」に関する記述に見られる特徴

「献金」に関するパウロの記述には、いくつかの特徴が認められる。以下にそれを四点指摘する。

① パウロはこの問題を教会での他の金銭問題と一緒に扱っていない。「献金」以外の教会での金銭問題で頻繁に言及されるのは、教会が滞在中の宣教者に支払う謝儀の問題である。パウロは、他の宣教者たちがこの種の謝儀を受け取ることに理解を示しているが（I コリ 9:6ff）、自分自身はコリント教会から謝儀を受けることを、原則的には肯定しつつも（同）、実際には頑なまでに断っており、そのことは教会との間に一種の緊張関係すら生んでいる（II コリ 11:7ff；12:14ff）。両献金はいずれも教会が教会の事業のために用いる金銭に関わっているが、彼はそれらを互いに関連づけて論じることをしていない。

② パウロは「献金」に極めて熱心に取り組んでいるが、それを表すのに特定の呼称を用いていない[2]。時には同じ段落の中ですらも、記述の意図に応

1　Ollrog, Mitarbeiter 37 がこの最後に挙げた見方を採る：「彼〔ルカ〕は、それ〔「献金」〕は彼によって極めて注意深く設けられたユダヤ人教会と異邦人教会との調和を不確かとするので、それを意識的に無視した」。ガラント 390 はその可能性を認めながらも、それは「究極的にではない（not ultimately）」とする。
　　マーテラ 183 はこの事実を、この「献金」が「エルサレム教会にインパクトを与えなかったため」と解釈する。しかし、仮にそうだとしても、使徒言行録にそこまでエルサレム教会のものの見方が反映していると見るのが適切かは問題であろう。

2　Harrison, Grace 300,302 は、ある研究者たちが、パウロがエルサレムへの献金を呼ぶに際し「献金」という用語を用いず、その時々に応じて幾種類かの表現を用いていると指摘し、ただし、それらの表現の選択は「彼の神学によって決定されている」としているのに対し、それはそうだが、「献金についてパウロが幾種もの遠回しの表現（circumlocation）を用いている」のはむしろ、当時の世界で日常的に見ることの出来た「顕彰のための碑文」で「よく行われている慣習」に倣ってのことだと述べる。しかし、この現象は、表現使用に関する慣習上の問題としてではなく、パウ

補説 3　パウロによるエルサレム教会のための献金運動

じ、数種の表現を使い分けている。彼が「献金」のために用いている用語については C を見よ。

　③「献金」額の決定は「献金」者に委ねられている（I コリ 16 : 2; II コリ 8 : 2ff,11; 9 : 7。ユダヤ教のいわゆる神殿税は定額制であった[3]）。

　④ パウロは「献金」をいつも自分自身の責任ないしは権限内の事柄としている。実際に献金の拠出は教会単位に行われるが、そのことの責任ないしはそれの管理を教会の役員に委ねることはしない。コリントでの「献金」運動は、彼がいわば名代として派遣するテトスが「始めた」し[4]、それの完遂の責任は自分の名代であるテトスに委ねられる（II コリ 8 : 6）。マケドニアの教会の人たちは「献金」運動への参加を「わたしたちに願い出た」（8 : 4）。同じ個所ではマケドニアの「献金」運動への参加は、彼らは「自分たち自身を主とわたしたちとに捧げた」と表現される。彼がエルサレムに携える「献金」は「エルサレムに対するわたしの奉仕」と呼ばれる（ロマ 15 : 31。Verbrugge, Style 321f）[5]。II コリ 9 : 11 も参照。

　　ロの考える「献金」の平行例が当時の教会にも「顕彰のための碑文」にもなかったという、事柄自体の問題と関わっていると受け取るべきある。なお、以下にあげる「献金」表記の例については Harrison 301 も参照。

3　イスラエル在住またはディアスポラのユダヤ人で 20 歳以上の男性から毎年二分の一シェケルずつ徴収された。出 30 : 13; ミシュナ「シェカリーム」を参照。

4　「始めた」の意味については 8 : 6 の説明を見よ。

5　この個所の前後の文脈、そこでの言葉使いから見て、Verbrugge, Style 321f の言うように彼がこの個所でその点を「強調している」と言えるかには疑問があるが、献金運動について持っている彼のそのような意識がこの用語となって現れたことは確かである。なお、これと同じような表現は II コリ 8 : 19「わたしたちによって奉仕されているあの恵み（＝献金）」にも見られる。一人称複数形が使われているが、パウロが実際に考えているのは、前後の一人称複数形の使い方から見て、「わたし」と同じであろう。

C. パウロが「献金」を表すのに用いる用語

a. 概観

パウロが「献金」を表すのに用いている用語としては、以下のものがある（＊印を付した語については、b–d で説明をする）。

アガペー（ἀγάπη。II コリ8：7,8,24）

ハドロテース（ἁδρότης。II コリ8：20）

ディアーコニアー＊（διακονία。ロマ15：31; I コリ16：15 ［?］; II コリ8：4; 9：1,12,13。動詞形ロマ15：25; II コリ8：19,20 も参照）

エウロギアー（εὐλογία。II コリ9：5。動詞形を含め「献金」関係以外の用例がかなり多数ある。II コリ9：5の説明を見よ）

カルポス（καρπός。ロマ15：28。「実」という語の比喩的使用）

コイノーニアー＊（κοινωνία。ロマ15：26; II コリ8：4; 9：13; ガラ2：9。ロマ15：27での動詞形の用法については、dで記すコイノーニアーについての説明を参照）

レイトゥルギアー（λειτουργία。II コリ9：12。同所の説明を参照。動詞形ロマ15：27も参照。フィリ2：17,30にそれ以外の用例あり）

ロゲイアー＊（λογεία。I コリ16：1f）

カリス＊（χάρις。I コリ16：3; II コリ8：1,4,6f,19; 9：8,14）

その他 τὰ γενήματα τῆς δικαιοσύνης（II コリ9：10）

　　　　ἁπλότης （ロマ12：8; II コリ8：2;9：11,13）

　　　　σπουδή （II コリ8：8）

　　　　προθυμία （II コリ8：11,12,19; 9：2）

　　　　ἔργον ἀγαθόν （II コリ9：8）も献金との密接な関係で使われている

以上とは別に、用いられてもおかしくないのに用いられていない語もある。ὀφειλή、ὀφείλημα（いずれも「負債」の意味）、φόρος（「税」）は使われていない。「献金」が「エルサレム宛の税金（a Jerusalemite levy）と誤解される」のを

避けるためであろう（ハリス 94）[1]。ヨセフスが『古代誌』XVI 160ff でユダヤ教の神殿税を指して数回用いている χρῆμα（この語は通常は「金銭」「財産」の意味で使われる）も一度も使われていない。ἀργύριον、χρυσίον のような直接金銭を意味する語も用いられていない（プランマー 230、マーティン 251、マーテラ 181 等が指摘[2]）。献金は単なる金銭の授受ではないからである。

　それ以上に注目すべきは「感謝する、感謝（εὐχαριστεῖν/εὐχαριστία）」が献金関連で使われる例が、パウロではほとんど皆無であることである。彼は自分自身の、あるいは信徒たちの神への感謝についてかなり頻繁に語る。εὐχαριστεῖν（感謝する）の用例は全部で十七例、εὐχαριστία（感謝）のそれは六例ある。その中、神以外のものに感謝が向けられている例は、ロマ 16：4 に一例あるに過ぎない。それ以外はすべて神に向けての感謝であるが、それに関連して献金が言及される例は一つもない。僅かに II コリ 9：11f で献金が感謝と結びついているが、それは何事か他のことについて献金によって感謝を表明することを指してはおらず、献金すること自体を神からの恵みとして感謝するという例である（詳細は同所の説明を見よ）。

「献金」に関してこのように特定の用語がないことは、「献金」がまだ、理念としても制度としても、確立していなかったことを反映している。とくにガラ 2：10 のような、「献金」運動の発足を半ば公的な形で記している記事に特定の用語が用いられていないことは、この印象を強める。そればかりか、エルサレム会議で「献金」問題が持ち出されたこと自身、アンティオキア教会ですらもそれまでエルサレム教会への定期的「献金」を行っていなかったことを前提にしている。

　上で挙げた諸表現のうち、とくに注目したいものについて説明を加えよう。

1　ただし、同根の動詞 ὀφείλειν がロマ 15：27 で、直接献金を指してではないが、献金に関する説明の中で使われており、この語群が献金を表わすのに用いられて不自然でないことを示している。

2　「献金を記述するパウロの用語選択がすべて人間の神との関係を表す語彙に由来しており、それらの一つも直接金銭に言及するものでないことは驚くべきことだ」（ヘーフマン 342）。

b. ロゲイアー[1]

　ロゲイアーが使われているIコリ 16:1 は「聖徒たちへのロゲイアーについて（περί）」という文言で始まる。このように περί（「について」）を用いて段落を始める例はIコリント書に多く[2]、コリント教会の側からパウロに向け項目を立ててなされた質問への返答を導入するのに用いられている。そのことを考慮に入れると、ここのロゲイアーはコリント教会からのパウロ宛に出された質問の中にあった用語であった可能性が高い。パウロはここでも 2 節でも、それをそのまま用いたのであろう。彼自身は、自分の筆で書く部分では、この語は一度も用いていない[3]。パウロ以外の新約文書にも、LXX にも、

1　Iコリ 16:1f で、協会訳が「献金」（1 節のみ）、新共同訳が「募金」と訳している語。
2　7:1,28; 8:1,4; 12:1。Iテサ 4:9; 5:1 も参照。Verbrugge, Style 58-60 は、パウロは 7:1,25; 8:1 で περί で始まる記述を行った後、とくに 11:18 では（書面による問いに対してでなく）伝聞を基にして議論を進めていると指摘し、彼がその後 16:1 でコリント教会からの手紙に対する返答へと戻ったことは、不可能でないにしても確実ではないとし、他方パピルスには、ある命令を述べるに際して περί + 属格によってそれへの導入を行っていることがあるのを例示して、Iコリ 16:1 もこれに即して考えるべきだ、と主張する。しかし、パウロはIコリント書で、11 章でコリントの人々の手紙に対する返答の形をとることを中断してからも、12:1 では聖霊の賜物について述べるに際し再び περί + 属格によって導入する形に戻っており、しかもこれは内容的にもコリント教会からの書面による問い合わせに対する返答である可能性が大きいことから考えると、11 章における中断を過大視することは疑問である。16:1 の περί + 属格は、7:1 他の諸例と同じく、コリント教会からの書面による問い合わせに対する返答の導入と見る方が無理がない。このことは、16:1f で、しかもパウロの手紙でここでだけ、ロゲイアーが使われており、しかもそれがすぐに 3 節でカリスと言いかえられている事実を、より容易に説明する。もちろん、伝聞の場合もそのような言い換えがなされ得ないとは言えないが、その可能性ははるかに低くなろう。なお、伝聞に基づくか、文書による問い合わせに基づくかは、Iコリ 16:1ff でコリントの人々がパウロから献金運動発足の促しを受けたとしているのは確かだから、実際には大きな問題ではない。
3　Safrai+Tomson, Collection139f は、λογεία（ロゲイアー）は古代のパピルスでは税または自由意志による寄付金を指す述語であったとした上で（この点については後述を参照）、「パウロは特別のキャンペーンを指し示すために行政用語を用いている。それゆえ、それは慈善（ἐλεημοσύνη）として知られている一般的宗教的義務とは区別されるべきである」と論じている。しかし、パウロで——他に献金関連の発言がたくさんあるのに——Iコリ 16:1 でしか用いられていないこの語からこのよう

この語の用例はない。

それではこのロゲイアーはどういう語であったか。

このロゲイアーの語義の確定に最初に貢献したのは Deißmann, Bibel-studien 139ff である。彼は、この語の使用例は遅くも前 2 世紀以来のエジプトのパピルスで立証出来るとし、死体の防腐処理に際して必要な儀式の一部を行う同業組合のパピルスを例として挙げる。彼によれば、このパピルスでは、この同業組合の所属員は募金を行う権利を持っており、この募金がロゲイアーと呼ばれた。彼はまた、この語はそれ以外にもプトレマイオス朝時代のパピルスの税金表の中で、おそらく「税」の意味で数回使われている、と指摘している。Moulton/Milligan, Vocabulary 377 はこれを受けて、プトレマイオス朝のパピルスでの用例数個、とくに I コリント書とほとんど同時期（後66 年）のオキシリンコス・パピルス II 2398 でロゲイアーが通常の税とは違う、不規則な地方的寄付金の徴収を指して用いられているのを指摘し、またイシス神殿への献金についてこの語を用いた例を挙げている（Moulton/Milliganはこれ以外にも用例を挙げている）。ローマ時代になると、「神のロゲイアー」、つまりある特定の神の祭祀での献金（たとえばイシス神のための献金）について使われる例が増える（G.Kittel, ThWNT IV 287,4ff、Malherbe, Contribution 227f、Arzt-Grabner/Kritzer/Papathomas/Winter, 1.Korinther 506f も参照）。

コリント教会でも、教会外の諸団体で使われていたこの語をひろく用いていたのであろう。ロゲイアーについてはパウロが I コリ 16:3 でそれをカリスと言い直している点に注意したい。この点については D b を見よ。

c. ディアーコニアー（「奉仕」）

パウロでの「奉仕 (διακονία)」[4] およびその同根語の用法はかなり多様であ

な結論を導出することに、意味があるであろうか。

4　ギリシア語では「仕える」を意味する語が数種あり、それぞれニュアンスを異にする（H.W.Beyer, ThWNT II 81,7ff を見よ）。たとえば δουλεύειν の場合は仕える者（下僕、奴隷）と仕えられる者（主人）との間の上下の身分関係が強く意識されている。これに対し διακονία, διακονεῖν, διάκονος の場合は身分上の上下関係がまったく視野に入っていないわけではないが、それを無視して用いられる例もないではない。たとえばロマ 15:8、キリストは「割礼［ある者たち］の奉仕者 (διάκονος) となった」

る。それは献金を指すための特別の用語ではない[1]。

　献金関係以外でのパウロにおける「奉仕」の用例としては、次のようなものがある。先ず、特別の奉仕者に関するもの。

　ロマ 11:13; II コリ 4:1; 5:18; 6:3 では、パウロは自分自身の使徒の働きを「奉仕」と呼んでいる。II コリ 6:4 の「神の奉仕者（διάκονος）」も参照。I コリ 3:5 では、彼は自分とアポロとを「主から与えられた分に応じての奉仕者」と呼んでいる。これらの場合「奉仕」は第一には神に対するそれである。これに対し II コリ 11:8 では、それはパウロの行うコリントの人々への奉仕であり（II コリ 3:3 の「仕える」の場合も同様）、フィレ 13 では「仕える」でオネシモのパウロに対する奉仕が考えられている。I コリ 16:15 も参照（この個所の表現はわれわれの個所のそれにやや似ているが［「彼らは自分自身を聖徒たちに奉仕のために差し出した。εἰς διακονίαν τοῖς ἁγίοις ἔταξαν ἑαυτούς」］、この場合の「聖徒」はエルサレムの聖徒ではなく、より一般的であり、「奉仕」も広義である。この用語法は整備されて、職務としての「執事（διάκονος）」となった（ロマ 16:1; フィリ 1:1）。なお、II コリ 11:23 からはパウロの論敵が「キリストの奉仕者」を自称していた可能性が窺われる（同 15 節も参照）。διακονία のより一般的な用例としては II コリ 3:7–9 での「罪を宣告する奉仕」「義を宣言する奉仕」等がある。ロマ 13:4 では「上に立つ権威」が「神の奉仕者」と呼ばれている。

　次に、教会生活での働きに関連して「奉仕」およびその同根語が使われる例を挙げる。

を参照。

1　ただし、この「奉仕」を完全に世俗的用語と見なすことも適切ではない。それは教会内の「奉仕」を指しており、その意味で宗教的性格の言語である。この点ではマーティン 251 がこの「奉仕」をこの段落で多用されている「宗教的言語」の一例として挙げているのは首肯出来る。しかし他方、マーティンはこれらの「宗教的言語」は「すべて人間の神に対する関係および礼拝という聖なる行動を表す語彙に由来している」と説明しており（下線は佐竹）、「宗教的言語」を余りに狭く捉えている。
　ベッツ 94 はこの語が、8:4 で使われている他の語（たとえば「自由意思で」）同様、行政用語であることを強調しているが、この注で挙げた用例から見て説得的とは言えない。この節の「聖徒たちへの奉仕（διακονία）への交わりをわたしたちに願い出た」が 5 節の「主とわたしたちに捧げた」という主文に従属する形（分詞構文）で書かれている点にも注意（ここではベッツの言う「キリスト教的響き」が濃厚）。献金関連の多岐に亘る用例のうち、エルサレムへの献金に関してだけ行政用語を使用したとするのも不自然である。

補説 3　パウロによるエルサレム教会のための献金運動

　Ⅰコリ 12:5 では「奉仕」が「賜物」「働き」と並んでおり、それは以下に挙げられる預言等々の、主として礼拝に際しての奉仕を総称する概念として使われている。これに対しロマ 12:7 では、それはそれ自体が預言等々と並ぶ一項目である。そこに列挙されている項目はいずれも教会生活に関わるものであるが、礼拝に限定されてはおらず、Ⅰコリ 12:4ff の場合より範囲が広い。列挙されている項目の中には「寄付をする者」、「慈善を行う者」があるから、「奉仕」はわれわれの個所におけるようにもっぱら献金活動を指す呼称ではない。しかし、それ以外のどのような奉仕が考えられているかは明らかでない。いずれにせよ、以上の諸個所での「奉仕」は教会員によって行われる、教会生活に関する職務（の一つ）である。それは教会生活の一端であるから、「奉仕」に神に対する奉仕という意味が含意されているのは確かであるが、実際にはその点がいつも明確に意識されているとは思われない。ロマ 12:6ff で「奉仕」が「教える者」「寄付をする者」等々と並んで挙げられていることから見て、それはむしろ教会員相互の奉仕と受け取られていた可能性が大きい。

　しかし、8、9 章ではディアーコニアーは、同根の動詞も含め、すべて献金関連で使われている。

　山田『パウロ書簡』106 は「恩恵」と並んで「奉仕」をも 1-7 章及び 8-9 章の両段落の中心的用語と指摘し、それが両段落で重要な働きをしていることを両段落の一体性の重要な論拠の一つとしている。しかし、これら両段落での「奉仕」使用の実際を見ると、この主張が説得力を持つとは言い難い（動詞 διακονεῖν については 8:19,20 にエルサレム教会への献金を指しての用例があるが、1-7 章にはこの動詞の使用例は一つもない。名詞形 διάκονος は 1-7 章にも 8-9 章にも用例はない）。「奉仕」の用例は 1-7 章で七つある。3:7-9 で文字による奉仕、霊の奉仕という特殊な用例が四回集中して出るが、これらを含め七つの用例はすべてパウロの使徒職と関連している。他方、8-9 章での用例は四回であるが、それはすべてエルサレムへの献金運動を指している。もちろん、問題にしている語の具体的な意味内容が違っても基本的意味が同じであることを強調することが大切な場合もある（たとえば Hafemann, Paul 114A77 が、パウロの「異邦人に対する福音の奉仕〔διακονία〕〔… Ⅱコリ 5:18; 6:3; 11:8〕と、同じく διακονία と呼ばれる献金を届ける彼の役割との間は、厳しい区別をすべきではない」との主張は、ある観点

309

からすれば尊重されるべきであろう）。しかし、文書の一体性を論じる場合、これだけ具体的に指す内容が違う場合に同じ語が使われていることの指摘は、一体性の論拠として弱過ぎる。私には、パウロは8-9章でそれまでと「話題を全く変えている」と受け取る方が、はるかに自然と思われる。

　さらに、献金関連でのこの語の用例はすべてエルサレム教会宛の「献金」に関連している。ロマ15：25; II コリ8,19,20での動詞形の場合も同じ。このうち，ロマ15：31; II コリ8：4; 9：1,12およびロマ15：25（動詞形）ではこの語には「聖徒たちへの」ないしはそれに類した言葉が伴っており、考えられているのがエルサレム教会に対する奉仕であることが明らかにされている（それが明記されていない場合も、そのことは明らかに前提されている）。見方を換えれば、奉仕と言っても、ここでいう奉仕は直接神に向けられた奉仕ではない。パウロでは、宣教者が教会から報酬を受ける権限があることの容認（I コリ9章）、彼自身はコリント教会から謝金を受け取らない方針であることの言明（II コリ11：8; 12：13）、他方マケドニア教会からは金銭的援助を受けていることの公言（II コリ11：8f）というように、教会と宣教者との間での金銭の授受（ないしはそれの謝絶）に関してのいくつもの発言があるが、それらの場合に——エルサレム教会宛の「献金」の場合には使用頻度の高い——「奉仕」系統の語が使われることはない。つまり「奉仕」が献金関連で使われる場合は、用例はエルサレム教会宛の「献金」に限定されている。観点を変えれば、パウロには、エルサレム教会宛の「献金」を特別同地の貧しい信徒たちに対する慈善と捉えることは——9：13f に若干それを匂わせる発言があるものの——少なくも唯一の関心ではなかった。神への「奉仕者」という場合には、奉仕する者とされる者との間の上下関係が明らかに前提されていること、ロマ15：27で「異邦人が彼ら（＝エルサレムの人々）の霊的なものに与ったとすれば、彼らには肉的なもので彼らに仕える（ただし λειτουργεῖν を使用）負債がある」としていることを考えると、彼が「献金」運動を「奉仕」と呼ぶ語法には、エルサレム教会を特別視する彼の意識が反

映している可能性が考えられる[1]。ただし、それが同時に神に対する奉仕であることは強調されていない。献金は実際の用を明確に意識して集められた。

d.　コイノーニアー

この語は一般には「交わり」を意味するが、上に示したように、パウロは四回、「献金」と関連させながらこの語を使っている[2]（パウロにおけるそれ以外のコイノーニアーの用例数は九）。そのうち II コリ 9:13 およびロマ15:26 では、それは「聖徒たちに向けて（εἰς τοὺς ἁγίους）」のように「献金」の宛先を示す表現を伴っている。ただし、「聖徒たち」に当たる部分の表現は両個所で同じではない。つまり、パウロは、「聖徒たちに向けての献金」というような一つの固定した表現を用いていない。コイノーニアー自体も献金を指す術語になり切っていない。ロマ15章では「マケドニア、アカヤの人々が…（エルサレムの）貧しい人々に向けて…交わり（コイノーニアー）をする」という表現（26節）のすぐ後に、「交わり」と同根の動詞形を使った「異邦人たちが彼ら［＝エルサレムの人々］の霊的なものに与った（ἐκοινώνησαν）のなら」という言葉が出る（27節）。この文では動詞 κοινωνεῖν は「献金する」とは訳せない。このことから見れば、パウロにとってコイノーニアーは持ち物を分かち合うことを指す言葉であって——ただし、その分かち合いが宗教

1　もっともこの点は、上述のようパウロでディアーコニアーの用法が多岐にわたっていることを考えると、あまり強調するわけには行かない。

2　ただし、ガラ 2:9 では、8節に神はペトロを割礼の者、パウロを異邦人に向けそれぞれ使徒の働きにつかせる、とあった直後にこの語が出ており（エルサレムの使徒たちがパウロとバルナバとに「コイノーニアー［の徴］として右手を差し出した」）、直接献金を指してこの語が使われているわけではない。ただ、次の10節に、但し書のようにして（「ただ」）「わたしたちが貧しい人々を覚えているように」という表現が出るので、ここでの「コイノーニアー」の使用に当たっては献金も視野に入れられている可能性がある。

　　II コリ 8:4 の場合も、「コイノーニアー」は献金と関連して出るが、献金そのものを指してはいない（同所の説明を見よ）。

　　アルト・グラブナー 395 は、名詞コイノーニアーは古代の都市の一般任意団体が（自己）呼称としてよく用いる τὸ κοινόν を思い起こさせる、と述べる。興味深い指摘であるが、実際のパウロのコイノーニアーの用例で、その文脈が直ちにそのような任意団体の存在を思い起こさせるものはない。

的動機に基づくことが前提されている——、相手がエルサレムの人々である
ので「献金」を指しているということに過ぎない。前項ディアーコニアーの
場合と違い、コイノーニアーの場合は、上位者に対する献金というニュアン
スは認められない。Ⅱコリ9：13では、コイノーニアーの向けられる対象は「彼
らおよびすべての人々」と拡大されている。異邦人教会の「献金」はエルサ
レム教会に向けられているのであって、「すべての人々」にまで向けられて
はいないことを考えると、ここでもコイノーニアーは献金についての完全な
術語とはなっておらず、この語の通常の「交わり」という意味を残したまま
使われている。

e. カリス（「恵み」）

以上の諸例と観点を大いに異にしているのが、献金をカリス（恵み）と呼
ぶ例である。これについては詳述したいので、項を改めることとする（→D）。

D. 「献金」＝カリスという呼称

パウロが「献金」について用いている複数の呼称のうち、とくに注意を払
いたいのがカリスである。

a. パウロにおけるカリスの用法概観

「献金」をカリスと呼ぶ例の検討に入る前に、パウロにおけるカリスの
用法の全体像を確認しておこう。① パウロのカリスの使用例一般（全部で
六十六例）のうち、約三分の一に当たる二十三例は直接間接にキリストによ
る救いを指す狭義での救済論的用法で[1]、ロマ書にとくに多い。たとえばロマ
3：24「彼らは対価なしに彼〔神〕の恵みにより、キリスト・イエスにおける

1　パウロでは、フィロンの場合と違い、「恵み」が神の本質についての問いと関連
して捉えられることはなく、神の恵みが述べられるときにも、それはもっぱらはキ
リストにおける救済の歴史的顕示（d.geschichtliche Manifestation）を指している。
「彼は『恵み深い神』について述べることをせず、キリストの十字架において実現し、
宣教において現実に（aktuell）起こる恩恵について語る」（H.Conzelmann, ThWNT
IX 384,22ff）。

補説 3　パウロによるエルサレム教会のための献金運動

贖いによって義とされている」。「キリストによる」という点を明言しないで
もそれを前提しながら、信徒に与えられた、ないしは与えられる新しい状況
を一般的に指してこの語が使われる例も多い（たとえばロマ5:2,20; 6:14;
11:5f; 12:6; Ⅰコリ1:4; Ⅱコリ1:15; 4:15）。これに対し、「献金」問題を
集中的に扱っているⅡコリ8、9章では、献金との関連でカリスが複数回用
いられているにもかかわらず、この救済論的用法は8:9に一度見られるに過
ぎない。

　②Ⅱコリ8、9章では、献金運動との関連でカリスを使う例が圧倒的に多
い[2]。それには二種類ある[3]。a.「献金」者の「献金」運動が「献金」者自身に対
する神の救済行動の一環であることを指す用例。8:1; 9:8,14にある。とく
に8:1; 9:14ではカリスに「神の」が伴っており、カリスが神に由来するこ
とが一際強調されている。Ⅱコリ8、9章以外にはこれに相当するカリスの
用例は一つもない。b. 8:6,7,19では人が行う「献金」行動がカリスと呼ばれ
る。aの場合と違い、このカリスが神に由来するカリスであることは、とく
に明記されていない。この種のカリスの用例はⅡコリント書以外ではⅠコリ
16:3に一つあるに過ぎない。a、bで指摘したことから明らかなように、Ⅱ
コリ8、9章には「献金」を指してカリスを用いる、他ではほとんど見られ
ない例が集中しており、これは偶然とは考えられない。a、bの相互の関係に
ついては本項のbを参照。

　③「感謝する」を意味する、ほとんど慣用句的な用法。8:16; 9:15に見ら
れる。他の手紙にも平行例がある（それについては8:16の説明を見よ）。

　④Ⅱコリ8、9章には出ないが、パウロの手紙の他の部分に出るカリスの

2　Mitchell, Letters 327A74 は、8:1,4,6,7 を挙げて、8章では献金が頻繁に χάρις
と呼ばれていると指摘する。他方9章については、χάρις は「特別に献金について
用いられてはおらず、人間に与えられた神の χάρις という、パウロのより通例の
（customary）意味に戻っている」と述べる。9章の「恵み」をどのような意味で「よ
り通例の意味」と判断しているかは、明言されていない。9章全体で献金問題がテー
マとなっていること、また8,14節の直接の文脈でも献金が念頭に置かれていること
を考えると、χάρις の8章と9章との用例をこのように区別することは説得的とは
言えない。おそらく彼女は、8章を現在のⅡコリント書所属の文書の最初に、9章
を最後に置くという自分の主張（8、9章の序論bαで紹介した）を暗黙のうちに前
提して、このように述べているのであろう。

3　以下に挙げた個所の他、a,b いずれに分類すべきか、明瞭とは言い難いものとして
8:4 がある。同所の説明を見よ。

313

用法を参考までに記す。a. パウロが自分の使徒職を「恵み」と呼ぶ例[1]。ロマ
1：5；Ⅰコリ15：10；Ⅱコリ12：9；ガラ1：15等にその例がある。Ⅱコリ1：12
も参照。b. 祝福の祈りの中に出る例。手紙の初めに出るものとしてロマ
1：7；Ⅱコリ1：2等、終わりに出るものとしてⅠコリ16：23等。c. 一般的な
用法としてロマ4：4。パウロにおけるカリスの用例は以上で尽きる。

　以上の概観は、カリスはパウロにとり、神の側から人間に向かい一方的に
──人間の参与なしに──働いて、人間に救済をもたらす、一種の奇跡的力
を指す極めて重要な語であることを示す。与えられたカリスが神から言わば
分離してそれ自体人間の管理下に入り、人間独自の営み（神への奉仕）を推
進する、というのではない[2]。パウロはこの同じカリスという語を用いて「献
金」の基本的性格づけを行っている。

　　山田『パウロ書簡』105が、「恩恵」は1-7章及び8-9章両段落で重要な
用語であると指摘し、両段落が一体的であることの論拠の一つとしているの
で、この見解の適否を検討するために、ここでこれら両段落での「恵み」使
用の実際を概観したい。カリスは1-7章で六回、8-9章で十回用いられてい
る。8、9章での用例は比較的単純明快であって、献金を指すもの、献金に関
連の深いものが大多数を占める（上記②）。その他では「主イエス・キリス
トのカリス」が一回（上記①。8：9）、「感謝する」を意味する用例が二回あ
る（上記③。8：16；9：15）。これに対し1-7章での用例は、祝福の祈り（1：2）
および「感謝する」の意味のもの（2：14）がおのおの一例あり、残り四例の
うち、1：12はパウロの使徒としての働きに結びついており、上記④aに関
連が深い。残り三例（1：15；4：15；6：1）はいずれも信徒に与えられる恵み
を総体的に指している。私の見るところ、これら三例のうち、1-7章が終わ
ったところで献金問題へと特化することを予想させるものは一つもない。恵
みという特徴のある同じ語が使われているから、1-7章と8-9章とは関連が
深いと言えないことはないかもしれないが、両段落の一体性の主張の根拠と
するには、両段落でのカリスの使用実態は相互の関連性に乏しい。献金に関
連してのこのカリスの用法がⅠコリ16：3にも（孤立的に）出る事実から考

1　この点に関しては佐竹「パウロにおける使徒職と恩恵」を見よ。
2　上記カリスの用法の分類②bに属するものもこの観点から理解すべきであろう。
　この点については本項bを見よ。

補説 3 パウロによるエルサレム教会のための献金運動

えても、8-9章でのカリスの多用を1-7章との関連から説明することは適切ではない。

b. カリスの「献金」関連の用法

カリスを「献金」との関連で使う例はⅡコリ8、9章に六度集中的に出る。その他ではⅠコリ16:3があるだけであるが、この個所はカリスを使用するに際してのパウロの意識を示唆していて、興味深い。

Ⅰコリ16:3では、パウロは同1,2節でコリント教会からの問い合わせに答えて、同教会で使われている用語を一旦はそのまま使ってロゲイアーと呼んだのを、3節でカリスと呼び直している。この呼び直しは意識的であろう。ただし、この呼び直しは信徒が教会に差しだすすべての拠出金について行われているわけではない。コリント教会での拠出金は、当初はおそらくもっぱらコリント教会自体の日常的費用（その中には外部から教会を訪れた宣教者に関する費用も含まれていた）に充てられていた。それが教会ではおそらく、任意団体での会費の呼称に倣って、ロゲイアーと呼ばれていた。エルサレム教会への献金のような外部への寄付がパウロの献金運動以前にコリント教会で行われていた形跡はない。パウロがエルサレム教会への献金を提唱したとき、コリント教会では、教会に対する拠出金という点で同性格ということで、ロゲイアーの一部と見なされるようになった。これがⅠコリ16:1で使われている「聖徒たちへのロゲイアー」という表現である。これに対しパウロは両者を区別して捉え、「献金」をとくにカリスと呼ぶ。ロゲイアーは、基礎になっている動詞λογεύειν（集める）に即して[3]、人間の集める行動に視点を置く表現である。教会ではこの観点から拠出金をそのように呼んでいたのであろう。これに対し「恵み」は、上に指摘したように、神から与えられる賜物を意味する[4]。

---

3 ロゲイアーがλογεύεινに由来すること、およびλογεύεινの用例については Deißmann, Bibelstudien 140f を見よ。

4 Ⅰコリ16:3のカリスを協会訳、新共同訳は「贈り物」、青野訳は「好意」と訳す。事柄として「献金」が考えられていることは確かだし、「恵み」としたのでは日本語として意味が通じにくくなるから（もっとも田川訳はこの個所は「恵み」で通している）、この訳語の使用は理解出来る。しかし、それをカリス（恵み）と呼ぶパ

パウロはエルサレム教会宛の献金を「恵み」と呼ぶ理由をⅠコリ 16：3 で
もⅡコリ 8、9 章でも一度も本格的に説明していない。僅かに、献金は強制
によってではなく喜んで行うべきだとの主張を補強するために 9：7 末尾で行
った箴 LXX 22：8a の援用をさらに一般論的に展開する形で、8-10 節で文章
の形でそのことを説いているだけである（9：5b-15 の説明を見よ）。「献金」
をカリスと呼ぶ場合には、それが実際上献金を指すことをコリント教会の読
者は理解すると前提して書いている。献金をこのような意味で「恵み」と呼
ぶ例は新約に他になく、また旧約・ユダヤ教にも先例となるものはないから[1]、
これはおそらくパウロ独自の解釈に基づいていよう。彼はそれをコリントの
人々におそらく「前の手紙」（Ⅰコリ 5：9）ですでに伝えていた。そうでなけ
れば、Ⅰコリ 16：3 に見られるような説明なしの言い換えはなし得なかったで
あろう。Ⅰコリ 16 章では、コリントの人々が自分たちの間で使っていたロゲ
イアーをそのまま用いてパウロに対し質問をしたのに対し、彼はそれを「恵
み」と言い直すことによって、この献金について自分自身が伝えた理解をも
う一度想起することを彼らに暗に促している。

「献金」関連でカリスが用いられる場合（上述②の場合）、二つの種類があ
ることは上で述べた。その点をもう少し立ち入って考えることにしよう。a
として挙げた例では、とくに「神の」という語が伴っている場合に明瞭であ
るように、カリスは献金運動が神に起源を持つことを指しており、意味の取
り違えの余地はない。これに対し b として挙げたものでは、カリスは実際に
は人が行う「献金」行動を指している。それゆえ新共同訳はこれを「この慈
善の業」と訳している（8：6,7,19）。この訳し方は日本語の語感からすれば
致し方ないことであろうが、パウロが「献金」をわざわざカリスと呼んでい
る真意を覆い隠してしまう危険がある。それではパウロは「献金」をカリス
と呼ぶ場合、実際には何を考えているのであろうか。a の場合と b の場合と

ウロの意図を無視するわけには行かない。

1　ギリシア・ローマ世界にも先例となるものはない。ダンカー 117f は、ギリシア・
　ローマ世界でもカリスが行政者たちによって行われる寛大さについて用いられるこ
　とがあると指摘し、数例を挙げている。しかし、われわれの個所の「神の恵み」は、
　神が自ら恵みを与えることをではなく、神がマケドニアの人々を他者への献金へと
　動かす行動を指して使われているから、これを厳密な並行例と見なすことは出来な
　い。

補説 3　パウロによるエルサレム教会のための献金運動

ではカリスの用法はかなり違っており、同じことが考えられていると直ちには言えない印象を受けるが、他方、パウロがこの短い文書の中でカリスを「献金」と関連づけて集中的、反復的に用いているのは十分意図的と考えられるから、われわれとしては、a、b 二つの用法がなぜカリスという同じ語で呼ばれるのか、また、a のカリスと b のカリスを統一的観点から捉えることが出来ないかを問わなければならない。

　その際留意すべきは、カリスはもともと、——通常われわれが「恵み」という語で理解するのと違って——神から一旦与えられれば神からは半ば分離してしまう静的な贈り物のようなものではなく、与えられた後も神自身の働きの力が維持され続ける、一種の支配力のような性格のものだ、という点である。つまり、a の例では、カリスは人を動かして神の意に即して行動させる力であり、b の場合は、カリスは——人間が他人に対し、独立した主体として自ら発意して行う恵む行動ではなく——人間が、神のカリスの支配下に置かれ、神の促すがままに行う行動を指す表現である。

　「恵み」を与えられ、その結果信徒は豊かな「恵み」を所持しているという考えは、「恵み」が限定的に「献金」と結びつけられていない救済論的な発言においても見られる。たとえばロマ 12:6 では「わたしたちはわたしたちに与えられた恵みによって種々の恵みの賜物を持っている」とある。また I コリ 1:4-7 では、信徒は「キリスト・イエスにおいて与えられた神の恵み」に与っており（4 節）、彼らは「何一つ恵みの賜物に不足していない」（7 節）とある。これらの例で「恵み」と訳した語はカリス（χάρις）、「恵みの賜物」はカリスマ（χάρισμα）、つまり、後者は前者に -μα という語尾をつけた語であって、それが前者によって根拠づけられていることが語の次元でも明らかである。「恵み」は「恵みの賜物」を基礎づけ、「恵みの賜物」は「恵み」の働きがもたらす結果である。ただし、「恵みの賜物」はそれを受けた人間がただ所持するだけのものではなく、たとえば奉仕活動への従事という形で信徒の働きとなって現われる。

　「献金」に関しては、χάρισμα（上記「恵みの賜物」に相当する語）が使用される例はなく、それに相当する事象（信徒の「献金」の働き）もカリスという語で表現されている。神から信徒に与えられる恵みも、それを受けて信徒が「献金」を捧げることも、カリス、カリスマの区別をつけることなく、

317

同じカリスで表現されているのは、神から与えられた恵みの側面を実際の「献金」の場合にも強調しようとする意図、換言すれば、献金を人間の営みと見なすことを退けようとする意図が、厳しく働いているためであろう。

c. 「献金」がカリスと呼ばれる理由

神の働きは弱い者、貧しい者、助けを必要としている者に向けられる。「献金」者は自分の「献金」行動により、この神の働きに参加し、神のカリスの支配下に入る。そのことが「献金」が神のカリスと呼ばれる所以である。このことは単なる抽象論で終わるものではない。「献金」運動への参与は「献金」者当人に、神に従う者、信仰者として生きる力を与える。それはまさに「献金」者にとってのカリスである[1]。この点はaの場合もbの場合も同じである。

　Harrison, Grace は、ギリシア・ローマの世界では、物（名誉の場合もある）の授受は善意を受けたことの返礼として、ないしは返礼を期待して行われるのが一般的であったのに対し（互恵主義、reciprocity system）、パウロは、それが一方方向の「恵み」に由来することを強調し、互恵主義を超克している、と主張する（たとえば311A86,323f,350。この点に関してはヴィザーリントン 418 も見よ）。これは正しい指摘であるが、Harrison の場合、「恵み」の理解が形式的、静的に過ぎる憾みがあり、人を献金運動へと突き動かす力であることが感じ取られていない。神が恵みを働かすように、それに接する人間も他人に善意を向けることへと動かされる側面を強調する必要がある。

　「献金」がこのようにカリスとして捉えられる場合には、「献金」について

1　Young+Ford, Meaning 96f は、ギリシア語では与えることと受けること、恵みと感謝とは、英語にはない仕方で相互に密接に結びついているとし、このことはⅡコリ 8、9 章の思想の中で極めて鮮明になっていると述べて、8:1ff でのマケドニア教会の場合等を例として挙げている。これはカリスに、上記a③で見たように、「感謝する」の意味で使われる例があることから明らかなように、妥当な解釈であるが、英語ばかりでなく日本語でも、人間の感謝する行動は神から与えられる恵みと別次元のこととして受け取られるのが常であることを考慮に入れ、恵む、感謝するの両行動が、単に密接に結びついているのではなく、一つの観点のもとで捉えられていることを強調する解釈をとった。
　Briones, Policy 128 が「恵みは恩恵授与者である神から下り、キリストに与る者たちの中へ / を通して / の中で流れ、最後は感謝となって最上の与え手である神へと帰る」とまとめているのを参照（同 173 も参照）。

補説 3　パウロによるエルサレム教会のための献金運動

今まで検討してきた他の用語が用いられる場合とは著しく異なる特徴が浮き彫りになる。他の用語が用いられる場合は、重点の置きどころがそれぞれ異なっているものの、いずれも「献金」が人間の営為であることが前提されていた。これに対しカリスの場合は、ａの例でとくにはっきり現れているように、しかし、ｂの例でもそのことが読みとれるように、「献金」をすること自体が神から人間に与えられる恵みである。ここにはわれわれの常識とはかけ離れた「献金」理解がある。

パウロはこのように献金すること自体を神から与えられた恵みと把握するが、それは献金行動が持つ人間の営為の側面を考慮に入れないということではない。献金に際しそれを「けちけち」と行うか「讃美をもって」行うかは、各人の生きる姿勢によって決定されることであって（II コリ 9:6）、献金が神の恵みだということは、人間はただ機械的にその流れに乗るということではない。実際にいくら捧げるかも各人が「心で決め」るべき事柄である（II コリ 9:7）。

教会員が自分の所属する教会の維持費を負担する、これも、教会が神の名によって建てられた団体である限り、一種の献金であろう。パウロもこの営みを否定はしない。しかし、それはパウロの判断では人間的営為の域を出るものではなく、カリスの名に値するものではない。それゆえ、彼が「献金」をそれ以外の維持費的拠出金と区別してカリスと呼び、それへの参加を教会に呼びかけるとき、彼が問うているのは教会のあり方自体である。教会が自らの存立を最大の関心事とし、自らの存立を可能とするための経済システムを充実させるのに専念するとき、教会は他に向けて徹底的に開かれた彼らの主、神の働きに、本当に参与する覚悟があるのか、それをパウロは「献金」を提唱することによって、自分の建てた諸教会、とくにコリントの教会に向けて問いかけている。

E. パウロの活動と「献金」運動の変遷

a. エルサレム会議

　パウロが最初にエルサレム教会のための「献金」の問題に接したのは、エルサレム会議での席上アンティオキア教会の代表としてのバルナバおよび彼に対してなされたエルサレム教会側の要請によってであった。ガラ2:1-10の記述によれば、会議の席上、エルサレム側はアンティオキア側からの異邦人への福音宣教についての報告（2節）に接した上で、パウロには「何ものをも付加的に課すことをせず」（6節）、「ペトロが割礼［の者へ］の福音を委ねられているように、わたしが無割礼［の者へ］の福音を委ねられていることを確認し」（7節）、「わたしとバルナバとに交わりの手を差し出した」（9節）、ただ、交わりの締結に際し、エルサレム側から「貧しい人々を覚えているように」という要請を受けた、と彼は述べる（10節）[1]。これがエルサレ

1　以上はガラ2章の文言を要約したものであり、それがエルサレム会議の客観的報告と言えるかは別問題である。客観性が疑問視される可能性のある二つの点を指摘しよう。第一に、ガラ2章によれば、会議の結果両教会の交わりの表現として「わたしたち」はエルサレムの貧しい人々を「覚えている」ことを頼まれるが、これに見合うエルサレム側の「わたしたち」に対する貢献等については言及がない。つまり、会議の取り決めの中のこの部分は片務的である。片務的であってならないことはないが、なぜ片務的なのかをじかに説明する文言はない。第二に、このことと逆方向の疑問であるが、パウロは9節で「わたしたちは異邦人に、彼らは割礼［の者］に［宣教する］」と、両教会が対等な地位で活動することの確認を強調している。これは律法主義者の侵入に直面するガラテアの諸教会に対しパウロがこの手紙で一貫して主張していることと軌を一にしており、果たして会議の取り決めを客観的かつ正確に報告しているかに疑念を残す。
　　しかし、会議の報告を丹念に見れば、これらの点をある程度解明することが可能である。すなわち、7節の文言、「ペトロが割礼〔の者へ〕の福音を委ねられているように（καθὼς Πέτρος τῆς περιτομῆς）」は、ペトロがユダヤ人に福音を伝えることを当然のこととして前提し、その上に立ってパウロに「無割礼〔の者へ〕の福音が委ねられている」ことが確認されたとしており、会議の決定はエルサレム側のある意味での譲歩を含んでいることを示唆している。片務的と見えるものはそこにそもそもの端を発していると見るべきであろう。
　　Schmithals, Kollekten 81 はガラ2:9を指して——この9節の表現では、7節に比べ、異邦人伝道、ユダヤ人伝道が並列的に置かれているが、7節の言い方の方に元

補説3　パウロによるエルサレム教会のための献金運動

ム教会への「献金」が話題になった最初であり、パウロが「献金」運動に関わりを持った最初である。ただ、ガラ2：1-10の報告の主眼はあくまでも、「ペトロが割礼［の者へ］の福音を委ねられているようにわたしが無割礼［の者へ］の福音を委ねられていること」（7節）の確認にある。それこそがガラテア書を書くに当たって、ユダヤ主義者の煽動により動揺しつつあるガラテアの人々に向かって彼が伝えたかったことであった。これに対し「献金」の申し合わせは、それが「付加的」条項ですらなかったことを、パウロはむしろ強調しようとしているように見える（6節。「何ものをも付加的に課すことをせず」）。ガラテアに侵入したパウロ批判者たちは、直前のパウロの第二伝道旅行末のエルサレムでの話し合い（この項のdを見よ）の勢いに乗って、ガラテアで「献金」問題についてもパウロ批判を展開したと思われる。10節の記述はそれを前提にしてなされたものである。それは、「献金」の取り決めが会議の席上でなされたことを述べることを第一の目的とするものでは

来のニュアンスが残っていると見るべきであろう——、パウロはエルサレム会議の席上、エルサレムの使徒たちは「西方において新たに開かれるべき伝道領域で、会堂の内部で伝道すること」、他方パウロは「会堂の連合体の外側で（außerhalb des Synagogenverbandes）」異邦人伝道を行うことの取り決めがなされたと述べているとし、102ではその線に沿ってパウロの最後のエルサレム訪問を説明して、「パウロはエルサレムでユダヤ人キリスト者たちと〔西方における〕さらなる共同の伝道（die weitere gemeinsame Mission）について取り決めることを意図しているようだ」と述べ、それに献金問題も絡ませ、「献金は遠いスペインの会堂での伝道というお金のかかる企画をユダヤ人キリスト者にも可能とさせる」と説明している。しかし、元来の会議での取り決め、「貧しい人々を覚えているように」（ロマ15：26も参照）がそこまでを視野の中に入れていたかは疑問であるし、最後のエルサレム上京を述べるパウロの発言の中にもそのような要素はない。このような仕方で会議の取り決めの片務性を解消する試みは、適切とは思われない。

　なお、今紹介したSchmithalsの「パウロはエルサレムでユダヤ人キリスト者たちと〔西方における〕さらなる共同の伝道について取り決めることを意図してい」たという見解は、今述べたようにそれ自体としては首肯できないが、パウロの献金集めの意図が、各個教会の、自分たちの教会中心主義を打破することに本来の意図があったとするわれわれの見方（本補説のJを見よ）が正しいなら、エルサレム側が、受けた献金を自分たちの教会のためでなく、外部への伝道のために用いようとすることは（エルサレム側がそれを意図していたとは到底考えられないが）、それなりにパウロの献金運動の意図と齟齬してはいない。

321

なく、そのことが話し合われたことを確認しつつも、むしろ自分がその後[1]それのために努力したことを強調することを目的としたものに過ぎなかった。実際に会議の席上「献金」問題がどの程度の重みをもって話し合われたかは、確かめようがない。「献金」問題がその後、第二伝道旅行末のエルサレム訪問に際し無視出来ない重さを持つようになり、しかし、それの記録が今日ではガラ2:10以外にないために、この個所は重要視されるが、われわれとしてはこの発言が資料としてある限界を持っていることを無視すべきではない。

b. アンティオキアの衝突

エルサレム会議の後しばらくして、会議の取り決めを無効にしかねない事件が起こった。異邦人信徒との会食の問題に端を発したパウロとペトロとの意見の対立がアンティオキア教会全体の前で明るみに出た事件（いわゆるアンティオキアの衝突。ガラ2:11ff）である。この衝突の結果、パウロはアンティオキア教会を去り、バルナバとも袂を分かって（ただし彼と対立関係に入ったのではないようだ。Iコリ9:6を見よ）、自分自身のイニシアティヴのもとにいわゆる第二伝道旅行に出る。この伝道旅行の間、彼が「献金」運動を展開した形跡はない（この項のcを見よ）。彼は、自分はエルサレム会議にはアンティオキア教会の代表の一人として出席したのであり、その後アンティオキア教会から離れた自分は「献金」の約束を果たすべき——少な

1　ガラ2:10の「この点（「献金」運動）をわたしは努力して行った（アオリスト使用）」がどの時点のことを指しているのかは、よく判らない。アンティオキアの衝突以前の同地での滞在の間を含めているのか、ただし、それについては記録は一切ない。一人称単数の使用も、この「努力」が行われたのはバルナバとの共同作業を終えた後、具体的にはアンティオキアの衝突後のことであることを示唆している（佐竹『ガラテア注解』174f を見よ）。

　第二伝道旅行中は、彼がこの「努力」を行った形跡はない（この点については、この項の b,c を見よ）。したがって、蓋然性の高いのは、第二伝道旅行末でのエルサレム訪問後、このガラテア書執筆までの間、ということになろう。そうとすればそれはガラテア書執筆直前のガラテア訪問時にガラテア自体で行った「献金」への呼びかけ(Iコリ16:1)（および「前の手紙[Iコリ5:9]」によるコリントへの呼びかけ?）を指していよう。

補説 3　パウロによるエルサレム教会のための献金運動

くも主要な——責任者ではない、と考えたのであろう[2]。実際、エルサレムで
の取り決めはアンティオキア教会のような、もともとエルサレム教会と強い
結びつきがあり、かつすでにある程度の経済基盤を持つようになった教会を
念頭に置いたものであって、開拓伝道で出来たばかりの、ごく少人数の異邦
人教会を念頭に置いたものであったとは考えられない。また、会議の当時に
は、パウロがアンティオキア教会から独立してヨーロッパにまで伝道活動を
展開し、そこに異邦人主体の教会を設立するという事態は、だれも想定して
いなかった。いずれにしても彼がアンティオキア教会から独立後もこの取り
決めを終始一貫強烈に意識していたとすることは、おそらく当を得ていま
い[3]。ましてや、彼がそれを、エルサレム教会の要求に基づく、彼の建てた異

2　それゆえ私は、たとえばスコット 173 のように、「エルサレムのための献金は［エ
　ルサレム会議に続く］次の二十年以上にわたり、使徒としてのパウロの主要な目標
　の一つとなった」とする見解には、賛成出来ない。エルサレムへの「献金」運動に
　対する彼の関わり方は、以下に述べるように、それよりはるかに起伏に富んだもの
　であった。
　　Wedderbrun, Collection 108 はパウロの献金運動をむしろアンティオキアの衝突
　が生み出した結果と考える。すなわち、アンティオキアの衝突の結果教会が分裂し
　たことが彼の教会に、彼の提供しているものに何らかの欠陥があるのではないかと
　の不安を巻き起こしたが、その状況の下で、彼自身神の民の分裂状態を許容できな
　いで献金運動を始めた、と推定する（同 101A15 も参照）。この見解は、パウロの献
　金運動とエルサレム会議とを直線的に結びつけることを避けている点で評価できる
　が、第二伝道旅行を衝突の前に考えること（Wedderbrun は、第三伝道旅行は「ア
　ンティオキアの衝突によって直接先行されていた」、と言う。ただし、101 では彼は「ア
　ンティオキアの衝突およびバルナバ…からのパウロの別れ」という言い方をしてい
　る）が適切かには疑問がある。パウロは衝突の結果、自らアンティオキア教会から
　離れ、独自の（第二）伝道旅行に踏み出したとする方が蓋然性が高い。
　　Hengel/Schwemer, Paulus 329 も「第二伝道旅行の締めくくりをルカは謎めいた
　仕方で短く語っている…」と指摘し、アンティオキアの衝突は「いわゆる第二伝道
　旅行の後で」起こったと推測している（献金運動との関連はとくに指摘していない）
　が、これでは、パウロはなぜ第二伝道旅行をバルナバと組まないで行ったか（もっ
　とも、Hengel/Schwemer 330 はそれを、使徒言行録の記述（15：36ff）通り、マルコ
　を同道させるか否かの問題に帰している）、第三伝道旅行を「献金」運動として展
　開し始めたかを説明するのが困難であろう。
3　たとえば Becker, Paulus 273 の見解、「パウロは当時（エルサレム会議で）約束
　した（Wort geben）一人の人間として、生涯に亘ってこの取り決めに束縛されてい

323

邦人主体の教会の負うべき義務と受け取っていなかったことは、確実である（Gnilka, Kollekte 312f）。ガラ 2 : 10 での「献金」に関する言及は、会議の忠実な記録というよりも、第二伝道旅行末のエルサレム訪問を通して彼がエルサレム会議の席上での取り決めを再認識したことの反映である。

c. 第二伝道旅行と「献金」

パウロの書いた手紙の中で唯一第二伝道旅行中に書かれたと思われる I テサロニケ書には、「献金」への言及は一切ない。他方、第三伝道旅行に入ってから記されたガラテア書、I+II コリント書、ロマ書では、「献金」への言及はかなり頻繁である。彼の書いた手紙で残されたものがほとんど第三伝道旅行時代のものであることを考えると、この事実から決定的結論を導き出すことは困難と見えるかもしれないが、もう少し仔細に見れば、この印象は変わる。コリントに関しては、I コリ 16 : 1ff に「献金」の集め方についての問い合わせに対する返答が記されているが、それは「献金」の集め方についての言わば極く初歩的段階に属するものであって、「献金」運動がこの記事が書かれた段階以前に、つまり第二伝道旅行中に、コリントで始められていたとは受けとれない。それに、第二伝道旅行末のエルサレム訪問も、大きく言えばコリントを出発地としていたのだから、もしこの時すでにコリントからの「献金」を持参していたなら、I コリ 16 : 1ff に見られるような初歩的問答はなされなかったであろう。第二伝道旅行末のエルサレム訪問に際しては、

ると感じている」には賛成出来ない。

　他方、Schmithals, Kollekten 82,85 は、ガラ 2 : 10 でパウロが、エルサレム会議の席上約束したエルサレム教会のための献金運動に自分は熱心に努力を傾けた、と述べているのを論拠に、「彼は『使徒会議』の取り決めを継続的に守った」と主張し、アンティオキアの衝突がエルサレムの取り決めを断絶に導いたとの主張を退ける。しかし、パウロがこの出来事を会議の報告にすぐ続けて述べていること、しかも衝突の報告の中心に聴衆の面前でのペトロに対するパウロ自身の厳しい発言を置いていることは、彼がこの出来事を極めて重大視していることを示している。ガラ 2 : 10（この発言の解釈については、本補説 H a を見よ）にもかかわらず、彼が第二伝道旅行で献金活動を行っていない事実は、彼が会議の取り決めに「継続的に」忠実であったと解釈することを著しく困難とする。

補説 3　パウロによるエルサレム教会のための献金運動

パウロは明らかに手ぶらであった[1]。パウロは第二伝道旅行中にフィリピ等の
諸教会を設立している。フィリ 4：10ff にはフィリピの人々は彼がフィリピを
去った後、彼を経済的に支援したとの記述があるが、エルサレムへの「献金」
についての言及は一切ない[2]。「献金」運動がフィリピですでに始まっていた
なら、それを仄めかす記述が一言あって然るべきでなかったか。フィリピを
含むマケドニアで献金運動が始まったのは、第三伝道旅行の半ば以後のこと
である（II コリ 8：1ff）。

　「献金」に関するパウロの記述でこの関連でもう一つ注目すべきは、実際
の「献金」がエルサレム会議での取り決めの線に沿って行われているように
見えるにもかかわらず[3]、会議の取り決めに直接触れる記述がほとんど一つも
ない点である[4]。この奇妙な沈黙は、彼が第二伝道旅行でエルサレム会議での
「献金」について積極的に触れなかったことを示唆している。彼は、アンテ
ィオキアを去った後の自分に、宣教活動と並行して「献金」を集める責務が
あると認識してはいなかったのではないか（本補説の b を見よ）。

1　Schmithals, Kollekten 87 は意見を異にし、パウロがこの機会に集めた献金を持参
　　したことは、ガラ 2：10 から見て「若干の確実さをもって前提することが許される」
　　とする。ガラ 2：10 の解釈については本補説 H a を見よ。
2　われわれが推定するように、パウロにとってエルサレム教会のための献金運動の
　　意図が、自分たちの教会に関心を集中させる各個教会の体制の打破にあったとする
　　なら（本補説 J を見よ）、フィリピ教会の場合はすでに（パウロの宣教を支援する
　　ことにより）それを行っているのだから、これ以上エルサレム宛の献金運動を呼び
　　掛けることは不必要と考えたとすることが可能であろう。
3　スラル 505,507 は、アンティオキアの衝突は「元来の取り決めと II コリ 8、9 章
　　が関係しているパウロの献金との間に一つのラディカルな断絶をもたらしたのは事
　　実であろうが、…パウロの献金は…エルサレムへの献金である点で、このプロジェ
　　クトと以前のそれとの間に何らの関係がないと考えることは難しい」と述べる。エ
　　ルサレム会議の取り決めと第三伝道旅行での献金運動の間には実際大きな「関係」
　　がある。それは、パウロが第二伝道旅行終わりのエルサレム訪問でエルサレム会議
　　での取り決めの存在を指摘され、第三伝道旅行ではそれの実行を試みたことに由来
　　するものであって、パウロがエルサレム会議の取り決めを常時深く意識していたと
　　考えることは、やはり難しい。
4　たとえば Wedderbrun, Collection 99：「彼〔＝パウロ〕は明白に献金に言及して
　　いる個所ではどこでも（ガラ 2：10 は除く）、そのプロジェクトを彼とエルサレム教
　　会との間で達した合意の実行と結びつけていない」。

この点での唯一の例外はガラテア書である。彼が第三伝道旅行でガラテア
を立ち去った後侵入してきた、おそらくエルサレム教会の中の彼に批判的
な分子と関係の深いユダヤ主義的論敵の説得に応じつつあるガラテアの諸教
会を前にして、彼はエルサレム会議をフルに活用して（とくに2:7を見よ）、
自分の行っている異邦人伝道の合法化を図ると同時に、自分が行ったガラテ
アの諸教会に対しての献金運動への参加の呼びかけを会議の取り決めの忠実
な実行と位置づけている（2:10b）。おそらく彼は、この論敵たちがパウロは
エルサレム会議での「献金」の申し合わせに対し不誠実だとガラテアでも非
難していたことを念頭に置いてこの報告を書いたのであろう。

d. 「献金」運動の着手——第二伝道旅行末のエルサレム訪問

　第二伝道旅行の終わりにパウロがエルサレムに「上京し、教会に挨拶」し
たこと（使18:22）について、使徒言行録の記述は極めて簡単であり、パウ
ロの書いた手紙にはその事実すらどこにも触れられていない。このことは、
この訪問が気まずい結果を生んだのではないかと推測させる[1]。しかし、パウ
ロ自身が初めから実りの乏しいことを覚悟の上でこのコリントからエルサレ
ムにまで戻るという長旅[2]を企てたとは思えない。彼にとってはこの訪問は、
それを企てた段階では重要な意味を持っていたはずである。

　われわれは使徒言行録の記述をもとにして、パウロの旅行を第一、第二、
第三伝道旅行と呼ぶことに慣れているが、パウロ自身は第二伝道旅行を、三
つの伝道旅行の一つという具合には理解していなかったろう。彼は第三伝道
旅行の途上コリントで、「わたしはエルサレムから、巡りめぐってイリリコ
ンに至るまで、キリストの福音を満たして来た」と述べ（ロマ15:19）、ま
た「今ではこれらの地方（帝国東方）にはもはや〔働く〕余地がなく」イス
パニアに赴こうと考えている（同23節）としている。彼は宣教に際し拠点

1　使18:22に関しては荒井『使徒行伝』中485も、パウロがカイサリアから「のぼった」
　目的地がエルサレムであったことをルカが言及しないでいると指摘し、その理由は
　「エルサレム教会とパウロとの緊張関係を隠蔽する」ためであったと推定している。
2　第二伝道旅行最後の活動地コリントからエルサレムまでは片道1,000キロを超え
　る。しかも、エルサレムを訪問した後、パウロはほぼ一直線に、再びコリントを目
　指して旅行する。

補説 3　パウロによるエルサレム教会のための献金運動

主義をとっており、広大な世界を虱潰しに伝道するのではなく、主要な拠点で教会を設立すればその周辺地域への伝道はそれぞれの教会に任せるというのが彼の方針であったようだ。上記引用文中の「［帝国東方には］もはや［働く］余地がない」はその観点に立っての発言である。この方針の適否については議論の余地があろう。しかし、彼がこの方針に立って——第三伝道旅行末に至って初めて、ではなく——すでに第二伝道旅行末に上記の結論に達していたのは確実で、事実彼は第三伝道旅行では新しい都市、地域への宣教の展開は、エフェソおよびその周辺は別として、計画的には行っていない。第二伝道旅行末のエルサレム訪問は、このような自負を持ちながら、次の段階として帝国西方に足を踏み出すに先立って、帝国東方に残す自分の建てた教会の順調な成長を願って、エルサレムに後事を託す思いで[3]臨んだ訪問だったろう[4]。

_____

3　ロマ 15:24 では、パウロは自分はイスパニアに行く途中ローマ教会を訪ね、「あなたがたに送り出されて」イスパニアに向かうことを希望していると述べている。この「送り出す（προπέμπειν）」は物質的援助を与えるという意味で使われることがあり（L.M.White, Social Authority in the House Church Setting and Ephesians 4:1－16（Restoration Quartery 29,1987）209-228（ウィザーリントン 419A25 が指摘）、この個所もそれは「旅行に必要な物資の支給、およびとりわけ旅行中の護送すなわち最初の滞在地に至るまでの道に詳しい付き添い」（ヴィルケンス『ロマ書注解』180）を意味している可能性がある（川島『ロマ書講義』456 も参照。I コリ 16:6; II コリ 1:16 も見よ）。しかしおそらく、パウロがエルサレム教会に期待していたのは目に見える形の援助でなく（エルサレム往復の旅費等については、彼はおそらくアンティオキア教会からの支援を期待したであろう）、むしろ帝国東半に残す、自分の建てた異邦人諸教会に対する精神的な見守り、そこから派生する具体的な配慮であろう。そのことを申し入れることが、彼のこの時のエルサレム訪問の主たる目的であったと考えられる。

4　第二伝道旅行末のエルサレム上京について、佐藤『旅』163 は、このときパウロには「エルサレム教会との間に、急遽何か話し合わなければならない事態が生じた」、「そのテーマは、おそらく異邦人教会のあり方と、パウロの異邦人伝道のありかたについてで」あったとし、「ちょうどアンティオキア衝突事件に、さらに輪を掛けたような事態が、少なくとも想定できそうな気が」すると述べる。しかし、このような緊急の事態が発生したことを暗示する発言は、パウロの手紙にはないし、第三伝道旅行に際しパウロがその種のことについてとくに力を入れた形跡もない。私はむしろ、本文に述べたように、この上京の目的はパウロの世界大の伝道計画の枠内で捉える方がいいと考える。

327

しかし、この訪問はうまく行かなかった。詳細は使徒言行録も伝えていないし、パウロに至っては、先に触れたように、この訪問自体に一言も触れていない。ただ、注目すべきことに、この第二伝道旅行末のエルサレム訪問後、パウロは急にエルサレム教会のための「献金」に力を注ぐようになった。そのことはその直後のアンティオキア教会訪問ですでに窺えるし（アンティオキア教会訪問の意図について本項目末尾で述べる点を参照）、いわゆる第三伝道旅行で最初に訪れたガラテアで、彼は「献金」運動を始めている（Ⅰコリ 16：1。322 頁注 1 を見よ）。そして「献金」運動への注力は、後に述べるように、この第三伝道旅行の終わりまで変わらないパウロの姿勢であった[1]。
　「献金」に関するこの急激な態度の変化は、第二伝道旅行末のエルサレム

1　Georgi, Kollkete 32 は、ガラ 2：10b でパウロはエルサレムの取り決めの第二の部分（「貧しい人々［＝エルサレムの信徒たち］を覚えているように」）について「まさにこの点をわたしは努力して行った（ἐσπούδασα…ποιῆσαι）」と述べており、この努力は「とうに過ぎ去った」こととされていること、またガラテア書より前に（おそらく第二伝道旅行中に）執筆された Ⅰ テサロニケ書には、彼がテサロニケ教会で献金問題を持ち出している形跡のないことを指摘して、ガラ 2：10b の言及するパウロの「努力」はエルサレム会議直後に行われたものであった、と推定する。次いで彼は「エルサレム会議のとり決めを守るというパウロの努力はなぜ萎えたのか」と問い、それはアンティオキアの衝突によってエルサレム教会とパウロとの信頼関係が壊されたからだと推測する（33）。アンティオキアの衝突が両者の関係に大きな変化をもたらしたことは、容易に推測出来る。しかし、ガラ 2：10b の発言を衝突以前のパウロの努力を指しているとすることには無理がある。エルサレム会議からアンティオキアの衝突までの期間は比較的短く、その間にパウロ（たち）が異邦人伝道の傍ら「献金」を集める努力をした形跡は、記録の上では一切見当たらない（使徒言行録の記述によれば第一伝道旅行はエルサレム会議より前に行われたから、ガラ 2：10b のいう「献金」が第一伝道旅行に際して行われたと考えることは、そもそも無理である。もっとも、第一伝道旅行が行われたのは実際にはエルサレム会議の後であったと考える余地はある。佐竹『使徒パウロ』159f を参照。この時間的先後の問題にはしかし、ここでこれ以上は立ち入らない）。ガラ 2：10b での突然の一人称単数形の問題(322 頁注 1 を見よ)も参照。ガラ 2：10b の発言自体について言えば、ガラテア書執筆のずっと以前に払った自分の「努力」に言及して見ても、彼自身その後第二伝道旅行の終了時まで献金問題から遠ざかっていたことを読者も知っているだけに、有効な発言とは成り得なかったであろう。以上から考え、ガラ 2：10b の発言をアンティオキアの衝突以前に関係づける Georgi の主張は説得的ではない。他方、ガラ 2：10b の文言は、第三伝道旅行時におけるパウロの第二回ガラテア訪問時のことを指していると見ることが十分可能である。

補説3　パウロによるエルサレム教会のための献金運動

訪問で彼は先のエルサレム会議での「献金」に関する取り決めを想起せざるを得ない状況に立たされたのではないかと推測させる。その後に記されたガラ2章で「献金」に関する会議での取り決めに特別に言及がなされていること（10節）も、この推測を強める。ロマ15：31では、パウロはエルサレム側が「献金」を受け取ってくれるかについて確信を持てないことを伝えている。このことは、第二伝道旅行末のエルサレム訪問時に「献金」問題を持ち出したのは、エルサレム教会を代表する人ではなかったことを示唆する。もし代表者による指摘であったなら、パウロはその呼びかけに応じる形で集めた「献金」を受け取ってもらえないかもしれないという不安を抱えることにはならなかったろう。エルサレム教会にはパウロに批判的な人々が強い勢力をもっていた。アンティオキアの衝突を巻き起こす原動力になったのはそういう人たちであったろうし、後に、パウロの後を追うようにして、ガラテアやコリントに現れた論敵たちも、互いに連携があったかは確かでないが、広く見ればそういう部類の人々であったと思われる。第二伝道旅行末のエルサレム訪問に際して、パウロはそういうグループに属する誰かから、かつての会議の席上での「献金」の約束が実行されていないことを指摘されたのではなかろうか[2]。それは彼にとってはもちろん、エルサレム教会の指導者たちにとっても予期していなかったことだったに違いない。しかし、その言い分に誰も簡単に反論することは出来なかった。エルサレム教会を特別視する見方は、エルサレム教会の指導者たちにもパウロにも（パウロのこの問題に関する見解についてはGを見よ）ある程度浸透していたからである。このようにして、「献金」集めの行脚である第三伝道旅行が始まる（佐藤『旅』165ffを参照）。

2　シュメラーII 34は、律法から自由な福音を重要視するパウロはアンティオキアの衝突によって閉ざされていた道を新たに拓くため、エルサレム会議で律法から自由な福音の承認を対象としていた（zum Gegenstand hatte）献金の申し合わせを活用することを考えた、と言う。しかし、それを行うことが出来たのなら、彼は第二伝道旅行末にエルサレムを訪問するときに「献金」の用意をしていたのではないか。第三伝道旅行でそのことだけのために奔走するについては、第二伝道末の上京時に彼をそのことへと突き動かす特別の刺激があったと考えざるを得ない。

329

彼が第二伝道旅行末に、エルサレムの後でアンティオキアに寄っているこ
とも、以上と関連する事柄であった可能性がある。この立ち寄りについて
も使徒言行録は極めて簡単に触れているだけであり（18:22f）、パウロ自身
は――彼はこの時のエルサレム行きそのものについてどこにも述べていない
のだから、当然のことであるが――何も述べていない。彼はただ旧知の教会
を訪ね、挨拶を交わしただけなのか。おそらくそうではあるまい。彼が、当
時の習慣に従って旅費の支援をアンティオキア教会に期待したことは、十分
に想像出来る。それ以上に注目すべきは、第三伝道旅行では、それまでパ
ウロの同労者として一度も言及されていなかったテトスが、とくにコリント
での献金運動との関連で重要な人物として登場する点である。このテトスは
アンティオキア教会の出身で、エルサレム会議にもバルナバ、パウロに伴わ
れて出席し、アンティオキアの異邦人キリスト者の代表としてある役割を果
たした（ガラ2:3）。「献金」の取り決めについても彼は知っていたはずであ
る。エルサレム教会のための「献金」運動を本格的に展開することを意図し
たパウロが彼の起用を考えたのは極めて自然で、このアンティオキア訪問は
その意図も込めて行われた可能性が大きい（Ollrog, Mitarbeiter 34f を参照。
Zeller, Korinther 531 も、パウロは「諸教会を「献金」のために活性化させ
るためにテトスを第三旅行に連れて行った」と推定する）[1]。

e. 第三伝道旅行

　第三伝道旅行では、彼はエフェソに比較的長く滞在した。それは、使徒言

1　使15:3 はアンティオキアから会議のためにエルサレムに上ったのは「パウロと
　バルナバと彼ら［＝アンティオキアの教会員］のうちの他の何人か」としているが、
　ガラ2:1 は会議への同行者について「わたしはバルナバと一緒に再びエルサレムに
　上り、［その際］テトスをも連れて行った」と述べる。3 節から見ると、テトス一人
　を連れて行ったかのように書いているのは他の同行者たちが（ルカの言うようにそ
　ういう同行者がいたとしても）おそらくユダヤ人キリスト者であったのでガラ2 章
　の文脈では言及する価値がなかったため、と考えられるが、テトスがガラテア教会
　によく知られた人物であったこともここでは前提されている。このことは、テトス
　がパウロの第三伝道旅行にその初めから、つまりガラテア訪問時から、同行してい
　た可能性のあることを示唆する。

補説3　パウロによるエルサレム教会のための献金運動

行録の記述によれば二年以上続き（19:8-10）、パウロは相当の成果を収めた（19:18-20）。この報告をすべて否定する必要はない。しかし、使徒言行録の記述から受けるほどには、彼がエフェソでの宣教に集中していたわけではない[2]。彼自身の記述によれば、彼はこの間にコリントを一度訪問している（II コリ 13:1 の説明を見よ）[3]。この時は訪問が失敗に終わったので、彼は短期間で引き上げたと思われるが、成功していたなら、彼は再びエフェソに戻ることはしなかったかもしれない。コリントの状況はいずれにしても彼にとって最大の気がかりの種であった。中間訪問直後に、彼はテトスをコリントに派遣して、和解工作に当たらせている。しかも彼はテトスの報告を一刻も早く受けるため、トロアスで宣教の機会があったにもかかわらず、そこを去って、マケドニアに出かけ（彼はテトスの帰還が、エーゲ海の渡航の困難となる冬場にかかる可能性を考えていたのだろう）、テトスを待った（II コリ 2:12ff; 7:5ff）。最終的に彼はテトスから朗報を聞くことが出来た。彼はしかし、単なる和解で満足せず、帰着後間がなかったテトスを「献金」運動の完成のためにコリントに再派遣し、その後自分自身も——エフェソに戻ることなく——コリントに赴いている。

　　パウロはエフェソでは、使徒言行録によれば、最後に銀細工人デメテリオスの引き起こした騒ぎに巻きこまれかけはしたものの（19:23ff）、総じて平穏に二年ほど宣教活動に従事した（19:8ff）。他方、彼自身によれば、彼は「獣との戦い」（I コリ 15:32）を強いられ、生きる望みを失うほどの過酷な体験をしている（II コリ 1:8ff）。

使20:3 の記述によれば、彼は（おそらく冬場の船旅を避けて）コリントで三カ月ほど滞在した後、エルサレムに向けて旅発った。コリントでの再度の宣教活動が主たる目的ではなかった（彼はこの間にロマ書を書いている）。使徒言行録は記していないが、この上京は明らかに「献金」持参の旅行であった（ロマ 15:25ff）。このことからも、第三伝道旅行が「献金」集めを主目的としていたことが判る。

2　この点については序説5 b α を見よ。

3　この点については序説5 b β も見よ。

331

F. 「献金」の意味づけ

　最初に、全体に関することとして一言。パウロの場合、「献金」は、——教会間の交わりの確立を含めての——実際の必要に促されて行われた。Downs, Offering 120ff は、パウロは献金を礼拝と理解している、と強調する。確かにパウロは、「献金」が礼拝的意味を持つことを述べることがある（II コリ 8:12; 9:11ff）。しかし、彼の言葉の中には、キリスト者にとって礼拝を捧げるのが必然であることを根拠にして、そこから「献金」の必然性を論じている例はない。「献金」を呼ぶとき「奉仕（ディアーコニアー）」の呼称を用いる場合にも、それが直接神への奉仕を指す事例がないこと（C c を見よ）も、Downs の捉え方がパウロの実際に即していないことを示していよう。「献金」はあくまでも実際の用に基づいて考えられている。Downs はこの関連で I コリ 16:1-4 を重要な例証としているが（127ff）、これは説得的ではない[1]。

a. エルサレム会議

「献金」がどのような意味のものと理解されていたかを考えるには、この「献金」が最初に話題となったエルサレム会議席上でのやり取りの検討から始めるべきであろう。

　ガラ 2:10 でパウロは、エルサレム会議の席上「わたしたちは異邦人に、彼らは割礼〔の者〕に宣教する」（9 節）ことが合意されたが、両者はまっ

1　Downs は I コリ 16:1-4 を、献金が「コリントにおけるキリスト者たちの週ごとの集まりの重要な要素」であったことを示す重要な証拠としている（127ff）。しかし、彼が S. R. Llewelyn, The Use of Sunday for Meetings, Nov T 43 (2001), 209f に依拠しながら「個人的に（individually）」と訳している、ここに出る παρ᾿ἑαυτῷ という言葉は「自分の手元に」とでも訳すべきであって、礼拝に持参して捧げることを指してはいない。そうでなければ、それに続く「わたしが着いたときになって初めて献金がなされるように」という勧告は意味をなさなくなるだろう。それに、礼拝に際し献金を「個人的に」捧げることは当たり前のことであって、わざわざそれをここに記す意味はない。礼拝ごとに、パウロが着くまで取っておかなければならないお金を集めたのでは、保管上の問題も生じるだろう。この個所が前提しているコリント教会からの問いはむしろ、「献金」を実際に行おうとした段階で、財政責任者の扱う会費的諸経費の扱いとの混同の可能性に気づいて出てきた、「献金」導入時の問いと見るべきであろう。

補説3　パウロによるエルサレム教会のための献金運動

たく無関係となるのではなく（「ただ」）、エルサレム側から「わたしたち〔＝パウロたち〕が貧しい人々を覚えているように」との要望が出され、アンティオキア側はそれに同意した、と述べている。会議全体の報告については、上に述べたように十分客観的であるかに問題がないわけではないが、「献金」の趣旨が「貧しい人々を覚えている」ことにあるとされている点は、すぐ後で述べるように、実際と大きく齟齬しているとは思われない。ただし、それの解釈については問題がないわけではない。何よりもここで言う「貧しい人々」が誰かが問題となる。

　この「貧しい人々」はエルサレム会議の席上でエルサレム側の「ただ」で始まる要望の中で出た表現であるから、それがエルサレム教会所属の者を指している可能性は大きい。しかし、それがエルサレム教会内部の、社会的な意味で貧しい人々だけを指しているのか、それともエルサレム教会の構成員全員を指しているのかは、定かでない。

　「貧しい人々」という言葉自体から考えれば、後者の可能性は乏しいように見える。しかし、旧約・ユダヤ教には、この後者の見方の支えとなると見えるこの語の用例がかなり多く見られる。

　　詩編では、「貧しい人々」は神に反逆する人たちと対立的な位置を占める者を指して出ることが多い[2]。初期ユダヤ教一般でも、「貧しい」はしばしば「義しい」「敬虔な」と同義に扱われた[3]。クムランの諸文書では、「貧しい人々」がグループの自称として出ることが稀でない[4]。これらの例では、「貧しい人々」とは、真のイスラエルとして、それにふさわしく行動する人々である。それに加えて、やがて終わりが来て、現在圧迫を受けている者たちが栄光を受けるという終末論的考え方が、次第に強く「貧しい人々」に付されるようになった（Georgi, Kollekte 23 を参照）。

　　エルサレムのキリスト者が「貧しい人々」と呼ばれていたとすれば、そこにはこのような旧約以来の伝統的な考え方が働いていた可能性が考えられ

2　たとえば詩 9：13,19;10：2,9,17。E.Bammel、ThWNT VI 891,24ff を見よ。

3　とくに前一世紀のファリサイ派文書であるソロモンの詩編において著しい。Georgi, Kollekte 23A53、Bammel, 同 896,4ff を見よ。

4　たとえば1QH 5：21; 18：14,22; 1QM 11：8f,13; 14：7。Bammel, 同 896,29ff を見よ。

333

る[1]。つまり、自分たちこそ真のイスラエルだとの意識である。もう一つ考え
られるのは、エルサレム教会の中にあった、自分たちはキリスト教界の中で
特殊な地位を持っているとの自意識が反映しており、そのことが初期キリス
ト教の中で認められていた可能性である。しかし、新約での「貧しい者」の
用例から見て、後者の可能性は乏しい（後述を見よ）。

　問題はガラ 2:10 の「貧しい人々」の場合である。この発言は会議の席上
エルサレム側が行った言葉を——会議の記録があったとは考えられないから
——パウロ自身が自分の言葉でまとめたものと考えられる。このうち、エル
サレム会議の席上ではこの語は使われていなかったのに、パウロ自身がエル
サレム教会の構成員全体を意味して「貧しい人々」を使った可能性は、乏しい。
彼が他のところでエルサレム教会員をこのように呼んでいる例はないし[2]（ロ
マ 15:25 については以下を見よ）、エルサレム教会員全体を呼ぶ場合には「聖
徒たち」を用いるからである（ロマ 15:25; Ⅰコリ 16:1）。エルサレム会議
の席上、エルサレム側が自分たち全体を指して「貧しい人々」と呼んだ可能
性はどうか。不可能とは言えないまでも、蓋然性が高いとは言えまい。もし
そのことを言う積りなら、わざわざ「自分たち」を「貧しい人々」と呼び変
えることはしないで、「あなたがた（バルナバとパウロ）はわたしたちを顧
みるように」と言えばよかったはずだからである（パウロがそれを自分なり
の仕方で表現しかえるなら、「わたしたちが彼らを…」）。それでは露骨過ぎ
るということで、「わたしたちを」の代わりに「貧しい人々を」と表現した
可能性がないとは言えないが、他にそのような例はないから、それを積極的
に認めることは難しい。他方、「貧しい人々」がエルサレム教会内の社会的
に貧しい人々を指しているとする場合には——会議の席上用いられた場合も、

1　「貧しい人々」は「神の最終的援助を待望している真のイスラエルを表す、ユ
　ダヤ教から取り入れられた名誉ある名称」（ボルンカム『パウロ』82。Lietzmann,
　Galater（ad 2:10）も同様。ケーゼマン『ローマ人への手紙』741、Georgi,
　Kollekte 23 等も参照。
2　エルサレムの信徒たちを「貧しい者」と呼ぶ例は、ここで扱うパウロ以外には、
　新約全体にも初期キリスト教諸文書にも一つもない（シュメラー Ⅱ 34。同所にその
　他の文献の指示あり）。

補説 3　パウロによるエルサレム教会のための献金運動

席上では用いられなかったがパウロが自分の理解に基づいて使った場合に
も——「わたしたちの中の」とか「わたしたちの」に相当する語が伴ってい
ることが期待されるが、それがなくても意味は通じないわけではない。以上
のような次第なので、全体的に見て、ここでの「貧しい人々」がエルサレム
教会自体を指す可能性はどちらかと言えば小さいと思われる。「貧しい人々」
はエルサレム教会内の社会的な意味での貧困者を指す表現であろう[3]。

　「献金」の受け手を「貧しい人々」とするに際して、エルサレム教会の特
殊な地位が完全に度外視されているとすることも、適切ではない。会議でエ
ルサレム教会に対する敬意が大きな役割を果たしていたことは、無視できな
い事実である。「献金」の対象がエルサレムの信徒総体でなく、その中の「貧
しい人々」であるとしても、彼らへの「献金」が取り決められたのは、彼ら
の言わば庇護者としてのエルサレムの代表者たちの申し出があったからで、
単なる慈善行為への同意ではなかった。後に貧しさの極にあったマケドニア
の諸教会（Ⅱコリ 8:2）が献金運動への参加を希望し、パウロがそれを認め
たことも、会議でのこの認識を反映している。

　以上を要するに、エルサレム会議の席上取り決められたのは、アンティオ
キア教会はエルサレム教会がキリスト教界全体の中で特別の地位を持ってい
ることを念頭に置いた上で、エルサレム教会内の「貧しい人々」に向けて好
意からの支援を行う、ということであったと推定される。

　　エルサレム会議での「献金」関係の取り決めを、アンティオキア教会にと
　ってより精神的に拘束力の強いものであったと理解する研究者もいる。
　　Joubert, Benefactor——彼は「献金は『恩恵の交換（benefit exchange）』と
　いう社会的慣習の観点から理解されるべきだ。互恵主義は古代ギリシア・ロ
　ーマの世界ではあらゆる形の善行の中心にあった」（6）との仮説に立って
　議論を進める（150-152 も参照）——は、エルサレム会議でエルサレムの指
　導者たちは律法から自由なパウロの福音を認めることにより「恩恵授与者
　（benefactor）」として機能し、彼らへの恩恵への返礼として、パウロ、バル
　ナバに、エルサレムの極貧の者の必要に応えることを求めた、と見る。しかし、

3　下記 b ②をも見よ。なお、この個所の「貧しい人々」の理解については、私は『ガ
　ラテア注解』170ff におけると意見を変えた。

335

エルサレム会議に際しエルサレム側に「恩恵授与者（benefactor）」の自意識
があった可能性はないとは言えないが[1]、少なくもパウロの側では、ガラ 2:1ff
の記述から見られる限り、自分がペトロと同等の使徒であることが受け入れ
られたとする理解の方が強烈に働いており、そのことをパウロたちに対する
エルサレム側の恩恵とする発言はまったく出ない。また、「貧しい人々を顧
みる」ことは、重要ではあるが付随的位置を持っているに過ぎない、と捉え
ている[2]。Joubert はまた、ロマ 15:27 にある、異邦人教会のエルサレムへの「献
金」を、彼らがエルサレム教会の「霊の物」に与ったことに対する返礼とす
るパウロの見解は、このエルサレム会議の場面を反映している、と受け取る。
しかし、ロマ 15:27 のこの考え（この点についてはこの項の b を見よ）は
パウロの手紙の中でこの個所で初めて出るもので、それ以前に書かれた文書、
とくに II コリ 8、9 章のように献金問題を集中的かつ網羅的に扱った文書で
は触れられていない[3]。仮にパウロ自身はロマ 15:27 的考えを前提にして記し
ているとしても、コリントの人々が II コリ 8、9 章の記述をそのように受け
とめ得たかは疑問である。自分を神から直接異邦人に向けて召された使徒と
自覚しているパウロが、コリントの人々に向かってエルサレム教会による霊
の賜物の授与について日頃説いていた形跡はない。Joubert は「献金」に関
するパウロの発言をすべて同一平面上に並べて彼の「献金」理解の全体像を
組み立てる手法をとるが、「献金」運動のような変転に富む現実問題——たと

1　この点については 320 頁注 1 の第二段落を見よ。

2　シュメラー II 37 は、エルサレム側の立場を恩恵授与者のそれとする Joubert の見
解に対し、パウロの身分をエルサレムの権威者のそれと同じレベルに高めるとする
「身分引きあげ（Statuserhöhung）」はクライアント関係（Klientalbeziehung）の枠
内でのみ考えられることであって、パウロがそれを拒否することは確実だ、として
おり、これは正しい。シュメラーはまた、ガラ 2:10 での「献金」は「明らかに使
徒会議における取り決め（Vereinbarung）の一部であって」、善行に対して自由に
なされる返礼とは性格がまったく違う、と述べる。ギリシア・ローマ世界で行われ
る返礼と性格が違うという点には同意するが、エルサレム会議での献金のやり取り
がシュメラーの言うように強い法的性格を持っているかは疑問である。

3　Welborn, Equality 80f は、エルサレムの人々を恩恵授与者とし、コリントの人々
を恩恵受領者とする見方は、II コリ 8:1-5 では「若干判り難く」展開されている
が、ロマ 15:26f でははっきり述べられている、と言う。しかし、II コリ 8:1-5 で
は、私の見るところそれへの言及はまったくない。ロマ 15:26f を知った上で II コ
リ 8:14 を読めば類似の考えが述べられているととれないでもないが、それも実際
には無理である。同所の説明を見よ。

補説 3　パウロによるエルサレム教会のための献金運動

えばコリントでは「献金」への熱意は明らかに一時期後退している──を取り上げる場合には、個々の発言のなされる（またはなされない）局面にもっと注意を払うべきでないか。その意味で、ロマ 15:27 の発言をパウロの終始変わらない「献金」理解の基本とすることには疑問がある。

　同じような疑問は、エルサレム会議での「献金」の取り決めではコイノーニアー（交わり）の意識が大きな役割を果たしていることを重視すべきだとする Hainz, Koinonia の意見についても当てはまる。Hainz は、「献金」に関する Georgi の研究に一定の評価を与えながらも、その研究はコイノーニアーという概念を考慮の対象にしていないと批判し、少なくもガラ 2:9f およびロマ 15:26ff でこの概念が議論されているのを通り過ぎることは出来ないと指摘する（151）。彼自身は、救済の使信がエルサレムを出発点としていること、そのことに基づき諸教会とエルサレム教会との間にはコイノーニアーの関係が成立していることを、パウロは否認しなかったし、否認出来なかった、この感謝の気持が彼のコイノーニアー概念の本質的内容であった、諸教会はそのことにつきエルサレム教会に対し感謝を込めての応答を義務づけられている、「献金」はこのコイノーニアーの具体化であり、それを実証するものであった、と論じる（151f, 157f）。Hainz が、パウロは自分がエルサレム教会に信仰上の負い目を負っていると自覚していたとしているのは、ある意味で正しい（この点については本補説 G a で取り上げる）。しかし、パウロのエルサレム教会理解は、実際にはもっと複雑であった。ガラテア書では彼はコイノーニアーという語を使ってはいるが（2:9）、実際にはそれはエルサレムからの独立の主張と表裏一体の関係にあった。何よりもコイノーニアーについての発言が、「献金」問題を中心的に扱っている II コリ 8、9 章でまったくと言っていいほど触れられていない事実（9:13 については本補説 C d を見よ）を簡単に看過するわけには行かない。第二伝道旅行におけるコリント教会設立から II コリント書執筆までの間、パウロがコリント教会にエルサレム教会との交わりの重要さを訴え続けていたなら、II コリ 8、9 章で「交わり」にほとんど言及しないという奇妙な現象は起こらなかったろう。実際エルサレム教会とパウロとの間には、アンティオキアの衝突に端を発し、第二伝道旅行末のエルサレム訪問までの間、交わりが実質上中断された時期があったと見るべきであろう。Hainz は象徴的なことにそれの発端となったアンティオキアの衝突についてまったく触れていないが、この交わりの実際上の中断の事実を視野に入れないでは、エルサレム教会とパウロないしは彼の

337

建てた異邦人諸教会との交わりの問題、それを背景とするコリント教会での「献金」の受けとめ方の問題は、少なくも史的には十分解明されたと言えない。それゆえ、ガラ2：9での「交わり」の強調が会議に上京したパウロのエルサレム教会観を反映していることは否めないものの、それはそれ以上に、第二伝道旅行末の計画、実際のそれの体験を経た上での彼の意識を反映する表現と見るべきであろう。

　Berger, Almosen は、パウロは自分の建てた諸教会のエルサレム教会に対する「献金」を、主として教会の一致という観点から捉えている、と見る。彼によれば「パウロの諸教会にとって、貧しいユダヤ人キリスト者に対する喜捨はエルサレム教会と一つであることを意味した」（198）。彼はこのことをエルサレム会議と関係づけて捉える：「ガラ2：10によれば、使徒会議において、パウロの諸教会は貧しい人々に喜捨を行い、そのことによりそれら諸教会は［ユダヤ教において］『神を恐れる者たち』の集団が［持っていた］伝統的なステータスを持つことが出来ることが取り決められた」。Berger は、パウロにおいて諸教会が一つであるとの理解が一定の役割を持っていたと指摘している点で正しい（たとえばロマ15：26f。Ⅱコリ9：13も見よ）。しかし、パウロが献金について記すときそのことに触れることがかなり稀であることは、このような明快な解釈が適切であるかに疑問を抱かせる。またガラ2：10の解釈については、喜捨を行うことを異邦人諸教会がエルサレム教会に対してあるステータスを持つことの条件のように扱っている点で説得的とは言えない。それに、「神を恐れる者」はあくまでも自分の側から一方的にユダヤ教への接近を試みる、一人ひとりの個人であって、「神を恐れる者」という組織された集合体があるわけではない。他方、パウロの宣教によって成立する異邦人教会は、第一に単なる個人の群ではないし、第二に、一方的にエルサレム教会に近づく人々（ないしは団体）ではなく、エルサレム教会とは対等の独立した信仰共同体であることから考え、それらはエルサレム教会に対して「『神を恐れる者』および［ユダヤ教への］『同調者たち』がユダヤ教諸教会に対して持つ関係のような関係を持っている」（198）とすることも適切とは言えない。

　エルサレム会議の席上での「献金」の申し合わせについては、もう一つ、もっと根本的な問題があった。エルサレム会議は総じて詰めの甘い会議であった。会議での主たる結論、「ペトロは割礼の者に、わたし（＝パウロ）は

補説 3　パウロによるエルサレム教会のための献金運動

無割礼の者に」については、アンティオキア教会のようなユダヤ人、異邦人
混在の教会をどちらのグループに数えるかについての理解が明確でなく、そ
れが後にアンティオキアの衝突の一因となった。さらに、献金問題について
は、献金を捧げる者が誰であるかが必ずしも明確でなかった。後にアンティ
オキア教会を離れて独立伝道に従事するようになったパウロがこの会議での
申し合わせが自分には関わりの乏しいものと理解したとしても、逆にエルサ
レム教会のパウロ批判派がパウロの「献金」に対する不熱心を問題視しても、
それは取り決めの解釈の仕方次第でどちらが正しいとは決し難いことであっ
た。

b.　ロマ 15：27

　「献金」についてのパウロの諸発言の中でロマ 15：25-27 がガラ 2：10 に比
較的近い。史的順序から言えば II コリ 8 章の方がロマ 15：25-27 より先に書
かれたが、ここでは内容的に近いということでロマ 15：25-27 を先に扱うこ
ととする[1]。

　ロマ 15：25-27 では、パウロはまず、自分が「献金」を持参してエルサレ
ムに上京する、と述べた上で（25 節）、それを説明して、「マケドニアとア
カヤ［の人々］はエルサレムにいる聖徒の中の貧しい人々に向けて若干の交
わりを行うことをよしとした」と記す（26 節）。この言葉はガラ 2：10 を思
い起こさせるが、両者の間には若干の違いもある。すなわち、

　① まず比較的小さな違いとして。ガラ 2：10 では「わたしたちが貧しい人々
を覚えているように」とある。「覚える」は相手の立場等を積極的に容認す
ることに主眼を置く言葉であり、相手方に対する金銭的援助の意味は元来含
んでいない（Georgi, Kollekte 27）。しかし、それにすぐ続く「まさにこの
点をわたしは努力して行った」という句は、読者たちが「この点」が何かを

1　内容的観点から見て、II コリ 8、9 章がガラ 2：10 およびロマ 15：27 の中間に位
　置すると見なせる要素もないわけではない。すなわち、ガラ 2：10 では異邦人教会
　によるエルサレム教会への支援は片務的だが、II コリ 8 章はそれを――経済レベル
　で――双方向的に説明しようとしており、ロマ 15：27 はそれにさらに霊的次元を絡
　ませて述べている。下記 c の初めの部分を参照。

339

理解しなければ意味のない言葉であり、読者の理解という観点から考えれば「献金」を指すとしか取りようがない。他方、ロマ 15 : 26 では「…に向けての交わりを行う」とある。これも婉曲な表現である。それでも文脈から見て「献金」が考えられているとしかとれない（II コリ 8 : 4; 9 : 13 に平行例がある）。このように使われている両表現は違うが、これら両個所では「金銭を持参する」というようなむき出しの表現は避けられており、この献金には金銭の授受以上の意味がこめられていることが示唆されている。

　② ガラ 2 : 10 では「貧しい人々」とあったのに対し、ロマ 15 : 26 では「キリストにある聖徒たちの貧しい人々」となっている。ガラ 2 : 10 の場合の「貧しい人々」は、上述のように、エルサレムのキリスト者全体を指す言葉である可能性がないとは言えないが、ロマ 15 : 26 の「貧しい人々」は明らかに社会的貧困者を念頭に置いての言葉である（Georgi, Kollekte 82）[1]。ただし、この点でも両テキストの違いを過度に重視することは適切ではない。パウロはすぐ先行する 25 節では、自分は「聖徒たちに仕えるためエルサレムに行く」と述べている。「貧しい人々」への支援が彼にとってはとりもなおさず「聖徒たち」に仕えることであった。彼はまた 27 節で、マケドニアとアカヤの人々は彼らに負債がある、前者は後者の「霊的な物に与った」からだと述べている。異邦人キリスト者が霊的な物を負っている相手がエルサレムの貧しい信徒だけだとパウロが考えているとすることは難しいから、この展開は、パウロが 26 節で「貧しい人々」と言うときにも、エルサレムの信徒たち全体を思い浮かべていたことを示唆している（Lietzmann, Römer 123）[2]。もちろん、それにもかかわらず、26 節でエルサレムの信徒の中の社会的に貧しい人々に焦点が合っているという事実は消えない。II コリ 8 : 13ff; II コリ 9 : 12 を参照。

1　たとえばケーゼマン『ローマ人への手紙』741 が「ただ援助活動だけを強調している前後の文脈全体が『部分属格』（gen.pat.［つまり、聖徒たちの中の貧しい人々、の意］）のほうを支持する」としている。同 873A23 には部分属格説を支持する研究者が挙げられている。

2　「パウロがロマ 15 : 27 で献金を霊的賜物に対する物質的感謝としているのは、ガラ 2 : 10 に対して、またロマ 15 : 26 での「貧しい者」への言及に対しても、確実に二次的な説明である」（Berger, Almosen 196。199 も）。

補説 3　パウロによるエルサレム教会のための献金運動

　ロマ 15：26 の「エルサレムにいる聖徒たちの貧しい者たち（τοὺς πτωχοὺς τῶν ἁγίων ἐν ᾽Ιερ.）」は曖昧さの伴う表現である。「エルサレムにいる聖徒たちの（τῶν ἁγίων ἐν ᾽Ιερ.）」という属格は、部分を示す属格とも（たとえばハリス 90、Münch, Geschenk 106）、説明の属格（つまり「貧しい人々、すなわちエルサレムにいる聖徒たち」（たとえば Lietzmann）ともとれる。この曖昧さはもしかすると意図的であるかもしれない。すなわち、パウロはエルサレム教会をある意味で特別視するゆえに「聖徒たちに向けての交わり」という表現を使うことに大きなためらいはなかったが、コリント教会を初め彼の建てた異邦人教会にエルサレムの特別視を十分納得していない声があるのを考慮に入れて、「貧しい人々」への献金という観点を加えた、その結果、このような複雑な表現となった可能性も、考えられないではない。しかし、もともと彼がエルサレム教会の中の貧しい人々を考えていたことはまず間違いないから（上記 a を見よ）、「聖徒たちの」では初めから部分を示す属格が考えられていたと見る方がいい。

　E.Bammel, ThWNT VI 909,7ff は、「エルサレムにいる聖徒たちの貧しい者たち」がパウロでは他に出ない「非パウロ的」語り方であると指摘し、それは原始教会の自称、より的確にはそれの尊称（Würdename）であろうとする。しかし、パウロに他に例がないからと言って、それが非パウロ的表現だと言い切れるかは疑問であるし、パウロがこの文脈でエルサレム教会の自称・尊称を用いる必然性は感じられない。それに、エルサレム教会が自ら用いた尊称としては、この名称は複雑過ぎる。

③ ロマ 15：25-27 がガラ 2 章の伝えるエルサレム会議の結論と重なっていないという点でとくに注目すべき点は 27 節である。ガラ 2 章は「ペトロが割礼〔の者〕の福音を委ねられているように、わたし〔＝パウロ〕は無割礼〔の者〕の福音を委ねられているという点を確認」（7 節）し、その徴として交わりの握手を交わしたとある。つまりここではペトロ、パウロそれぞれが直接神から福音を委ねられたとされており、「霊の物」がエルサレム教会から異邦人教会に渡されたという考えの入り込む余地はない。交わりの具体化に関する 10 節の発言は、この 7 節の確認（だけ）を前提にして述べられている。それに対しロマ 15：27 は異邦人キリスト者はエルサレムの信徒たちに対し「負債」があると明言し、彼らはエルサレムの信徒たちの「霊

341

の物」に与った、と説明している。ガラ2章に見られる、ペトロとパウロとは等しく神から福音を委ねられているとの見方が入る余地は消えている。

　この違いはどこから来るのか。ガラ2:10の段階で「献金」に触れるに際し、パウロがロマ15:27で述べているような「献金」の重要な意味を忘れていたとは思えない；ガラ2:10でもロマ15:27と同じことは含意されているのであって、明言されていないだけだとする見方は、両発言とも同じ聖書の中の発言だから調和的に見るべきだとする暗黙の前提に立った見解であって、説得的ではない。それに、パウロがガラ2:10ですでにロマ15:27と同じ見解に達していたなら、彼は（以下に見るように）IIコリ8、9章でそれを忘れたかのような「献金」の意味づけをすることはしなかったであろう。われわれとしては、ガラ2:10を書いた時点とロマ15:27を書いた時点とでは、パウロの「献金」理解は、部分的にだが、大いに変わったと見て論を進めざるを得ない。

　　ガラ2章とロマ15章とでエルサレム教会の位置づけが異なっていることの一つの原因は、それぞれの手紙の執筆時のパウロの置かれた状況が大きく違っている点に見出すことが出来よう。ガラテア書の執筆されたのはおそらく第三伝道旅行のエフェソ滞在時である。ガラテアへのユダヤ主義的論敵の侵入に直面し、パウロは自分の権威がユダヤ人教会、その代表であるエルサレム教会からは独立していることを主張しなければならなかった。そこでのエルサレム会議の報告にはその思いがしっかりと反映している[1]。他方、ロマ15章執筆は第三伝道旅行の末期、帝国東方におけるパウロの伝道活動はそれなりに完結し、彼を大いに悩ませたコリント教会との確執が一応過去のこととなって、エルサレムから独立した異邦人キリスト教会の存在は確立しつつあった（Georgi, Kollekte 82）。加えて手紙の送り先は彼にとって未知の首都ローマの教会である。彼はこの教会に向けて——他の手紙におけるようにそ

1　ガラ2:10の記述をエルサレム会議の客観的報告とする思い込みには用心が必要である。この記述には、パウロが第三伝道旅行初めにガラテアから立ち去った後彼に対して批判的な、おそらくエルサレム教会の一翼を成しているユダヤ主義者が侵入し、反パウロキャンペーンを展開した事実が影響を及ぼしていよう。献金問題への言及はおそらく第二伝道旅行終わりのエルサレム訪問に際してこの問題がパウロ批判の一環としてとり上げられたことを反映している。

342

補説 3 パウロによるエルサレム教会のための献金運動

の時点で直面している問題についてではなく——常になく落ち着いた心境で、事柄をより広く、より深く思いめぐらす余裕を持って、神学的自己紹介を試みる。

それでは両文書間のエルサレム教会観はどのように変わっているのか。それを解明するためにも、両者の中間の時期に表明された II コリ 8、9 章の意味づけを点検しなければならない。

　④ II コリ 8、9 章の考察に移る前に、ガラ 2:10 での献金理解との違いという問題とは種類を異にしているが、このロマ 15:27 の献金理解——具体的には「霊の物」を受けたことの返礼としてのエルサレム教会への献金——が、他の関連で表明されているパウロ自身の考え方と齟齬している点を、最後に指摘したい。それは、彼がコリント教会からの謝儀を受け取ることを、終始一貫、しかも強力に、拒絶していたという事実との関わりである。彼はコリントで宣教に従事し、そこからコリント教会が生まれた。ロマ 15:27 の表現を使えば、彼がコリントの人々にしたことは「霊の物」を与えたことであった。そのことの対価として教会が提供しようとした謝儀、つまり「肉の物」による返礼を、彼は頑なに受け取らない。教会からの謝儀を辞退するのは、受ける側のパウロのいわば勝手だ、霊の物を受けた側は、いずれにしても肉の物をもって返礼を行わなければならない、という解釈も成り立つと言えるかも知れない。しかし、ロマ 15:27 の言葉は、そのような考え方の入る余地のない、決然とした響きを持っている。これでパウロはコリントの人々をエルサレム教会への献金へと動かすことが出来ると考えていたのであろうか。この点でも、パウロの、エルサレム教会への献金という構想は、十分な熟慮によって裏づけられてはいなかったとの印象を免れない。

c. II コリ 8、9 章

エルサレム会議の段階では、——エルサレム側には「献金」を、エルサレム教会が異邦人伝道を認めたことの見返りと見なす者もいたかもしれないが——パウロの理解ではそれはエルサレム教会の貧しい人々に対する支援活動であり、その意味では片務的性格のものであった。これに対し II コリ 8、9 章での「献金」の意味づけは、「献金」の持つ双方向の受益関係を指摘することにより、それを合理的に説明する試みである。この点では、「献金」の

343

意味づけの最終段階であるロマ 15 : 27 は、この II コリ 8、9 章で現れた合理的説明の延長線上にある。

　II コリ 8 章は停滞しているコリントでの「献金」運動の再活性化を促すためにテトスを派遣するに当たって記された文書であるが、その 13-15 節で彼は、「平等」という観念を持ち出して「献金」を意味づけている（「今の時にはあなたがたの余裕があの人々の不足を〔補うが〕、それはあの人々の余裕があなたがたの不足を補うためであり、その結果平等が生じるためである」）。一見彼はここで両教会の経済格差の平準化を考えているようであるが、両教会の現実の経済状況には容易に平準化出来ない著しい違いがある。格差が正反対の状況になること、つまりエルサレムに余裕が出来、コリントが逼迫することを、パウロが本気で考えているとは思われない。しかし、さりとて彼が両教会の経済格差解消について何か別の具体策を考えていると見ることも難しい。それに、「平等」をあらゆる場面で適用されるべき鉄則と考えているわけでもない。ここでは「エルサレム教会」という固有名詞は出ないが、平等の原理の当てはまる相手として考えているのはエルサレム教会だけである。その点はとくに 14 節で、後にロマ 15 : 27 に結実する「霊の物・肉の物の交換」の論理を思わせる発言を行っていることから明らかである。要するに「平等」を持ち出したのは一種の苦肉の発言に過ぎない。パウロはコリントの人々を説得する材料に乏しいため、彼らの飛びつきそうな、ギリシア思想で伝統的な「平等」思想を持ち出したまでのことである。

　II コリ 9 : 6ff では「献金」をすることが神の恵みであること、「献金」は強いられてではなく喜んでなすべきこと等、「献金」の基本に関する事柄を述べている。他方、なぜエルサレム教会への「献金」かという、「献金」の実際に関する問題は、直接のテーマとはしていない。ただ、章の末尾で「この「献金」の奉仕は聖徒たちの不足を満たすだけでなく」（12 節）と、「献金」がエルサレム教会に対する経済援助を目的としていることを自明のこととして指摘しているのに続け[1]、「献金」がエルサレム教会に対する経済援助以上の

1　ここでもなぜ「聖徒たちの」欠乏を特別視するかについての説明はない。

補説3　パウロによるエルサレム教会のための献金運動

意味を持つことを示唆する言葉が出る。すなわち、エルサレム教会の人々は
この「献金」をコリントの人々の「彼ら（＝エルサレム教会）およびすべて
の人々との交わりの誠実さ」(13節)の表れと理解するとされる。ここでは「交
わり」は単なる精神的結びつきではなく、物質レベルでの交流を含意すると
理解されている。また、この「献金」のゆえにエルサレム教会の人々は「あ
なたがた〔＝コリントの人々〕の告白の服従のゆえに神に栄光を帰す」（13
節）、とある。エルサレム側からコリント教会に見返り（「あなたがたのため
の彼らの祈り」）が提供されることへの言及がある点、つまり「献金」の持
つ意味を「献金」者と「献金」受領者との間の双方向の受益関係としている
点で、この個所の発言には8:13-15と共通する、ガラ2:10にはない特徴
が認められる。ただし、ここの場合、8:13-15におけるような素朴な平等
理論に代わって、コリントの側の受ける益は霊的次元に高められている。

　先に指摘したⅡコリ8:13fの「平等」の指摘も、9:12の「聖徒たちの欠乏」
の指摘も、いずれも、エルサレム教会はエルサレム教会であるがゆえに「献金」
を受けるにふさわしい、ということを前提にしており、基本的にそれ以上の
ことを述べてはいない。平等の思想を持ち出したり「聖徒たちの欠乏」を指
摘したりしていることはかえって、コリントでの「献金」運動の停滞に直面
しても、パウロの側ではこの「献金」の信仰的必然性を説得するための理論
武装が整っていなかったことを露呈している。

d. a-cのまとめ

　エルサレム会議の段階では、――エルサレム教会内部には「献金」をエル
サレム教会が異邦人伝道を認めたことの見返りと見なす者がいたかもしれな
いが――自分は神から直接異邦人伝道の委託を受けたとの信念に生きるパウ
ロの理解では、それはエルサレム教会の貧しい人々に対する支援活動であり、
その意味では片務的性格のものであった。これに対し、コリントでの「献
金」運動の停滞を目の前にして書かれたⅡコリ8、9章では、「献金」の持
つ双方向の受益関係を指摘することにより、「献金」を合理的に説明する試
みがなされている。「献金」の意味づけの最終段階であるロマ15:27は、こ
のⅡコリ8、9章で現れた合理的説明の延長線上にある。そこではⅡコリ

345

8：13-15 に見られたような、富の平準化という、非現実的であるばかりで
なく、とくに宗教的とも言えない観点は捨てられ、コリントの側が受ける利
益は——II コリ 9：13 におけると同様——霊的次元で捉えられる。ただし、II
コリ 9：13 の場合と違い、エルサレムからの異邦人信徒への寄与として考え
られているのは過去にすでに起こった事柄であり、異邦人の側がエルサレム
に対し「負債」を負っているとされる。

　この項の最後にあたり、かつて私自身が訳出した、ボルンカム『パウロ』
82 の、この献金問題についての記述に短く触れたい。彼は、「異邦人キリス
ト教の諸教会の献げる献金は、それが同時に物質的困窮を和らげるものであ
ったにしても、エルサレムの原始教会が論争の余地のない仕方で持ち続け
ていた、歴史的、救済史的地位のゆえに、それ全体に対して宛てられてい
た。それは、エルサレムの原始教会から世界へとわかたれた祝福に対する感
謝の一表現であったのである（ローマ 15：27）」。この解釈は、エルサレム教
会宛の献金に関するパウロの理解の最終版とも言うべきロマ 15：27 の紹介と
しては適切である。しかし、ボルンカムが、パウロはエルサレム会議の当時
からこのような献金理解を持っていたと受け取っているのは頷けないし、そ
の後のパウロの「献金」理解の紆余曲折を考慮に入れていない点は[1]、この発
言がこの書物の第一部「（パウロの）生涯と活動」の一部を成しているだけに、
残念である。

　最後にもう一つ。比較的最近 Friesen は論文 Economics でパウロのエルサ
レム教会宛の献金の問題を扱っている。これは「パトロン関係に代わるもの
として（as an Alternative to Patronage)」という論文の副題から明らかなよ
うに、パウロのエルサレム教会宛の献金を——Joubert のように——主として
パトロン関係として捉えることに反対し、Downs の業績を評価しながら、「パ
ウロのエルサレム教会への献金はローマ帝国主義のもとでの経済的関係を特
徴づけていたパトロン・システムの複製と理解されるべきではない。むしろ

1　たとえば、ボルンカム『パウロ』151f「この献金は、使徒会議での論じ方が示し
　ているように、パウロおよびその教会によって、決して単なる、経済的困窮状態を
　和らげるための援助とは考えられておらず、…ユダヤ人および異邦人から成る教会
　の一致を示威するものであった」についても同じことが言える。本補説 F a で行っ
　た Hainz 批判で指摘した、II コリ 8、9 章でコイノーニアー（交わり）発言が極め
　て少ない点なども参照。

補説 3　パウロによるエルサレム教会のための献金運動

それは貧しい人々の間での財的再分配、聖徒の間での、自由意志に基づく再分配の経済」と見るべきだ、と結論づけている（51）。この Friesen の結論については、パウロはそもそもパトロン・システムを言わば標的にし、それに代わるべきものとしてエルサレム教会への献金を構想したのかが問題になる。一人の裕福な人間が遠隔地の住民をクライアントとし、その人たちとのパトロン関係を結ぶ事例が当時のギリシア・ローマ世界で一般的であったのか、むしろパウロにとってはディアスポラのユダヤ人のエルサレム神殿への神殿税納付の方が身近な範例だったのではないか（Friesen はユダヤ教の神殿税についてはまったく触れていない）。さらに、Friesen の結論はここに掲げたわれわれの「まとめ」と比べ、はるかに大まかである。彼の場合、献金問題を扱うパウロの実際のテキストの肌理の細かい検討が十分になされていない。中でも、コリント教会の献金運動の停滞の問題に彼が一言も触れていないのは理解し難い。彼のエルサレム教会宛の献金の考察は、現在までの多くの研究者がしているようにパウロの諸理念、彼の人生および彼の言語に優先権を与えることに対して批判的である点で評価に値するが、その結論を引きだす過程は、私には、他の研究者に劣らず理念先行型と見える。

G.　パウロにとってのエルサレム教会

　以上見てきたように、エルサレム教会への「献金」の意味づけに関して、パウロは必ずしも一貫性のある主張をしていない。しかし他方、彼は実際には「献金」の相手として一貫してエルサレム教会を考えている。それにはそれなりの理由があるはずである。この項では彼がエルサレム教会を特別視した理由として、研究者の間で問題にされている三つの側面を検討することとしたい。

a.　エルサレム教会の史実

ガラテア書の場合は、論敵が巻き起こしたガラテア諸教会内の混乱が刺激となって、エルサレム教会を特別視する見方が一応前提されている。しかし、それ以上に強く主張されているのは、自分は神から直接委託を受けた使徒だとの意識であって、それが文書全体を貫いている。IIコリ 8、9 章では、エルサレム教会は特別視はされているものの、その見方がとくに強調されては

347

いない。これに対しロマ15：27では、パウロはエルサレム教会特別視を「献金」
運動のそもそもの前提としている。このロマ書の主張は、コリント教会との
和解が成立し、「献金」運動が間もなく完成する段階を意識してのパウロが、
やや落ち着いた環境の中で、「献金」運動全体を振り返って行った一種の総
括であり、そのためこれは、パウロの「献金」理解の基本と見えるかもしれ
ない。しかし、そこでの、異邦人教会はエルサレム教会から「霊の物」を受
けたのだから、それに報いる「負い目」があるとする主張は、そのような返
礼意識を伴わないエルサレム会議の（ガラテア書での報告の）「献金」理解
とは明らかに性格を異にしている。われわれとしてはそれゆえ、エルサレム
教会の特別視に関しての、パウロの「献金」運動全体を通しての一貫した理
解を確認することは出来ない。

　しかし、これはエルサレム教会が当時の、とくにエルサレムを中心とする
キリスト教界一般に対して、またパウロに対しても、特別視を引き起こす特
徴をまったく持っていなかった、ということではない。第一に、エルサレム
教会にはイエスの直弟子たちが集まっている。これは、イエス生前の弟子た
ちの集団にとってはもちろんのこと、生前のイエスを知らないパウロにとっ
ても、無視出来ないことであった。主の兄弟ヤコブが加わって指導者の一人
となったこと（ガラ1：19; 2：9）も、エルサレム教会の重みを増すのに役立
った。パウロはガラ1章では、自分は回心直後には「エルサレムへ、［つまり］
わたしより前に使徒［となった人たち］のところへ上ることをしないで、ア
ラビアに赴いた」と述べて（17節）、自分がエルサレム教会から独立した使
徒であることを強調しているが、それにもかかわらず彼は、自分はその後「三
年の後、ケファと近づきになるためエルサレムに上京し、彼のところで二週
間とどまった」、また、「主の兄弟（＝ヤコブ）だけには［会った］」（18f節）、
と認めざるを得なかった。エルサレム教会が管理していると思われる復活の
主の顕現に接した者のリストに彼が自分の名を連ねることが出来た（Ⅰコリ
15：5-8）のは、おそらくこの時の訪問の成果であったろう（佐竹『使徒パ
ウロ』113を見よ）。いずれにせよ、彼はいずれかの時点でそのことの了承
をエルサレム側から得ていたはずである。

348

補説 3　パウロによるエルサレム教会のための献金運動

　第二に、初期のキリスト教界でエルサレム教会が中心的存在と見なされた
のは、この教会がこのように過去の遺産によって支えられていたことだけに
よるものではなかった。エルサレム教会はその当初から、広範な隣接地域に
向けて、おそらく地域のユダヤ教会堂を足掛かりにして、活発な伝道活動を
展開し、キリスト教界の中心と目されるにふさわしい実績を挙げてもいた。
そもそも彼らがガリラヤを捨ててエルサレムに移ったこと自体、自分たちが
中心となってイエス運動を新たな段階にもたらそうとの意欲の表れであった。
エルサレム会議は、シリアでキリスト教界の中心的地位を占めていたアンテ
ィオキア教会すらも、自分たちの活動についてエルサレム教会の同意を得る
ことを必要と感じていたことを示しているし、後に、パウロに対して批判色
の強いユダヤ人キリスト者たちが、エルサレム教会を背景としながら——上
で触れたコリントばかりでなく——ガラテアにもフィリピにも現れたという
事実も、エルサレム教会の——十分統制は取れているとは言えないが、しか
し——活発な生命力の表れであった。

　　このようなエルサレム教会の活発な活動の原動力になったのは、言うまで
　もなくイエスの運動そのものであったが、それはおそらくそれと同時に教会
　内部に自分たちを真のイスラエルとする意識を生み出していたであろう。こ
　の意識はその後、一方では 66-70 年のユダヤ戦争に際しエルサレムがローマ
　の占領下に置かれ、教会自体もペラへの脱出を余儀なくされたこと、他方で
　は福音が異邦人の間に急速に浸透したことにより、それ以上の展開を示せな
　いまま衰えた。新約聖書でも僅かに「聖徒」「貧しい者」という呼称にその
　自意識の名残がある可能性があるに留まる。しかし、パウロの活動に対する、
　エルサレムと深い関係にある論敵たちの執拗な攻撃は、単に教会内の頑迷固
　陋な保守主義のなせるわざではなく、むしろ「真のイスラエル」である自分
　たちの存在を脅かす脅威に対する、彼らなりの危機感に溢れた対抗運動であ
　った可能性がある。これに対しパウロ自身は、イスラエルの伝統をキリスト
　教信仰の核心に属するとして重要視しはするものの（たとえばロマ 9-11 章）、
　直接エルサレム教会をそれと結びつけて理解することはしていない。

　当時のエルサレムを中心とするキリスト教界一般にとって当然とされたエ
ルサレム教会特別視にパウロが簡単に同調出来なかったことは、とくにガラ

テア書での彼の主張から見て、疑う余地はない。彼は自分がエルサレム教会によってではなく、キリストと父なる神によって立てられた使徒であることを強く主張した（ガラ 1：1）。この個所で彼が自分を使徒として立てた者として「父なる神」に並べ「イエス・キリスト」を挙げていること[1]、「父なる神」についても「彼（＝イエス・キリスト）を死人たちの中から起した」と、キリストとのつながりを強調していることからは、「律法のわざによってではなく、キリスト・イエスの信仰によって義とされる」との彼の福音理解の核心と通底する主張が読みとれる。その彼には、その点を紛らわしくするエルサレム教会特別視は、最終的にはあり得なかった。彼の宣教活動はまさにエルサレム教会から独立して遂行されたし、それ以外の道は考え得なかった。アンティオキア教会を離れて行われた第二伝道旅行で彼がエルサレム教会を特別視すべきことを人々に説いた形跡は、まったくない。しかし、それだけにいざ献金という段になったとき、彼がなぜエルサレム教会への「献金」を考えたのかには、解せないものが残る。

　この関連で一応考慮に値するのは、彼がユダヤ教の神殿税を熟知していたことである。もちろん、パウロの「献金」とユダヤ教の神殿税との間には、いくつもの相違点がある。

　神殿税の場合、ユダヤ人成人男性に毎年一定額（半シェケル）の拠出が課されていたのに対し、パウロのエルサレム教会への「献金」は、パウロの建てた教会の信徒が、各自が自らに定めた額を（Ｉコリ 16：2）献げる、しかも神殿税と違い毎年献げるのではなく、それは一回的なものであった[2]。パウロ

1　パウロは使徒の派遣者として通常は神のみを挙げる（佐竹『ガラテア注解』27 を見よ。ただし、同所でのキリストへの言及についての説明は不足である）。

2　Nickle, Collection 90-93 が神殿税とパウロの献金との相違点として、次の六点を挙げているのを参照。すなわち、① 神殿税は毎日神殿で捧げられる犠牲獣購入に使われたが、パウロの献金は直接礼拝に関連づけられてはいない。② 神殿税がモーセに由来することは旧約に記載がある（出 30：11ff）。パウロは献金に関連して旧約引用を行うことがあるが、それは献金を法的に裏付けるためではない。③ 神殿税関連の手順は細かく規定されているが、パウロの指図は献金の各局面に至るまで規定するような性格のものではない。④ 神殿税は毎年特定の日に集められたが、パウロの献金は規則的に反復されるものではない。⑤ 神殿税の額は決まっているが、パウロは献金額を示唆するのに極めて慎重。⑥ 神殿税は法的に決められた、強制的義務で

補説 3　パウロによるエルサレム教会のための献金運動

がロマ 15 : 27 で異邦人教会がエルサレム教会に献金することを理論的に論拠
づけていながら、ローマの教会自体に対しては、この「献金」がエルサレム
の人々によって無事受け取ってもらえるよう神に祈ってほしいと頼むだけで
(30f 節)、ローマの人々自身の「献金」運動への参加の呼びかけをまったく
行っていないこと、彼がアジアの諸教会については「献金」に関連すること
を何も述べていないことも、「献金」と神殿税とを類比的に見ることにとっ
てマイナス材料である[3]。

　もっとも、神殿税と「献金」との間に類似点がまったくないわけではない[4]。
何よりも神殿税がユダヤ教の会堂での日常経費とは別に、特別の拠出金とし
て集められる点が、パウロの「献金」の場合と共通している。パウロの「献金」
も、教会の管轄する日常経費とは別口として集められた (I コリ 16 : 2)。そ
れまでの教会で教会自体の日常経費に属さない外部に対する特別の拠出金が
集められた形跡がないだけに、この類似は注目に値する。しかしこれも、パ
ウロが第二伝道旅行末のエルサレム訪問で「献金」の再考を促されたとき、
訪問先がエルサレムであったこともあって、神殿税の拠金形態を参考例とし
て思い浮かべたというだけのことであって、それ以上に彼が神殿税に倣って
「献金」を考えたとの見方の支えとなるものではない[5]。

あるが、パウロは献金に際しての自由意志による決定を重視。

3　ケーゼマン『ローマ人への手紙』740f も、「仮にそうであったとすれば〔=「献金」
　が神殿税に相当するキリスト教的類比物と見なされたのであったとすれば〕、…そ
　れは法律的に〔エルサレム教会に〕従属することの明瞭なしるしとなったであろう。
　ガラテヤ二章の彼の叙述によれば、使徒は使徒会議においてほかでもないまさにそ
　のことを免れたのである」と指摘している。

4　Nickle, Collection 87–89 は、神殿税と「献金」との平行現象として八項目を挙げ
　ている。中には注目に値する指摘もあるが(以下の記述の中で指摘)、些末に過ぎ
　たり、使徒言行録の記述をそのまま論拠としているものもあって、すべてが説得的
　とは言えない。

5　「献金」の輸送の問題についても、神殿税の場合を類似例とすることは適切では
　あるまい。ヨセフスは『古代誌』XVI でアウグストゥスおよびその後継者たちの
　勅令を次々に引いて (160ff)、とくに「聖なる拠出金」のエルサレムへの輸送が干
　渉を受けずに遂行されるべきことをそれらの大事な内容の一つとしている。これは
　当時比較的多量の金銭の移送は一般には認められていなかったことを前提としてお
　り、たとえば Richardson, Synagogues 95 はこのことを、他の任意団体には認めら
　れていないユダヤ人の特権であったとしている。「献金」の場合も当然エルサレムへ
　の輸送の問題が生じる。パウロは「献金」をコリントからエルサレムへ運ぶに当たり、
　それの護送団を組織したようであるが(II コリ 9 : 19; I コリ 16 : 3; 使 20 : 4ff を参照)、

351

b. 選民イスラエルとエルサレム教会

パウロのエルサレム教会特別視はしばしば、彼がイスラエルの歴史を特別視することと関連づけて理解され、正当化される[1]。実情はどうであろうか。

パウロがイスラエルの歴史を重視する姿勢をとりわけはっきりと打ち出しているのは、ロマ9–11章においてである。ここでの彼の関心は、異邦人キリスト者に向けて、神の恩恵こそが救済の唯一の原動力であり、それは「頑なにされた」ユダヤ人に対しても最終的に救済を可能とする、と論じる点にある。従って、9–11章で対置されているのは異邦人キリスト者と「切り去られた枝」、つまり不信のユダヤ人とであり、エルサレム教会に代表される信仰のユダヤ人はとくに視野に入っていない。11:5では「残された者」「選ばれた者」に言及があるものの、それがユダヤ人キリスト者と結びつけられることはない。意味されているのがキリスト者なのか、イスラエルの歴史の中の「残された者」なのかは定かでない。この特徴は、この段落の初めに出る、

ここでは神殿税の場合大勢の者が護送団を組織したこと（たとえばヨセフス『古代誌』XVIII 313）に範をとっている可能性がある（Nickle, Collection 88 を参照）。しかし、神殿税の輸送はまさに神殿税であるがゆえに許されていたのであって、「献金」の場合、この許可がそのまま公的に適用されたとは考え難い。パウロがあたかも神殿税であるかのようにして「献金」の輸送を図ったということは考え難いし（Nickle 88f は、パウロは教会を真のイスラエルとしているので、ローマ官憲からの公的庇護を受けることにやましさを感じなかったろうとしているが、この判断が真のパウロ像に合致しているとは思えない）、もしそうだとすると、エルサレム会議で「献金」問題を持ち出したのはエルサレム側であるから、エルサレム側もそのような抜け道を考えていたことになり、ますますその可能性は遠のく（バレたら大変なことになる）。一つ考えられるのは、ある額の金銭の輸送は実際はある程度大目に見られていた、ということであろう。これならば、エルサレム会議の席上エルサレム側が「献金」問題を持ち出したことも納得出来る。

1　たとえば川島『ロマ書講義』28:「信仰による義は…単に理念ではない。あの歴史、イエスの十字架・復活の起こった場所としてのエルサレム、その背後にある旧約の世界、イスラエルの救いと結びつくことなしに、異邦人の救いもない。…神の恩恵はイスラエルの歴史の中に一番はっきりと顕れている。イスラエルは反逆の民である。それにもかかわらず、神の誠実が貫かれた、それが十字架に他ならない。その事実に繋がらない信仰は単なる理念に過ぎない。それで彼は最後までエルサレムにこだわったのである」。

この他、この問題については次のc の論述も参照。

補説 3　パウロによるエルサレム教会のための献金運動

イスラエルの救済史的優位に関する記述ですでに顕著に表れている。すなわち、そこでは「子である身分も、栄光も、契約（複数）も、律法制定も、礼拝も、約束（複数）も彼らのものであり、父祖たちも彼らのものである。またキリストも肉によれば彼らから出た」とある（9：4f）。キリスト教的要素は最後に付言のようにして挙げられているに過ぎない。大半は旧約以来のイスラエル民族に与えられている優位に関するものである。11 章には、信仰によって信徒となった異邦人は、もともとは「野生のオリーブ」であったが、オリーブの木の一部の枝が切り取られた後、そこに「接ぎ木され」、その結果、彼らはオリーブの根の養分に与っている、とある（11：17）。これは一見 15 章に出る、異邦人教会はエルサレム教会の「霊の物」に与っているとの指摘と通じる考え方と見える。しかし、接ぎ木の譬えでは、異邦人キリスト者が実際にどのようにして接ぎ木されたか、その過程についての記述は入っていない。描かれているのはもっぱら起こったことの大筋であって、エルサレム教会という異邦人キリスト者の繋ぎ目として機能する可能性の考えられる存在に触れる記述はない。他方、献金問題と関連する 15 章では、旧約以来のイスラエル史に関する言及はなく、目はもっぱら「エルサレムにいる聖徒たち」に向けられている。彼らから異邦人教会に与えられた賜物は「彼らの霊の物」、つまり初代キリスト教の持つ伝統に限定されていて [2]、彼らが選民イスラエルを代表することは、少なくも強調されていない。つまり、イスラエルの歴史を大局的に論じる場合には、パウロの視野にはエルサレム教会は入っておらず、エルサレム教会が異邦人教会に提供する「霊の物」に言及するときには、彼らがイスラエルの歴史に属することは入っていない。なぜこのようなバランスを欠いたと見える説き方がなされているのか。

　矛盾しているように見えるが、私はここには異邦人伝道者への召命を受けたとのパウロの自意識が強烈に働いていると考える。彼は神から直接この職

2　「彼らの霊の物」をこのように比較的小さく捉えることは、9：13 でコリント教会からの「献金」に対するエルサレム側からの見返りとして「あなたがたのための彼らの祈り」が考えられていることにおよそ見合っている。「霊の物」という表現を余りに大きく捉える必要はない。

353

務へと召された。エルサレム教会のような存在が間に介在したとの考えは、彼には受け入れることが出来ない。その観点からすれば、異邦人がエルサレムの信徒たちに負うているという「彼らの霊の物」は、信仰そのものではなく——信仰そのものを彼らにもたらしたのは彼自身である——、信仰に付随する、先に挙げた信仰告白伝承とか礼拝儀式の形式のようなものであろう。

c. パウロの「献金」運動と終末時のエルサレム詣の思想

パウロの「献金」運動の背景には、イスラエルに伝統的な諸国民による終末時のエルサレム詣の思想があると主張する研究者がいる。

Munck, Paul 303-308 は、使 20:4 はパウロがいわゆる第三伝道旅行の終わりにエルサレムに「献金」を届けに行った時の使節団の一部のリストだとし、この使節団の人数が「並外れに大きいこと」（303）に注目して、イザ 2:2f/／ミカ 4:1f には異邦人たちが終わりの日が来たときエルサレムに上って来て神の言葉に従うとあり、イザ 60:5f には彼らは宝を携えてエルサレムに来るとあるのを指摘して、パウロは使 26:6f でのアグリッパ王の前での発言および同 28:10f のローマの信徒たちの前での話によってこの預言の成就を確言している、これらのパウロの言葉は上京がこの神の約束の成就であることを示している、と主張する。この Munck の考えを引き継いで、たとえば Georgi, Kollekte 85 は、「献金、とくに割礼を受けていない異邦人キリスト者の比較的大きな代表団…によるそれのエルサレムへの持参は、ユダヤ人たちに諸民族の終末的エルサレム詣という考えを呼びさますに違いなかった」と述べる。同様の考え方の研究者としては、マーティン 251,258、マーテラ 183、Nickle, Collection 130ff 等がいる [1]。

1　パウロのエルサレム教会のための献金運動をこのように終末論的観点から理解する研究者たちについては、Downs, Offering 3-9 に研究史的説明がある。Beckheuer, Paulus 13ff（とくに 18ff）、Harrison, Grace 304 も参照。Downs 6 は、パウロの献金運動を終末における異邦人のエルサレム巡礼とする立場を最も徹底して行っているのは Beckheuer, Paulus であろうとする。しかし私見では、Beckheuer はこの立場を極めて強く前提として議論をしているが、それをテキストに即して論拠づける作業は十分に行っていない。

補説 3　パウロによるエルサレム教会のための献金運動

　これらの研究者の言う通り、終末時の異邦人によるエルサレム詣は終末に
おける救済の完成として旧約の預言者によって期待されていた（イザ 60：1
-7; 61：6; 66：18-20; ゼパ 3：10）。本来はイスラエルの悔改めがそれに先行
するとされていたが、Georgi は、パウロは異邦人のエルサレム詣が先行し、
それがイスラエルを刺激してその最終的悔改めをもたらすと理解した、と述
べる。パウロに実際このような終末期待があったことは、ロマ 9-11 章の論
述から明らかである（たとえばロマ 11：11ff,26）。問題は、パウロが自分た
ちの「献金」持参の行動をこの終末期待と結びつけて把握していたかである。
「献金」について述べたパウロの発言にこの角度からのものがなく、また、「終
末論的挑発」を述べるロマ 10：19; 11,13-16 には「献金」への言及がない
事実等（たとえば、スラル 512f、ヴォルフ 165f、ヘーフマン 331A2、シュ
メラー II 37f、Verbrugge, Style 325-327、Downs, Offering 6f 等が類似の指
摘）は、パウロが自分たちの「献金」運動を終末時の異邦人のエルサレム詣
の観念と結びつけていたとすることには十分慎重であるべきことを示してい
る。ロマ 15：14-23 に一緒にエルサレムに旅行する人たちについての言及が
ないこと、とくに 30f 節では「エルサレムへのわたしの奉仕が聖徒たちに喜
んで受けいれられるものとなること」をローマの信徒たちが神に祈ってほし
いと記していることも、この「献金」の終末的理解にとって不利である（Downs
8）[2]。

　もっともこのことは、彼の教会観が終末論的性格を持っていなかったとい
うことではない。ここでこの点を詳述することは出来ないが、コリントの教
会が管理面の整備というような形を通して非終末論的性格を次第に強めて行
く中にあって、パウロが、一方では報酬の謝絶という形で、他方ではエルサ
レム教会のための献金運動を独自に推進するという形で、教会の非終末論化
の流れに対して風穴をあける行動を続けたことは、彼が、終末時における諸
国民のエルサレム詣という伝統的理解とは別の次元で、教会およびそこでの

2　この他、たとえば Gnilka, Kollekte 313 は、パウロはこの時点では自分の伝道の
　わざの前半を終えたに過ぎず、スペインへの出発はまだこれからだ、との自覚を持っ
　ているから、彼にとっては終末時に期待される諸国民のエルサレム詣を考える時期
　ではなかった、と指摘し、Georgi のような見解を退ける。シュメラー II 38 も同様。

355

営みを終末論的に把握していたことを示唆している。

　以上、パウロもエルサレム教会を特別視していたとの見解を支えるかに見える三つの論点を検討してきた。結論としては、そのうち第二と第三は問題にならず、問題になるのは第一だけだ、ただし、それについてもパウロの態度は一貫していなかった、ということになる。とくに彼の宣教の中でエルサレム教会の特別視は、残された彼の手紙の記録から見る限り、打ち出されておらず、彼の宣教の結果成立した異邦人主体の教会にとってはそれは重視すべき事柄とは受け取られていなかったと思われる。コリント教会で「献金」運動が停滞した一つの原因は、パウロがそれにもかかわらず「献金」先としてエルサレム教会を挙げたことにあったのではないか（後述を参照）。

H.　諸教会における「献金」運動の展開[1]

a.　ガラテアの諸教会の場合

　ガラテアの諸教会の場合は、最初の訪問は第二伝道旅行時であるが[2]、この訪問は病気療養を兼ねた、当初の予定になかったものであり、彼がそこでの比較的短期間の滞在中に、成立したばかりの諸教会に「献金」問題を持ち出したことは、不可能でないにしても、蓋然性に乏しい。他方、Ⅰコリ16:1は、パウロがⅠコリント書執筆以前にすでにガラテアの諸教会に「献金」について伝えていたことを示唆する。ガラテアの諸教会に対しては、彼は、第三伝道旅行での同地訪問以降に、律法重視のユダヤ人たちが同地に侵入し、教会員たちを相手にパウロの伝えた福音に反対する激しいキャンペーンを張り、教会に深刻な影響を与えたことに激怒して、ガラテア書を書いている。この

1　「献金」運動関連で事情が最も複雑なのはコリント教会であるから、ここでは時系列に関わりなく、コリントに関する記述は独立させて最後にまわす（Ⅰ）。

2　私は、パウロが「ガラテアの諸教会」と言う場合には、属州ガラテアには属するが、本来のガラテア地方には属していないルステラ、デルベ——第一伝道旅行の伝道地——は考慮に入れられていない、と考える（いわゆる北ガラテア説の立場）。

補説 3　パウロによるエルサレム教会のための献金運動

手紙にはエルサレム会議の記事があり、パウロはその中で「献金」の申し合わせがなされたことも伝えているが、ガラテアの諸教会自体に対して「献金」を勧める言葉は、この手紙には見当たらない。ただ、エルサレム会議の席上の「献金」の申し合わせを報告するにあたり、彼は「まさにこの点〔=「献金」運動〕をわたしは努力して行った」と述べており（2:10）、この手紙を書く直前、つまり第三伝道旅行のガラテア訪問時——そのときはまだガラテアへの異端教師の侵入は起こっていなかった——に、ガラテアの人々に「献金」の提案を行ったことを示唆している[3]。Iコリ 16:1 の発言はこの示唆を裏書きしていよう。ガラテア書の激しい口調から考え、この手紙を出した後になってこれらの諸教会に何らかの仕方でエルサレムへの「献金」の問題を持ち出したことは考えられない。ガラテアの諸教会とパウロとの関係はガラテア書の送付によりその後急速に悪化したのであろう[4]。ロマ 15:26 にはガラテアからの「献金」が続行しているとの記述はない[5]。エルサレムへの献金

3　このガラ 2:10 の発言が第三伝道旅行に際してガラテアで行った献金活動を指している可能性については、Munck, Paul 287 を参照。

4　たとえば Wedderbrun, Collection 103 が、ガラテアの諸教会とパウロとの関係が悪化したことがガラテアの諸教会が「献金」運動への貢献をやめた理由である可能性を考える。もっとも、彼はガラテア書の送付がその原因となったとは述べていない。他方ガラント 390 はガラテア教会とパウロとの関係悪化の可能性も認めるが、よりありそうなのは、ガラテアの人々はアカヤ、マケドニアの人々と違い、ローマ教会と何らの結びつきがなかったからだ、とする。確かに、小アジア内陸にあるガラテアの諸教会とローマ教会との間に強い結びつきがあったとは考え難い。しかし他方、ロマ 15:26 に出る教会名のうち、アカヤ（とくにコリント）は兎も角、マケドニアの諸教会がローマ教会と強い結びつきを持っていた確証はない。Klein, Begründung 107A10 は、ロマ 15:25 でガラテアの諸教会の「献金」に言及がないのはパウロがそれをまだ受け取っていないため、と推測する。詳しい論拠は述べていない。

　パウロは I コリ 16:1 ではガラテアにおける「献金」運動の展開に触れている。また II コリ 8,9 章ではマケドニアの諸教会についても同じような記述を行っている。これらの事実は彼が献金運動全体にネットワーク的性格（Wolff, Der erste Brief II 219）を付与しようとしていることを示唆する。このことから見ても、ロマ 15:26 でガラテアに言及のないのは不自然である。

5　たとえば Lüdemann, Paulus I 117–119 もこの点を指摘し、ガラテアでの「献金」は論敵たちの反パウロ煽動との関連で停止状態となったと推測している。

持参者のリストを反映している可能性のある使20：4にも、ガラテアの代表の名前は見られない[1]。

b. エフェソ教会の場合

不思議に感じられるのは、パウロが比較的長期滞在したエフェソに関しては、「献金」にまつわる記述がまったく残っていないことである。これは、エフェソ教会に宛てた彼の手紙が残っていないこと[2]から考え偶然とも思われるが、ガラテア、マケドニアの諸教会の場合、われわれがそれらと「献金」運動との関わりについて聞き知るのは彼のそれらに宛てられた手紙を通してでなく、それ以外の手紙を通してであることを考えると、彼の手紙の中にエフェソ教会による「献金」に言及がまったく残されていないのは、同教会が「献金」運動に参加していなかったためとも考えられる。パウロは、エフェソ教会が自分が直接設立した教会でないことを考慮して、エルサレム会議の取り決めをこの点では厳密に適用し、「献金」活動の枠から外したと考えら

Becker, Paulus 25 は、「ガラテアの人々はユダヤ主義者の侵入以前に彼らの献金集めを終了し、それを独自にエルサレムに持参していた。このことはガラテア書の執筆以前、パウロがまだエフェソに滞在していたときに行われた。パウロはそれゆえ、Ⅱコリ8f章およびロマ15：26でこの献金についてもはや言及していない」と言う。しかし、ガラテアの人々のそのような行動について、パウロはどこにも言及していない。他方、コリントでの献金運動の停滞に困り、運動開始直後のマケドニアの事例を持ち出した彼が、ガラテアで献金が順調に進捗していたことを知っていながらそれを述べずにおいたとは、Ⅰコリ16：1のような事例があるだけに、理解し難い。ロマ15：26での沈黙も、ガラテアの諸教会が他の理由でこの献金持参に参加しなかったと説明することは可能であって、ガラテア諸教会が献金をすでにエルサレムに持参したことの証明としては、説得力に乏しい。

1　もっとも、たとえばハリス92は、デルベのガイオ、（ルステラ出身の）テモテという二人の「ガラテアを代表する」人物の名が挙がっていることを指摘している。ルステラ、デルベはパウロが第一伝道旅行に際して訪れた町（使14：6ff）、これは属州ガラテアには属するが、元来のガラテア地方には属していない。私は、ガラテア書の宛先については北ガラテア説をとるので、このハリスの指摘には賛成しかねる。

2　エフェソ人への手紙はパウロの真正の手紙ではない。ロマ16章はパウロがエフェソ教会に宛てて書いた挨拶と思われるが、ここにも「献金」への言及はない。

補説 3　パウロによるエルサレム教会のための献金運動

れる[3]。もっとも、Gnilka, Kollekte 305 は使 20：4 が伝える第三伝道旅行末の
エルサレムへの上京時のパウロの同行者名簿の中に出るアジアの人トロピモ
は 21：29 によればエフェソの人であると指摘して、「献金」運動にはエフェ
ソの教会も参加していた、と推定する（たとえば Georgi, Kollekte 80 も同様）。
しかし、この論法で言えば使 20：4 のリストにコリント教会関係者が入って
いないことはどう説明するのであろうか。

c.　マケドニアの諸教会の場合

　パウロがマケドニア地方を最初に訪問したのは第二伝道旅行に際してであ
るが、このとき「献金」問題を取り上げた可能性は、ガラテアの初回訪問の
場合同様、また II コリ 8、9 章から見ても（後述を見よ）、乏しい。第二伝
道旅行末期にコリントから送られたと思われる I テサロニケ書にも、献金問
題を示唆する言葉は一切見られない。第三伝道旅行では、パウロはアナト
リア高原を西進してエフェソに到着し、そこに使 19：8,10,22 によれば二年
余り滞在した。この時期、パウロ自身がマケドニアを訪問した形跡は、後述
のテトスを待ち受けてのマケドニア滞在を除いてはない[4]。他方、この時期の
おそらく後半に書かれたフィリ 2：19 では「テモテをあなたがたのところに
間もなく派遣」すると述べている。先に記したように、パウロは第三伝道旅
行でエルサレム教会のための「献金」運動に本格的に取り組もうとしている
から、テモテが彼の指示のもと、コリントに行く途中（I コリ 4：17 を見よ）
マケドニアを訪問し、そのときに「献金」運動について伝えたことは、考
えられないではない（たとえば Lüdemann, Paulus I 132 がこの見解）。しか
し、この見方にとって不利な材料もある。マケドニアの諸教会はテモテから

3　Lüdemann, Paulus I 118 は、I コリ 15：32; II コリ 1：8 に記されている、エフェス
　　でパウロを襲った患難との関連を示唆する。しかし、彼が困難に直面しているコリ
　　ントに対する工作の基地としてエフェソを利用していることから考え、同地の事情
　　が一貫して、教会に献金運動への参加を促すことを不可能とするほど緊迫していた
　　とは思われない。I コリ 16：8 も見よ。
4　第三伝道旅行でエフェソに着いてからのマケドニア訪問の予定については I コリ
　　16：5,8; II コリ 1：16 に言及がある。そのいずれも予定通りには実行されなかった。
　　この点については本書の 1：16 の説明を見よ。

359

「献金」運動への参加を促されたのであれば、IIコリ8：2ffでの彼らの積極性から考え、それにすぐ応えたと考えるのが自然であるが、同9：2によれば、彼らはパウロ自身がコリントでの運動の進展を述べたのを聞いて刺激を受けたとされている（なお、テモテの訪問に先立って書かれたフィリピ書にも、「献金」運動を示唆する文言はない）。マケドニアの人々の「献金」運動への参加を直接記した記事はIIコリ8：4にあるが、そこでも彼らが参加を願い出た相手は「わたしたち」とされており、パウロを除外して考えるのは難しく、逆にテモテがその場にいたことには一言も触れられていない。彼らはやはりパウロから直接「献金」運動について知らされ、それに刺激を受けて参加を申し出た、と見るべきであろう。

　それでは、パウロ自身のマケドニア訪問はいつであったのか。彼はコリントとの関係が悪化した中をエフェソからコリントへ中間訪問を行い、すぐにエフェソに戻って「涙の手紙」を書き、テトスを和解工作のためにコリントに派遣し、その報告を待ちわびてマケドニアまで足を伸ばした（IIコリ2：13；7：5）。その彼が、同9：2,4によれば、マケドニアの人々に向かい、コリントの人々について、「アカヤでは昨年来［「献金」の］準備をしている」と「誇り」、それが今述べたようにマケドニアの人々に刺激を与えたとされる。彼が、マケドニアの人々が献金運動への参加を申し出たより後の時点になって彼らにわざわざコリントでは準備が進んでいると誇ったとは考え難いから、9：2,4で述べられているのは8：1ffで述べられている、マケドニアでの「献金」運動開始の直前の時点のことであろう。「誇った」時点をそれよりもっと前の時期、上述のトロアスからマケドニアにまで足を伸ばした直後の時期を考えることは、マケドニアの人々はパウロがコリントの状況を心配してテトスを待ちわびていたのを見聞きしているだけに、難しい。むしろ、テトスの報告によってコリントの状況を誇る余裕がパウロに出た時期、ただし、8：1ffを記したことの効果がコリントで期待することを見込めるだけの時間的余裕の残っている時点、すなわち彼がテトスの朗報を聞いた後比較的早い時点を

360

補説 3　パウロによるエルサレム教会のための献金運動

考えるべきであろう[1]。なお、8:1ff の文言から見る限り、パウロがマケドニアの人々に「献金」の話を自分の方から持ちかけたとは考え難い。献金活動へのマケドニアの諸教会の参加はむしろ、コリントの人々に関するパウロの誇り（9:2,4）を聞いた彼ら自身の願いを出発点としていたろう。パウロの側は、おそらくマケドニアの人々が「どん底の貧しさ」の中にあること（2節）を慮って、今一つには——おそらくそれ以上に——マケドニアの諸教会がすでにパウロの宣教活動を経済的に支援していることを考慮に入れて、彼らを「献金」運動に誘っていなかった。

　　フィリピの教会はすでに第二伝道旅行の段階でパウロを経済的に支援している（フィリ 4:15f）。パウロがコリントで宣教活動に従事しているときにも、「わたしの窮乏はマケドニアから来た兄弟たちが埋めてくれた」（Ⅱコリ11:9）。パウロは、自分の建てた異邦人諸教会が、自分たちの教会の維持・発展だけを追求するのでなく、外の世界での福音の前進に関心を持つことをあるべき姿と捉えた。彼の「献金」運動はそれを財政面で表現するものであった。この点については本補説 J を見よ。教会が集めた金銭を自分たちの教会のためばかりに費消するのでなく、他の地域での宣教活動の支援をも視野に入れることを彼は期待した。しかし、その点から言えば、フィリピを初めとするマケドニアの諸教会はすでにそれを実践しているのであって、その意味で改めてエルサレム教会のための「献金」運動にマケドニアの諸教会を誘

1　たとえば Klein, Begründung 122 は、「パウロはテトスがコリントから報告を持ち帰る前の短い［マケドニア滞在の］期間に、マケドニアの人々が「献金」運動に参加する用意があることを聞き知った可能性がある」としている（下線佐竹。Klein はとくに論拠は述べていない）。しかし、コリント教会との関係修復に動いているテトスの朗報を待ちわびて意気消沈しているパウロ（7:5）がコリント教会で「献金」運動の準備が進んでいることを語ったとしても、マケドニアの人々はそれに心を動かされたりするだろうか。
　　Lüdemann, Paulus I 121 は、「パウロがコリントの人々に向かってマケドニアの人々を模範として賞賛していることを考えると、マケドニアでの「献金」集めの開始はコリントにおけるそれより遅くなかったろう」としている。とくに理由は述べていない。
　　われわれの意見に近いものとして、たとえば Becker, Paulus 272: テトスの報告を聞いて「この上もなく幸福感に満たされて、彼はマケドニアで、アカヤの首都で一年来続いている献金についても報告した」。

361

うことをパウロは控えていたものと思われる。

パウロがこのとき「献金」運動をどのように意味づけてマケドニアの人々に紹介したかは、記録がなく、判らない。

I. コリント教会の場合

a. コリント教会にはいつ「献金」運動の計画が伝えられたか

パウロが最初コリントに滞在したのは第二伝道旅行に際してであるが、この時期に彼にすでに「献金」を具体的に提案する用意があったかは、疑問である。彼が「献金」運動に熱心に取り組むのはいわゆる第三伝道旅行になってからのことである[1]。

他方、Iコリ 16:1ff でパウロはコリント教会に「献金」について細かい指示を与えているが、その口調は、コリント教会が「献金」運動の趣旨についてすでに知っていることを窺わせる[2]。それではコリントの教会は——第二伝道旅行時でないとすれば——いつこのエルサレムのための「献金」運動を伝えられたのか。

パウロはIコリント書を書く前に——ただし、第三伝道旅行に入ってから——、今は残っていないが「前の手紙」（Iコリ 5:9）をコリント教会に送っていた。この手紙では彼は信徒間の交際についての助言等を記していたこと

1　コリントでの「献金」運動の開始を第二伝道旅行時とすることは、8:10 でパウロが、コリントの人々は「昨年来」「献金」運動の推進を「欲することを始めた」と記していることから見ても難しい。この 8:10 が書かれたのは第三伝道旅行も終わりに近い時期であり、第二伝道旅行でのコリント訪問はそこで言う「昨年」の範疇には入らないからである。

2　マーティン xxxv は、Iコリ 16:1f から見るところ、コリントでの「献金」運動はこのIコリ 16:1f の時点ではまだ始まっていなかった、と推論する。このようにとれば、IIコリ 8:6 の「以前始めた」（同所の説明を見よ）も字義通りに受け取ることが出来、好都合と見える。しかし私は、コリントの人々がエルサレムへの献金への呼びかけを聞き流しにしたままIコリ 16:1 の発言の背後にあるような質問をパウロに投げかけたと考えることが適切かには、疑問を感じる。

補説 3　パウロによるエルサレム教会のための献金運動

がⅠコリ 5：9ff から窺われるが、Ⅰコリント書の例から察せられるように、パ
ウロがそれと並べてより教会運営の基本に関わる問題をも記したことは十分
考えられる。Ⅰコリ 16：1ff 以前のどこかの時点で彼がコリント教会に「献金」
運動への呼びかけをしていたとすれば、それはこの「前の手紙」以外には考
えられない[3]。

3　Lüdemann, Paulus I 112f は、コリントの人々が献金運動について最初に知った
　　機会として次の四つの可能性を挙げ（注に各可能性の提唱者名が挙げられている）、
　　彼自身は③および④の見方をよしとする。① ガラテアの人々から、彼らのところ
　　で献金が集められたとの知らせを受けた。② パウロが第二伝道旅行でのコリント
　　滞在時（このときコリント教会は設立された）に献金を指示した。③ テモテ、テ
　　トスまたは他の助手を通して献金集めをコリントに伝えさせた。④「前の手紙」で
　　献金運動について知らせた。これら四つの可能性のうち、①は絶対不可能とは言え
　　ないが、これら両教会の直接の交流を示唆する記述はパウロの手紙に見出せない。
　　また、Ⅰコリ 16：1 で前提されているコリントの人々のパウロに対する質問の言葉
　　は、ガラテアの人々から献金運動の開始を聞いたことの反応としては不自然であ
　　る（Lüdemann）。②Ⅰコリ 16：2f での「献金」集めに関する具体的な指示は、「献
　　金」への勧めがコリント滞在中のパウロによってなされたのなら、そのときに質問
　　することが期待されるような初歩的段階のものである。なお、私（佐竹）自身はパ
　　ウロの「献金」運動への着手は第二伝道旅行末のエルサレム訪問に端を発している
　　と見る。このことは②に対する反対の論拠としてここで持ち出すべきでないが、一
　　応その点も指摘しておきたい。③ テモテがコリントの献金運動に携わった形跡はな
　　い。テトスがコリントの献金運動に携わるのはⅡコリ 8、9 章の段階になってから
　　のことである。④については、特別大きな困難は認められない。なお、④について
　　Lüdemann 113 は、Ⅰコリ 16：15 にアカヤの初穂であるステパナの家のものが「聖
　　徒たちへの奉仕」に従事しているとあるのを指示して、「ステパナが〔5：9 に言及
　　のある〕前の手紙での献金の特別の推薦者（Fürsprecher）を勤めた」可能性は、
　　少なくも考慮されるべきだとしている（Schmithals, Kollekten 91f も似たような見
　　解）。Schmithals は同所で、「聖徒たちへの奉仕」はⅡコリ 8：4,19f; 9：1,12f；ロマ
　　15：25,31 でエルサレム教会への献金集めを意味する、としているし、Lüdemann も
　　それを前提にして議論を進めていると思われる。しかし、Ⅱコリ 8：4 等で「聖徒へ
　　の奉仕」が献金を指して使われているのは、いずれも、献金問題がテーマとなって
　　いるのが明瞭な文脈においてであって、そういう前提のないⅠコリ 16：15 でこの表
　　現がそのような特別の意味で使われていると断言するには、慎重でなければなるま
　　い。「聖徒たちへの奉仕」はここの場合はむしろより広い意味で理解すべきであろ
　　う（たとえば、Zeller, Der erste Brief の当該個所の説明を参照）。

b. コリントでの「献金」運動の停滞

パウロとコリント教会との関係はとくに第二伝道旅行後のパウロの不在期間に冷え込んだ（序説5 b β ②③を見よ）。それに伴い、一旦は「前の手紙」によって着手された「献金」運動も停滞した気配が窺われる。

ベッツ 255 は、パウロの不在期間にコリントでは「不義を行った者」（II コリ 7:12）が、「パウロは〔エルサレム教会のために集めている〕献金によって自分の懐を豊かにしようとしているとの非難」を持ち出したと推定する（ベッツは、このことをパウロ告発の唯一の内容であったと結論づけてはならないとしてはいる）。しかし、実際には II コリ 7:12 は「不義」の内容について一切述べていない。また、7:5ff の、テトスからの報告を受けた際のパウロの所感を述べている発言の中にも、「献金」問題を示唆する言葉は見当たらないし、8、9 章によれば、この「不義」の問題が片付いた後もコリントでの「献金」運動の停滞は続いている。これらの点から考え、ベッツ等のように「献金」問題をパウロの不在期間のパウロとコリントとの緊張の主要因と考えることは疑問である。

コリントでの「献金」運動の停滞は 10–13 章で問題にされている論敵の活動とも切り離して考える必要がある。「献金」運動を扱っている II コリ 8、9 章には、論敵への言及は（したがって、論敵が運動の停滞に介在したことを示唆する発言も）一切見られない。他方、論敵の活動に言及する 10–13 章では、論敵が「献金」問題に介入していることを示す要素はない。もともと彼らは巡回伝道者であって（コリントでも彼らは教会に次の宣教地のための推薦状を求めていた。3:1）、地域教会のポリシーに深く関わる立場にはなかった。

「献金」運動の停滞はテトスの第一回コリント訪問によってパウロとコリント教会との緊張が解けた（7:7ff）後になっても、依然として残ったように見える。テトスの朗報を聞いた後になって記された 8、9 章では、一方では献金運動の完遂を促す言葉が中心を成しているが（8:7,10f,24; 9:6f,11 他）、他方ではコリントの教会に無用の刺激を与えまいとする慎重な表現が繰り返される（たとえば 8:7,8,16,24 の説明を見よ）[1]。彼はまた、テトスおよび「諸

---

1 「II コリ 8、9 章で彼はこの課題を実行することをコリントの人々に説得するために著しい修辞的努力を払っている」（Ascough, Completion 585）。Verbrugge, Style

補説 3　パウロによるエルサレム教会のための献金運動

教会」に属する二人の「使者」をコリントでの「献金」運動完遂を促すこと
を意図して（8：11；9：3ff）同地に派遣するとも記している（8：6；9：5）。テ
トスはまだコリントからパウロのもとに戻ったばかりであり、それをまたす
ぐコリントに派遣するのは、この「献金」問題解決にパウロが焦りすら感じ
ていることを示唆する。他の二人の使者も、もともとパウロが献金をエルサ
レムに携行するに際しての「同労者」として「諸教会」から選ばれた者であ
って（8：19）、彼らの存在がすでに「献金」運動全体が最終段階に入ってい
ることを示唆している。コリントでの「献金」運動への助力は本来予定され
ていた彼らの使命ではなかった。彼らは、コリントからエルサレムに出発す
るまでの短い期間、コリントでの「献金」運動完遂のために協力することを
要請されたのだろう。

　それでは、コリントでの「献金」運動が、一旦は教会によって受け入れら
れながら、その後停滞するようになった原因は何か。二つのことが考えられる。

α. 停滞の原因 1：「献金」運動と教会の経済の担い手の問題

　コリントでの「献金」運動の停滞には、経済を含めての教会の管理の問題
が絡んでいた。

　① パウロの手紙の中でコリント教会での経済問題に関連して――「献金」
問題は別として――最も立ち入って、しかも何回も繰り返し取り上げられて
いるのは、パウロに対するコリント教会からの謝儀の受け取りの問題である。
謝儀受け取り拒絶の問題は、「献金」問題と直接には関係ない[2]。しかし、両

　31-41；75-77；259-260 も、パウロは I コリ 16：1f ではまだ楽観的に献金に関する
　指図をしているのに対し、II コリ 8-9 章では願いの調子で書いていると指摘し、彼
　はコリントの人々に対しこの問題を持ち出すのに著しいためらいを感じている、と
　している。アルト・グラブナー 393 にも同様の指摘あり。Malherbe, Contribution
　227 も、I コリント書と II コリント書とでの語法の違いを指摘し、「II コリント書で
　パウロは献金の論議において一度も命令法を使っておらず、自分は命令として語っ
　ているのではなく、彼らの愛を試しているのだと強調している」と述べる（ただし、
　命令法に関しては 8：8 を参照）。

2　僅かに II コリ 8：20 に記されているような問題が起こったことは考えられるが、
　それが大きな問題になったとは考えられない。この点については同所の説明を見よ。

365

者の間には深いところで関わりがあると思われるので、ここでまずこの問題を取り上げることとする。

謝儀受け取り拒絶の問題はすでにIコリ9：3ffで、彼に対する批判者たちへの弁明という形で取り上げられている。Iコリント書が書かれたのは第三伝道旅行の初期であるが、そこで取り上げている謝儀の問題が起こったのは、明らかに第二伝道旅行に際してのことである。つまり、パウロはコリント教会設立後相当に早い時期からこの点で教会から批判を受けていたことになる。しかもこの問題はⅡコリント書でも後を引いており、11：7f; 12：14ffと二回に亘って彼は自分の立場を弁明している。それも今回は二度とも論敵に対する対抗意識を記した部分に続いて述べられている。つまり、はっきりと述べられてはいないが、第二伝道旅行時にはまだコリントに現れていなかった論敵たちが、その後のパウロの不在時に教会で活動を始め、パウロの謝儀受け取り拒絶の問題では彼を批判する教会員の側に廻って、援護射撃を行ったと推測される。なぜ彼はこれほどまでしてコリント教会から謝儀を受け取ることを拒んだのか。教会側はなぜこの問題をこれほど執拗に問題視したのか。

余裕のある都市コリントにある団体として、教会はおそらく自分たちの自主権を重んじ、部外者によって左右されることを嫌った。これに対しパウロの側から見れば、コリントの教会は神の教会の一つの肢に過ぎない。正しい福音理解とそれに基づく生活態度とは必須のことであって、教会の自主性といえどもそれを蔑ろにすることは許されない。彼はその意味で教会と近い関係にはあるが、同時に教会から距離を持っている存在であることに努める。彼は必要に応じて教会に対し信仰面、生活面で容喙しなければならない。教会が「異なるイエス」を伝える論敵たちの影響をもろに受ける場合には、彼は教会員たちに警告を発しなければならない（Ⅱコリ11：2ff）。そのことはしかし、Iコリント書の段階ですでに行われていた。彼は彼らの信仰について（たとえばIコリ1：10ff）、実生活について（たとえばIコリ5：1ff）、彼らの指導を行っている。そのような指導を感謝して受けとめる教会員たちもいただろう。しかし、それを不要な干渉と見なす人々がいなかったとは言えない。彼がコリント教会に対して自分は教会にとっての「親」であると強く

補説 3　パウロによるエルサレム教会のための献金運動

主張しているのも（Ｉコリ 4：14ff; Ⅱコリ 12：14ff）、偶然ではない[1]。教会員の中には彼のこのような家父長的権威の主張をよしとしなかった者もいたと思われる。そのような下地のあるところで、この（とくに経済面に関しては）外部者と言える彼が教会の中で「献金」を集める。それを不愉快なことと考える教会員がいておかしくない。それがコリント教会の実状であったろう。

　② コリントのような大都会の場合、教会の周囲には、職業別、宗教別、出身地別等々の任意団体がいくつも存在していた[2]。コリントの教会は当然そのことを知っていたし、中にはこれらの任意団体と教会に二重に所属していた者もいたであろう。これらの任意団体は、主として所属員から徴収した会費で日常経費を賄っていた。その場合、日常経費の支出先は、ほとんどの場合、当該団体内部に限られていた（Sänger, Jetzt 280f 等を参照）。他方、パウロの唱える「献金」は、二つの点でこれと性格を異にしている。一つには、それが教会員から見れば教会の外部の団体への寄付であったこと、今一つには、それを集める主体が、経理担当者に代表される教会自体ではなく、教会から見れば通常の構成員ではないパウロであったことである。教会の自立的運営を考える教会員がこのことを異議なく受けとめたであろうか。

　③ 教会発足当初の段階では、謝儀の支払いは財的に余裕のある教会員の好意で個別に行われた可能性がある。しかし、教会がある程度の安定期に入ると、教会周囲の世俗任意団体でも行われていた会費の制度が採用され、それの管理に当たる会計管理者が置かれたと思われる（この点についての記録はまったく残っていないので、すべては推測である）。コリントの場合、そのような役職が設けられたのは、コリントという大都市環境から考え、比較的早い時期であっただろう。

　他方パウロは、彼の手紙から読みとれる限りでは、教会の実務面での整備については関心が乏しかった。典型的なのは、Ｉコリ 12：28 に掲げられた教

1　パウロは自分の建てた教会に対して一貫して親としての自覚を持っていた。それは Ⅱコリ 6：13; ガラ 4：19; Ｉテサ 2：11 等の発言から窺われる。相手方に対し自分の親としての責任を強く訴えている点で、Ｉコリ 4：14ff はとくに抜きんでている。

2　任意団体の問題については序説 6 でも記したので、それも参照せよ。

会の奉仕者のリストである。このリストは、使徒、預言者、教師と、彼の重要視する順序で奉仕者の職名を挙げている。最後に異言を語る者が出るが、これは異言重視に警戒的な彼の考えを反映して意図的に最後に置かれたものであろう。その異言を別とすれば、リストの最後は「管理（κυβέρνησις）」に従事する者である。ここでは κυβέρνησις は複数形で使われており、何種類かの管理的業務が考えられている。しかし、それ以上に「管理」で何が考えられているかは明らかでない。そこに会計関係の仕事が含まれているかも判らない。しかし、いずれにしても、パウロが会計業務を教会形成にとってそれほど重要と考えていなかったことは否めまい[1]。

　このパウロが「献金」運動を、本補説の B ④で指摘したように、一貫して自分自身が権限と責任とを持つ事業と位置づけ、教会の会計責任者を飛び越えて「献金」集めを提唱し、そればかりか自分の管理のもとでそれを集めようとする（I コリ 16：2f）。それをされたのでは教会の自治的な骨組みは壊れてしまうではないか。コリント教会のように社会的に成熟した信徒がいる教会で、実質上教会単位で行われる「献金」が教会の会計責任者の頭越しに実行されるとあっては、この「献金」運動に対する教会の理解を十分得ることは期待出来なかったであろう。パウロと教会との関係の冷却は「献金」が始められた前（第二伝道のころ）からあったから、「献金」運動がそれの主要な原因であったとは言えない。しかし、①で述べたパウロの謝儀受け取り

1　Schrage, Der erste Brief III 237 は、「29f 節の問いかけでは［28 節に出た］ἀντιλήμψεις〔援助者〕と κυβερνήσεις〔管理者〕［に相当するもの］が欠けているが、パウロはそこではおそらくコリントで高く評価されていた賜物だけを反復しているのであろう。28 節での ἀντιλήμψεις と κυβερνήσεις の付加はおそらくパウロによる訂正であろう」と述べる（E.Schweizer, ThWNT VI 421f も同様）。28 節および 29f 節で重複して言及されている項目がコリント教会で重視されていたとの判断は敢えて否定すべくもない（パウロ自身も、29f 節でもとりあげられる項目は、異言を除いて、重要視していたろう）。他方、28 節だけで出る問題の二項目を、教会はとくに重要視していなかったが、パウロがそれを「訂正」したとの見解は、説得力に欠ける。もし「訂正」したのなら、29f 節でもそれに見合う発言が出ることが期待されるが、それは出ない。パウロの手紙の中で彼自身がこの種の役職を高く評価していたことを示唆するものとしては、僅かにフィリ 1：1 の「監督と執事」が考えられるに過ぎない。

補説 3　パウロによるエルサレム教会のための献金運動

拒絶に批判的であった教会が、それと通じる問題をこのパウロの「献金」運動に見出したことは、十分あり得ることである。コリントでの「献金」運動の停滞の一半の原因がパウロのこのポリシーにあったことは疑い得ない。教会員の中、とくに教会の運営に責任を持っており、世俗の任意団体の仕組に通じている者たちの中に、それに対する不満が生じてもおかしくはない。そこには「献金」運動が停滞せざるを得なかった理由の一つが存在した。

　Ⅱコリ 8:22 には、パウロがこれからコリントに派遣する「兄弟」を「確かめた」とある。Mitchell, Letters 328 はこのことを説明して、パウロは自分が Ⅰコリ 16:3 の段階ではコリントの人々の「特権（the prerogative）」として約束していた、献金の護送者の選定を含む一連の行動を行う権限を、その後 Ⅱコリ 8:22 の段階では彼らから奪って自分のものとした、そのことが彼らに彼に対する怒りを起させた、と述べる（dies., Korintherbrief 1688ff も同様。Duff, Moses 82-85 が支持）。確かに、ユダヤ教の神殿税の場合も、献金のエルサレムへの護送は当該会堂の中の「最も確かな者（δοκιμώτατοι）」に託された任務だったし（フィロン、『律法詳論』Ⅰ 78）、ここでの「兄弟」のコリント行きには、明言はされていないものの、その後のエルサレムまでの献金護送も了解されていたと考えられるから、この彼女の説明には説得力があるように見える。しかし、Ⅱコリ 8:22 で δοκιμάζειν（確かめる）という動詞を使って述べられているのは、直接にはこの「兄弟」が「熱情的である」ことだけであって、Ⅰコリ 16:3 におけると同じ δοκιμάζειν が使われているからと言って、それをもっぱら護送者の選定問題と結びつけることは適切ではない。それに、Ⅰコリ 16:3 で述べられているのはコリント教会で捧げられた献金の護送であって、パウロが Ⅱコリ 8:22 では、マケドニア教会が捧げる献金の護送者の選定までもコリント教会の特権として認めている、とするのは行き過ぎである。パウロが献金運動に際し、各個教会の権限を考慮に入れておらず、そのことがコリントでの運動の停滞の大きな原因の一つであったとの見解に私は基本的に賛成だが、Mitchell/Duff のように、護送団の選定に関する Ⅰコリ 16:3; Ⅱコリ 8:22 の両発言をそこに持ち出すことには、私は賛成出来ない。

以上三点に明らかなように、コリントでの「献金」運動の停滞の理由の一端は、教会の財政運営に対するパウロの側での十分な配慮の欠如にあった。

しかし、停滞の原因はおそらくそれだけではなかった。

　ミークス『古代都市』217 は、世俗の任意団体は一つの地域に限定された存在であるのに対し、キリスト教共同体は「より大きな全体（イスラエル、神の民）への帰属意識を持っており、その点に両者の違いが認められる、と主張する[1]。それに対し、Ascough, Relationships 228-234（ders., Macedonian Associations 91-108 も）はこの区別は支持出来ないとし、イシス、セラピスの祭司的団体の例を挙げる。

　この問題は、単純にキリスト教会一般を世俗任意団体一般と比較しても致し方のない問題であろう。世俗任意団体の中には、その設立の経緯等から考え、同業者、同郷出身者の団体のように団体所在地への密着度の高いものもあれば、特定宗教の信徒集団のような超地域的色彩の強いものもある。これは大別すれば二つに分けられるということであり、実際は両者の中間的性格のものも少なくなかった。すなわち、同郷出身者の場合は構成員の故郷との繋がりの親疎により、特定宗教の信徒集団の場合は構成員の入信の経緯等により、その団体の性格を一意的に捉えることは難しい。ただ、地域密着度の高い団体——数においてこのタイプの団体が多いと思われるが——の場合は当然のことながらその関心も内向きの度合が強く、超地域的性格の団体の場合はその関心が外の世界にも開かれることが多いという相違は無視できない。キリスト教会の場合も、個別教会により、それの成立の過程、会員の構成、周辺の環境等により、関心にある程度の幅があったろう。コリント教会の場合は、その成立事情に加え、ある程度の人数の安定した市民を擁していることもあって、財政問題を含めての主たる関心は——同地の世俗任意団体同様——自分たちの教会内部に向けられていたと考えられる[2]。

————————————

1　Downs, Offering 112A146 にその他の関連論文一覧あり。

2　Downs, Offering 113f は、世俗的団体の中では商業や船乗り関係の団体に地域を越えた結びつきを持つ例が見られるとしている。Downs のこの主張は「パウロの献金と、ギリシア・ローマの自由意志に基づく団体」を扱う章に出ているが、これがパウロの献金運動に対する適切な比較材料であるかには疑問がある。すなわち、パウロの献金運動の特徴は、それに参加する教会に超地域的結びつきを持たせる点に特徴があるのではなく、当該異邦人諸教会の創始者である彼がそれら異邦人諸教会の財政について明確な発言権を持ちあわせていないのに、それら諸教会を相手に、——関係は深いが別の存在である——エルサレム教会のための献金という超地域的プロジェクトを組織化しようとしている点に見出されるのであって、その点ではギリシア・ローマ世界に類似例を見出すことは難しい。

補説 3　パウロによるエルサレム教会のための献金運動

β. 停滞の原因 2：エルサレム教会の位置づけ

　コリントでの「献金」運動が停滞したもう一つの大きい原因は、なぜエル
サレム教会をそのように特別視しなければならないかがコリント教会で十分
理解されていなかった点にあった。すでに述べたように、パウロは第二伝道
旅行に際してエルサレム教会の特別視を伝えた形跡はないし、それは彼の意
識から見てあり得ないことであった。

　もっとも一般論として、東西の交通の要衝であるコリントにエルサレム教
会の影響が及ばなかったとは考えられない。コリント教会には「ケファ派」
が存在した。ケファが妻を帯同して宣教活動に従事していることは、コリン
トの人々にも知られていた（Ⅰコリ 9:5）。しかし、ケファ派がどの程度の
勢力を持っていたか、何を特徴としていたかは判らない。いずれにしてもコ
リント教会全体の中でケファ派が大きな影響力を持っていた形跡はない。

　Ⅱコリント書に出るパウロの論敵たちはヘブライ人であったし（11:22）、
彼らの背後に原使徒たちがいることを彼らは頼みにしてもいた 。つまり原
使徒たちがコリントでそれなりに重んじられていること、ないしは重んじら
れるはずであることを、論敵たちは知っていた。しかし、ケファ派がエルサ
レム特別視を対パウロ論争の争点とした形跡はない。Ⅱコリ 8、9 章でも彼
らのこの面での活動に触れる言葉は出ない。彼らのパウロ批判の論点は他の
ところにあった。パウロ自身もコリントの読者たちに対して、この論敵を前
にして、ガラテア書の場合のようにエルサレム会議を引き合いに出して異邦
人への福音を擁護する必要を感じてはいなかった。

　パウロ自身がエルサレム教会の特別視を説くことをせず、その他にも教会
内にそれを重要視する人々が少なくも多数は存在していなかったとあっては、
エルサレム教会からの独立を標榜するパウロ自身によって同教会への「献
金」を持ち出されても、コリント教会として当惑するのはむしろ当然であろ
う。パウロもその点は考慮に入れていたであろう。彼は、すでに述べたよう
に（本補説 F c を見よ）Ⅱコリ 8、9 章ではエルサレム教会への「献金」を
他の仕方で論拠づけているが、それはこの問題に対する教会側の当惑、反発

371

を予想しての措置でもあった。

c. コリントでの「献金」運動の最終局面

「献金」運動全体の最終段階はコリントにおける運動の最終段階とほぼ重なるので、ここでは両者を一緒に記すこととする。

テトス等を派遣してパウロが試みたコリント教会説得の努力がどの程度実を結んだかは判らない[1]。パウロはテトスたちを派遣してしばらくしてコリントに移り、やがて[2]同地からエルサレムに向けて出発しているから、成果がゼロであったとは考えられない。この「献金」の問題をテーマとしているIIコリ8、9章が残っている事実も、「献金」運動が完全に失敗に終わったのではないことを示唆している[3]。しかし、「献金」運動が成果を収めたとの報告もない。使徒言行録は、どういう理由によるかは兎も角、この「献金」運動を完全に無視している。パウロがコリントに移ってから書いたロマ15:26fでは「マケドニアとアカヤとはエルサレムにいる聖徒たちの貧しい人々に何らかの交わり（κοινωνία＝献金）をすることをよしとした（εὐδόκησαν）」とある。「よしとした」とは実質的には「決議をした」、ということであろう。献金集めが期待通り終わっていたのであれば、こういう場合はむしろ「『献金』を捧げた」というような表現を使うのではないか[4]。このロマ15:25fで

1　使20:3によれば三ヵ月。パウロはおそらく冬が終わり、海上交通が可能となるのを待ちかねて出発した。従って三ヵ月という時間の短さはとくに問題にする必要はなかろう。

2　たとえばBecker, Paulus 275はロマ15:25-32; 16:2-23を指示しながら「アカヤにおいても献金が成功裏に（erfolgreich）終了した」との表現を使っているが、これは楽観的に過ぎる。

3　もっともこれはこの文書の原本がコリントで保存されていたことが確実な場合に言えることであろう。原本の複製版がどこか他の土地の教会で保存されていた場合は（この問題については青野『パウロ』57ffが、ロマ書の「複製版」が短い挨拶状［ロマ16章］をつけてエフェソ教会に送られていたとの、ゲルト・タイセンの「非常に説得力のある仮説」を紹介しているのを参照）、献金が失敗していても、8、9章が他ならぬパウロの手紙ということで保存された可能性がある。

4　たとえばLüdemann, Paulus I 131はこの発言を単純に、献金集めは終了した、と見ている。

372

補説 3　パウロによるエルサレム教会のための献金運動

は「献金」することをよしとしたとされる教会名の列挙の順序も気になる[5]。マケドニアがアカヤの前に置かれているが、マケドニア教会がローマ教会にとりコリント教会より身近な存在であったとは考えられない。パウロ個人にも、マケドニアの諸教会をコリント教会より重視していた形跡はない。Wan, Power 152f はこの個所を指摘しながら、「コリント教会から集められた献金の総額は、パウロがコリントのように裕福な町から受け取ると望んでいたほど気前のいいものではなかったに違いない」としているが、これは十分あり得ることである。使 20：4 のパウロのエルサレム行きの同行者のリストがどこまで信頼できるかについては問題がある。気になるのは、そこにコリントの代表者の名がないことである。コリント教会は同行者を派遣することを拒んだ、ないしは辞退したのであろうか[6]。コリントでの「献金」運動の完成のため非常な努力をしたテトスの名が、その後パウロの手紙の中に出ないことも気になる。もっともこの時期の彼の手紙としてはロマ書があるだけであるから、この点はそれほど有力な論拠ではあり得ない。しかし、ロマ16：21 では彼は「同労者テモテ」他三人の人物から宛先教会（この場合はおそらくエフェソ教会）に宛てた挨拶を伝えている。これら四人はこの部分の執筆時にはパウロと一緒にコリントにいたと思われるが、その挨拶に、同じころコリントにいたことがほぼ確実と思われるテトスの名はない。挙げられている三人がとくに宛先のエフェソ教会に近い人物だったとは思われないだけに、エフェソでは確実に知られていたテトスの名がないのは奇異である。彼は運動の成果を十分に挙げられなかったため、パウロのもとを離れたのであろうか。

　何はともあれ、パウロは何人かの同行者と共に献金を携えてコリントを出

5　Lüdemann, Paulus I 132 が、「献金運動はマケドニアではコリントにおけるよりはるかに問題なしに進行したようだ」とした上で、それとの関連で、「ロマ 15：26 におけるマケドニア、アカヤの順序にも注意」としているのを参照。ただし、彼はそれ以上深入りはしていない。

6　たとえば Bates, Integrity 69 は、献金持参者のリストの中にコリントの人々の名前が欠けていることは、結局のところ献金が具体化しなかったことを示唆している、としている。

373

発し、エルサレムに向けて旅路についた。それは56年春であったと推定される[1]。この旅行について、またその後のことについては、パウロ自身は何も伝えていない。「献金」をエルサレム教会に受け取ってもらえたのか、ロマ15：31に記した不安が杞憂に過ぎなかったのかについて、われわれは何一つ知らされていない[2]。

　使21：17ff によれば、エルサレムに着いたパウロたちは教会の人たちに歓迎され、その翌日には公的な歓迎の席を設けられたという。かなりの額の大金を「献金」として持参した場合、普通ならそれは最初の公的訪問に際し先方に手渡したであろう。しかし、ルカは例によって「献金」問題について一切沈黙しているから、それが実際に行われたか否かは、この記述からは判らない[3]。

─────────────

1　Jeremias, Sabbathjahr 237f は、少なくも紀元前2世紀以降のパレスチナのユダヤ教では安息年の規定が守られ、その年（安息年は秋に始まるので、翌年の夏にかけて）は播種、収穫が行われず、飢饉がおこりやすかったとし、55/56年が安息年に当たるので、パウロはそのことを念頭に55年に献金を届けにエルサレムに上京したのだろう、と推定する（Dockx, Chronologie 184 も参照）。パウロにはこのことを直接述べる言葉はないが、Jeremias は、パウロが II コリ 8：13f で献金をエルサレムでの具体的困窮に動機づけていること、同9：6-10 で献金の勧告に際し収穫の譬えを使っていることを傍証として指摘している。決定的証拠に欠けるため、この見解は推論の域を出ないが、興味深い指摘である。

2　Klein, Begründung 107A10 は、パウロの持参した献金がエルサレムで受け取ってもらえなかったという説は「この上もなくありそうにないこと」とし、その理由として、使徒言行録の「我ら・報告」の後半は献金持参の旅行に同行した者の一人によって記された可能性が高いこと、およびエフェ 2：11-22 でキリスト教会内でのユダヤ人と異邦人との一体であることが喜びをもって記されていることを挙げる。

　Nickle, Collection 70ff は、エルサレム教会は献金を受け取ったとの推測を可能とする事情として、① パウロが戦わなければならなかった相手方はユダヤ人キリスト者ではなく、政治的な理由から教会に加わっているユダヤ人たちである、② 献金が受け取られたのに続いて「使徒教令」（使 15：29 を見よ）が作成された、の二点を挙げる。しかし、①は、やがて第一次対ローマ武力抵抗（66-70 年）が起ころうとしているパレスチナのユダヤ人の間では異邦人および異邦人に友好的立場をとるユダヤ人に対して熱狂的なまでの反感が高まっており、それがキリスト教会に対しても当然のことながら多大の（心理的）影響を及ぼしていたことを過小評価しており、②は使徒教令作成の時期、背景についての不確かな見解に基づく主張であって、共に論拠として弱い。

3　使 21：15ff については、荒井『使徒行伝』下 137ff を見よ。

補説 3　パウロによるエルサレム教会のための献金運動

　使徒言行録はこの部分でもう一つ金銭の絡む事柄を記している。すなわち、パウロは歓迎を受けたとき、ヤコブから、律法に熱心なユダヤ人キリスト者の間に広がっている、パウロは律法にそむくことを教えているとの噂を打ち消すために、ヤコブのもとにいる四人の請願者たちの頭を剃る費用を引き受けることを提案され、それを受け入れたという。彼、ないしは彼らはこの少なからざる費用の引き受けのために「献金」の一部を流用したのであろうか。しかし、この点も、この記述は明言していないし、記述自体がどこまで史的に信頼できるかも不明であるから、「献金」が果たしてエルサレム教会によって受け取られたかの判断には役立たない。

　使徒言行録は、パウロはその後大祭司たちの訴えによってローマ総督のもとに監禁され（24：1ff）、二年余り経ってから、ローマに護送され（27：1ff）、同地で軟禁のまま二年間宣教に従事したと伝える（28：30）。彼はネロ帝のとき同地で処刑されたという。

J.　まとめ

　パウロは自分が主導するエルサレム教会への「献金」を呼ぶのに、カリスを初めとする神学用語を多用している。初期のキリスト教に献金の慣習がまったくなかったわけではない。教会がある程度の規模に成長すると、維持・運営のためにそれなりの費用がかかる。それらは、当時の世俗的任意団体で行われていたのに倣って、教会員が拠出する金銭によって賄われていたと考えられる。その際教会で通常用いられていた呼称はロゲイアーであったろう。パウロはしかし、自分の主導するエルサレム教会への「献金」を指すときには、この呼称を避け、代わりにカリス等々を用いている。特定の一つの呼称ではなく、いくつかの呼称が使われているのは、パウロの主導する、諸教会からのエルサレム教会宛の「献金」に匹敵するような献金は、当時の教会には理念的にも実際的にも存在していなかったからである。

　彼がその手紙の中で採用しているいくつかの「献金」の呼称の中で最も特徴的なのはカリスである。カリスはもともと神が人間に一方的に与える救済

の恵みを指す語である。それは一種の力ないしは流れのような性格を持ち、人に与えられると、その人を突き動かして、他者を益する同じような働きへと仕向ける。カリスと呼ばれる「献金」は、人間が自ら欲して、ないしはその所属する共同体での何らかの取り決めに基づいて行う金銭拠出ではなく、他者を益そうとする神の意志を受け入れ、自分もそれに身を委ねて行う行為である。従ってカリスは、第一には「献金」者が他者を益する行動を指す語ではなく、「献金」者自身が、神の意志を受け入れることにおいて、根底的に益される行動を指す。パウロはこのカリスとしての「献金」を教会の日常経費を賄うロゲイアーと区別し、カリスとしての献金こそが教会を教会たらしめると考え、これに力を注いだ。

コリント教会は、パウロの唱えるこのような「献金」に対して総じて消極的であった。一つには、それは教会の自立を妨げると受けとめたからであろう。パウロはすでに教会の提供する謝儀を受け取らない点で、教会財政の規範をかき乱す、教会にとって好ましくない存在であった。しかもそのパウロが、今はある意味で当該教会の外の人間でありながら、教会に呼び掛けて教会員から「献金」を集める。これは教会の自立を妨げる行為ではないか。

パウロにはもちろん言い分があった。その際、根底にあったのは、教会をどう理解するかという問題であった。彼が文書を書いている宛先は、彼自身がその設立に関わったコリントの「教会」である。彼は、教会は神の召しに由来すると理解する。教会の呼称ἐκκλησία（エクレーシア）はパウロの創作ではないが、彼はこの呼称を当然のこととして用いている。彼は教会がἐκκλησία、つまり（神によって）ἐκκαλεῖν（「召し出す」）された団体であることに同意するだけでなく、固執もする。一つの地域教会、たとえばコリントの教会は、彼の理解では「コリントにある神の教会」（Ⅰコリ1:1; Ⅱコリ1;1。Ⅰテサ1:1も参照）であって、コリントの人々が自分たちの意志によって作った団体ではない。その限りで教会は、当時の都市に広く存在した任意団体と同列に並ぶ存在ではなかった。

この召し出された団体には、召し出すにふさわしくない者を敢えて召し出した神の意図に即して生きることが期待される。教会には、与えられた社会

補説 3　パウロによるエルサレム教会のための献金運動

的身分の保持を第一に考えるのではなく、召し出しを待つ周囲の者に働きかけ、彼らを迎え入れる姿勢を持ち続けることが期待される。その意味で教会は外に向かって開かれた団体という宿命を負っている。教会自体の維持と運営に全精力を使うわけに行かない。このことが最も具体的に現実化されるべき分野の一つが、教会の財政問題であった。

　パウロは、経済問題との取り組み方が——どんな団体でも多かれ少なかれ当てはまることだが、教会の場合も——教会のあり方そのものに深い影響を及ぼすと洞察している。彼の発言の中には経済の問題を正面から扱っているものは少ないが、しかし、言葉の端々からは、彼が教会のあり方と教会の財政の仕組とを相関関係において捉えていることが窺われる。各地域教会は自分たちの教会の運営のために財政面でも努力を払わなければならないが——パウロはそのことを当然のこととして前提している——、そのことで終始する場合には、教会は本来持つべき、外に向けて開かれた生き方を失う、と彼は考える。一地域教会は、そしてそれの財政は、教会の外の世界に向かって基本的に開かれていなければならない。

　実際にはパウロは「献金」を捧げる相手をエルサレム教会とした。すでに述べたように、コリント教会は、教会財政は外の世界に向かっても開かれているべきだとのパウロの考え方に対しては消極的な反応しか示さなかったが、献金がエルサレム教会に向けられるという点についても納得しなかったようである。

　パウロは、自分はエルサレム教会を通してではなく、神から直接異邦人の使徒へと召されたとの強い自覚を持っていたし、それを公言もしていた。実際彼はこの確信に基づいて異邦人伝道に従事したし、コリント教会自体もこのパウロの活動の所産であった。コリント教会の側も、自分たちをその線に即して理解していたであろう。教会の中には、少なくも一時「ケファ派」が存在し、またエルサレムの原使徒たちをバックとするパウロの論敵たちの活動があったから、教会はある程度エルサレム教会を意識していたはずであるが、教会の成立の過程から見て、エルサレム教会は自分たちにとって縁の薄

377

い存在であった[1]。何を今さらエルサレム教会のための献金なのか。その疑問が教会に起こるのはむしろ当然であった[2]。

　パウロ自身もこの点について当初から明確な確信をもって臨んでいたとは見えない。なぜエルサレム教会に向けての「献金」かについての彼の理由づけは二転三転し、ようやくロマ 15：27 で一応の結論に落ち着いた。しかし、これとても彼自身にとって完全に満足できる結論だったのか、疑問が残る。神に召された集団として、自分たちの教会の外の者の救済にも積極的関心を持ち、何らかの形でそれに関わりを持つというのであるのに、その第一の目標がエルサレム教会というのは、十分得心の行くことではない。むしろたとえばパウロ自身がこれから実施を考えている帝国西方での伝道活動などが、献金を捧げる適切な候補と考えられるのではなかったか。事実、彼自身にはそのような考え方をする下地があった。彼は自分の伝道活動に対するフィリピを初めとするマケドニアの諸教会の支援を喜んで受け入れた実績があった（おそらくそのことを考慮に入れて、彼はマケドニアの諸教会に向かってはエルサレム教会のための「献金」運動への呼びかけを最後までしないで来た）。彼がそれにもかかわらず、自分自身の将来の伝道活動をこの段階で自分の建てた諸教会からの献金の対象候補として挙げなかったのは、今までの伝道活動も、マケドニアの諸教会からの支援もあって、何とか実現して来たという実績が念頭にあったためかも知れない。他方、エルサレム教会自体については――彼は一方ではそれからの独立を強く志向していたものの――

1　たとえばアルット・グラブナー 410 は、「［コリントの教会は］エルサレムの教会を多分遠く離れた、（民族的、文化的に）別の構成員と部分的には別の習慣とを持つ他の団体（Verein）のように見ていたろう」とする。Ascough, Relationships 237 も参照。

2　コリントの人々は「自分たちがさもなければ知らないグループ［＝エルサレム教会］に対して社会的および宗教的義務を持っていることに納得しないままであり続けた。コリントの人々を混乱させているのは、必ずしも、彼らが献金しなければならないということではなく、そのお金が、ローカルな教会の共通のファンドにではなく、エルサレムに行くということにある」（Ascough, Relationships 237。同 Mac. Associations 104 も同様）。ただし、これがコリント教会がパウロの提唱に対して消極的であった唯一の理由ではなかったことは、すでに指摘した通りである。

補説 3　パウロによるエルサレム教会のための献金運動

他方ではそれを特別視する気持を持っていたことは確かであろう（たとえば
I コリ 15:3ff を見よ。この個所については本補説 Ga を参照）。いずれにして
も彼がこの段階で献金の目標として掲げたのは、エルサレム教会であった。

　私は、この点ではコリント教会が持っていたであろうパウロの呼びかけに
対する疑念、とくに I b β で述べたその第二の点には、妥当性を認めるべき
ではないかと思う。しかし、それをもって、彼の提唱すべてを不適切とする
わけには行かない。何よりも、教会が周囲の任意団体の持つ、自立性を基調
とする自己理解をそのまま受け入れ、自己完結型の財政運営を当然視する動
きに風穴をあけようと試みている点には、それの実施の方法に考慮すべき点
があるにしても、基本的に傾聴すべきではないかと思う。

文献表

１．聖書本文

Nestle-Aland, Novum Testamentum Graece, Stuttgart [28]2012

２．邦語訳聖書

〔聖書の翻訳は原則として私訳によった。他の訳に言及する場合は下記鍵括弧内にあるように略記した。〕

『新約聖書』　日本聖書協会（1954 改訳）、1955［口語訳］
『聖書』　1987［新共同訳］
『新約聖書』　新約聖書翻訳委員会訳、岩波書店、[8]2011［岩波訳］

３．Ⅱコリント書関係注解書およびそれに類するもの

〔注解書の引用等に際しては、著者名（片仮名表記）と頁数のみを記した。邦訳のあるものは原則として邦訳の表現を使用させていただき、頁数も邦訳によった。〕

3a.　邦語文献および邦語訳のあるもの

田川建三『新約聖書　訳と註』3　パウロ書簡その一　作品社、2007
クルーズ　Kruse,C.G., 2 Corinthians (TNTC), Downers Grove / Nottingham 1987 = 橋本昭夫訳『コリント人への手紙第 2』　いのちのことば社、2005
ベスト　Best,E., Second Corinthians, Interpretation. A Bible Commentary

文献表

for Teaching and Preaching, Atlanta, 1987 ＝ 山田耕太訳『コリントの信徒への手紙2』（現代聖書注解）　日本キリスト教団出版局、1989

マーフィ・オコナー　Murphy-O'Connor,J., The Theology of the Second Letter to the Corinthians (New Testament Theology), Cambridge, 1991 ＝ 野田美由紀訳『第二コリント書の神学』（叢書　新約聖書神学）　新教出版社、2009

3b. 外国語文献

Allo,E.-B., Saint Paul Seconde épître aux Corinthiens(EtB), Paris 1937 ［アロ］

Arzt-Grabner,P., 2. Korinther (Papyrologische Kommentare zum Neuen Testament 4), Göttingen, 2014 ［アルツト・グラブナー］

Bachmann,P., Der zweite Brief des Paulus an die Korinther (KNT 8), Leipzig/Erlangen, ⁴1922 ［バハマン］

Barrett,C.K., The Second Epistle to the Corinthians (BNTC), London, 1973［バレット］

Betz,H.D., 2. Korinther 8 und 9. Ein Kommentar zu zwei Verwaltungsbriefen des Apostels Paulus, Gütersloh, 1993 ［ベッツ］

Bultmann,R. (hrg.von E.Dinkler), Der zweite Brief an die Korinther (KEK Sonderband), Göttingen, 1970 ［ブルトマン］

Burnett,P., The Second Epistle to the Corinthians (The New International Commentary on the NT), Grand Rapids ＋ Cambridge, 1997 ［バーネット］

Collins,R.F., Second Corinthians (Paideia. Commentaries on the NT), Grand Rapids, 2013 ［コリンズ］

Danker,F.W., II Corinthians (Augsburg Commentary on the NT), Minnesota 1989 ［ダンカー］

Furnish,V.P., II Corinthians. A New Translation with Introduction, Notes and Commentary (The Anchor Bible 32A), New York u.a., 1984 ［ファーニシュ］

Garland,D.E., 2 Corinthians (The New American Commentary 29), 1999 ［ガーランド］

Gräßer,E., Der zweite Brief an die Korinther, Kapitel 8,1-13,13 (ÖTBK 8/2), Gütersloh, 2005 ［グレサー］

Guthrie,G.H., 2 Corinthians (Baker Exegetical Commentary on the NT), Grand Rapids, 2015 ［ガスリ］

Hafemann,S.J., 2 Corinthians (The NIV Application Commentary), Grand Rapids, 2000 ［ヘーフマン］

Harris,M.J., The Second Epistle to the Corinthians (NIGTC), Grand Rapids, 2005 ［ハリス］

Hughes,P.E., Paul's Second Epistle to the Corinthians (The New London Commentary on the NT), London, 1961 ［ヒューズ］

Héring,J., La Seconde Épître de Saint Paul aux Corinthiens (CNT 13), Neuchatel/Paris, 1958 ［エラン］

Keener,C.S., 1-2 Corinthians (The New Cambridge Bible Commentary), Cambridge, 2005 ［キーナー］

Kistemaker,S.J., Exposition of the Second Epistle to the Corinthians (New Testament Commentary), Grand Rapids, 1997 ［キステメーカー］

Klauck,H.-J., 2. Korintherbrief (NEB), Würzburg, ^{3}1994 ［クラウク］

Lang,F., Die Briefe an die Korinther (NTD 7), Göttingen, 1994 ［ラング］

Lambrecht,J., Second Corinthians (Sacra Pagina 8), Collegeville, 1998 ［ランブレヒト］

Lietzmann,H., An die Korinther I・II (HNT 9), Tübingen, ^{4}1949 (von W. G. Kümmel ergänzte Auflage) ［リーツマン］

Lietzmann,H., An die Korinther I・II (HNT 9), Tübingen, ^{4}1949 の Anhang (165-214) の部分 ［キュンメル］

Malina,Bruce J. + Pilch,J.J., On the Letters of Paul (Social-Science Commentary), Minneapolis, 2006 ［マリナ + ピルチ］

Martin,R.P., 2 Corinthians (World Biblical Commentary 40), Waco, 1986 ［マーティン］

Matera,F.J., II Corinthians (NTL), Louisville/London, 2003 ［マーテラ］

McCant,J.W., 2 Corinthians (Readings: A New Biblical Commentary), Sheffield, 1999 ［マキャント］

Plummer,A., The Second Epistle of St. Paul to the Corinthians (ICC), Edinburgh, 1978 ［プランマー］

Prümm,K., Diakonia Pneumatos. Der zweite Korintherbrief als Zugang zur apostolischen Botschaft, Bd.I: Theologische Auslegung des zweiten Korintherbriefes, Rom u.a., 1967 ［プリュム］

382

文献表

Roetzel, C.J., 2 Corinthians (Abingdon New Testament Commentaries), Nashville, 2007 ［レツェル］

Schmeller,T., Der zweite Brief an die Korinther (2Kor 7,5-13,13) (EKK VIII/2), 2015 ［シュメラー］

Scott, J.M., 2 Corinthians (Understanding the Bible Commentary Series), Grand Rapids, 1998 ［スコット］

Stegman,T.D., Second Corinthians (Catholic Commentary on Sacred Scripture), Grand Rapids, 2009 ［ステグマン］

Thrall, M.E., II Corinthians II (ICC), Edinburgh, 2000 ［スラル］

Wendland, H.D., Die Briefe an die Korinther (NTD 7), Göttingen, 1936 ［ヴェントラント］

Windisch,H., Der zweite Korintherbrief (KEK), Göttingen, 1924 ［ヴィンディシュ］

Witherington III,B., Conflict & Community in Corinth. A Socio-Rhetorical Commentary on 1 and 2 Corinthians, Grand Rapids, 1994 ［ウィザーリントン］

Wolff,C., Der zweite Brief des Paulus an die Korinther (ThHK 8), Berlin, 1989 ［ヴォルフ］

Zeilinger,F., Krieg und Friede in Korinth. Kommentar zum 2.Korintherbrief des Apostels Paulus, Teil I, Wien u.a., 1992 ［ツァイリンガー］

4．その他の新約文書の注解書

〔引用等に際しては、著者名、書名（簡略化したものもある）および頁数を記した。〕

青野太潮『新約釈義　第一コリント書』『福音と世界』2014年4月号以降

荒井献『使徒行伝』（現代新約注解全書）上（1977）、中（2014）、下（2016）、新教出版社

川島重成『ロマ書講義』教文館、2010

佐竹明『ピリピ人への手紙』（現代新約注解全書）新教出版社、1969

―――『ガラテア人への手紙』（現代新約注解全書）新教出版社、1974

辻学『ヤコブの手紙』（現代新約注解全書）新教出版社、2002

Käsemann,E., An die Römer (HzNT 8a), Tübingen, 1973 ＝ ケーゼマン『ロー
　　マ人への手紙』（岩本修一訳）日本基督教団出版局、1980

Lindemann,A., Der Erste Korintherbrief (HNT 9/1), 2000

Schrage,W., Der erste Brief an die Korinther II (1Kor 6:12-11:16) (EKK
　　VII/2) Zürich＋Düsseldorf, Neukirchen, 1995; 同 III (1Kor 11:17-14,40)
　　(EKK VII/3) , 1999; 同 IV(1Kor15:1-16:24) (EKK VII/4) , 2001

Wolff,C., Der erste Brief des Paulus an die Korinther II (ThHNT 7/II), Berlin,
　　^{2}1982

Zeller,D., Der erste Brief an die Korinther (KEK 5), Göttingen, 2010

5．その他の資料およびその翻訳

アリストテレス『弁論術』山本光雄訳　岩波書店『アリストテレス全集 16』
　　1968

エピクテートス『人生談義』鹿野治助訳　岩波文庫　2 巻 ^{4}1977＋^{3}1977

キケロ『国家について』岡道男訳　岩波書店『キケロー選集 8』1999

―――『義務について』高橋宏幸訳　岩波書店『キケロー選集 9』1999

―――『トゥスクルム荘対談集』木村健治・岩谷智訳　岩波書店『キケロー選
　　集 12』2002

スエトニウス『ローマ皇帝伝』国原吉之助訳　岩波文庫　2 巻　1986

ストラボン『ギリシア・ローマ世界地誌』飯尾都人訳　龍渓書舎、1994［本
　　書では『世界地誌』と略記］

トゥキュディデス『歴史』2 巻　藤縄謙三・城江良和訳　京都大学学術出版会、
　　2000＋2003

パウサニアス『ギリシア記』飯尾都人訳　龍渓書舎、1991

プラトン『パイドロス』藤沢令夫訳　岩波書店『プラトン全集 5』1974

―――『法律・立法について』森進一・池田美恵・加来彰俊訳　岩波書店『プ
　　ラトン全集 13』1976

プルタルコス『英雄伝・カエサル』長谷川博隆訳　ちくま文庫　村川堅太郎
編『プルタルコス英雄伝（下）』所収　1967　［本書では『カエサル』と略記］

６．Ⅱコリント書ないしはパウロに関するその他の参考文献

６a．邦語文献および邦語訳のあるもの

アスコー、リチャードＳ．『パウロの教会はどう理解されたか』シリーズ「神
学は語る」（村山盛葦訳）日本キリスト教団出版局、2015

青野太潮『パウロ――十字架の使徒』岩波書店、2016

佐竹明『使徒パウロ――伝道に掛けた生涯』新教出版社、2008

――「パウロにおける使徒職と恩恵」、佐竹明『新約聖書の諸問題』新教出版
社 1977 所収

佐藤研『旅のパウロ』岩波書店、2012

辻学『偽名書簡の謎を解く――パウロなき後のキリスト教』新教出版社、
2013

ボルンカム、Ｇ．『パウロ――その生涯と使信』（佐竹明訳）新教出版社、
1998

山田耕太『パウロ書簡における書簡理論的・修辞学的研究』科研費研究、
2001

６b．外国語文献

〔引用等に際しては、書名論文名は簡略化してイタリックの部分のみを記
した。〕

Ascough,R.S., The *Completion* of a Religious Duty: The Background of 2 Cor
8.1-15, NTS 42 (1996), 584-599.

――, Translocal *Relationships* among Voluntary Associations and Early
Christianity, Journal of Early Christian Studies 5, 1997, 223-241.

――, Paul's *Macedonian Associations*. The Social Context of Philippians and

1 Thessalonians (WUNT 161), Tübingen, 2003.

——, Voluntary *Associations* and the Formation of Pauline Christian Communities: Overcoming the Objections, in: A.Gutsfeld + D.-A.Koch (hg), Vereine, Synagogen und Gemeinden im kaiserzeitlichen Kleinasien (STAC 25), Tübingen, 2006, 149-183.

Barrett,C.K., *Titus*, in: C.K.Barrett, Essays on Paul, Philadelphia, 1982, 118-131.

Bates,W.H., The *Integrity* of II Corinthians, in: NTS 12, 1965, 56-69.

Becker,J., *Paulus*. Der Apostel der Völker, Tübingen, 1989.

Beckheuer,B., *Paulus* und Jerusalem (EHS.T 611), Frankfurt am Main u.a., 1997.

Berger,K., *Almosen* für Israel. Zum historischen Kontext der paulinischen Kollekte, NTS 23, 1977, 180-204.

Bieringer,R., *Teilungshypothesen* zum 2. Korintherbrief. Ein Forschungsüberblick, in: Bieringer,R. + Lambrecht,J., Studies on 2 Corinthians (BEThL 112), 1994, 67-105.

——, *Love* as that which Binds Everyting Together? The Unity of a Corinthians Revisited in Light of Αγαπ- Terminology, in: Bieringer ua (ed), Second Corinthians in the Perspective of Late Second Temple Judaism (CRI 14) , Leiden, 2014, 11-24.

Bornkamm,G., Die *Vorgeschichte* des sogenannten zweiten Korintherbriefes (SHAW.PH), Heidelberg, 1961, jetzt in: Geschichte und Glaube II (BETh 53), München, 1971, 162-194.

Bousset,W. + Gressmann,H., Die *Religion* des Judentums im späthellenistischen Zeitalter (HNT 21), Tübingen, [4]1966.

Briones,D.E., Paul's Financial *Policy*. A Socio-Theoloical Approach (Library of NT Studies 494), London u.a., 2013.

Bruehler,B.B., *Proverbs*, Persuasion and People: a Three-Dimensional Investigation of 2 Cor 9.6-15, NTS 48, 2002, 209-224.

Buchanan,G.W., Jesus and the *Upper Class*, NT 7, 1964, 195-209.

Deißmann,G.A. *Bibelstudien*. Beiträge, zumeist aus den Papyri und Inschriften, zur Geschichte der Sprache, des Schrifttums und der Religion des hellenistischen Judentums und des Urchristentums, Marburg, 1895.

Dockx,S., *Chronologie* Paulinienne de l'année de la grande collecte, in: RB 81, 1974, 183-195.

Downs,D.J., The *Offering* of the Gentiles. Paul's Collection for Jerusalem in Its Chronological, Cultural, and Cultic Contexts (WUNT 248), Tübingen, 2008.

Duff,P.B., *Moses* in Corinth. The Apologetic Context of 2 Corinthians 3 (NT. S 159), Leiden/Boston, 2015.

Ebner,M., Die *Stadt* als Lebensraum der ersten Christen. Das Urchristentum in seiner Umwelt I (GNT), Göttingen, 2012.

Engels,D., Roman *Corinth*. An Alternative Model for the Classical City, Chicago and London, 1990.

Friesen,S., Paul and *Economics*: The Jerusalem Collection as a Alternative to Patronage, in: M.D.Giver (ed), Paul Unbound. Other Perspectives on the Apostle, Peabody, Massachusetts, 2010, 27-54.

Georgi,D., Die Geschichte der *Kollekte* des Paulus für Jerusalem (ThF 38), Hamburg, 1965.

Gnilka,Joachim, Die *Kollekte* der paulinischen Gemeinden für Jerusalem als Ausdruck ekklesialer Gemeinschaft, in: R.Kampling+T.Söding (hg), Ekklesiologie des Neuen Testaments (FS K.Kertelge), Herder, 1996, 301-315.

Hafemann,S.J., *Paul*, Moses, and the History of Israel, Tübingen, 1995.

Hainz,J., *Koinonia*. "Kirche" als Gemeinschaft bei Paulus (BU 16), Regensburg, 1982.

Harrison,J.R., Paul's Language of *Grace* in its Graeco-Roman Context (WUNT 172), Tübingen, 2003.

Hengel,M.+Schwemer,A.M., *Paulus* zwischen Damaskus und Antiochien. Die unbekannte Jahre des Apostels (WUNT 108), Tübingen, 1998.

Jeremias,J., *Sabbathjahr* und neutestamentliche Chronologie, in: Abba. Studien zur neutestamentlichen Theologie und Zeitgeschichte, Göttingen, 1966, 233-238 (zuerst in: ZNW 27 [1928], 98-103).

Joubert,S., Paul as *Benefactor*. Reciprocity, Strategy and Theological Reflection in Paul's Collection (WUNT 124), Tübingen, 2000.

Klein,H., Die **Begründung** für den Spendenaufruf für die Heiligen Jerusalems in 2 Kor 8 und 9, in: D.Sänger (hg), Der zweite Korintherbrief. Literarische Gestalt ———historische Situation —— theologische Argumentation, FS D.-A. Koch (FRANT 250), Göttingen, 2012, 104-130.

——, **Vereinbarung** hinsichtlich der Mission? ὁμολογία εἰς τὸ εὐαγγέλιον in 2 Kor 9,13, in: ZNW 103, 2012, 146-151.

Kloppenborg,J.S., **Collegia** and Thiasoi. Issues in Function, Taxonomy and Membership, in Kloppenborg,J.S.+Wilson,S.G. (ed), Voluntary Associations in the Graeco-Roman World, London + New York, 1996, 16-30.

Koch,D.-A., Die **Schrift** als Zeuge des Evangeliums. Untersuchungen zur Verwendung und zum Verständnis der Schrift bei Paulus (BHTh 69), Tübingen, 1986.

——, Die **Christen** als neue Randgruppe in Makedonien und Achaia im 1. Jahrhundert n.Chr., in: Hellenistisches Christentum. Schriftverständnis — Ekklesiologie — Geschichte (NTOA/StUNT 65), 2008, 340-368.

Köster,H., **Einführung** in das Neue Testament im Rahmen der Religionsgechichte und Kulturgeschichte der hellenistischen und römischen Zeit, Berlin / New York, 1980.

Last,R., The Pauline **Church** and the Corinthian Ekklesia. Greco-Roman Associations in Comparative Context (Society for NT Studies. Monograph Series 164), Cambridge, 2016.

v.Lips,H. Der **Apostolat** des Paulus——ein Charisma? Semantische Aspekte zu caris-carisma und anderen Wortpaaren im Sprachgebrauch des Paulus, in: Biblica 66, 1985, 305-343.

Lüdemann,G., **Paulus**, der Heidenapostel. Bd I: Studien zur Chronologie (FRLANT 123), Göttingen, 1980.

Malherbe,A.J., The Corinthian **Contribution**, RestQ 3 (1959), 221-233.

Millis,B.W., The Social and Ethnic Origins of the **Colonists** in Early Roman Corinth, in: S.J.Friesen, D.N.Schowalter, J.C.Walters (ed), Corinth in Context. Comparative Studies on Religion and Society (NT.S 134), Leiden/Boston, 2010.

Mitchell,M.M., Paul's **Letters** to Corinth: the Interpretive Intertwining of Literary and Historical Reconstruction, in: Schowalter,D.N.+Friesen,S.

文献表

J. (ed), Urban Religion in Roman Corinth. Interdisciplinary Approaches, (Harvard Theological Studies 53), Harvard Univ.Press, 2005, 307-338.

――, *Korintherbriefe*, in [4]RGG Bd 4, 1688-1694.

Münch,S., Das *Geschenk* der Einfachheit. 2 Korinther 8,1-15 und 9,6-15 als Hinführung zu dieser Gabe (fzb 126), Würzburg, 2012.

Munck,J., *Paul* and the Salvation of Mankind, Atlanta, 1977.

Murphy-O'Connor, J., St.Paul's *Corinth*, Minesota 1983, [3]2002.

――, *Paul* a Critical Life, Oxford / New York, 1996.

Nickle,K.F., The *Collection*. A Study in Paul's Strategy (SBT 48), Oregon, 1966.

Ogereau,J.M., The Jerusalem *Collection* as Κοινωνία: Paul's Global Politics of Socio-Economic Equality and Solidarity, NTS 58, 2012, 360-378.

Ollrog,W.-H., Paulus und seine *Mitarbeiter*. Untersuchungen zu Theorie und Praxis der paulinischen Mission (WMANT 50), Neukirchen, 1979.

Peterman,G.W., Paul's *Gift* from Philippi. Conventions of Gift Exchange and Christian Giving (Society for NT Studies. Monograph Series 92), Cambridge, 1997.

Richardson,P., Early *Synagogues* as Collegia in the Diaspora and Palestine, in: Kloppenborg,J.S.+Wilson,S.G. (ed), Voluntary Associations in the Graeco-Roman World, London+New York, 1996, 90-109.

Safrai,Z.+Tomson,P.J., Paul's *Collection* for the Saints (2 Cor 8-9) and Financial Support of Leaders in Early Christianity and Judaism, in:
Bieringer ua (ed), Second Corinthians in the Perspective of Late Second Temple Judaism (CRI 14), Leiden, 2014, 132-220.

Sänger,D., *Jetzt* aber führt auch das Tun zu Ende (2 Kor 8,11). Das korinthische Gemeinde und die Kollekte für Jerusalem, in: D.Sänger (hg), Der zweite Korintherbrief. Literarische Gestalt――historische Situation ―― theologische Argumentation, FS D.-A. Koch (FRANT 250), Göttingen, 2012.

Satake,A., Die *Gemeindeordnung* in der Johannesapokalypse (WMANT 21), Neukirchen, 1966.

Schmeller,T., *Gegenwelten*. Zum Vergleich zwischen paulinischen Gemein-

389

den und nichtchristlichen Gruppen, BZ 47 (2003), 167-185.

Schmithals,W., Die *Kollekten* des Paulus für Jerusalem, in: C.Breytenbach (ed), Paulus, die Evangelien und das Urchristentum (FS W.Schmithals) (AGJU), 2004, 78-106.

Seesemann,H., Der Begriff *KOINΩNIA* im Neuen Testament (BZNW 14), Gießen, 1933.

deSilva,D.A., The *Credentials* of an Apostle. Paul's Gospel in 2 Corinthians 1-7, Texas, 1998.

Stanley,C.D., Paul and the language of scripture. *Citation* technique in the Pauline Epistles and contemporary literature (Society for NT Studies. Monograph Series 74), Cambridge, 1992.

Theißen,G., Soziale *Schichtung* in der korinthischen Gemeinde. Ein Beitrag zur Soziologie des hellenistischen Urchristentums, in: Theißen, Studien zur Soziologie des Urchristentums (WUNT 19), Tübingen, 1979.

——, Urchristliche *Gemeinden* und antike Vereine. Sozialdynamik im Urchristentum durch Widersprüche zwischen Selbstverständnis und Sozialstruktur, in: A.C. Hagedorn ua (ed), In Other Words. Essays on Social Science Methods and the New Testament in Honor of J.H.Neyrey, (SWBAS 2-1) Sheffield, 2007, 221-247.

Verbrugge,V.D., Paul's *Style* of Church Leadership. Illustrated by his Instructions to the Corinthians on the Collection, San Francisco, 1992.

Vielhauer,P., *Oikodome*. Aufsätze zum Neuen Testament, Band 2, hg von G.Klein (ThB 65), München, 1979.

Vielhauer,P., *Geschichte* der urchristlichen Literatur. Einleitung in das Neue Testament, die Apokryphen und die apostolischen Väter, Berlin / New York, [3]1981.

Wan,S., *Power* in Weakness. Conflict and Rhetoric in Paul's Second Letter to the Corinthians (The New Testament in Context), Pennsylvania, 2000.

Wedderbrun,A.J.M., Paul's *Collection*: Chronology and History, in: NTS 48, 2002, 95-110.

Welborn,L.L., "That There May Be *Equality*": The Contexts and Consequences of a Pauline Ideal, in: NTS 59 (2013), 73-90.

Wiles,G.P., Paul's Intercessory *Prayers*. The Significance of the Intercessory

文献表

Prayer Passages in the Letters of Paul (Society for NT Studies. Monograph Series 24), Cambridge, 1974.

Young,F.+Ford,D.F., *Meaning* and Truth in Corinthians, Grandrapids, 1987.

7．辞書・文法書等

〔鍵括弧内は本書での略号〕

Bauer,W, Griechisch-deutsches Wörterbuch zu den Schriften des Neuen Testaments und der frühchristlichen Literatur, 6.völlig neu bearbeitete Aufl, hrg.von K. und B.Aland, Berlin, New York, 1988〔Bauer/Aland〕

Blaß,F.+Debrunner,A., Grammatik des neutestamentlichen Griechisch, bearb. von Rehkopf,F.G., Göttingen, [17]1990〔BDR〕

Liddell,H.G.+Scott,R., A Greek English Lexicon, [9]1940〔Liddell/Scott〕

Moulton,J.H.+Milligan,G., Vocabulary of the Greek Testament, London, 1930〔Moulton/Milligan〕

Moulton,W.F. +Geden,A.S., A Concordance to the Greek Testament, Edinburgh, [4]1963

8．事典等

長窪専三『古代ユダヤ教事典』教文館、2008

松原国師『西洋古典学事典』京都大学出版会、2010

山我哲雄＋佐藤研『旧約新約聖書時代史』教文館、1992

『ギリシア語新約聖書釈義事典』（Exegetisches Wörterbuch zum Neuen Testament, hg. von H.Balz u. G.Schneider, 3Bde Stuttgart, u.a. 1980-1983）

　日本語版監修　荒井献、H.J. マルクス、教文館、2015

あとがき

　事情あって、このⅡコリント書の注解は8，9章の分から公にすることとした。Ⅱコリント書注解を1章から順に読みたいと思っておられる方々にはご迷惑なことと思うが、ご寛恕いただきたい。しかし、Ⅱコリント書は、元来独立していたいくつかの文書が二次的に合成されたものと思われるし、とくに、今回公にする8、9章はテーマの点でも独立性が強いので、このような発表の仕方でもそれほど実害は生じないと思う。都市コリントの歴史、パウロとコリント教会の成立等、Ⅱコリント書注解の「序説」は、本来なら注解書全体の初めに記されるべきであろうが、この巻の冒頭に置くこととした。

　今後について。10-13章の注解は来年公に出来る予定である。他方、1-7章の完成は数年後となると思う。

　本叢書に属する他の注解書同様、本注解でも出来るだけ学問的であることに心がけた。まず、テキストを丹念に読み、自分なりの解釈を一応確定した上で、他の研究者の注解書、研究書、研究論文に目を通し、出来るだけ丹念にそれらとの対論を試みた。それを通して多くのものを学び、また自分自身の解釈を深めることが出来た。ただ、読みたいと思う書物のなかには入手出来ないものが少なくなかった。その中のあるものはフェリス女学院大学付属図書館を煩わせて、国内各地の大学図書館から文献複写の形で取り寄せていただいた。同図書館の担当者を初め、協力して下さった関係諸機関、関係者の皆様に心からお礼申し上げたい。

　出版に当たっては、決して読みやすくはないこのような書物を買い求め、読んでくださる読者の方々に、まずお礼を申し上げたい。また、昨今の出版事情から考え、ある種の決心なしには出版できないこの叢書の注解書の出版を敢えて引き受けて下さる新教出版社の英断に心から敬意を捧げ、合わせて感謝申し上げたい。本注解書の出版についても、社長小林望氏初め、同社の皆さんに多大のお世話になった。校正の仕事には、今回は上智大学大学院に

あとがき

在籍中の平松虹太朗氏が当たってくださった。個人的には、妻久守和子の助力に心から感謝している。彼女自身の学問研究に多くの時間を必要とする中で、日頃の対話を通して、また共同の生活の大半を分担してくれることを通して、私の仕事を支えてくれた。

2017 年 9 月　藤沢にて

著者　佐竹　明（さたけ・あきら）

1929 年、東京に生まれる。東京大学教養学部教養学科、同大学院人文科学研究科（西洋古典学専攻）を経て、56-59 年、ハイデルベルク大学、チューリヒ大学神学部に留学。59-62 年、ハイデルベルク大学付牧師。63 年、ハイデルベルク大学にて神学博士の学位を取得。63-76 年、青山学院大学文学部神学科教授。77-90 年、広島大学総合科学部教授。1990-2004 年、フェリス女学院大学教授。1996-2004 年、同大学学長。広島大学、フェリス女学院大学名誉教授。2011 年、学士院賞・恩賜賞受賞。

著書　Gemeindeordnung in der Johannesapokalypse（1966）、『ピリピ人への手紙』（1969）、『ガラテア人への手紙』（1974）、『喜びに生きる』（1976）、『新約聖書の諸問題』（1977）、『使徒パウロ』（1981）、『ヨハネの黙示録』（旧版上下 1978, 89）、『ヨハネの黙示録 上中下』（2007 ～ 2009）、Die Offenbarung des Johannes（KEK, 2008）等

訳書　E・シュヴァイツァー『新約聖書における教会像』（1968）、G・ボルンカム『パウロ』（1970）、同『新約聖書』（1972）等

第二コリント書 8-9 章
現代新約注解全書

2017 年　11 月 25 日　第 1 版第 1 刷発行

著　者……佐竹　明

発行者……小林　望
発行所……株式会社新教出版社
〒 162-0814 東京都新宿区新小川町 9-1
電話（代表）03 (3260) 6148
振替 00180-1-9991

印刷・製本……河北印刷株式会社
© Akira Satake 2017, Printed in Japan
ISBN 978-4-400-11169-6 C1016

現代新約注解全書

田川建三　マルコ福音書
上巻（増補改訂版）1：1-6：6　　4000円
中巻　6：7-10：45　　　　　続　刊

荒井　献　使徒行伝
上巻　1-5章　　　　　　　6000円
中巻　6-18章22節　　　　9000円
下巻　18章23節-28章　　9000円

佐竹　明　ガラテア人への手紙　6600円

佐竹　明　ピリピ人への手紙　4800円

辻　　学　ヤコブの手紙　5000円

佐竹　明　ヨハネの黙示録
上巻　序　説　4800円
中巻　1-11章　8500円
下巻　12-22章　8500円

別巻

原口尚彰　ガラテヤ人への手紙　4800円

表示は本体価格です。